普通高等院校网络与新媒体专业系列教材

Communication Psychology

传播心理学

刘英杰　丁文祎　编著

清華大学出版社
北京

内 容 简 介

《传播心理学》作为传媒相关专业的理论综合课程教材，内容涵盖关于传播心理学的核心概念、基础理论、规律、方法、应用与策略等，通过对经典案例与新近案例的分析研究，帮助读者深入理解传播过程中的心理现象和行为的本质与规律。本书旨在开阔相关专业学生的学术视野，进一步夯实他们的理论基础，帮助其理解理论，分析现实生活中的各种传播现象，以及能在各种传播活动中通过掌握传播心理取得良好的传播效果。

本教材将理论、应用与专题研究实践案例相结合，层次清晰、内容丰富、难易适中，注重系统性、科学性、实用性、时代性和引导性，既适用于新闻传播专业学生及交叉学科教师、研究生、本科生、大中专院校学生和相关行业人士进行教学、实践与研究之用，也适用于传媒相关专业学生、传媒从业者、市场营销人员、传播心理学爱好者和社会科学研究者等不同类型的读者参考。

图书在版编目 (CIP) 数据

传播心理学 / 刘英杰 , 丁文祎编著 .-- 北京 : 清华大学出版社 , 2024. 10. -- (普通高等院校网络与新媒体专业系列教材). -- ISBN 978-7-302-67414-6

Ⅰ. G206

中国国家版本馆 CIP 数据核字第 2024BQ7549 号

责任编辑：施　猛　张　敏
封面设计：常雪影
版式设计：方加青
责任校对：马遥遥
责任印制：宋　林

出版发行：清华大学出版社

网　　址：https://www.tup.com.cn，https://www.wqxuetang.com
地　　址：北京清华大学学研大厦 A 座　　**邮　　编：**100084
社 总 机：010-83470000　　**邮　　购：**010-62786544
投稿与读者服务：010-62776969，c-service@tup.tsinghua.edu.cn
质 量 反 馈：010-62772015，zhiliang@tup.tsinghua.edu.cn

印 装 者：三河市人民印务有限公司
经　　销：全国新华书店
开　　本：185mm×260mm　　**印　　张：**19.75　　**字　　数：**421 千字
版　　次：2024 年 10 月第 1 版　　**印　　次：**2024 年 10 月第 1 次印刷
定　　价：59.00 元

产品编号：099466-01

普通高等院校网络与新媒体专业系列教材
编　委　会

前言

随着信息化、智能化时代的到来，无论是在社交媒体、广告、新闻还是其他形式的传播环境，人们都在不断地接收、传递、处理和运用着大量的信息。受众不再是被动的信息接受者，而是信息的选择者、传播者、使用者，甚至主导者。然而，传播并不只是简单的信息传递，它还涉及人、组织、群体以及社会的心理活动和行为的复杂规律。党的二十大指出："加强全媒体传播体系建设，塑造主流舆论新格局。"这一理念离不开传播心理学的学术助力。如何能够更好地了解信息化、智能化时代中受众的心理需求和行为特征，以及他们对信息的态度和反应的转变规律，如何更好地设计和传递信息，提高传播效果和质量，是传播心理学研究的重要内容。

传播学、心理学和传播心理学之间存在着密切的关系。传播学是一门研究人类交流与信息传递方式的学科，它关注信息如何被传递、接收、解读和反馈，以及这一过程中涉及的各种因素和影响。传播学的研究范围广泛，包括媒体、广告、公关、新闻、影视等领域。心理学则是一门研究人类思维、行为、情感和态度等方面的学科。它关注人类心理活动的规律和机制，以及这些心理因素如何影响人类的行为和社会互动。心理学的研究范围也非常广泛，包括认知心理学、发展心理学、社会心理学、人格心理学等多个分支。

传播心理学是由传播学和心理学两个学科交叉演变而来的，吸纳了心理学和传播学的研究方法，采用科学主义和人文主义相结合的多元化研究取向，探索人类传播活动中心理现象的规律，旨在深入探讨人类交流和思维方式的内在机制，研究人类在传播过程中信息交流、理解及相互影响的心理现象，以及这些现象与传播本质之间的关联。传播学关注的是信息的传递和交流过程，提供了传播过程的理论基础和方法。传播心理学则着重研究受众在传播过程中的心理反应和心理机制，深入探讨受众的认知、情感、态度等心理因素对传播效果的影响。因此可以说传播心理学是对传播学的重要补充和拓展。它涉及传播者、受众、传播渠道和传播效果等多种要素，探讨了传播者、受众、传播渠道和传播效果的各种心理问题，为我们提供了深入理解传播过程的视角和方法。传播心理学不仅关注信息内容的传递，还关注在传播过程中人的心理活动现象和行为的影响。

在传播心理学的研究中，传播学和心理学的理论和方法常常被交叉运用，以揭示传播过程中的心理现象和行为规律。例如，传播学中的认知理论认为，人们会根据自己的经验和知识来理解信息，这个理论在传播心理学中被广泛应用，以解释信息传达过程中的心理机制和认知偏差。同时，心理学中的实验方法和测量工具也被广泛应用于传播学研究，以探究影响传播效果的心理因素和影响机制。

本书旨在介绍传播心理学的学科脉络，阐述传播心理学的核心概念、基础理论、方法、案例与应用等，在此版《传播心理学》中，我们结合了新媒体的最新现状，补充完善了人机交互、网络舆情、谣言、暴力与传播心理结合的相关内容，同时引入和补充了具有新媒体时代特性的经典案例和新近案例，帮助读者深入理解传统媒体与新媒体传播过程中的心理现象和行为发展的演化过程与规律。我们希望通过这本书，读者不仅能够更好地掌握传播心理学的知识原理，而且能够提高对传播过程的洞察力和理解力，为未来的学科研究和实际工作提供帮助。

最后，我们希望读者能够喜欢这本书，并从中获得有用的知识和启示，从多个维度理解与认同传播心理学的学科价值，将其应用到更加广泛的领域，促进学科之间的交叉与创新，并服务于学科发展与社会进步，增强人类社会甚至人机社会的深度交流与和谐共生。如有任何疑问或建议，请随时与我们联系。反馈邮箱：shim@tup.tsinghua.edu.cn。

编者

2024年2月14日

目　录

第1章　传播心理学：跨学科融合的时代交响

霍夫兰(Hovland)曾言："信息的力量不仅仅在于它的内容，更在于它如何传递和接受。"作为传播心理学的奠基人之一，霍夫兰将心理学的研究方法引入到传播学的研究当中，传播学与心理学的交汇——传播心理学这一传播学分支应运而生。传播心理学是传播学与心理学交叉而成的学科，吸纳心理学和传播学的研究方法，采用科学主义和人文主义相结合的多元化研究取向，探索人类传播活动中心理现象的规律。

知其然，更要知其所以然。通过对本章的学习，读者将从中理解传播心理学的基本概念和研究范畴，明确传播心理学的主要研究领域和方向，掌握传播心理学的基本研究方法和技巧，了解传播心理学在国内外的发展脉络和现状，系统地学习传播心理学。

1.1　历史的和弦：传播学与心理学的融合探索

自从这个世界上有了生命，信息的传播就成为任何生命都无法避免的事情。从最简单的生物信息传递，到复杂的声音、画面等形式的信息传递，信息传播在生命的发展过程中逐渐演变并复杂化。这些演变不仅反映了生物体对环境的适应，也揭示了信息传播在生命体系中的核心地位。大约七百万年前，人类开始登上历史舞台。随着社会的发展和进步，传播行为变得更加多样和复杂。人类不再仅仅依赖于基本的生存需求的传播，而是开始追求更深层次的目标，如文化交流、情感表达、社会认同等。这种追求使得传播行为对社会的方方面面产生了深远的影响，从而需要一门系统的学科去研究其背后的规律。心理学作为研究心理过程和行为的科学，为理解社会传播现象提供了重要的视角和方法。它关注个体如何接收、处理、记忆和传递信息，以及这些信息如何影响个体的认知、情感和行为。在传播手段日新月异的时代，心理学为我们提供了看清现象背后的心理依据，帮助我们理解不同传播手段的效果和影响，为传播学提供了可靠的理论支撑。

通常，传播学主要探讨的是人们如何对信息进行特定的编码、包装、传递与交流，而心理学则聚焦于个体在社会生活中如何基于内在动因在特定情境下产生特定反应。显然，信息传播本身是心理学研究中不可忽视的一种社会活动。基于此认识，近代学者采用两种方式将传播学与心理学相融合，在这一交叉领域内深入挖掘了更多的深层次原理。

首先是人为融合，即在研究相关原理时，人们刻意地将两门学说的部分理论结合，并通过一系列的相关实验来验证这一部分所能得出的一些结论。而这些结论大多具有一定的实践性。因为这样的"缝合"式融合研究，与其他细分领域的心理学内容一样，是通过“运用心理学的一些原理来解决这一细分科目下的实践问题”。而引申到传播心理学这一门类，这样的融合通常是指用心理学原理来指导或解释一些在社会传播过程中所遇见的问题[1]。这样的学科融合方式虽然为众多结论提供了充足的实践案例支撑，但同时也存在一个致命的问题，即这样的理论架构相对零散。在这一思考方式之下，几乎所有的结论都是基于具体的问题去提出，并寻找方式解决问题，大部分的理论内容之间几乎找不到什么联系，这就导致原本“铁板一块”的传播学理论被分割得四分五裂。正如许多学者所言，想用这种方式认识到传播心理学的真正内容，会遇到“有如喝干海水般的困难”。

其次，到了第二阶段，学者开始寻求两门学科的自然融合。比起用某一种原理去解释一类问题，更合适的方式应该是去寻找两者研究方向与研究对象上的契合。传播学旨在研究社会信息的传播方式等相关议题，而无论是传播还是交流，都必然有一个接收信息的对象，也就是一个人或者一类人。

在这样的前提下，刻意地去寻求传播学和心理学的融合显然是不正确的。那么如何正确地看待传播学中心理学科知识的存在呢？由于信息的传播必然要经过人脑的信息处理，这一过程一定会有心理学的介入。可以说，面向某一个特定的群体进行信息传播时，这些信息一定经过人的心理反应系统，那么，当想要去评估这一次信息传播的实践活动所取得的实际传播效果的时候，心理学的相关理论自然而然地会与这些内容联系起来。这样自然的学科交融，滋养了传播心理学这一学科的土壤。

传播心理学之于传播学，应当是子学科之于母学科的关系。传播学关注的是信息的传递和交流过程，而传播心理学着重研究受众在传播过程中的心理反应和心理机制。传播学提供了传播过程的理论基础和方法，而传播心理学深入探讨受众的认知、情感、态度等心理因素对传播效果的影响。因此，传播心理学对于传播学来说是一个重要的补充和拓展[2]。

传播心理学对于心理学而言，更像是心理学内容在信息传播这一特定领域的方法论或实践应用。心理学研究个体和群体的心理过程和行为，而传播心理学将心理学的理论和方法应用于传播领域，关注受众在传播过程中的心理活动和心理效应。传播心理学利用心理学的知识和方法，帮助理解受众对信息接收、加工和反应的心理机制，从而提高传播效果。因此，传播心理学与心理学密切相关，是心理学在传播领域中的应用和延伸。

1.2 核心精髓：传播心理学的概念基石

传播心理学是一个跨领域的学科，关于传播心理学的概念众说纷纭，由于所处时代

---

① 林之达. 传播学与心理学融合研究的探索与展望[J]. 中国传媒大学学报，2013，16(4)：1-8.

② 黄鸣奋. 传播心理学[M]. 厦门：厦门大学出版社，1997.

的不同、文化背景的不同、学术渊源的不同，学者关注的侧重点也不同，因而给出的定义也不尽相同。

有的强调单方面信息影响受众的效果，例如美国传播学家约瑟夫·克拉珀(Joseph T. Klapper)强调了传播心理学的社会影响，他将其定义为“研究信息在传播过程中对受众产生的心理效应的学科”。

有的强调媒介与受众互动中的心理机制，例如中国学者阎保平将传播心理学视为“通过心理学的研究方法，探讨传播媒体对人类思维、情感和行为的影响，以及受众在信息传播中的角色和反应”。

有的从广义的角度分析所有的信息传播心理影响，例如美国传播学家威尔伯·施拉姆(Wilbur Schramm)强调了传播心理学的社会维度，他认为传播心理学是“研究在社会交往过程中传递、传达和接受信息的学科”。

有的从狭义的角度将传播心理学效果认为是媒体传播功效，例如韩国学者金英惠将传播心理学定义为“一门研究媒体传播对个体心理和行为的影响，以及信息传递和接收过程的心理机制的学科”。

这些观点反映了传播心理学是一个综合性学科，它关注信息传播和媒体对个体和社会的多个层面的影响。因此，当讨论传播心理学作为一门学科的基本内涵时，从多个维度对其进行立体的分析将有助于我们对概念的全方位了解。

(1) 从传播心理学的研究范畴来理解。传播心理学是研究传播过程中的个体和群体心理活动的学科。它关注个体和群体对信息的接收、加工和反应的心理过程，以及这些心理过程对传播效果的影响。传播心理学的研究对象包括个体受众、群体受众以及他们在接触、解释和回应传播信息时所表现出的心理活动。

(2) 从传播心理学的核心问题来理解。传播心理学关注的核心问题是理解和解释受众在传播过程中的认知、情感、态度和决策等心理过程。它探索受众对信息的注意、接收、加工和解释的心理机制，以及这些心理活动对态度和行为的影响。传播心理学强调传播的双向性，既关注受众对信息的接收，也关注受众对信息的反馈和回应。

(3) 从社会认知理论的应用来理解。社会认知理论是一个对于传播心理学而言十分重要的理论参考。社会认知理论指出，个体在接触和处理信息时，会利用已有的知识结构和内心模型进行信息加工和理解。这种理论框架可以帮助理解受众是如何选择、解释和接收特定的传播信息的。

(4) 从信息加工和决策的影响因素来理解。传播心理学探讨了影响受众信息加工和决策的多个因素，包括认知能力、情感因素、社会化过程、信息可信度、信息争议性等。这些因素可以影响受众对信息的接收、加工和解释的方式，从而对受众的态度和行为产生影响①。

---

① Harris R J，Sanborn F W. A Cognitive Psychology of Mass Communication[M]. New York：Routledge，2016.

综上所述，一般认为传播心理学是研究个体和群体在传播过程中心理活动和影响的学科。它探讨了个体在接收、解释和传递信息时的认知、情感、态度、信仰、动机和行为等方面的心理过程。传播心理学旨在理解传播信息对个体和群体行为、态度和信念的影响，并提供基于心理学原理的传播策略和改进传播效果的方法[①]。

1.3 多维探索：传播心理学的深度剖析

在探讨传播心理学的研究范畴时，我们步入了一个核心领域。传播心理学深入探究了信息传递、舆论形成、广告效应及社会互动等传播现象背后的心理机制。该学科的研究范围既广泛多元，又蕴含着挑战与机遇，为我们提供了深刻的见解，使我们能够更好地理解人们如何接收、处理信息并做出反馈。

1.3.1 认知迷宫：深度解读认知过程

传播心理学深入探究了认知过程如何影响信息的接收、解读和记忆，涵盖了诸如注意力分配、知觉形成、记忆机制、信息解码和逻辑推理等多个层面。在这个领域，研究者的关注点在于个体如何对媒介内容进行心理加工，包括他们如何注意、解读和加工各种信息。通常，我们可能认为信息传播始于传播者的信息输出，但在传播心理学中，受众的认知过程往往被置于优先级较高的位置，这是因为传播心理学的研究方法更注重对受众反应的深入探究，这构成了该学科方法论的重要组成部分。通过对认知过程的细致研究，传播心理学家得以更全面地理解受众是如何理解和处理所接收的信息的，这构成了整个研究体系的基础，并为传播策略的制定、传播效果的评估提供了科学依据。

1.3.2 情感波澜：情感与态度的塑造与变迁

传播心理学研究情感如何影响信息的感知和评价。情感可以影响个体对信息的赞同度、态度形成和行为意向。研究人员关注情感的起源、表达、识别和调节，以及情感在传播过程中的作用。情感态度同样也是传播心理学研究中的重点。情绪与情感是心理学中始终不乏讨论度的话题，而在传播心理学领域亦是如此。在认知过程之后，由于情绪等心理因素的存在，对于所接收的信息的反应通常不会是处于认知之后的第一结果，而是在这一结果之上，通过人的情感加工而形成的态度。因此，认知过程决定了受众会如何看待所接收的信息，而情感与态度才决定了接收之后受众会作何反应，而这也正是传播心理学研究过程中最为直观也是最为重要的一环，即行为与动机。

---

① Griffin E. 传播理论初探 [M]. 刘海龙，译. 北京：中国人民大学出版社，2016.

1.3.3　行为驱动力：行为与动机的内在奥秘

在传播心理学中，行为与动机的研究尤为直观和关键。相较于其他更侧重于心理活动层面的探究，行为和动机因其可量化性，更容易得出精确而严谨的研究结果，并为后续研究提供坚实的基础。这一领域的研究内容广泛，涉及信息寻求、信息传播、信息共享，以及个体参与传播活动的动机机制等方面。研究人员深入探索传播行为的决策过程，揭示动机产生的源泉，并详细分析个体参与传播活动的内在驱动力。这些研究成果有助于我们更精准地预测和引导传播行为，优化传播策略，以及更深入地理解个体在传播过程中的角色和影响。总体来说，行为与动机的研究在传播心理学中占据着举足轻重的地位，它不仅为我们提供了丰富的理论支持，还为实践应用提供了坚实的科学依据。

1.3.4　影响力矩阵：构建与运用影响力机制

在传播学领域中，有一个非常经典的概念：一些在特定领域或主题上拥有专业知识、经验和影响力的人，对其他人的意见、态度和行为具有较大的影响。他们通常以其在特定领域或社会群体中的地位、知名度、声誉和专业能力而被广泛认可和尊重。这些人通常被称为意见领袖(key opinion leader，KOL)。“意见领袖”毫无疑问也是传播心理学相关内容的一个重要体现。“意见领袖”对于社会舆情这种大体量的信息传播活动而言有着独特的作用，与之相关的作用机制就是社会影响力。在传播心理学的研究中包括“意见领袖”在内，无论是群体极化还是从众心理，这些经典的传播学理论都将是极其重要的一环。这一环节主要阐述了传播心理学如何在社会性大型活动中发挥效用以及创造社会效应。

1.3.5　策略智慧：传播策略的优化与创新路径

传播心理学研究如何使用心理学原理来制定传播策略，并评估传播效果。研究人员研究不同类型的传播介质、信息设计和传播内容对个体行为、态度和信念的影响。研究人员还关注传播策略的有效性评估和传播效果的测量方法，包括理性诉求与感性诉求、单面与双面说服等话题。在这一专题的讨论中，主要是围绕相对具体的落实措施进行研究，即传播心理学的方法论和实践内容。需要说明的是，传播策略应根据具体情况和目标受众的特点进行调整和定制，不同的传播目标和受众群体可能需要不同的策略组合。此外，传播策略的评估和调整也是一个重要的环节，通过监测和评估传播效果，可以对传播策略进行优化和改进，增强传播效果和影响力。

1.3.6　数字浪潮：新技术与在线传播的心理涟漪

身处信息时代，传播心理学的内容自然不会局限于传统媒体。由于交互速度快、互联互通性强、形式多样、数字化等优势，网络与新媒体毫无疑问也是传播心理学需要发力的新赛道。新媒体的独特优势和全新的传播生态环境影响了传播心理学的研究方向，研究者需要研究互联网、社交媒体和数字通信平台等新媒体环境中个体和群体的心理过程和行为，以及新技术应用在各群体之间的传播效果所呈现的全新特点、伦理问题等。

1.3.7 实践镜鉴：案例分析中的心理洞察

传播心理学应用广泛，主要包括以下三个方面。

1. 制定传播策略

传播心理学使传播者能够深入了解受众需求，从而更好地选择信息传播方式。传播心理学的知识和技巧可确保信息针对性强，从而更有可能影响受众的行为和态度。

2. 解决传播问题

传播活动中可能出现的各种问题，如信息失真、误解、抵制和冲突等，都可以通过运用传播心理学的原理和技巧加以解决。也就是说，通过提高传播者和受众之间的沟通协调可以提高传播的质量和效率，从而有助于传播活动更具影响力和可持续性。

3. 评估传播效果

传播心理学帮助传播者和受众来分析传播活动的效果。通过实验、调查等手段可以测量受众对信息的注意、理解等各个方面的变化，从而使得传播者可以根据实际效果进行传播策略的调整和改进。

总之，传播心理学在实际传播活动中的应用是多方面的，它为传播者提供了有益的指导，以更好地达到传播目标，同时也满足了受众的需求，从而促进了有效的信息传递和交流。

1.3.8 特殊因素：传播中不可忽视的心理力量

在信息传播过程中，会存在一些特殊因素影响传播效果，如宗教、文化、社会结构等，它们在某些情况下会对传播效果产生显著影响。以宗教为例，它在很多传播环境中扮演着重要角色，对人们的价值观、行为准则和认知框架产生深远影响，宗教信徒可能会更倾向于接受与其宗教信仰相符的信息，而对与其信仰相悖的内容持怀疑或拒绝态度。虽然这些特殊因素在某些情况下具有显著影响力，但它们通常不会单独发挥决定性或颠覆性作用。相反，它们更多的是在与其他社会、文化、心理等因素相互作用中产生影响。因此，为了追求更为全面的传播效果，传播者需要充分考虑这些因素，并据此制定相应的传播策略。

1.4　方法论瑰宝：传播心理学的研究工具

美国著名社会心理学家菲利普·津巴多(Philip G. Zimbardo)曾说："没有好方法，就没有好结果。"根据问题自身的特性，研究者会采取一种或一种以上的研究方法，做到有机结合，不同问题有不同的适用领域，采取的研究方法也不尽相同，这些研究方法有助于建立因果关系和验证理论假设，为传播心理学的理论发展提供了坚实的基础。

1.4.1　实验科学：设计规范的实验研究方法

实验研究可以说是传播心理学研究中较常用的研究方法之一。通过控制变量和设置对照组等常见的方式方法，可以较好地定向研究特定传播因素在传播过程中对受众产生的影响。研究者可以通过这种方式来探究不同的传播要素在面对某一人群时传播效果强弱的区别，也可以以此来探究不同传播策略在面对相同人群时所取得的传播效果的优劣。在传播心理学领域，实验研究法已经广泛应用于多个方面，尤其是在广告、影视和社交媒体等领域。以下是一个经典的案例，展示了实验研究法如何探索媒体内容对观众态度和行为的影响。

案例：阿尔伯特·班杜拉的波波娃娃实验

背景：长久以来，研究者、家长和政策制定者都关心电视、电影或视频游戏中的暴力内容是否会影响青少年的行为。罗威尔·赫斯曼(Rowell Huesmann)和莱昂纳德·埃隆(Leonard Eron)的一些早期研究表明，长时间观看暴力电视节目的孩子在成年后更可能表现出攻击行为。

实验设计：阿尔伯特·班杜拉(Albert Bandura)的"波波娃娃"实验是这一领域的一个经典案例。在这个实验中，儿童被随机分配到不同的实验环境。在一个环境中，儿童看到一个成年模型在一个橡胶波波娃娃上表现出攻击行为。在另一个环境中，儿童没有看到这种行为。之后，所有儿童都被放在一个含有各种玩具和一个波波娃娃的房间里。

结果：与没有看到攻击模型的儿童相比，看到攻击模型的儿童更有可能模仿这种行为，攻击波波娃娃。这项研究为社会学习理论提供了实验证据，即人们会通过观察他人的行为来学习行为。

意义：这项研究为我们提供了关于媒体内容如何影响行为的重要见解。尽管这只是一个实验，但随后的研究已经在多种设置和文化背景下验证了这一发现，强调了媒体内容对观众态度和行为的重要影响。

此实验是传播心理学和社会心理学领域中的经典案例，为我们提供了深入了解关于媒体暴力如何影响观众行为的过程，同时也为关于媒体内容和实际行为之间关系的公共政策辩论提供了科学依据。

1.4.2 调查广角：广泛覆盖的调查研究策略

调查研究是通过让参与者填写问卷或进行面对面访谈来获得信息和数据的方法。调查研究可以收集大量数据，了解人们的意见、态度、信念和行为。这种方法可以帮助研究者了解受众对传播信息的接受程度、传播渠道的使用情况以及传播效果。在传播心理学领域，调查研究被广泛应用，用于了解观众行为、媒体消费习惯、意见形成和媒体效果等方面。以下是经典的调查研究法应用案例。

案例：美国总统选举的选民调查

背景：美国总统选举是一个重要的政治事件，吸引着大量的媒体关注。传播心理学研究者常常使用调查研究法来了解选民的态度、媒体的影响以及选民投票行为。

实验设计：在美国总统选举期间，研究者可以进行各种类型的调查研究。

(1) 选民态度调查。通过电话、在线问卷或面对面采访，研究者可以调查选民对各个候选人、政策问题和政治党派的态度，这有助于了解选民的意见和优先事项。

(2) 媒体使用调查。研究者可以询问选民获取政治信息的主要来源(如新闻电视、社交媒体、报纸等)，这有助于确定媒体对选民的影响程度。

(3) 媒体效果调查。通过跟踪选民在选举期间的媒体消费习惯，并在选举后调查他们的投票行为，研究者可以分析媒体对选民投票意向的影响。

结果：通过这些调查研究，研究者可以收集大量数据，了解选民的态度、媒体使用习惯以及媒体对选民投票意向的影响。研究者还可以识别媒体在选举过程中的角色，探讨广告效果，分析媒体的影响力，研究选民的信息过滤和信息获取行为等。

意义：这些调查研究为政治运动、候选人和媒体提供了重要的反馈信息，帮助相关人员更好地理解选民的需求和反应。此外，这些研究也为学者和政策制定者提供了深入了解传播心理学在政治和社会议题中的应用的机会。

总体来说，选民调查是传播心理学领域中一个重要的政治研究板块，它有助于我们理解媒体如何塑造公众舆论，影响政治行为，并在选举中发挥作用。

1.4.3 观察细致：简便直观的观察研究方法

观察研究是通过直接观察人们的行为来获取数据，并对结果进行描述和分析的方法。研究者可以观察人们在传播环境中的行为和互动，了解他们对媒体内容的选择、信息加工方式和社交互动等。该方法可以提供真实世界中的传播行为的详细描述。

例如在广告观察研究中，研究者经常使用观察研究法来分析广告对观众的影响。他们观察广告在电视、互联网或其他媒体上的呈现方式，以及观众对广告的反应，从广告中的情感激发、品牌认知和购买行为等角度进行探析。这些研究有助于广告商更好地了解他们的目标受众，并制定更有效的广告策略。在传播心理学领域，应用观察研究可以直观了解到受众在媒体环境中所受的影响。

1.4.4　内容深度：深度解读的内容分析方法

内容分析是一种通过对媒体内容进行系统分析和评估的方法。研究者可以分析媒体文本、广告、社交媒体帖子等，以了解某种特定信息的传播方式、主题、价值观和隐含含义。内容分析可以帮助研究者识别媒体信息中的模式和趋势，并洞察传播过程中的一些特征。

在新闻报道中，内容分析法常用于研究新闻报道的内容和特征。研究者可以分析新闻报道的主题、语言风格、情感表达、引用的信息源等，以了解新闻媒体如何选择、呈现和解释不同的新闻事件。这有助于揭示新闻媒体的偏见、立场和报道模式，以及这些因素对观众的影响。

从传播心理学的角度来看，内容分析不仅能够揭示出媒体报道的表面特征，还能够深入探究媒体报道如何影响受众的认知、情感和行为。通过对媒体内容的分析，传播心理学家可以进一步理解传播过程中的心理机制，以及如何通过优化媒体内容来提高传播效果。

1.4.5　互动洞察：焦点小组讨论的互动智慧

焦点小组作为一种定性研究方法，其独特之处在于能够集结一群具有共同兴趣或特征的人，在一个互动的环境中深入讨论特定话题，从而揭示他们的观点、态度和经验。在传播心理学领域，焦点小组讨论法被广泛应用，通过组织针对特定传播主题的讨论，帮助研究者深入了解受众对传播信息的接收、解读和反应。以下的研究应用是焦点小组讨论法在传播心理学中的典型应用方式，它们展现了该方法的实际应用价值。

1. 广告评估与改进

焦点小组讨论法是评估广告效果的重要工具。研究者邀请潜在受众参与焦点小组，让他们观看并讨论一则广告，通过观察参与者的反应、听取他们的观点和感受，深入了解广告对受众的影响。这种方法不仅帮助广告制作方发现广告中可能存在的问题，如信息传递不清、情感共鸣不足等，还能为改进广告内容和传播策略提供宝贵建议。通过不断优化广告，使之更符合受众的口味和需求，从而提高广告效果和市场反响。

2. 媒体素养和消费者行为研究

焦点小组讨论法在媒体素养和消费者行为研究中也发挥着重要作用。研究者通过组织焦点小组，探讨受众对媒体信息的理解、使用和互动方式。这种方法有助于了解受众的媒体素养水平，即他们如何解读、分析和评价不同类型的媒体内容，进而揭示媒体在塑造消费者行为和决策中的重要作用。这些研究不仅有助于提升公众的媒体素养，还能为媒体机构和政府制定更有效的信息传播策略提供参考。

3. 社交媒体影响研究

随着社交媒体的普及，其对个体和社会的影响日益显著。焦点小组讨论法为研究者提供了一个深入了解这一影响的途径。在焦点小组中，受众可以自由地分享他们在社交媒体上的真实体验，包括如何获取信息、如何形成观点、如何进行社交互动等。这种互动和分享为研究者提供了丰富的数据，有助于揭示社交媒体如何塑造观点、情感以及传播信息。此外，还可以观察社交媒体如何影响受众的心理健康、社交关系和日常生活，从而为社交媒体平台的优化和监管提供建议。

4. 健康传播和预防研究

健康传播是传播心理学中的一个重要领域，其目标是提高公众对健康问题的认识和关注度。焦点小组讨论法在这一领域具有广泛的应用价值。研究者可以通过焦点小组了解受众对健康信息的接收、理解和反应程度。受众可以分享他们对健康话题的态度、信念和行为，从而为研究者提供反馈数据。这些数据有助于研究人员制定更有效的健康传播策略，进而提升公众的健康意识并促进更高的行为改变率。同时，焦点小组讨论法还可以用于评估预防方案的可行性和效果，为公共卫生政策的制定提供科学依据。

在焦点小组讨论法的基础上，结合使用量化研究方式，如脑电波检测，可以为研究提供更全面的数据支持。脑电波检测可以客观地反映个体的认知和情感，对于一些难以通过语言表达的研究课题具有重要的补充论证作用。研究者可以利用这一技术捕捉受众在接收传播信息时的神经活动变化，从而更深入地了解他们的认知过程和情感反应。这种定性和量化相结合的研究方式，有助于研究人员更全面地了解受众的观点、反应和行为，为传播实践和政策制定提供更准确、全面的依据。

随着科技的不断进步，未来可能会有更多的技术革新被应用于焦点小组讨论法中，如虚拟现实、人工智能等。这些技术的应用将进一步提升焦点小组讨论法的研究效果，扩大焦点小组讨论法的应用范围，使其在传播心理学领域发挥更大的作用。

1.5 理论脉络：传播心理学的历史与发展

传播心理学是一门研究传播过程中涉及的心理因素和心理效果的学科，它是传播学和心理学的交叉学科，也受到社会科学等其他学科的影响。传播心理学的发展历史可以大致分为以下几个阶段(见表1-1)。

表1-1 传播心理学发展阶段

时间	代表人物	主要内容
早期阶段 (20世纪初至20世纪40年代)	塔尔德、齐美尔、杜威、库利、米德、拉扎斯菲尔德、卢因等	主要受到欧洲社会学和美国实证哲学的启发，以战争宣传和舆论为主要研究对象，探讨传播的强势效果和社会影响

续表

时间	代表人物	主要内容
中期阶段 (20世纪50年代至70年代)	霍夫兰、费斯廷格、麦奎尔、诺尔、克拉珀、麦克卢汉等	开始引入心理学的理论和方法，以传播者、受众、媒介和社会为研究维度，探讨传播的弱势效果和个体差异
近期阶段 (20世纪80年代至今)	德佛、加布里尔、吉登斯、霍尔、卡斯特尔斯等	开始关注传播的多元化和复杂化，以新媒体、文化、认同、价值观等为研究主题，探讨传播的建构效果和社会变迁

基于表1-1，我们可以看出传播心理学研究重点的三次转变。

(1) 在传播心理学发展的早期阶段，传播心理学重点关注传播的强势效果和社会影响。此时的传播心理学属于萌芽阶段，与传播学和心理学的界限尚不明显。

(2) 在传播心理学发展的中期阶段，传播心理学的研究重点开始从传播效果转变为传播的个体差异，开始关注传播者、受众，并引入心理学的研究方法，逐渐产出传播心理学科的理论成果。

(3) 在传播心理学发展的近期阶段也就是20世纪80年代至今，传播心理学关注传播的建构效果和社会变迁，关注新媒体时代下复杂的传播环境，积极主动参与学科融合，重视传播的多元化和复杂化。

传播心理学作为一门跨学科的学科，不仅借鉴了传播学和心理学的知识和方法，还与其他学科有着密切的联系，如政治学、经济学、人类学、历史学、哲学等。传播心理学的发展也反映了传播现象的多样性和复杂性，以及传播对社会和个人的重要性和影响力。传播心理学的研究目的是更好地理解和改善传播方式，促进人类的沟通和发展。

1.5.1　西方轨迹：传播心理学的历史沿革

在西方心理学界，人们普遍将涉及传播心理的研究归入心理学的应用研究领域。美国主流心理学界努力将传播心理学(媒介心理学)发展为一门相对独立的学科，但由于传播心理学浓厚的心理学因素，传播心理学在美国仍被认为是心理学的从属科目。

1. 20世纪60年代前后：起源于研究演说心理

20世纪60年代，传播心理学开始在西方学术界崭露头角，成为一个专门的学术领域。这一时期，众多标志性的学术专著如雨后春笋般涌现，为传播心理学的建立和发展奠定了坚实的基础。其中，1963年出版的《传播心理学》无疑是一部里程碑式的作品。这本书由美国斯坦福大学的约翰·艾森森(John Eisenson)、印第安纳大学的杰弗里·奥尔(Jeffery Auer)以及威斯康星大学的约翰·欧文(John Irwin)合著。书中深入探讨了演说的性质、起源与目的，详细分析了演说的基本心理规律和传播过程，并揭示了个体和群体在各类演讲中的基本心理特征。这本书不仅具有饱满的理论深度，还兼具实用性，为后来的传播心理学研究提供了有益的参考。与此同时，威廉·斯蒂芬森(William

Stephenson)于1967年出版的《大众传播的游戏理论》也为传播心理学的发展做出了重要贡献。尽管威廉·斯蒂芬森是一位心理学家，但这本书却紧密结合了大众传播学的理论，从“游戏”这一人类普遍的心理诉求出发，构建了一套独特的传播心理学理论。这一理论不仅为大众传播学提供了新的视角和思考工具，也极大地丰富了传播心理学的内涵和外延。这两本书的出版标志着传播心理学作为一门独立学科已逐渐成熟，也反映了当时西方学术界对于传播与心理之间关系的深刻认识。它们不仅为后来的学者提供了宝贵的学术资源，也为我们今天深入研究和理解传播心理学提供了坚实的理论基础。

20世纪60年代，欧美学术界有关传播心理学的探索体现出以下几个基本特点。

(1) 跨学科研究的兴起。在这一时期，研究者开始认识到传播现象不仅仅是传播学领域的课题，它涉及心理学、社会学、人类学等多个学科。因此，研究者开始积极寻求不同学科的理论和方法来解释传播现象，这种跨学科研究的兴起成为传播心理学的一个基本特点。

(2) 认知过程的关注。20世纪60年代，研究者开始关注信息的接收、解释和处理过程。他们研究了注意力、记忆、信息加工、信息选择等认知过程，以理解受众是如何解释和处理传播信息的。这个时期的研究强调了受众在传播过程中的积极角色。

(3) 态度和行为的研究。在这一时期，研究者更深入地探讨受众的态度形成和行为意向。他们关注情感、态度以及这些因素对信息传播的影响。对这一领域的研究有助于理解受众如何对待和响应信息传播。

(4) 实验方法的应用。20世纪60年代，实验方法在传播心理学中得到广泛应用。研究者开始设计实验以测试不同变量对受众行为和态度的影响，这有助于建立因果关系和验证理论假设。

(5) 社会心理学的影响。社会心理学的理论和方法对传播心理学的研究产生了重要影响。研究者借鉴了社会心理学的概念，如社会认知、社会影响和社会互动，以解释传播现象中的社会因素。

(6) 媒介研究的兴起。在这一时期，媒介研究成为传播心理学研究的一个重要领域。研究者开始探讨不同媒体对受众认知和行为的影响，这包括广播、电视、印刷媒体等各种传播媒介。

总体来说，20世纪60年代的欧美学术界在传播心理学领域的探索，奠定了传播心理学研究的基础，对后来的学术发展产生了深远的影响。

2. 20世纪80年代：媒介心理学研究兴起及媒介心理学会的成立

1985年，媒介心理学学会(Association of Media Psychology，AMP)的正式成立应该是西方传播心理学发展中的一个标志性事件。但是媒介心理学会从属于美国心理学会这一现实表明，在美国，传播心理学是从属于心理学的学科。这与美国传播心理学的研究者的个人经历相关。在美国，从事媒介心理学研究的许多专家与现代媒介有密切联系，他们感受到了媒介在传播心理学知识方面的优势和力量，同时也认识到心理学家对于现代传媒和大众的重要性。

在美国，心理学家主要关注如何利用媒介，通过传播心理学知识为公众提供服务，美国的媒介心理组织活动是心理学的应用活动。

3. 当代欧美学术研究心理学化的趋势

当代欧美学术研究心理学化的趋势越来越明显。在当代美国传播心理学和媒介心理学快速发展的时候，政治心理学与目前正在兴起的传播心理学存在许多共同的研究领域。

在美国，传播心理学从诞生起就附属于心理学，美国心理学界也普遍认同传播心理学处于附属地位。随着社交媒体快速发展，网络拓扑结构深度演化，在传播学研究中越来越重视心理因素在传播中的影响。新媒体的快速发展以及受众身份多元化的转变，使得传播学研究者开始重视新媒体环境下的传播心理因素以及传播者即受众的多元化需求。传播方式的多元化也要求传播学界专家不仅要审视传媒行业自身改变，也需要更多地关注影响传媒行业的社会、文化和政治因素等方面的变化。传播心理学逐渐被学界重视。

1.5.2　本土之光：我国传播心理学的独特发展

研究者在寻找中国传播心理学的研究脉络过程中，发现中国的传播心理学脱胎于新闻心理学，这和中国长期的新闻实践密切相关。新闻心理学作为中国传播心理学的前身，根植于新闻传媒领域。这一起点的选择并非偶然，因为中国的新闻实践一直扮演着信息传递和社会影响的关键角色。因此，研究中国传播心理学的发展历程要从研究新闻心理学出发，追本溯源。

1. 新闻心理学萌芽时期：注意到受众心理

我国对新闻心理现象的研究可以追溯到20世纪初。此时期社会剧变，社会心理变迁，新闻业由政论时代向新闻时代转型，新闻职业化运动兴起，新闻心理学逐渐受到新闻从业者与研究者关注。同时，科学心理学引入中国，特别是社会心理学在中国兴起，为新闻心理学在中国的发展奠定了学理基础。

1918年9月，北京大学新闻学研究会导师徐宝璜教授开始尝试将心理学运用到采访对象和受众心理研究之中。他在《东方杂志》连载《新闻学大意》，告诫记者要注意采访对象的心理。我国早期著名报人邵飘萍也在1923年出版的《实际应用新闻学》一书中主张，记者在采访时要研究对方心理、讲究采访方法，并从社会心理学的角度提出新闻事业应“默察多数国民之心理与夫人群发达进步之潮流”的主张。

2. 新闻心理学发展停滞期：心理学遭受质疑

新闻心理学的研究伊始，主要聚焦于报纸读者的心理层面。然而，1949年后心理学这一新闻心理学的母体学科，不幸被扣上了“伪科学”的帽子。因此，新闻心理学在这一特殊时期也陷入了发展近乎停滞的困境。总体而言，这一阶段的研究问题和具体内容相对匮乏，鲜有新的突破和进展。

值得一提的是，尽管环境艰难，复旦大学王中教授在1956年所著的《新闻学原理大纲》中，依然强调了“不断寻求和发掘读者的需要与兴趣”对于现代报纸改进的重要性。他深入探讨了“办报人的主观意志与读报人的客观需要”之间的矛盾，并指出解决这一矛盾对于新闻心理学的意义。王中教授的论述不仅揭示了研究读者心理的重要性，也为新闻心理学的发展指明了方向。

3. 新闻心理学勃兴阶段：与国际传播学界深入交流

十一届三中全会以来，改革开放政策的春风为媒体行业带来了市场化浪潮。为了在市场竞争中立足，媒体不仅需要研究市场规律，更要兼顾社会效益与经济利益的平衡。因此，研究受众的接受心理和传播者的心理素质，以提升传播效果，成为媒体行业的迫切需求。

在学科发展层面，十一届三中全会后，国家高度重视学科建设的恢复与发展。1977年6月，心理研究所正式恢复运作；同年8月，全国心理学学科规划座谈会在北京召开，这次会议为心理学的发展奠定了坚实基础。1980年，中国心理学会正式代表中国加入国际心理科学联合会，并在第22届国际心理学大会上获得认可，标志着中国心理学与国际学界的交流日益密切。

与此同时，传播学在中国落地生根并逐渐发展壮大。1982年，施拉姆的访华之行促成了我国第一本介绍传播学的著作《传播学(简介)》的出版，我国成功召开了第一次全国传播学研讨会。随后，1985年5月，中国社会科学院研究生院新闻系、中国人民大学新闻系、复旦大学新闻系等纷纷开始招收以大众传播学为研究方向的硕士研究生，进一步推动了传播学在中国的发展。同年6月，复旦大学更是举办了国内首次国际传播理论讨论会——传播学学科研讨会，为国际传播学界的交流搭建了重要平台。

在这一时期，新华社记者李耐因和国内新闻学界的专家学者们纷纷意识到新闻心理学的重要性，他们提出建立一门崭新的学科——新闻心理学，以深入研究新闻传播活动中的心理现象及其规律。复旦大学新闻系的徐培汀教授，在概括和总结我国新闻界在1978—1979年期间对于读者心理、采访心理等方面的研究成果后，明确提出在我国开展新闻心理学研究的必要性。这些举措和观点，为新闻心理学的勃兴阶段注入了强大的动力，也为新闻学和心理学之间的交叉融合开辟了新的道路。

4. 新闻心理学系统发展阶段：注重研究脉络梳理

20世纪80年代初期，我国新闻心理学主要研究读者心理、采访心理、编辑心理，并开始关注广播听众心理和播音员心理，关注受众和传播者，研究他们的心理现象及其规律。

1985年，广西大学朱执中教授编写了《采访与采访心理学》，把采访心理编进新闻教材。1981年，曾任《经济日报》总编辑的安岗发表了《研究读者是一门学问》，把对新闻受众心理的研究提高到了坚持无产阶级党性原则的高度。1983年，时任新华社副社长的郭超人撰写文章，论述了新闻工作者的政治思想素质与心理素质的关系，强调了重视心理素质的必要性。

1986年7月，由上海复旦大学新闻系的张骏德、刘海贵合著的第一本以《新闻心理学》命名的专著出版。1986年10月，首都新闻学会同中国人民大学新闻系联合举办了“新闻与相邻学科”学术讨论会，社会心理学被列入“相邻学科”。1986年2月—1987年9月，《新闻战线》展开了关于“新闻与想象”的讨论，讨论所涉及的有关思维和想象的论述，实际上已经进入到新闻心理学范畴。1988年，上海社科院新闻所的魏永征、何立武在题为《打开新闻活动中的心理奥秘——新闻心理学介绍》一文中，对我国自1941年以来有关新闻心理方面的研究做出总结。

5. 新闻心理学规范建设阶段：学科体系逐渐成熟

进入20世纪90年代，我国政治经济工作的重心开始转移，社会主义市场经济的建立，要求新闻工作不仅应遵循新闻规律，还必须遵循市场经济规律，中国传媒业开始快速走向市场。传媒工作者对听众、观众心理的探求兴趣空前高涨。

与此同时，原国家技术监督局于1992年11月1日公布的“学科分类与代码”中，“新闻与传播学”被列为一级学科，新闻心理学被归为新闻理论下的一个三级学科。新闻心理学由此正式被纳入我国高等教育学科分类的序列。

1995年，新闻心理学被正式列入全国高等教育新闻专业自学考试科目。这在客观上扩大了新闻心理学的知名度，一定程度上提高了新闻心理学的普及率。1994年5月，由北京广播学院牵头召开了首届新闻心理学研讨会，会上提出了不少新的研究课题，对推动我国新闻心理学的发展起到积极作用。

6. 传播心理学萌芽发展时期：新闻与传播心理学细分

20世纪90年代以来，各项传播技术在国内蓬勃发展，有线电视覆盖率提升，广播电台不断创新栏目与广播形式，传播形式逐渐多元化、丰富化。传播技术的发展促使学界和业界将视野转向新的媒介影响。 在这一时期，新闻与传播心理学在研究和教学层面都有了新的发展，心理学理论和知识逐步渗透到新闻研究的方方面面，研究视角也不再局限于普通心理学，而向社会心理学、管理心理学以及现代心理学的各种流派及方向发展。

1999年，第三届“新闻与传播心理学研讨会”在大连召开，本次研讨会首次在名称中加入了“传播”二字，会上多位学者提出了新闻心理学学科建构的具体设想，就传播心理学这一新兴学科的发展现状以及未来发展前景进行了广泛的讨论。为了培养新闻心理学与传播心理学的高级人才，部分高校于20世纪90年代中期和21世纪初期先后设立新闻心理学和传播心理学的硕士学位授权点、博士学位授权点。2000年11月，中国传媒大学成立了我国第一家传播心理研究所。

7. 传播心理学规范发展阶段：学科系统建设

进入21世纪，传播学在中国得到了极大的发展，传播心理学作为传播学的细分学科，开始出现“传统导向”和“问题导向”发展之争。“心理学从各自的学术传统出发，把传播现象作为心理学各自领域的一个研究对象”，这形成了传播心理学“传统导向”的研究。同时，部分学者也尝试“问题导向”的传播心理学研究，即把具体的传播现象作为研究的出发点，将心理学的理论和方法作为研究工具，研究的对象不局限于新闻流程中的传者、受者、被访者，而是采用传播学的视角，对新技术发展下的传播心理现象进行研究。

不少学者开始考虑学科建设问题，参与到对新闻心理学与传播心理学的范畴与关系的讨论中来。部分学者将新闻心理学与传播心理学视为并列关系，认为新闻心理学视角微观，研究问题具体，传播心理学研究对象宏观抽象。另一部分学者将新闻心理学与传播心理学视为涵盖关系，认为在信息传播中，新闻信息是其重要的组成部分，因而传受者在新闻活动中的心理现象也应当属于传播活动中人的心理活动。

2002年，第四届全国新闻与传播心理研讨会暨中国社会心理学会传播心理专业委员会第一届学术年会在湖南省张家界市召开。本届年会讨论涉及新闻心理、传播心理、广播电视心理、互联网心理和广告心理，其中既有理论探讨，也有应用研究；既注重经验研究，也注重实证分析。

2005年，第五届全国新闻与传播心理研讨会暨中国社会心理学会传播心理专业委员会第二届年会在中国传媒大学召开，参会人数和提交论文数均创新高。刘京林教授将这届年会的特点总结为：研究从单一向多元辐射、从随意性向规范化迈进、从前科学向科学性过渡。

8. 传播心理学成熟阶段：设置专业理论课程

2008年，第六届全国新闻与传播心理研讨会暨中国社会心理学会传播心理专业委员会第三届学术年会在昆明召开，此后基本形成每两年召开一次学术年会的惯例，更多的年轻学者加入学术研究共同体，不断有国外的研究者参会并且分享最新的研究成果。这一时期的传播心理学研究除原有议题外，还关注传播效果、舆论心理等方面，新闻传播学对心理学理论的引入更加专业化、规范化、科学化，研究领域越来越聚焦网络、社交媒体等新议题。

2018年7月，在中国社会心理学会第九届会员大会上，刘京林教授被中国社会心理学会授予“中国社会心理学贡献奖”；2019年，传播心理学专业委员会获得中国社会心理学优秀专业委员会奖。

2018年，教育部发布我国高等教育领域首个国家标准，即《普通高等学校本科专业类教学质量国家标准》，其中，在新闻传播学类专业理论课程设置要求中，“传播心理学”被列入传播学的八门专业必修课程。2020年10月，中国传媒大学的“传播心理学”课程被认定为首批国家级线下一流本科课程。

9. 传播心理学融合发展新阶段：跟随技术前沿

当前面临新时代、新技术、新媒体、新融合，新的交叉学科和新文科建设也在向前推进，新闻与传播心理研究不断“破圈”，走向更广阔的领域。互联网重塑了人类传播形态，新媒体融入了更多人的生活方式，这使得本来忽视传播心理学的心理学界开始重视有关媒介的心理现象。另外，网络与新媒体也使传播心理学术场域更加扩大，学术成果在互联网的催化下更容易交流与扩散，促进了更多学术思想的碰撞。

互联网产业已经成为中国经济增长的新引擎，这就更加凸显互联网治理与研究的必要性，无论是社会宏观治理、网络经营管理、互联网新媒体从业者还是普通网民(用户)，都更加需要了解不同于以往“受众”概念的“用户”的心理需求。另外在AI、智能传播等领域，认知心理学扮演的角色愈发重要，这些都愈加体现出传播心理研究的重要性。

1.6　学科对话：传播心理学与传统社会心理学的交汇

传播心理学作为传播学的一个重要分支，深入研究了信息传递、舆论塑造、广告效果以及社会互动等广泛的传播现象，揭示了这些现象背后的复杂心理机制。在这一章节中，我们将聚焦于探讨传播心理学与传统社会心理学之间的联系和区别。这个探讨将帮助我们更好地理解传播过程中的心理层面，以及传播心理学在解释和改善广告、新闻、社交媒体等各种传播活动中的作用。同时，我们也将窥见传播心理学与社会心理学在研究对象、方法和目标上有所不同，以及它如何为我们揭开人类行为和态度变化的谜团。通过深入研究这些交汇和分歧，我们能够更全面地了解传播心理学研究的重要性以及其与传统社会心理学之间的独特关系。

1.6.1　紧密联系：两学科间的互补与合作

1. 历史渊源：传播学与心理学的共同起源

从传播学诞生之初，就与心理学有着深厚的渊源。传播心理学作为传播学的细分领域，与心理学有着紧密的联系。早在20世纪50年代之前，传播问题的研究主要由社会学家和社会心理学家主导，并在社会学和社会心理学的学科框架内进行。第二次世界大战前后至20世纪50年代后期，许多美国社会心理学家(包括社会学家)积极参与了传播学研究，并为美国传播学的发展奠定了坚实的理论基础。这些学者的研究具有明显的心理学特征，涉及了情感、态度、认知等心理现象。

2. 学科创始人视角：拉斯韦尔、拉扎斯菲尔德和心理学

施拉姆等人将拉斯韦尔、拉扎斯菲尔德、勒温、霍夫兰确定为传播学的四大奠基人，其中拉斯韦尔和拉扎斯菲尔德代表了结构功能主义学派，他们将社会心理学思想融入了传播研究。这种融合带来了控制论传统和社会心理学传统的交汇。霍夫兰等人创建的态度改变与劝服研究以及勒温等人的团队动力学研究，本质上都属于社会心理学研究范畴。

3. 当代融合：心理学与传播学的不断交汇

现今，心理学与传播学的融合仍在继续。教育部于2018年将"传播心理学"列为传播学专业的必修课程，这反映出传播学的主要目标之一是揭示人类态度和行为变化的规律，以便更好地理解和控制人的行为和态度。传播学和心理学都关注人类行为，因此两个领域之间的理论联系是不可避免的。

1.6.2 独特视角：传播心理学的差异化研究

1. 研究对象不同：情感和行为变化与社会相互作用

尽管传播心理学具有浓厚的心理学渊源，但由于研究对象、方法和策略的不同，传播心理学和社会心理学之间存在显著差异。传播心理学侧重于引发共情能力、情感、潜意识和认知能力，而社会心理学更注重探究人们在社会环境中适应生存和个体发展的情感、潜意识和认知能力。

2. 研究方法差异：实验科学与社会互动研究

传播心理学的研究方法更加控制性和定量化，而社会心理学更加描述性和定性化。传播心理学通过实验来验证假设和理论，而社会心理学通过观察和分析来理解人类行为的复杂性。传播心理学通常采用的是实验科学方法，这包括实验室实验和场景模拟，以及计算模型等。

3. 研究目的不同：传播效果及心理现象规律与社会相互作用的理解

与社会心理学不同，传播心理学是一门交叉学科，吸纳了心理学和传播学的研究方法，采用多元化的研究取向，旨在探索传播活动中的心理现象及其规律。传播心理学重点研究传播心理基础理论和应用，特别关注在新闻、广告、影视、网络等传播领域中传播者和受众的特定心理活动规律，以提高传播效果。

因此，传播心理学与社会心理学在研究对象、方法和目的上存在重大差异。

1.7　演变历程：传播心理学的学科交叉与进步

传播心理学作为传播学与心理学的交叉学科，巧妙地吸纳了两者的研究方法，既注重科学主义的精确分析，又兼顾人文主义的深刻洞察，形成了多元化的研究取向，其目的在于深入探索人类传播活动背后复杂而微妙的心理现象，并揭示其内在规律。传播心理学的研究领域广阔，可细分为三大方向，分别为传播心理基础理论、传播心理应用以及传播心理测量与分析。

1.7.1　理论深潜：基础理论的持续探索

传播心理基础理论方向致力于构建传播心理学的基石，探究其基本原理和整体框架。在这一方向上，研究者特别注重运用现代心理学理论，特别是神经生物论、行为主义论、精神分析论、人本主义论和认知论这五大理论流派。这些理论为分析传播活动中认识主体的行为和心理活动提供了有力的工具。通过深入研究传受者的认知规律、行为模式、意识和潜意识活动，以及这些活动与个体人格健康发展的关系，我们得以一窥传播活动的深层心理机制。通过不断优化和完善传播心理基础理论的研究，我们能够更好地理解人类传播活动的本质，为实践中的传播策略提供更为科学的指导，推动传播活动的健康发展。

1.7.2　实践创新：应用方向的突破与尝试

传播心理应用方向专注于将传播心理理论应用于实际传播情境中，以解决实际问题并提升传播效果。这一方向的研究者不仅掌握深厚的传播心理理论知识，还具备丰富的实践经验，能够将理论与实践相结合，为传播活动提供科学指导。

在传播心理应用方向中，研究者关注大众传播及人际传播中各种心理现象的发生发展规律，尤其重视新闻、广告、影视、网络等传播领域中传者与受者特定的心理活动规律。通过深入了解这些心理活动规律，研究者能够揭示传播活动中影响受众认知、情感和行为的关键因素，为优化传播策略提供有力支持。此外，传播心理应用方向还致力于研究提高大众传播活动效能的心理依据与策略。研究者通过分析受众的心理需求、认知特点和行为模式，探索如何制定更有效的传播策略，以提高信息的传达效率和受众的接受度。他们关注受众的注意力分配、记忆机制、情感反应等方面，以制定能够引发受众共鸣、增强传播效果的内容和形式。

通过传播心理应用方向的研究，我们可以更好地理解受众的心理机制，优化传播策略，提高传播效果。这不仅有助于提升媒体的传播效能，还能够促进广告、影视、网络等传播领域的健康发展。因此，传播心理应用方向在传播心理学中具有举足轻重的地位，对于推动传播学的发展和实践具有重要意义。

1.7.3 方法革新：测量与分析技术的不断进步

传播心理测量与分析方向专注于量化和深入分析传播活动中的心理现象。这一方向的研究者运用科学的方法和工具，对传播过程中的心理现象进行精确测量和深入分析，以揭示其内在规律和机制。在传播心理测量与分析方向中，研究者首先会确定需要测量的心理现象和变量，如受众的认知、情感、态度等，然后选择合适的测量方法和技术，如问卷调查、实验研究、观察法等，以收集相关的数据和信息。这些数据和信息随后会经过统计分析和处理，以提取出有意义的结论和规律。

通过传播心理测量与分析，研究者可以更准确地描述和解释传播活动中的心理现象，揭示受众对信息的接受程度、对传播者的信任度、对传播内容的兴趣度等方面的差异和变化。同时，研究者还可以分析传播策略对受众心理的影响，以及受众心理对传播效果的作用机制。此外，传播心理测量与分析方向还关注不同传播媒介和渠道对受众心理的影响。例如，研究者可以比较传统媒体和新媒体在传播过程中的心理效应差异，或者分析不同传播渠道对受众认知和情感的影响。这些研究有助于传播者更好地了解受众心理，制定更有效的传播策略。

总体来说，传播心理学中的传播心理测量与分析方向为传播活动的优化提供了科学的依据和方法。通过精确测量和深入分析受众心理，传播者可以更加精准地把握受众需求，提高传播效果，更好地实现传播目标。

总结与回顾

本书的第一部分主要是带领我们了解传播心理学，帮助读者对传播心理学理论体系建立一个整体的认识。

首先，本章的目的之一是要回答这样一个问题：传播心理学是什么？

我们没有采用传统的本质定义的方法，而是采用了话语分析的方法，梳理了国内外学者关于传播心理学的理解，试图以中立的角度给读者呈现一个较为全面的视角来认识传播心理学，也为读者打开一扇扇研究方向的大门，读者可以任意挑选自己所喜爱的角度继续进行研究。

其次，分别介绍了传播心理学的研究范畴、研究方法，梳理出传播心理学的研究路径，以历史溯源的方法厘清传播心理学研究纵览和理论发展脉络，这里分别从欧美研究现状、国内研究现状两条线索寻找，国外的传播心理学之所以选择欧美是因为欧美地区在传播心理学研究历史中扮演着重要的角色，其学术传统、研究资源和国际合作机制都为传播心理学的繁荣发展提供了坚实基础。因此选择欧美地区作为国外传播心理学研究的主要阵地是合理而有利的。

最后，了解传统社会心理学与传播心理学的联系与区别，把握传播心理学的学科交叉与衍生历史。通过了解相关学科能够进行跨学科综合研究，获得更广泛的学科视角，帮助研究者从多个维度理解传播心理学的复杂性；相关学科可以提供丰富的理论基础，帮助研究者掌握多样性的方法，推动其将研究成果应用到更加广泛的领域，促进学科交叉创新。

思维与挑战：思考题

1. 在新媒体时代下，你认为传播心理学会有哪些新的特征？

2. 请简单归纳传播心理学几个发展时期的特点。

3. 请尝试使用传播心理学的基本理论，对近年的网络热点舆情事件进行剖析。

4. 请简述传播心理学与传播学、心理学的联系和区别。

5. 传播心理学在发展的过程中，除了传播学和心理学，还受到了哪些学科的影响？

第2章　传播之旅：心理学运作的深度揭秘

本章将介绍传播过程中的心理学机制所涉及的相关概念，包括传播过程中的感知心理；传播过程中的学习、认知与条件因素；传播过程中的编码与记忆；传播过程中的自我图示与自我感知；传播过程中的人际知觉等。本章还将对传播过程中的心理学机制所涉及的相关理念和方法做出系统的分析与解读。

2.1　感知之门：传播过程中的心理奥秘探索

传播过程涉及多个方面，感知心理是其中一个核心环节。在传播过程中，传播者通过符号、文字、图片、音频和视频等手段，将信息传播给受众。受众在接收到这些信息后，会对其产生一定的心理反应，这种心理反应受到个人经历、文化背景、情感状态等多种因素的影响，因此，了解这些心理现象和影响因素以及如何运用心理学原理优化传播效果显得尤为重要。本节将探讨传播过程中的感知心理现象和影响因素，以及如何运用心理学原理优化传播效果。

2.1.1　感知基石：定义与内涵的厘清

感知心理是指在传播过程中，受众接收并处理信息时所表现出的心理现象和心理活动的过程。这些心理活动包括感觉、知觉、认知、情感等多个方面。在传播学中，感知心理通常被视为受众对于传播内容产生反应的核心环节。从传播角度来看，感知心理可以理解为受众在接收信息时所产生的心理上的“接触——反应——认知——理解——情感”过程。感知过程是一个主观的体验，受众通过感觉器官接收到的外界刺激受到个体差异、先前经验、期望和情境的影响。研究者采用实验法与观察法等方法，深入探究感知过程中涉及的几个关键环节：注意机制、感知选择的原则、感知加工的过程以及认知解释的形成机制等。

2.1.2　流程解构：感知之旅的细腻描绘

马克思主义认为，感知是一种感性认识的过程，即人类通过感官系统将外界刺激转化为内在知觉和认知的过程，是实践基础上的能动反映。这个过程不仅涉及感觉登记和知觉加工，还涉及记忆、思维和情感等多个方面，是一个复杂的信息处理过程。感知过程如图2-1所示。

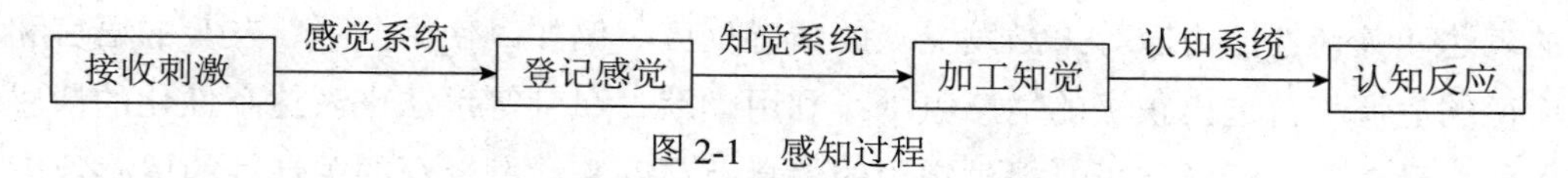

图 2-1 感知过程

在这个过程中，个体通过感觉器官接收外界刺激，如光线、声音、气味、触觉等信息，然后将其转化为神经信号传递到大脑中进行处理；大脑再通过对神经信号的解读和加工，进行感觉登记并转化为内在知觉，对刺激进行识别、分类和解释。这个过程涉及底层感知和高层认知两个层面，底层感知主要涉及感觉登记和知觉加工等基本的感知活动，高层认知则涉及对内在知觉的理解、判断和记忆等多个方面。

感知过程是一个动态的、连续的过程，涉及多个阶段和层次的信息处理。在感知过程中，我们不仅可以获得关于外界刺激的信息，还可以根据这些信息进行判断、推理和理解，进而指导我们的行为和决策。同时，感知过程也具有主观性和客观性，观察者需要尽可能地减少主观性对感知结果的影响，以便更客观地理解和解释世界。“不言而喻，人的眼睛和原始的、非人的眼睛得到的享受不同，人的耳朵和原始的耳朵得到的享受不同，如此等等”①。

2.1.3 机制深挖：感知背后的心理动因

传播者需要了解受众的需求和心理，才能更好地传递信息并达到预期的传播效果。在传播过程中，注意力、记忆、情感和认知等心理过程影响着感知的传播效果。

1. 注意力

受众的注意力是传播者需要关注的重要因素。传播者可以通过精心设计传播内容、形式和呈现方式等来吸引受众的注意力。例如，使用鲜艳的颜色、强烈的对比、动感的画面等视觉元素来吸引受众的眼球；利用简洁、生动的语言和有趣的故事情节来激发受众的兴趣和好奇心。此外，传播者还可以利用声音、排版、节奏等元素来营造出易于理解的传播内容，以吸引受众的注意力。

2. 记忆

受众的记忆也是传播者需要关注的重要因素。传播者应该思考如何让受众记住自己的品牌、信息或观点。为此，传播者可以将信息与受众已有的知识和经验相结合，使用易于记忆的语言和表达方式，以及提供具有故事性和情景化的内容等来提高受众的记忆效果。此外，重复出现的信息和多样化的传播渠道也有助于增强受众的记忆效果。

3. 情感

受众的情感也是传播者需要注意的重要因素。传播者可以通过情感化的设计、个性

① 马克思，恩格斯. 马克思恩格斯全集(第42卷)[M]. 北京：人民出版社，1979.

化的表达和关怀性的内容等来激发受众的情感反应。例如，使用温暖、友善的语言和令人愉悦的色调来营造出积极的情感氛围；利用幽默、讽刺等手法来表达个性化的情感反应；关注受众的生活和需求，提供实用的信息及帮助来激发受众的关怀性的情感反应。

4. 认知

受众的认知也是传播者需要注意的重要因素。传播者需要思考如何让受众准确地理解自己的品牌、信息或观点。为此，传播者可以通过提供简单易懂的信息、准确的数据和清晰的图表等方式来提高受众的认知效果。此外，避免使用过于专业或模糊不清的语言和表达方式，以及尽可能地提供与受众相关的具体案例或实例，这也有助于增强受众的认知效果。

2.1.4 认知迷雾：信息传播中的个体偏差

在信息传播的过程中，个体对信息的认知往往会出现偏差。这种偏差是由多种因素共同作用的结果，包括个人的知识体系、心理状态、社会背景以及文化价值观等①。

1. 知识体系与认知偏差

个体的知识体系在信息传播过程中起着至关重要的作用。人们往往倾向于根据自身的知识结构和经验来解读信息。然而，这种基于知识体系的解读往往会导致认知偏差。例如，人们可能只关注与自身知识体系相符的信息，而忽视与自身知识体系相悖的信息，从而导致信息处理的片面性。此外，个体的知识体系可能存在漏洞或错误，这也会导致对信息的错误解读，进而产生认知偏差。

2. 心理状态与认知偏差

心理状态是个体对外部环境的主观反映，它对信息传播的认知偏差也有着显著的影响。“在心情极佳‘激活状态’的情况下，‘对周围事物的感受异常清楚和明晰’；而在心情压抑‘非激活状态’的情况下，则‘对周围的一切感知非常暗淡、不清楚，好像隔着一层薄膜’。‘欢乐嫌夜短，寂寞恨更长’就是很好的写照，‘任何一种强烈的情感如期待、恐惧、怀疑、忧郁、过分欣喜等都可能在认知中产生偏见，可能使感知的清晰度降低，从而产生错觉’。如在伴有强烈的恐惧情绪时，可出现‘草木皆兵’‘杯弓蛇影’的错觉。”当个体处于焦虑、抑郁等负面情绪状态时，他们可能对信息产生过激反应，或者无法准确理解和评估信息的真实性和客观性。此外，心理状态还可能影响个体的信息处理能力，如在处理复杂信息时，个体的认知偏差可能会增大。

3. 社会背景与认知偏差

社会背景对个体对信息的认知偏差也有很大影响。社会阶级、教育水平、地域文化

---

① 周菲. 决策认知偏差的认知心理学分析[J]. 北京行政学院学报，2008(5)：75-79.

等因素都可能影响个体对信息传播的认知。例如，社会阶级可能会影响个体对信息的接触和理解，教育水平可能会影响个体对信息的分析和判断，地域文化可能会影响个体对信息的情感态度和价值判断。这些社会背景因素都可能导致个体对信息传播的认知出现偏差。

4. 文化价值观与认知偏差

文化价值观是人们对信息和传播的观念和看法的基础。不同的文化价值观可能使人们对同一信息产生不同的解读和认知。例如，某些文化可能强调信息的权威性和客观性，而另一些文化可能更注重信息的变化性和主观性。这种文化价值观的差异可能导致个体在接收和解读信息时出现认知偏差。受众的知识素养、经验储备状况对其感知效果有直接的影响[①]。

个体对传播信息的认知偏差是一个复杂的现象，受到多种因素的影响。知识体系、心理状态、社会背景以及文化价值观都在不同程度上影响着个体对信息的理解和判断。对传播心理学的研究可以进一步探讨如何通过教育和训练来提高个体在信息传播过程中的认知能力，以减少认知偏差。此外，此类研究还可以关注如何利用现代科技手段来提高信息传播的准确性和效率，以更好地服务于社会的发展和进步。

2.1.5　策略共鸣：感知心理与传播艺术的交融

有效的信息传播是推动社会发展、提升品牌价值、加强人际互动的关键，传播策略与感知心理在信息传播过程中相互作用、紧密联系。传播策略是指通过规划、实施和评估一系列传播活动，以实现特定的传播目标的方式。这些目标多种多样，包括提高品牌知名度、促进产品销售、增强投资者信心或提升社会形象等。在制定传播策略时，需综合考虑多个方面：明确传播目标、确定目标受众、选择合适的传播渠道、规划时间与频率，并合理分配预算等。

感知心理是指人们在接收、解码、理解和记忆信息时的一系列心理过程。这些过程受到个体差异、外部环境、文化背景等多种因素的影响。感知心理对传播策略的影响主要体现在注意力的吸引、信息的解码与理解以及情绪的唤起等方面。传播者需要深入了解目标受众的兴趣、需求和认知特点，创造出具有吸引力的内容，以抓住受众的注意力。

如何将感知心理融入传播策略是传播过程中的关键一环，在传播速度迅速、传播信息量庞大的数字化时代，不同的传播策略会体现出不同的传播逻辑，但最终目的都是引发受众的情绪反应，如喜悦、惊讶、愤怒或恐惧等，以增强受众对信息的印象，扩大对受众的影响力。概括起来，主要有三种传播策略。

1. 制定个性化的传播策略

充分了解目标受众的年龄、性别、教育背景、兴趣爱好等，制定有针对性的传播策

---

① 宋小卫. 论新闻广播听众的感知心理[J]. 现代传播，1988(1)：1-5.

略，以更好地满足他们的需求和偏好[①]。

2. 创造沉浸式的传播体验

利用虚拟现实、增强现实等技术，为受众创造身临其境的传播体验，以增强他们对信息的感知和记忆。

3. 运用情感化的传播方式

通过讲故事、使用感性语言、配以温情或激情的音乐等方式，唤起受众的情感共鸣，加深他们对信息的印象[②]。

传播策略与感知心理在信息传播过程中协同作用，共同提升了信息传递效果。这种相互促进的关系为企业在竞争激烈的市场中实现有效的信息传播提供了新的思路和方法。在未来发展中，随着科技的进步和社会环境的变化，传播策略与感知心理的结合将更加紧密，也将为我们创造更多精彩的信息传播体验。

感知心理与传播艺术的交融

2.1.6 文化烙印：社会背景对感知的塑造力量

在多元化的社会中，每个人的感知心理都受到其社会文化背景的深远影响[③]。社会文化不仅塑造我们的行为方式，还决定我们看待世界和解读信息的方式。概括起来，社会文化对感知心理的影响主要体现在以下几个方面。

1. 感知觉的塑造

感知觉是指我们通过感官来获取、处理和理解信息的过程。它涉及感官器官接收外部刺激，将其转化为电化信号，通过神经系统传递到大脑，并在大脑中进行解码和解释。这一过程不仅帮助我们认识并适应外部世界，还深刻影响着我们的行为和思维方式。我们的感知器官在接触外部世界时，往往会根据社会文化的引导来选择性地注意和解释信息。“主体在面对客观对象产生感知之前，大脑并不是一个空箱，而是储存着许许多多的信息，它包括已有的经验、知识、语言、逻辑思维形式等。人类的感知过程有理性的东西渗透其中，还有第二信号系统语言的参与。同时，作为产生感知的主体的人又是一个具有目的、意向、价值观念及各种情感因素的现实的社会个体。”例如，在某些文化中，人们可能对颜色、形状等视觉元素更为敏感，而在另一些文化中，人们可能更注重声音、气味等听觉或嗅觉元素。

---

① 张琳. 新媒体环境下的品牌传播研究[D]. 重庆：重庆工商大学，2011.

② 张志安，彭璐. 混合情感传播模式：主流媒体短视频内容生产研究——以人民日报抖音号为例[J]. 新闻与写作，2019(7)：57-66.

③ 刘战豫，朱康文，王漫漫. 心理距离视角下舆情传播风险感知和治理[J]. 长江师范学院学报，2020，36(6)：24-31+122.

2. 认知的塑造

社会文化也影响我们的认知过程，包括我们的思维方式、问题解决策略等。托马斯·库恩(Thomas S. Kuhn)在《科学革命的结构》中指出："一个人看到的不仅依赖于他在看什么，也依赖于他以前的视觉的经验已经教会他在看什么。"[①]例如，有的文化强调个人主义和独立思考，而有的文化更重视集体主义和共识。这些不同的价值观念将直接影响我们理解和解释世界的方式。

3. 情感的调动

社会文化还影响我们如何理解和表达情感。固然，事物的各种属性不以人们的目的、兴趣、价值观念的不同而有所变化，但哪些属性进入人的感知，却不仅与客观事物本身有关，也与感知主体的情感有关。人们往往会"偏爱"某些事物或事物的某些属性，而对其他的东西往往视而不见，听而不闻。不同的文化对情感的表达和接受方式有着各自独特的规范。例如，有的文化鼓励直接表达个人情感，而有的文化更崇尚内敛和克制。

感知是个人对外部世界信息的组织和解释，受到个人经验、期望、动机、社会和文化背景等多种因素的影响。本节主要从感知心理的概念、感知的过程、心理机制、个体对传播信息的认知偏差、传播策略和感知心理，以及社会文化对感知心理的影响进行分析和探讨，试图从规律层面得出"一般性、可推及"的结论。通过深入了解受众的感知心理，传播者可以更好地调整传播策略，提升传播效果。我们在研究传播过程中的感知心理时需要综合考虑多种因素，包括生理和心理基础、认知过程和社会文化背景等。

2.2 智慧之光：传播中的学习、认知与条件探析

2.2.1 学习引擎：驱动传播的智慧火花

在认知科学领域，学习被理解为大脑对信息进行处理和存储的过程。这些信息可以包括新的知识、技能，以及对世界的理解。人们通过学习来适应环境，解决问题，以及发展自己的个人能力。在社会心理学领域，学习被看作个人与社会的相互作用过程，人们通过学习来理解和接受社会的规范、价值观和行为模式。同时，学习也包括从他人的行为和经验中获得启示，以及通过社交互动来发展社会技能。在教育领域，学习通常被定义为通过各种手段和方式获取知识和技能的过程。这些知识和技能可以是具体的(如数学、语言、科学等)，也可以是抽象的(如道德、哲学、艺术等)。学习不仅包括知识的获取，也包括对知识的理解和应用。在神经科学领域，学习被看作神经元之间的连接方

---

① 库恩. 科学革命的结构[M]. 上海：上海科学技术出版社，1980：92.

式和神经系统的整体组织结构的改变过程。这些改变是基于经验和行为的，它们使得神经系统能够更好地应对未来的挑战[①]。

总体来说，学术界对于学习的理解是多元而深入的，涵盖了从认知过程到社会互动，再到神经生理学等多个方面。无论在哪个领域，学习都强调个人的成长和发展，以及与环境的相互作用。学习是基于经验而引起行为或行为潜能发生较为持久的变化的过程。

1. 信息的接收、获取和处理

在信息传播过程中，通过学习完成对信息的接收是一个复杂的过程。接收者首先需要理解信息的含义，包括对语言、符号、概念和技术的理解。如果信息包含复杂的观点或技术，接收者可能需要花费更多的时间来学习，以获得更深入的理解。在理解信息后，接收者需要将信息吸收到他们的认知系统中，这往往需要将新的信息与已有的知识和经验进行整合，从而形成新的理解。这个过程包含记忆和反思，以及反复的学习和实践。而信息的价值不仅在于理解和吸收，更在于如何运用这些信息来解决问题或实现目标。接收者需要学习如何在实际情境中应用所理解和吸收的信息，培养新的技能，以及形成运用信息的实际策略[②]。

此外，学习还受到许多因素的影响，如接收者的动机、兴趣、经验和背景等。为了更好地理解和运用信息，接收者需要寻找与自己相关或感兴趣的信息，并愿意投入时间和精力去学习和实践。在信息传播过程中，传播者可以通过优化信息的内容和形式，以及利用更有效的传播策略，来帮助接收者更好地通过学习来理解、吸收和运用信息。

2. 学习能力的提升

学习能力的提升是一个多维度的过程，包括获取新知识和技能、改变态度和价值观，以及形成新的信念和观点。这些方面相互关联、相互影响，构成了学习能力的整体。

在传播过程中，获取新知识和技能是培养学习能力的基础。通过阅读书籍、文章、报告、学术论文等文献，结合相关传播实践和课程学习，研究者可以掌握大量的基础知识、概念、理论和技术，熟悉最新的研究动态和进展。同时，通过参与线上或线下的讨论、交流、分享等活动，研究者可以相互学习、互相帮助，拓宽视野、拓展思路，不断提高自身的认知水平和能力素质。在形成新的知识体系过程中，研究者时而改变自己的态度和价值观，这同样是培养学习能力的重要方面。我们日常接触到的信息、观念、价值观等元素，都会对思想观念和态度产生影响。因此，在传播过程中，研究者需要保持开放、包容的心态，勇于接受和吸纳新思想、新观念，从而不断改变自己的态度和价值观，同时，要善于思考、辨析、评价各种信息和观点，提高自身的信息素养和批判性思

---

① 张浩，吴秀娟. 深度学习的内涵及认知理论基础探析[J]. 中国电化教育，2012(10)：7-11+21.

② 张仲明，李红. 学习能力理论研究述评[J]. 西华师范大学学报(哲学社会科学版)，2004(4)：136-139.

维能力，避免受到不良信息的影响。最后，我们会形成新的信念和观点，这是培养学习能力的核心目标。通过学习新知识、技能以及改变态度和价值观，我们逐渐形成了自己的信念和观点，从而更好地适应社会发展的需要。在这个过程中，我们需要勇于质疑、挑战旧有的观念和思想，善于观察、发现新现象和新趋势，结合自己的思考和实践，不断形成自己的新观念和新思想。同时，我们要注重反思和总结经验教训，不断完善自身的认知和能力水平，提高自身的综合素质和发展潜力。

只有不断学习、积累经验，才能不断提高自身的认知水平和能力素质，更好地适应社会发展。同时，我们也应该认识到在传播过程中学习能力的培养是一个长期的过程，需要坚持不懈地进行自我提升和完善。学习能力的建立也是一个多维度的过程，获取新知识和技能是基础，改变态度和价值观是支撑，形成新的信念和观点是高级目标。只有这些方面得到充分的培养和发展，才能真正地提高学习效果和个人素质，更好地发挥自己的潜力，为终身学习和全面发展打下坚实的基础，为实现个人价值和社会进步做出更大的贡献。

在传播过程中，学习能力的培养是一个长期且多维度的心理建设过程，它要求个体不仅掌握新知，还要在态度、价值观上进行自我调整和完善。这种心理层面的转变，为形成新的信念和观点提供了支撑，推动了个人素质的全面提升。因此，学习不仅是对外在知识的获取，更是内在心理的成长与成熟。

2.2.2　认知蓝图：构建信息理解的框架

在信息时代，信息的传播成为人们相互交流、获取知识并建构体系的重要方式。对于同样的信息，不同的人会有不同的理解和解读，其认知过程受到许多因素的影响。信息的理解、解读、加工、编码，以及对信息真实性和可信度的评估都是传播过程中不可或缺的一环。

1. 对信息的理解和解读

接收者在接收到信息后对其进行理解和解读的过程称为认知加工。这个过程包括对信息的选择性注意、理解和记忆等[①]。在信息传播过程中，认知加工受到很多因素的影响，如信息的特征、接收者的认知能力和心理状态等。如果信息具有高度的视觉冲击力或情感色彩，接收者就更容易对其进行认知加工。同时，接收者的认知能力和心理状态也会影响对信息的认知加工。例如，具有较高知识水平的人可能更容易理解复杂的信息，而具有较强自我控制能力的人可能更容易抵制错误信息的干扰。

人们在理解、记忆和决策过程中出现的系统性误差，即认知偏差。在信息传播过程中，认知偏差可能会导致对信息的误解、误判或偏见。例如，刻板印象和确认偏误是两

---

① 孙宁. 认知过程的格式塔感知基础[J]. 考试周刊，2012(12)：21-22.

种常见的认知偏差。刻板印象是指人们对某一类人或事物的固定看法，这种看法可能不客观或不合理。确认偏误是指人们更容易接受和确认自己的观点和立场，而忽视或排斥与自己观点不同的信息。这些认知偏差可能会导致人们在信息传播过程中出现误判或偏见，在实践中应尽可能避免认知偏差。

综上所述，信息的理解和解读是一种特殊的学习与认知过程，其中发送者通过设置特定的环境和元素引导学习者，而接收者则通过自我发现和领悟的方式接收和理解信息。如果接收者无法理解或正确解读信息，那么就难以实现信息传递的真正意义和价值。对于同一信息，不同的接收者可能会有不同的解读，这可能导致信息的传播效果出现差异。因此，发送者需要关注接收者的反馈，了解他们对信息的解读和反应，以更好地调整传播策略，提高传播效果。

2. 对信息的加工和编码

人们接收到信息后，会根据自身的认知框架对其进行加工和编码，以便更好地存储和传递信息。以下将从对信息的加工和编码方面分析传播过程中的认知。

信息加工是人们在接收到信息后，对其进行处理、组织和整合的过程。这个过程包括对信息的筛选、分类、理解、记忆和思考等多个环节。人们会根据自己的认知能力和经验，对信息进行加工和组织，以便更好地理解和记忆信息。信息编码是将信息转换成能够被人们理解和传递的形式的过程。人们将加工后的信息以语言、文字、图像等形式进行表达，以便更好地传递和分享信息。在这个过程中，人们会使用自己熟悉的符号和语言，将信息进行编码，使其能够被其他人所理解和接受。

在传播过程中，对信息的加工和编码是认知过程的重要环节。受众对信息的加工和编码受到多种因素的影响，包括个人因素和社会文化因素。传播者需要充分关注和理解受众的背景和需求，采用恰当的传播方式和手段，以使信息能够更好地被受众所接收和理解。

3. 对信息真实性和可信度的评估[①]

在完成对信息的接收、理解并加工后，对信息真实性和可信度的评估也是认知过程的重要部分。信息的真实性和可信度评估决定了人们对待信息的方式和态度，以及信息在人们心中的地位和影响力。以下将从对信息真实性和可信度的评估方面讨论传播过程中的认知。

信息真实性评估是人们在接收到信息后，对其真实程度和可靠性的判断过程。这个过程受到多种因素的影响，包括信息来源的信誉、证据的充分性以及信息的逻辑连贯性等。信息可信度评估是人们在接收到信息后，对其可信程度和认可度的判断过程。这个过程受到多种因素的影响，包括信息表达的客观性、作者的信誉以及信息的时效性等。

---

① 陈昌凤，王宇琦. 公众生产信息时代的新闻真实性研究[J]. 新闻与写作，2016(1)：48-52.

人们会根据自己的认知能力和经验，对信息进行真实性和可信度评估，以便更好地判断其可靠性。

信息真实性和可信度对于个人、组织、社会以及国家的发展都具有非常重要的意义和价值。人们应该始终关注信息的真实性，保持警惕和审慎的态度，不断提高自身的认知能力和水平，以更好地应对复杂多变的信息环境。同时，每个人都应该遵守信息伦理和道德规范，不制作、传播虚假信息，共同维护信息的真实性和可信度。

认知是一个复杂而多维的过程。信息的理解、解读、加工、编码以及真实性和可信度的评估，都是这个过程中重要的环节。这些环节不仅受到个人因素的影响，也受到社会、文化、政治等多种环境因素的塑造。在未来的研究中，我们可以进一步探索如何通过科学的方法和技术，更加准确地理解和把握人们对于信息的认知过程，并采取措施来优化信息内容和形式，以帮助接收者更好地理解、吸收和运用信息。此外，我们也需要研究如何有效地提高信息的真实性和可信度，以减少虚假信息的传播。

2.2.3　条件枷锁：制约传播效果的隐形之手

从传播的角度来看，人们在学习与认知过程中均会受到条件因素的影响。条件是指影响信息传播过程的各种因素的总称，它可以帮助传播者更好地了解和掌控传播环境，从而更有效地实现传播目标。在传播过程中，对条件的划分主要有以下三种。

1. 传播环境

传播环境是影响信息传播过程和效果的重要因素，包括社会文化、政治经济、个人的价值观、个人的社会地位和社会规范等。传播过程发生在特定的环境中，会影响人们对信息的不同理解和反应①。

社会文化是一个社会群体共同遵循的价值观念、信仰、习惯和行为的总和。社会文化对信息传播的影响表现在人们对于信息的接受程度、理解和解释方式上。不同的文化对信息的解读会有所不同，不同社会文化背景的人对同一信息的认知和接受程度也可能存在差异。例如，在一些社会中，对个人隐私的重视可能使人们对一些公开的个人信息产生不同的反应；而在另一些社会中，对集体主义的重视可能使人们对集体行动更感兴趣。政治经济是指影响信息传播的政府政策、法律法规和经济因素。这些因素可以促进或限制某些信息的传播，并对传播效果产生影响。例如，政府对媒体的管控、市场机制对信息传播的筛选和影响等。个人的价值观也会影响其对信息的理解和反应。例如，当一个非常重视公平和正义的人看到关于社会不公或歧视的信息时，可能会有更强烈的反应。同时，个人的社会地位也会影响人们对信息的理解和反应。例如，处于较高社会地

① 黄微，李瑞，孟佳林. 大数据环境下多媒体网络舆情传播要素及运行机理研究[J]. 图书情报工作，2015，59(21)：38-44+62.

位的人可能更倾向于接受和认同那些与他们的地位和价值观相符的信息；而处于较低社会地位的人可能对那些反映社会不平等和歧视的信息更敏感。社会规范是社会群体共同遵循的行为准则，它会影响不同群体对信息的反应。例如，在一个非常注重规则和文明的社会中，人们对不讲规则或不文明的行为的信息可能会有更强烈的反应。

总体来说，传播环境是复杂多样的，它会影响人们对信息的理解和反应。在传播过程中，人们需要考虑这些影响因素，以更好地理解和预测信息传播的效果，同时也需要包容和尊重不同的社会文化、个人价值观和社会规范等，以促进更加公正和平等的社会交流。

2. 信息质量

王众托教授等人在其文章《关于信息系统概念基础的一点思考》中，深入剖析了数据与信息的内涵，并提出了信息的三元结构理论。他们指出，客观世界中的物体存在与事件发生，需通过特定方式对其他事物产生影响，进而得以体现。基于此，他们将事物的属性、状态及过程，因能对其他事物产生作用而被“感知”的特质，定义为该事物所蕴含的“信息”。在此，“感知”被广义地解释为某一事物受到另一事物作用而产生的影响，由此进一步阐述了信息质量的构成，即信息质量是内容质量、集合质量、表达质量与效用质量的总和①。可以看出，信息质量包括信息的准确性、完整性、相关性、时效性等多个方面，这些方面影响着受众对信息的接受程度和信任程度。接下来，将具体分析这些信息质量方面是如何影响信息传播的整体效果的。

第一，信息的准确性是影响受众对传播内容信任程度的关键因素。受众更倾向于接受那些来源可靠、证据充分、观点明确的信息。如果信息存在错误或含糊不清的情况，受众很可能会对信息产生怀疑，甚至对传播者的信誉产生怀疑。因此，传播者需要尽可能地核实信息的准确性，确保证据充分、真实可靠。第二，信息的完整性也会影响传播效果。受众希望获得全面的、多角度的信息，以帮助他们更好地了解问题。如果信息只提供了单一的视角或者忽略了某些关键细节，受众很可能会对信息的真实性和全面性产生怀疑。因此，传播者需要尽可能地提供全面的、多角度的信息，让受众能够全面了解问题的各个方面。第三，信息的相关性也是影响传播效果的因素之一。如果信息与受众的需求和兴趣没有直接联系，那么受众很可能会对信息产生排斥和忽视。因此，传播者需要了解受众的需求和兴趣，将信息与受众的实际情况相结合，以提高受众对信息的关注度和接受程度。第四，信息的时效性也是影响传播效果的因素之一。如果信息过时或者未能及时发布，受众很可能会对信息失去兴趣。因此，传播者需要尽可能地提高信息的时效性，及时更新信息，以满足受众的需求。

信息的准确性、完整性、相关性和时效性都会影响受众对信息的接受程度和信任程度，传播者需要尽可能地提高信息的质量，以满足受众的需求和期望，从而获得更好的传播效果。

---

① 曹瑞昌，吴建明. 信息质量及其评价指标体系[J]. 情报探索，2002(4)：6-9.

3. 个人因素

个人因素对传播的影响是多层面的。一方面，在主体接触并感知客观对象之前，其大脑并非空空如也，而是满载着丰富的信息储备。这些信息包含了主体过往的经验积累、知识储备、语言习得以及逻辑思维模式等诸多方面。如传播者的个人背景、性格、价值观、受教育程度、生活经历等个体特征都会影响他们传递信息的方式和内容。这些个体特征不仅决定着传播者自身的传播方向，还影响受众的认知和态度，进而影响传播效果。

另一方面，受众的个体特征也会影响传播的效果。例如，受众的年龄、教育程度、兴趣爱好、需求、价值观、态度和信仰等都会影响他们对传播内容的接受程度和反应。不同年龄段的人具有不同的兴趣、需求和价值观念，因此对于不同年龄群体的传播策略需要进行差异化。年轻人可能更容易接受新事物和技术，而老年人可能更加保守和坚持传统。同时，教育程度高的人通常更具批判性思维和信息处理能力，他们对于信息的筛选、评估和理解可能更为严谨。因此，在传播过程中应该提供更深入、准确和可靠的信息来满足他们的需求。除此之外，个人的兴趣和偏好也会影响受众选择接收和关注哪些信息。正如马克思说："忧心忡忡的穷人甚至对最美丽的景色都没有什么感觉，贩卖矿物的商人只看到矿物的商业价值，而看不到矿物的美和特性，他没有矿物学的感觉。"[①]了解受众的兴趣和偏好可以帮助传播者更好地定位、包装和传递信息，从而提高传播的效果。个体的价值观和信念是其行为和决策的重要驱动因素。在传播过程中，如果信息能够与个体的价值观和信念相契合，信息传递的效果可能更好。然而，如果传播的信息与个体的价值观存在冲突，可能会引发受众的抵制或反驳。需要注意的是，这些个体特征的影响并不是单一的，而是相互交织和影响的。因此，在传播过程中，我们需要综合考虑多种个体特征，并根据具体情况实施差异化的传播策略和沟通方式。

此外，个人因素还可能影响传播的渠道和方式。例如，有些人更喜欢通过社交媒体来获取信息和表达自己的观点，而有些人更喜欢通过传统的新闻媒体来获取信息。因此，传播者需要根据目标受众的个体特征来选择最合适的传播渠道和方式，以提高传播效果。

以上三种条件对传播的影响是多方面的，且并不是单独存在于某一事件当中。在传播过程中我们可以看到多个因素的存在，即多元条件因素。为了更好地实现传播目标，传播者需要通过不断的学习和积累，提升自己的专业素养和认知能力，充分了解和分析各种条件因素，并采取相应的措施来提升传播效果。

传播过程中的学习、认知与条件是相互关联和影响的。通过学习完成对信息的接收和认知加工，对其进行解读和处理，并根据不同的条件因素调整传播的内容、形式和渠道，可以有效地提高传播效果。了解这些因素有助于更好地理解信息传播的机制，从而为提高传播效果提供理论依据和指导。未来的研究可以进一步探讨这些因素之间的相互

---

① 马克思，恩格斯. 马克思恩格斯全集(第42卷)[M]. 北京：人民出版社，1979.

作用以及如何通过优化这些因素来提高传播效果。

2.3 编码记忆：传播信息的深层密码

当今时代，受众在传播过程中掌握了更多的自主权，“用户的认知资源已经成为传媒市场竞争的重点”①，无论是广告还是各种各样的电视节目，都希望通过各种方式在受众的记忆中刻下烙印，进而获得最大限度的传播效果。其中，传播者最重要的就是将信息加工编码为受众易接受、容易记忆的信息。因此，传播者熟悉信息加工过程，认识编码与记忆的联系，将对明确如何制作、传播使受众记忆深刻的信息大有帮助。

2.3.1 理论基础：信息加工的智慧基石

1885年，赫尔曼·艾宾浩斯(Hermann Ebbinghaus)出版的代表作《记忆：对实验心理学的一项贡献》，成为用实验研究记忆的先驱。1890年，威廉·詹姆斯(William James)在《心理学原理》中区分了初级记忆与次级记忆的不同。19世纪50年代，阿兰·图灵(Alan M.Turing)的测试表明，计算机可以被看作会思考的机器。克劳德·艾尔伍德·香农(Claude Elwood Shannon)出版著作《通信的数学理论》，建立了一组信息传输的编码，成为现代信息论研究的开端。这些成果的取得使通信技术从经验走向科学，为整个信息科学的形成和发展奠定了必要的理论基础。一时间，计算机科学技术蓬勃发展，然而同时期心理学因研究方法自20世纪初由实验研究转为内省法，逐渐陷入研究困境。计算机科学和相关理论的蓬勃兴起，为心理学家提供了一种新的研究心理学思路和方法，心理学界兴起了一种新的理论倾向——信息加工心理学。1967年，美国心理学家乌尔里克·奈瑟尔(Ulric Neisser)出版《认知心理学》一书，标志着以信息加工心理学为主的认知心理学成为一个独立的流派。

信息加工理论将人看成计算机式的信息加工系统，认为人脑的工作原则与计算机的工作原则相同，因而可以在计算机和人脑之间进行类比，如图2-2所示。该理论强调人的已有知识结构对行为和当前认知活动的决定作用，并力求通过计算机模拟等方式发现人们获取和利用知识点的规律，达到探究人类认知活动规律的目的。正如西蒙在《认知：人行为的思维与智能》中所说：“我们把人看成一个信息加工系统。信息加工系统也叫‘符号操作系统’(symbol operation system)，更被称为‘物理符号系统’(physical symbol system)。”②

---

① 喻国明，韩婷. 用户在传播认知中记忆效果的测量：研究框架与技术路线[J]. 出版发行研究，2019(2)：56-61.

② 赫伯特·西蒙. 认知：人行为的思维与智能[M]. 北京：中国人民大学出版社，2020：31.

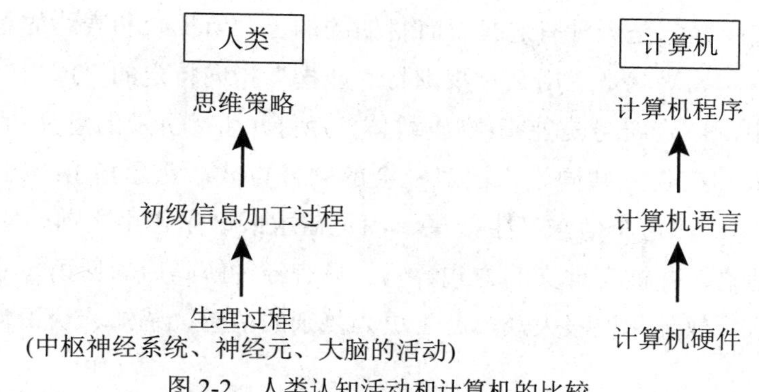

图 2-2　人类认知活动和计算机的比较

在传播心理学的视角下，信息加工理论的编码过程尤为关键，因为它直接关联到信息如何被构建、传递以及最终被受众理解和接受。编码，作为信息传播的首要环节，涉及传播者如何将内在的思想、情感或信息转换为可供他人理解的符号形式，如语言、图像或行为等。这一过程不仅受到传播者个人已有的知识结构、经验背景及心理状态的影响，还深受其所处的社会文化环境的制约。

根据信息加工理论，编码时，传播者会依据自身的认知框架，对信息进行筛选、组织和表达，这一过程中可能伴随着信息的简化、强调或忽略某些细节，从而影响信息的完整性和准确性。例如，一个拥有丰富专业知识的传播者在编码时可能更倾向于使用专业术语，而忽略了对非专业受众的解释性说明，这可能导致信息理解的障碍。

传播心理学指出，编码过程中的心理因素，如传播者的动机、情绪状态、对受众的预设认知等，都会微妙地影响信息的编码方式。例如，当传播者处于高度焦虑状态时，可能会选择更为保守或模糊的信息表达方式，以避免潜在的冲突或批评。

因此，深入理解编码过程，不仅要求我们关注信息的客观内容，更需洞察传播者的主观心理状态及其所处的社会文化背景。通过心理学的研究方法，如实验、调查或个案分析，可以揭示编码背后的心理机制，为优化信息传播策略、提高传播效果提供科学依据。在后续讨论中，我们将深入探讨编码过程中的具体心理机制，以及如何通过调整编码策略来促进更有效的信息传播与接收。

2.3.2　编码解码：信息流转的双向舞蹈

英国文化研究之父——斯图亚特·霍尔(Stuart Hall)在《电视话语中的编码与解码》一文中提出“编码与解码”理论。在此理论中，编码指信息传播者将所要传递的讯息、意图或者观点转成具有特定规则的代码。任何信息在进入大众传播领域之前都必须进行“编码”。首先，信息必须以某种符号的形式在传播领域中流通，因为“没有符码的操作就没有明白易懂的话语”[①]；其次，“加工”就意味着材料的取舍，这就难以避

① Hall S. Encoding and Decoding in the Television Discourse[M]. London：Centre for Contemporary Cultural Studies，1973.

免倾向性。事实上，它是一种有选择、有目的的加工，所反映和表达的是媒体所代表和希望促进的舆论。编码就是运用某种规则将“能指”指向特定的“所指”的行为。比如运用到广告当中，广告符号是能指(物质载体)与所指(期待引发的意义)的狂欢，广告的编码就是广告人和广告主共同设立的对社会的阐释方式。霍尔指出:“如果想要产品(即信息)被受众理解，在这个信息产生效果、满足需求或产生作用之前，它必须先被看作一种有意义的话语，并被有意义的方式解码。只有经过解码后的话语，才能带来效果和影响，进而娱乐、教导和说服大众，产生更为复杂的情感、感知、认识、意识形态或行为上的结果。”

从传播者的角度来说，信息的编码形式和内容对接收者起着至关重要的作用，有时会出现编码的意义和解码的意义可能并不相同，其原因是编码和解码的代码并不完全对等，歪曲或误解就是由信息交换的双方在代码上缺乏对等性而产生的。

而对于解码者来说，也未必会完全理解发送者的意图，通常接收者会对信息进行选择性理解和选择性记忆。选择性理解，即接收者依据自己思维方式，对接收到的广告信息做出独特的个人解释。比如同一则广告，不同接收者会选取不同的解码立场。选择性记忆，即接收者根据自己的需要，在已经接收、理解的广告信息中挑选出对自己有用的信息储存，大部分信息因瞬时或短时记忆而被遗忘。

我们来看信息编码的完整过程，如图2-3所示。首先，由发送者将信息用语言、文字、符号、图像等形式进行编码，再通过媒介将信息发送出去，然而信息在媒介传播中并不是畅通无阻的，因为媒介中很有可能同时充斥着其他各种纷繁复杂的信息干扰，同时在传播的过程中也存在着信息的损耗，所以信息很多时候并不可能100%触达。之后，接收者对接收的信息进行解码。最后，接收者对信息刺激做出反应以及给发送者反馈。

有效的传播在于采取有针对性的编码，准确传达发送者的意图，并通过富有表现力的手段引起接收者的注意，进而促使其产生预期的反应和行动。在媒体信息编码时，发送者要充分掌握接收者的心理需求，才能在传播信息以后“直击要害”，吸引接收者的兴趣，提高传播效果。

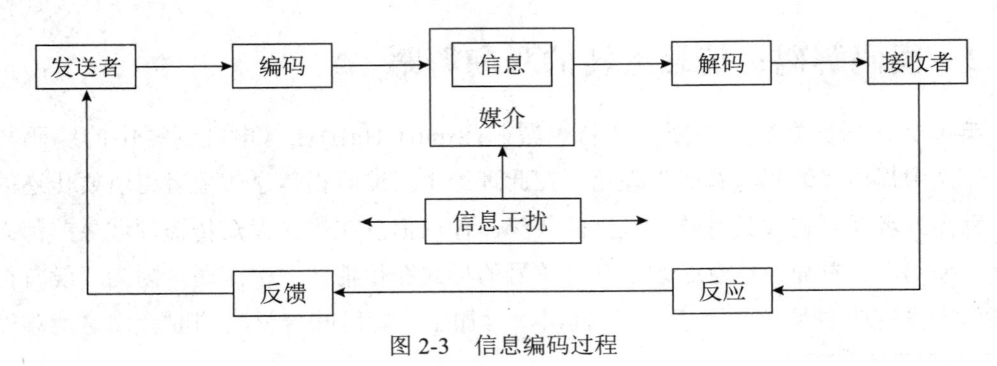

图 2-3　信息编码过程

编码过程主要是针对传播二元关系中的发送者而言的，这一过程涉及将信息、情感或意图转化为可传递的符号、语言或图像，以便能够有效地传达给接收者。编码对应的是解码，这是接收者的工作，即接收者根据自身的认知框架、经验背景及心理状态，对接收到的信息进行理解和阐释。

对于接收者的解码过程，接下来将着重阐释接收者的选择性记忆。选择性记忆是传播心理学中的一个重要概念，它指的是接收者在解码信息时，并非全盘接受，而是会根据个人的兴趣、需求、价值观以及先前的知识和经验，对信息进行筛选和过滤。这种筛选和过滤机制使得某些信息得以被深刻记住，而另一些信息则可能被忽略或遗忘。

在传播过程中，选择性记忆对信息的传播效果产生着深远影响。一方面，它有助于接收者更好地理解和记忆与自身密切相关的信息，从而提高信息的有效性和针对性；另一方面，它也可能导致信息的偏差或失真，因为接收者可能会根据自己的主观认知对信息进行解读，从而忽略或误解发送者的原始意图。

因此，在传播实践中，发送者需要充分考虑接收者的选择性记忆特点，通过合理编码和巧妙设计信息内容，以引导接收者正确地理解和记忆信息，从而达到预期的传播效果。同时，接收者也应意识到自己的选择性记忆倾向，努力克服偏见和误解，以更开放和客观的态度接收和解读信息。

2.3.3　记忆力量：支撑传播的隐形支柱

一千个读者就有一千个哈姆雷特。现实生活中，不同的人看到同一条视频、同一个广告，甚至同一段文字都会做出不同的反应。然而人脑每天接触的信息纷杂，想要全部记住是难如登天的事情，而且并不是每一件事都值得去记忆，一些与自己无关甚至可能带来痛苦与烦恼的记忆，更是应该抛之脑后，再也不愿想起。

这种现象在心理学中被称为选择性记忆①。最早从传播角度关注接收者的选择性心理的是拉扎斯菲尔德，而后美国传播学者克拉珀1960年从大众的心理研究角度出发，将这种选择性接触机制称为接收者的选择性心理，并将之细分为选择性注意、选择性理解和选择性记忆。一言以蔽之，接收者的选择性心理就是指接收者根据自身的情况和兴趣来评判接收到的内容，并且对信息进行选择性的接受。

选择性记忆是受众选择性心理的表现之一，指接收者对所接受信息的基本倾向，即记忆那些与自己观念最一致的内容。接收者在接受和处理传播内容时，并不是不加分析地、一股脑儿地全部接受，他们主动地、积极地、有选择地筛选并记忆那些与自己固有观念、兴趣、爱好相符合的部分，而把其余内容从自己的记忆中加以排除，从而满足自己的需要，达到心理平衡。选择性记忆的特点是信息要能够满足自己需求、含有内容较少、形象具体。

---

① Klapper J T. The Effects of Mass Communication[M]. New York：Free Press，1960.

2.3.4 相互作用：编码与记忆的紧密交织

有效的传播在于采取有针对性的编码，准确传达发送者的意图，并通过富有表现力的手段引起接收者的注意，进而促使其产生预期的反应和行动。这也启发传播者在进行信息传播时，要有针对性地根据接收者的解码特点进行针对性的编码，使发送者编码与接收者解码保持一致，发送者的意图能够准确被接收者接收到，尽可能减少传播过程中受到的外在及内在干扰，提升传播效果。

针对接收者选择性记忆的心理机制，以下策略可作为信息传播编码的参考。

(1) 引起兴趣。选择性记忆倾向于记住那些引起自己兴趣和情感共鸣的信息。发送者应该设计吸引人的标题、故事情节或引人入胜的元素，以吸引接收者的注意力并激发他们的兴趣。

(2) 简洁明了。选择性记忆偏向于记住简单、明了的信息。发送者应该尽量简化和澄清信息，避免使用复杂的术语或过多的细节，清晰简洁的信息更容易被接受和记忆。

(3) 重复和强调。选择性记忆偏向于记住反复出现和被强调的信息。发送者可以通过重复关键信息、使用强调手段(如加粗、颜色等)或采用多种传播渠道来提高信息的重复性和强调性。

(4) 情感共鸣。选择性记忆更容易记住与情感相关的信息。发送者可以尝试在信息中引入情感元素，如故事、个人经历或情感化的语言，以增强信息的情感共鸣和记忆性。

(5) 多样化呈现。选择性记忆偏向于记住多样化的信息。发送者可以通过使用多种形式的媒体和内容呈现方式(如文字、图像、视频等)，以及提供不同角度和观点的信息，来增加信息的多样性和记忆性。

(6) 上下文和关联。选择性记忆受到上下文和关联的影响。发送者应该注意将信息放置在适当的上下文中，并与接收者已有的知识和经验进行关联，以帮助他们更好地理解和记忆信息。

总之，选择性记忆大概可以分为三个阶段，信息的输入、存储、输出阶段。其中在信息的输入阶段，发送者与接收者的联系更为紧密，随着技术的不断发展，接收者在传播中的主导权日益凸显，选择性记忆现象也更加明显。对于发送者而言，以接收者为本，针对接收者需求，将信息编码为接收者容易接受、乐意接受的形式则显得更为重要。了解选择性记忆的特点可以帮助发送者更好地编码信息，以提升信息的接受和记忆效果，借以提高信息的传播效果和记忆效果。

2.4 自我镜像：传播中的自我认知与感知

每个人都对自身有一定的认识，并且在生活中，人们无时无刻不在经历着认识自己的过程，喜欢什么菜、喜欢什么衣服、适合什么生活方式等，可以说人们就在生活的点点滴滴中构建了对自己的认识，进一步说就是构建自我图式与自我感知。人们根据自己的图式与感知，在生活中挑选那些符合自己需求的商品或者信息，同时生活中传播的信息也在影响和改造我们的认知和行为，让我们主动抑或被动地改变自我图式或自我感知理论。这一节将重点阐述什么是自我图式和自我感知，它们如何在传播中发挥作用，以及传播者如何通过把握自我图式和自我感知理论，以实现影响大众的目的。

2.4.1　理论透视：自我图式的深层解读

希腊德尔斐神庙门楣上有这么一句话："认识你自己。"人们也常说没有人比自己更了解自己；但也有人说旁观者清，别人说不定更能了解自己。随着现代生物学的发展，很多人都知道了人的很多表征都是由基因编码决定的，当然也会有一部分成长环境的影响，但这些性格与喜好并不是像产品说明书那样一条条列清楚，它们隐藏在深处，只有通过不断探索才能发掘出来，完成对自己的认知。可以说，认识自己是一个人一生的课题。这个认识自己的过程也被称为自我图式。在自我概念研究领域中，自我图式理论别具一格、独具特色[①]。

1977年，社会心理学家黑泽尔·马库斯(Hazel Markus)在吸收了认知心理学有关图式的概念以及信息加工的观点基础上提出了自我图式理论。她是美国斯坦福大学的教授，在心理学、社会学和政治学等多个领域都有广泛的贡献。自我图式理论是她长期研究自我认知、身份认同和文化差异等问题的成果之一。马库斯认为[②]，自我图式是个体对自我身份、角色、特质和经验的内在组织方式，影响个体的理解、感知和行为。她提出，自我图式可以通过体验、社会化和自我反思等途径形成，并与文化、性别、社会地位等因素密切相关。自我图式是个体认知结构的基础，能够帮助个体更好地理解自我和他人，指导个体的行为决策和情绪反应。

图式是我们组织自己所处世界的心理模板。自我图式也就是对自己的认识，它强烈地影响着我们对社会信息的加工。自我图式由个体加工过的信息组成，对与自我有关的信息的输入和输出均有影响。自我图式储存于记忆中，一经建立即发挥其选择性功能，决定是否注意信息、信息的重要程度如何、怎样建构以及处理信息。随着某类重复经验的不断累积，个体的自我图式会变得越来越稳固，会对与之不一致或矛盾的信息加以抗拒。当然，这并不是说已经建立的自我图式就完全不能改变，在某些条件下自我图式也会做出适当的调整。我们可以将自我图式理解为对自己的认知地图。我们每做一件事，都会在地图上留下印记。这样累积起来的一个个印记，就形成了我们对自己认识的导

---

① 钟毅平. 社会认知中的自我及自我表征[J]. 西北师大学报(社会科学版)，1999(4)：60-64.

② Markus H，Nurius P. Possible selves：Implications for Gender Roles and Occupational choice[J]. Journal of Personality and Social Psychology，1986，51(2)：383-392.

航。能成为什么样子，即可能自我。我们的可能自我包括我们梦想中自己的样子，比如富有、苗条、充满激情的自我；同样也包括我们害怕成为的样子，比如失业的、没有人爱的、学业上失败的自我。这种可能自我会激发出一种我们渴望的生活愿景，对我们能够产生巨大的激励作用，或促使我们努力避免成为自己害怕的样子。

总之，自我图式理论为我们理解个体的自我认知、目标设定和行为选择提供了重要的理论框架。它在社会心理学、组织行为学、广告营销等领域得到了广泛的应用和发展。研究者通过探索个体的自我图式如何影响态度、行为和决策，为实践提供了有益的指导。

2.4.2 行为映射：自我图式与传播行动的对话

自我图式没有直接涉及传播的媒介或渠道，而是更关注个体心理层面的自我认知和行为。个体是传播中的一个重要主体和受体，个体的偏向与选择对传播过程有着至关重要的作用，因此自我图式作为一个了解认识个体的重要理论基础，仍在传播中起到了重要的作用，它可以影响个体对信息的接受、解释和记忆，从而对信息的传播效果产生影响。

在信息过滤和选择方面，个体倾向于接受与自我图式相关的信息，而忽视或筛选与自我图式不相关的信息。例如，一个具有环保意识的人更可能关注关于环境保护和可持续发展的信息，而不太关注其他类型的信息。个体对于信息不是全都接收，而是有偏向、有选择的，他们往往会选择符合自己需求、感兴趣的，这也启发传播者在制造和编码信息过程中要充分掌握受众的心理需求，让信息在传播以后“直击要害”，吸引受众的兴趣，提高传播效果。比如，通过大数据将受众打上标签，进行信息的个性化推荐。

在信息解释和记忆方面，个体依据自我图式来解释和记忆信息，将新信息与已有的自我图式联系在一起。这样可以加强信息的记忆，并使其更易于理解和接受。例如，一位热衷于健身的个体可能会更容易记住与健身相关的信息，并将其与自己的健身自我图式联系在一起。

在信息传播方面，个体可以利用自我图式来传播信息。他们通过选择与自我图式相关的信息内容、形式和渠道来吸引目标受众，并希望目标受众能够与之产生共鸣和情感联系。例如，一个运动品牌可以针对运动爱好者的自我图式，设计相关的广告内容和推广活动，以吸引他们的注意并传播品牌形象。

以上是自我图式理论在个体偏向和选择信息过程中发挥的作用，随着自我图式理论的发展和完善，影响范围的日益扩大，自我图式也被应用到营销、宣传等领域。

在品牌营销层面，许多品牌利用个体的自我图式来塑造自己的形象和价值观，从而吸引目标消费者。例如，一家运动品牌通过强调健康、活力和竞争力等价值观，与那些认同这些价值观的个体建立情感联系，并通过他们来传播品牌形象。又如，奢侈品品牌通过打造自己独特、稀有、另类的品牌定位，吸引那些感兴趣的受众，并在发展中不断深化、巩固或者调整，以增加用户黏度，扩大受众规模，进而提高营销的效率与效果。

在政治宣传层面，政治候选人或政党可以利用个体的自我图式来塑造自己的形象和政策议程。他们可以通过强调与个体自我图式相关的问题和价值观，如经济繁荣、社会公正或国家安全等，来吸引选民的支持并传播自己的政治信息。

在社交媒体营销层面，社交媒体平台可以根据用户的自我图式来推荐内容和广告。他们通过分析用户的兴趣、喜好和行为，勾勒出用户画像，然后将与用户自我图式相关的内容和广告个性化推荐给他们，增加用户的停留时间和使用频率，加强用户黏性，从而提高用户参与度和广告效果。

在个人形象建设层面，个人可以利用自我图式来塑造自己的个人形象。他们可以通过在社交媒体上展示与自我图式相关的内容和价值观，吸引与之类似的人群，并通过他们来传播自己的个人品牌信息，在不断完善和丰富的自我图式展现中，逐渐形成独属于自己的媒体风格，不断深化和巩固，建立起一个成熟的个人品牌形象。

总而言之，自我图式理论对个体的自我图式在信息过滤与选择、信息解释和记忆、信息传播等方面都产生着重要的影响。在传播中，了解个体的自我图式可以帮助传播者更好地理解受众对信息的反应和行为，从而更有效地进行沟通和传播策略的制定。

2.4.3　感知基石：自我感知的理论根基

有心理学家曾经注意到，当人们判断他人动机时，通常会依据这个人所在情境有没有强烈的诱因而定，如果有，那么会判断此人的行为由此诱因引起；如果这个诱因很小，或者难以察觉，那么会判断此人的行为由内在动机引起。古文《邹忌讽齐王纳谏》中邹忌与徐公比美，分别问了妻、妾、客三个不同对象，却得到了同样的结果，就生动地再现了不同的人因为不同的内、外在动机做出的反应。同样地，在现实生活中，如果你买一件衣服，听到售货员的赞美，你不一定会听，但听到朋友的赞美你会非常开心。这是因为你判断售货员评价是带有一定动机的，是销售额促使他说出这样的话，是非纯粹的，然而朋友的话大多真实可信，由内而发。

爱德华·埃尔斯沃恩·琼斯(Edward E. Jones)等学者将这种现象总结为“人际感知理论”[①]，人们以此来分析他人行为归因，此理论得到了普遍的认可，影响广泛。随后，本姆(Bem)[②]又将此观点创造性地借鉴到了人们对自己行为的归因上，认为人们不仅在对他人行为归因上遵循情境中有无强烈刺激物的原则，在对自己行为的归因上也遵循这一原则。这一观点经爱德华·L. 德西(Edward L. Deci)进一步总结深化，将之发展为较系统和完善的“自我感知理论”。该理论将人们对自己行为的归因分为两个维度，

① 李艳明. 自我感知的外表吸引力和人格特质的关系研究——以保险销售人员为例[J]. 心月刊，2019(6)：35.

② Bem D J. Self-perception：An alternative to attitude formation. Journal of Experimental Social Psychology，1967，3(1)，1-44.

即自我感知到的外在激励和自我感知到的内在激励。这两个维度都有强弱之分，因而存在着四种典型的情境，即外在激励强而内在激励弱、外在激励弱而内在激励强、外在激励内在激励皆弱和外在激励内在激励皆强，如图2-4所示。人们对于自己的情绪、行为、态度、品质、能力往往是不清楚的，因此不得不从自身的行为以及外在的环境来进行推测，且这种分析自我的行为与分析他人的行为没有本质的差异，都需要一定的传播过程构建自我图式，从而形成对自己的正确的自我感知。

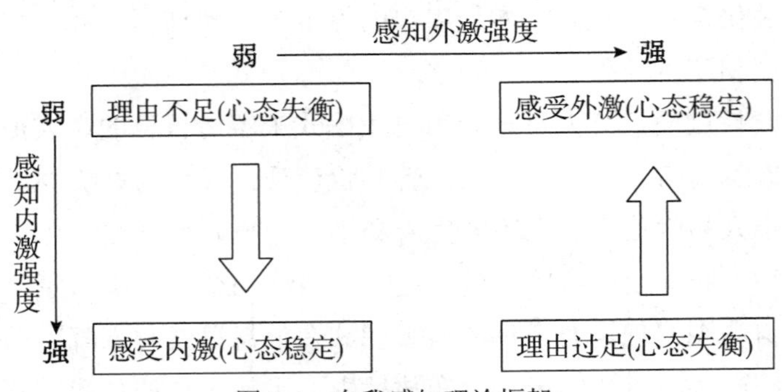

图 2-4　自我感知理论框架

2.4.4　效果链接：自我感知与传播成效的纽带

自我感知是个体通过观察自己的行为和外界反馈来推断自己的内在态度和情感，从而形成对自己的认知。这些行为绝不是封闭和静止的，而是在与外界有机互动下不断形成和构建的。

首先，在行为塑造层面，个体通过观察自己在传播过程中的言行举止，来形成对自己的认知。如果个体在传播过程中表现出某种特定的观点或态度，他们可能会将这种观点或态度与自己的自我认同联系在一起。例如，当一个人在社交媒体上频繁分享关于环保的信息和观点时，他可能会认为自己是一个环保主义者，并进一步塑造自己的环保者形象。久而久之，“环保”的概念将深刻融入他的行为和思想中，成为他的自我感知。

其次，在外界反馈的影响层面，个体对外界反馈的敏感度会影响他们对自己的认知和态度。如果个体收到与自己期望的形象或行为一致的积极反馈，他们可能会巩固自己的自我认知，并继续表现出相应的行为。相反，如果个体收到与自己期望的形象或行为不一致的负面反馈，他们可能会调整自己的自我认知和行为。例如，一个公司发布了一则广告，试图展示自己环保者的形象，但受到消费者的质疑和批评时，该公司可能会重新评估自己的形象并做出相应调整。再比如，某人之前坚定一个观点，但当他和别人交流后，被别人强烈反驳，并且不止一个人这样做，他可能就会对这个观点产生怀疑，反驳的观点越来越多，这种自我怀疑也会越来越强烈，最终可能导致他放弃此观点，接受他人观点。

最后，在自我一致性层面，个体倾向于通过保持自我认知的一致性来维护自己的自尊和自我形象。当个体在传播过程中表达一种观点或态度时，他们可能会倾向于继续支持和传播与之一致的信息，以维持一致性。例如，一个人在过去一直支持某个政党，并在社交媒体上公开表达了对该政党的支持，那么，未来他们可能会继续传播与该政党观点一致的信息，以保持一致性。

总体来说，自我感知理论在传播过程中的作用体现在个体通过观察自己的行为和外界反馈来获得关于自己的认知，并根据这种认知来塑造自己的态度和行为。个体会根据自我认知和外界反馈来选择、调整和传播信息，以维护自己的自尊和一致性。这种作用可以影响个体对信息的接受、态度的形成和行为的表现。

2.4.5　交互乐章：自我图式与感知的和谐共鸣

自我图式与自我感知之间存在着密切的关系。自我图式是个体在认知过程中将信息组织成整体或模式的方式，而自我感知是个体对自己的认知和理解。自我图式可以影响个体的自我感知，而个体的自我感知又可以反过来影响自我图式的形成和演化，自我图式可以被视为自我感知理论的一种扩展。

个体的自我感知会影响自我图式的形成和演化。在传播中，自我感知理论可以解释个体对于自己在讨论某个主题时发表的言论或行为的态度形成过程。当个体观察自己在特定话题上的言论或行为时，他们会根据这些观察来推断自己对该主题的态度，并且这些态度可能会对后续的行为和决策产生影响。同时，它们也会对个体的自我图式产生影响，促使其进行调整和更新。

自我图式理论提供了一种理解个体自我认知和行为的框架。在传播中，自我图式理论可以解释个体从媒体或其他信息源中选择和接受信息时的偏好、倾向和选择过程，有助于我们理解个体是如何感知自己并对自己的行为做出反应的。

2.5　人际桥梁：传播中的人际知觉探索

当我们与他人交流时，会根据对方的语言、表情、动作等来推断对方的意图和态度。如果对方表现出友好和积极的情绪，我们可能会认为对方是友善的；如果对方表现出冷淡或疏远的情绪，我们可能会认为对方是不友好的。这种感知和理解的过程就是人际知觉[①]。

2.5.1　定义特征：人际知觉的初步描绘

人际知觉是个体对所处人际环境和社会环境进行觉察和反应的过程。日常生活中，

---

① 俞国良，王拥军. 构建和谐人际关系：基于人际知觉偏差的视角[J]. 黑龙江社会科学，2012(3)：85-90.

我们与陌生人的交往会受到个人以往人际关系的影响。具体而言，影响的是我们在交往过程中对陌生人的总体感觉以及如何做出反应。

人际知觉是指对人与人之间关系的知觉，包括对人的外部特征、个性特点的了解，对人的行为的判断和理解。这种知觉主要是在人际交往中发生的，以各种交际行为为知觉对象。交际行为是指人们在交往中相互接触和交换的言语、态度与动作，包括礼节、交谈、表情、援助、侵犯等行为。人际知觉理论是研究人际交往中个体如何感知和理解他人的理论。人际知觉理论认为，个体在人际交往中会根据自己的经验和认知框架来形成对他人行为的解释。个体的认知框架包括自我图式、情感反应、社会刻板印象等，这些因素会影响个体对他人的感知和理解。此外，个体还会受到他人的影响和反馈，从而不断调整自己的认知框架和行为方式。人际知觉理论强调了个体在人际交往中如何根据自身的经验和认知框架来感知和理解他人的心理和行为，以及如何受到他人的影响和反馈。

2.5.2 深度剖析：人际知觉的内在世界

要深入了解人际知觉，就要知道它的特点，人际知觉的特点是多样而复杂的，弄清楚它们，就会对人际知觉的概念有更清晰的认知，更能在传播过程中熟练把握和运用。接下来我们将重点阐述人际知觉的几个特点①。

1. 主观性

人际知觉的主观性是指个体在人际交往中形成的对他人行为的解释和理解可能受到个人经验、文化背景、价值观等因素的影响，存在一定的主观性。对个体来说，人际知觉的主观性表现在以下几个方面。

(1) 个人经验的差异。个体在人际交往中形成的认知和理解受到个人经验的影响。不同的人可能会有不同的生活经历、教育背景、职业角色等，这些因素会影响个体对他人行为的解释和理解。

(2) 认知框架的影响。个体在人际交往中形成的认知和理解受到认知框架的影响。认知框架包括个体的价值观、信仰、态度等，这些因素会影响个体对他人行为的解读和判断。

(3) 主观情感的干扰。个体在人际交往中形成的认知和理解可能受到主观情感的影响。个体可能会根据自己的情感倾向来解读他人的行为，从而影响他们对他人行为的认知和理解。

(4) 文化背景的差异。不同文化背景下的个体可能会对同一人际关系形成不同的认知和理解。文化背景包括语言、习俗、价值观等，这些因素会影响个体对他人行为的解

---

① 郭丹，赵幸福，袁国桢. 人际知觉研究进展[J]. 中国健康心理学杂志，2017(9)：1426-1430.

释和理解。

总之，人际知觉的主观性表明个体在人际交往中形成的对他人行为的解释和理解存在一定的主观性和差异性，这也说明了人际知觉的复杂性和动态性。

2. 整体性

人际知觉的整体性是指个体在形成对他人整体印象的过程中，通常会综合考虑对方的情感、意图、态度、行为等各个方面，而不是孤立地看待某个单一的细节或特征。具体而言，人际知觉的整体性表现在以下几个方面。

(1) 综合信息的处理。个体在人际交往中会收集并综合处理对方的各种信息，包括言语表达、肢体动作、表情、行为方式等，以形成对对方的整体认知和理解。

(2) 整体印象的形成。个体在人际交往中通常会基于对对方各种信息的整合和理解，形成对对方的整体印象。这种整体印象会影响个体与对方的人际关系。

(3) 经验的整合。个体在人际交往中会整合自己的经验，将对方的行为与自己的以往经验相联系，以形成对对方的整体认知和理解。

(4) 视角的多样性。个体在人际交往中可能会从多个角度和层面来观察和理解对方，包括对方的职业角色、家庭背景、社交圈子等，以形成对对方的全面认知。

总之，人际知觉的整体性表明个体在形成对他人行为的解释和理解时，通常会综合考虑多个方面的信息，形成对对方的整体印象和认知。这种整体性的认知方式有助于个体更好地理解他人，建立和维持良好的人际关系。

3. 选择性

人际知觉的选择性是指个体在人际交往中倾向于关注与自己有关的信息，并忽略或筛除其他不相关或不感兴趣的信息。具体而言，人际知觉的选择性表现在以下几个方面。

(1) 关注与自己有关的信息。个体在人际交往中通常会关注与自己有关的信息，如对方的话语、表情、行为等，并试图从中获取对自己有用的信息。

(2) 感知过滤机制。个体在人际交往中可能会对信息进行过滤和筛选，只关注与自己有关或感兴趣的信息，而忽略其他不相关或不感兴趣的信息。

(3) 聚焦注意力的运用。个体在人际交往中会运用聚焦注意力的技巧，将注意力集中在与自己有关或感兴趣的信息上，以形成对对方的整体认知和理解。

(4) 自我中心性的影响。个体在人际交往中可能会受到自我中心性的影响，只关注自己的感受和需求，而忽略其他人的感受和需求。这种倾向会影响个体对他人的认知和理解。

总之，人际知觉的选择性表明个体在人际交往中倾向于关注与自己有关的信息，并运用感知过滤机制、聚焦注意力的技巧等来选择性地接收和理解信息。这种选择性认知方式有助于个体更好地应对人际交往中的挑战和应对情境的变化，但也可能导致对他人的忽视和误解。

2.5.3 信息传播：人际知觉的桥梁作用

人际知觉是个体对所处人际环境和社会环境进行觉察和反应的过程。既然是个体觉察的过程，就会有主观性。也就是说，人际知觉是一个主观过程，存在误差与缺陷。接下来我们将详细罗列信息传播中对人际知觉造成影响的几个效应，帮助读者全面理解人际知觉与信息传播的关系[①]。

1. 首因效应

1957年，美国社会心理学家洛钦斯(A. S. Lochins)以实验证明了首因效应的存在。首因效应也被称为首次效应、优先效应、第一印象效应。是指交往双方形成的第一次印象对今后交往关系的影响，也可以说是“先入为主”带来的效应。

首因效应对信息传播的影响主要表现在以下几个方面。

(1) 记忆和印象形成。首因效应导致个体更容易记住和重视最早呈现的信息，因此在信息传播中，首先呈现的信息更有可能被受众记住和保留在记忆中。这可以对信息的长期影响产生积极的效果，因为这可以帮助信息更好地留在受众的意识中，并在需要时被回忆和引用。

(2) 影响态度和观点形成。首因效应还可以影响个体对信息的态度和观点的形成。如果最早呈现的信息是积极的或有说服力的，它可能会在个体的心理中产生好的印象，并对后续的信息处理和态度形成产生影响。这可能导致受众更倾向于接受和支持与最早信息一致的观点。

(3) 竞争和注意力分配。在信息传播中，首因效应还可能导致后续信息的竞争性减弱。如果最早呈现的信息已经引起了受众的注意和兴趣，他们可能会更倾向于将更多的注意力和认知资源分配给最早的信息，而忽视或忽略后续的信息。

综上所述，首因效应在信息传播中起着重要的作用，它可以影响信息的记忆和印象形成，影响态度和观点的形成，并影响受众对信息的注意力分配。了解首因效应对信息传播的影响，有助于我们更好地设计和传播信息。

2. 近因效应

1957年，心理学家卢琴斯(A.Ladins)根据实验首次提出。近因效应，又被称为新颖效应，是指在有两个或两个以上意义不同的刺激物依次出现的场合，印象形成的决定因素是后来新出现的刺激物。所有人都受近因效应的影响，认知结构简单的人更容易出现近因效应。与首因效应相反，在近因效应影响下，个体更容易记住和重视最后呈现的信息。

---

① 游继明. 谈谈人际知觉的误区[J]. 江西教育学院学报(综合版)，2004(6)：102-103.

3. 晕轮效应

晕轮效应又被称为光环效应，是美国心理学家爱德华·桑代克(Edward L.Thorndike)在20世纪20年代提出的，是指我们对一个人的某种特征形成坏的或好的印象后，就会据此去推论这个人的其他方面的特征。通俗地说，就是一件物品的某种特性或一个人的某种品质给人留下了非常深刻的印象，在这种印象的影响下，人们对这件物品的其他特性或这个人的其他品质都会做出与之对应的积极或消极的评价。

它之所以被称为“晕轮效应”“光环效应”，是因为它作为一种会对人际知觉造成影响的因素，就像月晕的光环一样向周围扩散、弥漫。

晕轮效应在信息传播中也有着多种多样的表现，比如说品牌找明星代言产品就是利用了人们这一心理，也是企业要花高价请明星做推广的原因；再比如说作家没有名气之前写的小说根本没人看，但成名之后已经积压的书根本就不愁卖。

4. 投射效应

投射效应是指将自己的特点归因到其他人的倾向，即在认知和对他人形成印象时，以为他人也具备与自己相似的特性，把自己的感情、意志、特性投射到他人身上并强加于人，形成推己及人的认知障碍。

在信息传播中，投射效应可以对信息的传播产生一定的影响。

(1) 评价和解读。投射效应可能导致个体对信息的评价和解读受到自身观点和态度的影响。个体倾向于将自己的观点和态度投射到他人身上，从而对他人的观点和态度进行评价和解读。这可能导致个体更倾向于接受与自己观点一致的信息，并对与自己观点相悖的信息持怀疑态度或进行解释上的偏见。

(2) 情感反应。投射效应还可能影响个体对信息的情感反应。个体倾向于将自己的情感状态投射到他人身上，从而对他人的情感产生反应。这可能导致个体更容易对与自己情感一致的信息产生积极的情感反应，并对与自己情感相悖的信息产生消极的情感反应。

(3) 注意力选择。投射效应还可能影响个体对信息的注意力选择。个体倾向于关注与自己观点和态度一致的信息，而忽视或忽略与自己观点相悖的信息。这可能导致信息的选择性接受和传播，从而形成信息的过滤和筛选。

综上所述，投射效应在信息传播中起着一定的作用，它可以影响个体对信息的评价和解读、情感反应以及注意力选择。了解投射效应对信息传播的影响有助于更好地理解个体对信息的反应和态度形成过程，以及设计和传播信息的策略。

5. 刻板效应

刻板效应又被称为定型效应，是指人们用刻印在自己头脑中的关于某人、某一类人的固定印象，作为判断和评价人依据的标准的心理现象。人们总是习惯于把人进行机械的归类，把某个具体的人或事看作某类人或事的典型代表，把对某类人或事的评价视为对某个人或事的评价，从而影响正确的判断。刻板印象虽然可以在一定范围内进行判断，不需探索信息，能够迅速洞悉概况，节省时间与精力，但是往往可能会形成认知偏差。人们不仅对接触过的人会产生刻板印象，还会根据一些不是十分真实的间接资料对未接触过的人产生刻板印象，例如，老年人是保守的，年轻人是爱冲动的；北方人是豪爽的，南方人是善于经商的；等等。

总结与回顾

传播心理学是一门传播学与心理学的交叉学科，吸纳心理学和传播学的研究方法，采用科学主义和人文主义相结合的多元化研究取向，探索人类传播活动中心理现象的规律。其中，心理学机制是了解和认识传播心理学的重要基础，本章节通过传播过程的感知心理，传播过程中的学习、认知与条件，传播过程中的编码与记忆，传播过程中的自我图示与自我感知，传播过程中的人际知觉等五个方面揭示一些特有的心理现象的规律。

感知是个人对外部世界信息的组织和解释，受多种因素的影响，本章节从感知心理的概念、过程、心理机制、认知偏差、传播策略和社会文化对感知心理的影响进行分析，旨在提高传播效果。

学习、认知和条件在传播过程中是相互关联且相互影响的。通过学习，我们能够接收信息，进行认知加工，解读和处理信息，并根据不同的条件因素来调整传播的内容、形式和渠道，以有效地提升传播效果。选择性记忆大概可以分为三个阶段：信息的输入、存储、输出，了解选择性记忆的特点可以帮助传播者更好地编码信息，以提升信息的接受度和记忆效果。

自我感知理论主要关注个体通过观察自己的行为来了解自己，而自我图式理论更广泛地涉及个体对自己的认知和行为的影响，包括信息选择和接受的倾向。这两个理论在传播中互相补充和交叉影响，帮助我们理解个体在信息处理和态度形成过程中的心理机制。

人际知觉在个体对信息的解读和评价中扮演着重要的角色，它可以影响个体对信息的可信度评估、解释和解读方式、情感反应以及注意力选择。认识和了解人际知觉对个体的信息处理过程具有重要的意义，使我们能够更好地理解个体对信息的反应和态度形成过程。

心理学机制是认识和了解传播心理学的重要基础。本章节通过揭示这些特有的心理现象的规律，帮助读者学习和了解传播实践中心理现象的发生与发展，从而更好地理解传播心理学。

思维与挑战：思考题

1. 什么是感知？它如何影响我们对传播过程的理解？

2. 社会和文化因素如何影响我们的信息感知和处理方式？

3. 数字信息时代、群体、社会阶层和文化背景如何影响我们的信息感知和处理方式？

4. 如何设计更有效的传播策略来激发受众的学习兴趣和提升自我学习能力？

5. 如何调整信息内容以更好地适应不同文化背景和社会价值观？

6. 如何利用现代技术手段创造更有利于信息传播的环境？

7. 信息加工理论的贡献者有哪些？他们分别有什么贡献？

8. 选择性记忆的特点有哪些？

9. 什么是图式？自我图式理论是关于什么的理论？

10. 自我感知理论的框架是怎样的？它是在什么基础上形成的？

11. 人际知觉的特点是什么？其影响因素有哪些？

第3章 传播者理论与传播心理

传播学奠基人之一的哈罗德·拉斯韦尔(Harold Lasswell)在其发表的论文《传播在社会中的结构与功能》中考察了传播学的基本过程，以“5W”(即谁、说什么、通过什么渠道、对谁说、产生了什么效果)解析了传播过程的5个环节与要素，其中“谁”即传播者，作为传播过程中的起点，是传播过程最重要的一环，经常作为思考传播问题、分析传播现象的第一着力点。

在传统媒体时代，能够在社会中成为传播者的只是少数人，而在互联网语境下，“传播者”和“受者”的身份发生转变，以全新的“用户”的视角活跃于各个传播场景中，以传播者为出发点的传播现象与事件越来越多，研究传播者心理及相关理论显得尤为重要。

3.1 国家认同与民族和谐：透视社会认同理论

社会认同理论是群体行为领域最有影响力的理论之一，它强调了社会认同对群体行为的解释作用，认为群体行为的基础就是个体对群体的认同。社会认同理论促进了社会心理学的发展①。

社会认同理论的应用并不局限于心理学，它的发展与应用与我国国情也有着密切的联系。在我国，很多社会问题可以从社会认同的角度展开研究，如“新生代农民工问题”“留守儿童问题”等，多民族特点带来的民族认同与国家和谐问题也促进社会认同理论的丰富和发展。仪式化的信息传播为社会认同的建构塑造了传播环境，实现了“民族团结一家亲”。

3.1.1 社会认同理论的基石与概述

1. 社会认同理论的概念

社会认同，即social identity。identity有两重词义。第一个意思是鉴识、识别，也就是把某人或者某物在众多人或者物中甄别出来。这也是社会认同理论所采用的含义，将identity定义为可以将个人与他人区别出来的个人或者社会特征②。identity的第二个意思

① 张莹瑞，佐斌. 社会认同理论及其发展[J]. 心理科学进展，2006(3)：475-480.

② 社会认同理论研究综述[J]. 山西煤炭管理干部学院学报，2009，22(1)：55-57.

是等同。在社会认同理论中，当人们采纳了某社群的成员资格来创建自己的社会身份时，自己的属性与该社群内典型成员的属性或会呈现相同关系。比如某个个体认可自己是“小镇做题家”时，他就会觉得自己拥有一个典型的“小镇做题家”所具备的各种特性。个体所拥有的共同身份能让人们将社群特性标在自己身上。

社会认同理论的创始者亨利·泰弗尔(Henri Tajfel)将社会认同定义为：“个体认识到自己所在群体成员所具备的资历，以及这种资历在价值和情绪上的重要性。”

2. 社会认同理论的观点

泰弗尔认为一个人的社会群体成员身份和群体类型是一个人自我概念的重要构成，并提倡人们应该努力获得和维持积极的社会认同，以提升自信。其中泰弗尔将社会认同定义为个体对他/她附属特定社会群体的认知，且群体成员资格对他/她具有情绪和价值意义，这种积极的社会认同来源主要是内群体和相关外群体的比较①。

3. 社会认同的心理过程

社会认同理论指出，社会认同是由三个主要过程构成的，这三个过程分别是社会类化、社会比较以及积极区分。其中，社会类化和社会比较是两个重要而基本的阶段，它们分别对应于社会身份与社会阶层两种类型。社会类化是一种机制，它通过对对象、事件和人的分类，来区分内部群体与外部群体之间的差异；社会比较指的是对自己所属的社群与其他社群在社会地位上的对比分析；积极区分则是通过对自我特征的认知来发现自身存在的优点或缺点，进而提高个体的自尊水平。积极区分意味着基于比较分析来识别自身群体的优点，并与其他群体做出积极的区别，以此来提高个体的自尊心②。

4. 社会认同理论的发展历程

社会认同理论的发展历经三个阶段：20世纪70年代，泰弗尔首次提出了社会认同理论，为社会心理学领域的研究开辟了新的视角；20世纪80年代，约翰·C. 特纳(John C. Turner)进一步对社会认同理论进行了补充，引入了自我归类理论，深化了我们对个体如何根据所属群体来定义自我的理解；近年来，迈克尔·A. 霍格(Michael A. Hogg)又提出了不确定性降低理论，为社会认同理论注入了新的活力，揭示了不确定性在个体社会认同形成过程中的关键作用。通过这一系列的发展，社会认同理论在不断进步与完善。它从一个基础的理论框架逐渐发展成为包含多个分支和子理论的庞大体系，为我们深入理解个体与群体之间的关系、社会结构的形成与变迁等复杂问题提供了有力的工具。

在近些年的发展过程中，社会认同的某些理论观点经历了一次修订。社会认同理论研究取得了新进展。例如，在社会认同的理论框架下，积极的社会区分被视为社会认

---

① 张莹瑞，佐斌. 社会认同理论及其发展[J]. 心理科学进展，2006(3)：475-480.

② Brown R. Social identity theory：Past achievements，current problems and future challenges[J]. European Iournal Social Psychology，2000(30)：745-778.

同的一个核心驱动因素。这种观点在过去很长一段时间里被大众广泛接受并成为主流学说。然而，学者持续地提出了各种新颖的观点。最优特异性理论认为，个体会在保持特异性和去个性化之间寻找并达到平衡点。不确定性降低理论主张，个体对不确定性的感知能够促使他们对某些团队产生认同感，而这些集体则能协助他们减少或控制感知到的不确定性[①]。

3.1.2 社会认同理论在传播实践中的应用探索

社会认同理论作为一种解释群体行为和心理机制的重要理论，在多个领域展现出了其强大的解释力。以下是对该理论在不同领域应用的详细梳理。

1. 解释偏见现象

社会认同理论指出，群体间的偏见主要源于社会认同的过程。当个体在社会中进行比较时，他们可能会倾向于给自己所属的群体一个正面的评价，这可能导致他们产生一种群体优越感，认为只有他们所在的群体才是最理想的。就比如奥运会场上各个国家的观众毫无疑问地支持自己国家的选手，在互联网平台上维护本国选手的荣誉和权益，这些都是国家认同感的表现。大部分个体排斥外国人最大的原因也是国家认同。

2. 种族问题研究

西达尼厄斯(Sidanius)等学者在种族问题研究中广泛应用了社会认同理论。他们对一些具有种族主义倾向的学生群体进行了深入的追踪研究，发现种族群体成员的身份不仅增强了他们对种族的认同感，还加深了他们对种族内部矛盾的认识和理解[②]。这一研究结果更加认证了社会认同理论的观点。在种族间的态度问题上，社会认同理论指出，个体对其所属的种族群体的认同程度越高，其对不同种族群体展示的和谐度就越低。

3. 集体行为

所谓的集体行为，是指在人群密集的环境中，那些不受现行社会规范约束，通常没有明确目标和行动方案的大量人群的集体行动。在社会认同理论中，集体行为被视为一个关键的应用领域，特别是当涉及群体之间的矛盾时。社会认同理论阐述了社会认同过程如何影响由相对剥夺引发的不满情绪，并指出社会认同在这一过程中扮演了一个关键的中介角色。

卡洛琳·凯莉(Caroline Kelly)和莎拉·布雷林格(Sara Breinlinger)基于女权主义者的深入探究，认为："对于有强烈认同感的女性活动家来说，参加集体活动，做一些有

---

① 闫丁. 社会认同理论及研究现状[J]. 心理技术与应用，2016，4(9)：549-560+573.

② Sidanius J，Lear C V，Levin S[J]. Ethnic Enclavesand the Dynamics of Social identity on the College Campus：The Good，the Bad，and the Ugly. Journal of Personality Social Psychology，2002，87(1)：96-110.

利的事情，是她们社会认同感的核心。”[①]当个体深刻认同自己所属的群体时，不仅可能对该群体产生情感上的偏向，更可能积极主动地投身于群体的集体行动之中，以实际行动来表达和强化这种认同。

在豆瓣、小红书等社交媒体平台中涌现匿名群体“momo大军”。momo的形象源于微信原创IP品牌，在用户通过微信初次登录其他社交媒体平台后，如果不经过主动修改用户信息，那么momo将会被设置为用户初始昵称，默认头像为粉色小恐龙。随着互联网越发透明的信息环境，越来越多的用户加入“momo大军”，藏身于这一互联网庞大群体之中，实现数字隐身。在互联网平台，用户也许随便发表的言论都会招致无端的网暴，“momo大军”的匿名性特征为平台用户提供了表达内心真实想法的途径。用户敢于表达内心真实想法，也可以在不暴露个人隐私的情况下认识其他有相同爱好或者状态的人，通过交流互动增强了对整个“momo大军”的认同感和归属感。这样，个体参与群体的动机增强，就会主动维护“momo大军”的声誉、维护自己所在的群体，维护集体行为[②]。

4. 特殊群体

对我国少数民族群体而言，社会认同不仅有助于增强个体的社会认同感，也有助于提升社会的凝聚力。我国作为多民族的代表性国家，其社会认同理论在研究民族认同、民族刻板印象以及民族偏见之间的关系等方面都提供了有力的理论支撑。

近几年，在新疆维吾尔自治区，“民族团结一家亲”活动得到了广泛的推广和实施。多家媒体进行了交叉传播，各个领域的公众也在引导下，积极进行了主题宣传和教育活动。根据文化历史学者詹姆斯·W. 凯瑞的观点，“民族团结一家亲”活动就是一种能够把参与者吸引在一起并赋予其共同身份的人际传播或群体传播仪式[③]。

社会认同理论的运用策略

3.2　传播者的抉择艺术：“把关人”理论解析

在日常生活中，一篇新闻稿件在发布之前，要经历收集、整理、筛选、报道，其中的记者以及编辑人员就承担了“把关人”的身份。只有符合“把关人”价值标准和群体规范的信息才能进入传播渠道。

1950年，传播学者怀特将“把关人”理论引入新闻传播领域，明确提出新闻传播筛

① Kelly C，Breinlinger S. The Social Psychology of Collective Action：Identity，Injustice and Gender[M]. London：Taylor&Francis，1996.

② 王桢. 群体中的数字隐身术：去身份化的自我呈现——以“momo大军”为例[J]. 新媒体研究，2023，9(13)：71-75.

③ 龙容，肖涛. “民族团结一家亲”社会认同效应的传播学分析[J]. 塔里木大学学报，2019，31(3)：98-101.

选过程的“把关”模式，新闻并不是“有闻必录”，而是编辑根据自身主观标准的选择取舍的活动。在新媒体时代，人人皆媒介，“把关人”角色泛化，使得政府和新闻媒体的“把关”功能弱化。随着智媒时代的到来，“把关”在一定程度上也变成了“算法”。

3.2.1 “把关人”理论的核心阐释

在探讨信息传播的过程中，我们不可避免地要触及信息如何被筛选、传递以及接收的深层次机制。此时，引入传播心理学的视角显得尤为关键，它帮助我们理解信息传播背后的人类行为动机与心理过程。在这一框架下，“把关人”理论作为信息传播控制的重要理论，为我们揭示了在信息传递链条中，个体或组织如何基于特定的标准、价值观或心理预期，对信息进行筛选与过滤的过程。

1. “把关人”理论的概念

“把关人”又称“守门人”。“把关人”概念最早是由美国心理学家、传播学的奠基人之一库尔特·卢因(Kurt Lewin)在研究群体中信息流通渠道时提出的。卢因认为，在群体传播过程中存在着一些“把关人”，只有符合群体规范或“把关人”价值标准的信息内容，才能进入传播的渠道[①]。在新媒体方面，传媒组织决定什么样的新闻信息才能被传播。“把关人”理论为选择、控制、分析公共新闻提供了框架基础，“把关人”可以对社会中的信息和社会现实的架构行使掌控权。“把关人”可以决定消息是否能够流通、信息能否传播。

2. “把关人”理论的变化发展历程

1) 传统媒体时代

1947年，卢因在《群体生活的渠道》一书中系统论述了“把关”问题，他用“把关人”来描述一个决定信息传播路径和流动的角色。

20世纪50年代，学者怀特将“把关”概念应用于新闻研究。怀特认为，新闻媒介在报道活动过程中并不是有什么录入什么，而是会对繁多的新闻素材进行整理、选择和加工。传播媒介在传播过程中无形间树立了一道“屏障”，经过屏障的阻挡，只有部分甚至是少数信息通过屏障传达给受众。怀特的“把关”模式的缺陷在于，他没有意识到把关是一种组织行为，只是简单认为这是新闻编辑的个人取舍问题，同时也没有说明新闻把关的标准。怀特、麦克内利等学者在进行深入挖掘研究之后，“把关人理论”最终成为传播学控制分析领域最具科学性的理论之一。这些观点主要基于传统媒体得出。近年来，随着数字化平台和非新闻行业人员在信息传播中作用的日益提升，“把关人”理论产生了相应的转变。

---

① 郭庆光. 传播学教程[M]. 北京：中国人民大学出版社，1999：62.

2) 新媒体时代

(1) 网络“把关人”的作用弱化。在传统的媒体环境下，“把关人”的职责是将“把关”完成后的信息传达给大众，这一过程由编辑和其他相关工作人员进行消息的审核、编辑和发布，实现异步的信息传播。随着新媒体的兴起和发展，传统的新闻传播方式发生了重大变革，即由单一到多元，由单向走向双向。在这种被称为“去中心化”的网络新型互动平台上，并没有一个固定的信息传播模式存在[①]。比如以抖音为代表的社交软件，大众普及度较高，传播的信息量也越来越大。受众以及其他媒介都会在抖音平台上发布信息、发表观点。虽然当前以抖音为代表的媒介运营商都设置了机器审核以及人工审核程序，但由于处理信息过多，且软件使用人数越来越多，难免会有一些不良信息“躲过”审核进入公共平台。

同时，由于网络平台的匿名性、免责性和交互性，普通大众变成了信息发布的主体，这极大地增加了信息审核的复杂性。由于网络的广泛传播，过去的信息审核者失去了他们在信息传播中的独特地位，其作用逐渐被削弱。

(2) 网络把关的可能性降低。网络信息具有迅速和无障碍的特点，这降低了“把关”的可能性[②]。各大社交网络平台的用户都可以自由地发布信息，人人都可能是传播主体，每个地方都有可能是信息发布点。在这样的情况下，谣言就有了充分滋生的土壤。“把关人”可能还没有来得及做出反应，一些散布谣言的帖子就已经广泛传播了。

(3) 网络平台进行多重把关。传统媒体的把关程序如下所述：先由传统的“把关人”根据新闻的价值大小来决定新闻信息是否发布以及何时发布、在何地发布等，之后接受高一级的审核，审核通过后进行新闻发布。

而在新媒体平台的传播活动中，把关行为日益复杂。以抖音平台为例，在信息发布前，发布者首先会进行自我把关，而每个个体对发布的标准认知不同，所以对发布信息的尺度判断有很大差异，这是第一层把关程序。当用户在抖音平台上发布信息后，信息就会在抖音平台上进行传播，经过抖音自身的筛选以及技术的判断后，决定信息是否能被发布，这是第二道把关程序。当用户发布的信息被网民关注后，由网友来判断信息是否具有传播价值。网民的认同与否是第三道把关程序。当用户发布的信息成为网络热门话题后，就会引起传统媒体的关注，这些传统的“把关人”开始行使权力以保证筛选出来的话题是有社会价值和新闻价值的，这同时也是新媒体的第四道把关程序。

(4) 把关主体泛化。传统媒体时代，新闻的生产和发布权都被媒体垄断，通过记者及编辑把关审核的消息才会被发布。而新媒体平台下的受众开始具备了传播者的地位，消息是否可以被传播为新闻已经不再仅仅由媒体界定。

作为接收者，用户在面临互联网中的海量信息时，需要筛选出有价值的内容供自

---

① 李金霞，网络传播对“把关人”理论的挑战及对策[J]. 今日南国(理论创新版)，2009(4)：148-149.

② 杨令羡. 网络论坛谣言对“把关人”理论的挑战[J]. 青年记者，2008(9)：76-77.

己使用，在这个过程中，受众变成自身内容的“把关人”；作为传播者，平台的开放性以及互联网的海量资源能够让一个普通人利用互联网成为可以媲美媒体声量的“意见领袖”，流量至上的互联网逻辑也不会对此类“意见领袖”的媒介素养进行严格要求。例如，在“长生假疫苗”事件中，舆论关注便是由自媒体人“兽爷”发布的文章——《疫苗之王》所引爆，促使更多的传统媒体跟进这一事件。

(5) 把关主体变迁，由人工把关转为机器把关。互联网技术的迅猛发展改变着现代传播模式，进而改变着社会媒介的生态环境。相对于大众传播时代“经典事实”而言，大众传播方式将我们带入“网络化事实”与“数据化事实”的阶段，把关理论由“把关链条”向“把关网络”方向发展，由“人工把关”向“机器把关”演变，目前呈现人工智能与算法把关相结合的人机协同作业模式①。

3.2.2 “把关人”理论在信息传播中的策略应用

1. 人把关

在2020年初关于疫情的报道中，深入一线报道的《三联生活周刊》、新华通讯社等对疫情相关的新闻进行收集、筛选、报道，体现了媒体“把关”的功能，而其中的记者、编辑人员则承担了“把关人”的职责。

随着互联网自媒体的发展，越来越多的学者主播在各大自媒体平台占据舆论空间。如中国政法大学罗翔教授在2020年3月开通了B站账号并制作发布刑法相关的视频，华中科技大学的戴建业老师因诗词课程同样在B站爆火。他们以权威、专业的话语重新分配各大社交媒体平台的话语权，成为大众自媒体传播的微型把关节点，是自媒体的新型把关人②。

2. 机器把关

在去中心化的新媒体时代，把关权力下放，把关主体泛化，受众、平台、算法、机器、资本等都成为把关主体。新闻生产传播的各个环节已经逐步被算法渗透，成为传播交互行为的主导性力量。大数据算法对新闻进行流量与热度分析，从而筛选出当下的热点事件。

机器把关以人工智能和算法为核心，重新定义了传统新闻信息行业中的“把关人”这一概念。它们不仅具备整合和建构现实的能力，还能够根据实时数据调整策略，以适应不断变化的媒体环境。在信息化社会中，机器把关已经成为生产和组织的核心逻辑，对于新闻内容的生产和传播起到了至关重要的作用。例如在新闻行业中，机器把关系统被用于筛选和推荐高质量的新闻内容。

---

① 胡泳，周凌宇. 把关理论与现代社会的重构[J]. 新闻与写作，2021(8)：41-51.

② 顾天钦. 学者主播：自媒体的新型把关人[J]. 新闻论坛，2021，35(5)：84-86.

“把关人”理论及其演变不仅揭示了信息传播的控制机制，还深刻反映了人类心理与行为在媒介环境中的互动与影响。传统媒体时代，“把关人”作为信息传播的关键节点，其个人价值标准与群体规范在新闻筛选中起着决定性作用，这一过程不仅体现了传播者的意图，也隐含了受众对信息接受的心理预期。

随着新媒体的兴起，信息传播模式由单一向多元转变，网络平台的匿名性、交互性等特点使得信息筛选与传播的复杂性大幅增加。在此背景下，“把关人”角色泛化，传统的人工把关机制逐渐让位于机器算法，这一变化不仅重塑了信息传播链条，也对个体的心理认知与行为产生了深远影响。

从心理学角度来看，受众在信息筛选与传播过程中扮演着重要角色。他们既是信息的接收者，也是传播者，其心理需求、认知偏差、群体归属感等因素共同作用于信息传播的过程与结果。例如，网络谣言的迅速传播往往与受众的焦虑、恐惧等负面情绪密切相关，而信息的真实性往往被忽视。

因此，传播心理学研究应关注“把关人”理论在新媒体环境下的演变，以及这一变化对个体心理与行为的影响。通过深入分析受众在信息筛选与传播中的心理机制，可以更好地理解信息传播背后的动机与过程，为优化信息传播策略、提升受众媒介素养提供科学依据。

3.3 建构心理现实的蓝图：框架理论的深度解读

媒体报道对受众感知和评价社会群体均产生着重要影响。李普曼在《舆论学》中认为，媒介对于社会的反应不是镜子式的再现，而是具有一定的选择性。媒体的报道框架为问题、事件和所涉及的参与者赋予意义，并使之凸显。媒介报道框架形成的拟态环境为受众建构了一种现实，这影响着受众对于现实环境的判断，影响着人们对现实的理解。而随着新媒体时代的到来，传统的传播框架在不断被消解、变动与重构。

3.3.1 框架理论的历史沿革与发展轨迹

1. 框架理论的产生

框架理论主要讨论了人如何借助符号构建主观现实并将其运用到行动中去赋予其意义[①]。“框架”(frame)是一个研究人类认知和传播行为的学术概念，我们普遍认为它首先产生于心理认知学家贝特森(Bateson)1955年出版的《一项关于玩耍和幻想的理论》一书[②]。

---

① 冯剑侠. 框架理论在传播学研究中的运用及其发展[J]. 新闻传播，2011(9)：15-17.

② 郭小安，滕金达. 衍生与融合：框架理论研究的跨学科对话[J]. 现代传播(中国传媒大学学报)，2018，40(7)：46-53.

贝特森将框架定义为一种具有限定和阐释性意义的语境，对分辨信息的次序起着引导作用[①]。他认为框架就是传、受各方互相协议的关于如何认识对方符号的一套诠释规则。

1974年，美国社会学家欧文·戈夫曼(Erving Goffman)借鉴了贝特森关于框架概念和心理情景的论述，在他的《框架分析：经验组织论》中，将框架概念引入文化社会学中，他首次把个体用来发现、理解、证实和区别信息或事件的“诠释图式”(schemata of interpretation)定名为“框架”[②]。戈夫曼把“框架”看成解释外在世界和客观世界的思维方式，视为一个人或组织对社会现象的主观认识和思考[③]。框架作为某种知识体系或者认知定式预存于人的大脑之中，人对外部世界经验与规律的概括有赖于某种框架，这种框架使人可以定位、感知、理解和概括许多特定信息，有助于构建新事物。而且，框架还源于人在以往实际生活中的体验，它的形成受个体经验、社会文化等多种因素的制约[④]，从而人们对同一社会事件在不同的认知框架下也会产生不同的看法，输出不一样的认知[⑤]。

戈夫曼的框架理论，在美国学界掀起一股跟风热，一时间几乎是“言必称框架”。框架理论在传播问题研究中最有影响的应用当属1980年吉特林(Gitlin)发表的《新左派运动的媒介镜像》，他在戈夫曼的基础上将框架概括为一个持续不变的认知、解释和陈述框式，也是选择、强调和遗漏的稳定不变的范式[⑥]。

2. 框架理论的内涵

许多学者对“框架”一词的定义存在细节差异，大体而言有三种。第一类定义关注新闻框架的有效性，例如恩特曼(Entman)对框架的界定，他认为“框架”是媒介研究范式中的一种，并认为“框架”可以强调对事物进行一定程度上的界定，解释事物间的相互关系，进行道德评价，并示意一定的解决办法，以突出其一定的特征与性质[⑦]。恩特曼在界定框架时认为媒介从业人员对物的选择与突显影响着受众对物的认知，注重框架传播效果的同时还牵涉受众接受框架。第二类定义并不仅仅限于选择，它将框架视为一个具有积极意义的生产过程。美国学者盖姆森(Gamson)是最重要的框架理论研究者之一，他认为“框架”是一组有组织的、为事件提供解释意义的核心观点[⑧]。第三类定义将框架

---

① 陈梅. 框架理论视阈下中央与地方媒体重大灾难事故报道研究——以《人民日报》《天津日报》对8·12天津爆炸事故报道为例[J]. 东南传播，2016(7)：71-73.

② 冯剑侠. 框架理论在传播学研究中的运用及其发展[J]. 新闻传播，2011(9)：15-17.

③ 崔颖，朱丹华. 框架理论与类型电影：多维框架下的泰国电影类型创作[J]. 电影新作，2021(6)：69-74.

④ 陈梅. 框架理论视阈下中央与地方媒体重大灾难事故报道研究——以《人民日报》《天津日报》对8·12天津爆炸事故报道为例[J]. 东南传播，2016(7)：71-73.

⑤ 付亚萍. 框架理论视野下公职人员形象的媒介建构——以《人民日报》报道为例[J]. 领导科学，2021(4)：113-116.

⑥ Gitlin T. The whole World is watching：Mass media and the making and unmaking of the New Left[M]. Berkeley，CA：University of California Press，1980：7.

⑦ 孙彩芹. 框架理论发展35年文献综述——兼述内地框架理论发展11年的问题和建议[J]. 国际新闻界，2010，32(9)：18-24，62.

⑧ 黄小雄，沈国麟，杜旭赟. 新华社台湾地区领导人选举报道的框架分析[J]. 新闻大学，2009(1)：85-90.

既视为意义的制造，又视为规则的筛选手段。如吉特林认为框架就是“在选择、强调以及表达存在、发生、意义等方面所采取的标准”[①]。将以上框架定义整合起来就会发现几个共同点，这些理念主要把“框架”看作认识，展现事物并通过选择与处理而形成的结构，突出具体内涵、表达一定理念，同时这些理念也体现着具体的文化价值。

我国学者对于框架理论进行系统研究是从2000年以后开始的。2001年，中国人民大学传播学博士张洪忠出版《大众传播学的议程设置理论与框架理论关系探讨》一书，该书内容和美国传播学界研究的内容大体相同。其后，复旦大学黄旦的《传者图像：新闻专业主义的建构与消解》专著，以及经常来往于美中之间的潘忠党的《架构分析：一个亟需理论澄清的领域》和陈阳的《框架分析：一个亟待澄清的理论概念》等论文和专著，初步为框架理论在中国大陆的研究打下了基础[②]，认为框架理论主要包括三个研究领域——话语、话语的建构和话语的接收。

这三个范畴还提示出框架分析研究的三个主要领域：媒体生产框架的研究，即媒体新闻框架产生背后有哪些制约因素；新闻文本框架构建研究，就是要考察具体新闻框架以何种机制与策略来构建与展现；新闻框架所产生的效果和影响，这同时又与受众框架密切相关。

3.3.2 框架理论的核心概念及其在传播学领域的实践应用

1. 框架理论的核心概念

框架理论被引入传播学领域后，逐渐发展出三个核心概念，即框架(frame)、框架化(framing) 和框架效果(framing effect)，对应到传播研究分别体现为媒体框架是什么，媒体框架如何被建构，媒介效果怎么样(即受众如何接收和处理媒介信息)。

其一，框架分析。框架分析通常被用于媒介内容的研究。盖姆森等认为，该框架体现了话语单元核心组织理念或者故事脉络，它不仅能让事件变得有趣，还能识别话题性质，从逻辑上推导出某种显而易见或者符合逻辑的应对措施[③]。传播者对媒介内容进行构建时，以框架来确定文本议题的本质，赋予文本以意义，以运用多种象征符号与表意元素来形成媒介内容框架，例如比喻、实例、标语、叙事、视觉图像等。所以在传播学的研究中研究者更倾向于结合内容分析法来审视传播者媒介内容的框架结构，主要有脚本结构、主旨结构和修辞结构。

其二，框架化分析。框架化就是框架的形成或者建构过程，传播者从所知觉的真实中挑选某些环节，让其更多地凸显于传播文本之中，以此对某些议题定义、因果关

---

① Gitlin T. The whole World is watching：Mass media and the making and unmaking of the New Left[M]. Berkeley，CA：University of California Press，1980：6-7.

② 刘强. 框架理论：概念、源流与方法探析——兼论我国框架理论研究的阙失[J]. 中国出版，2015(8)：19-24.

③ 万小广. 论架构分析在新闻传播学研究中的应用[J]. 国际新闻界，2010，32(9)：6-12.

系解释、道德评价以及解决方案等进行宣传与提升[①]。媒介框架的构建是一个再构建过程，这一构建的本源在于对报道主题的选择，也就是媒介通过对所需呈现主题的选择来体现真实，构建意义，并且规范着人的认知，最终实现了对于某种东西的定义[②]。所以，在传播学的研究背景中，框架化过程又可被理解为传播者框架，即传播者在框架中建构传播中心思想以吸引受众注意力。因此，相关框架对媒介日常生产的塑造涉及传播者个体的价值观、信息来源、职业理念、媒介所有权，以及法律、社会与意识形态因素。

其三，框架效果分析。框架效果就是框架在社会个体或者组织中对认知与行为所产生的作用，这种作用的客体包括人的组织信息方式、观察视角与认知视角等，并最终影响着人对某件事情的评价、态度与决定。框架效果着重研究媒介的效应，也就是传播者做出的某种行为对受众心理、行为的影响作用，以及这种作用是否一定程度上会引起受众认知及行为的变化。与此同时，框架效果还取决于受众对于传播者设定框架的认知程度，受众根据其主观经验来阐释框架，从而产生自己的观点。

2. 框架理论的传播学应用

其一，受众认知层次。媒体在影响公众对事件的看法方面发挥着重要作用。媒体正是通过传播媒体现实（即媒体所呈现的信息和解释）来影响公众对现实的认知。因此，媒体现实对新闻报道至关重要，也是新闻学研究的一个重要课题。受框架理论影响的报道有利于公众和媒体框架的形成和发展，从而成功地转换和正确理解公众对客观现实、媒体现实和受众现实这三种社会现实的认识。因此，媒体对重大事件、自然灾害等特殊事件的及时、准确报道，是公共责任的体现，不仅能实现公众的知情权，还能增强公众的社会责任感和民族团结意识。对于国际新闻事件，最突出的表现就是不同国家的政治信仰不同、民族文化不同，导致不同国家的媒体报道倾向不同。这对受众群体的整体认知产生了重大影响。

其二，媒体舆论导向。媒体是社会舆论的主要制造者和引导者，尤其是在信息技术发达的今天，人们足不出户就能了解世界。如今，媒体报道对社会舆论具有很强的导向作用，公众对媒体的依赖性也大大增强。框架理论在新闻报道中的应用，在一定程度上成为整合公众思维、影响社会舆论环境的因素之一。在框架理论的影响下，当影响较大的特殊事件发生时，公众会不自觉地表现出过度依赖新闻、丧失理性的现象。

其三，新闻事实呈现。从框架理论的概念中，我们可以了解到框架理论对于新闻报道有更多的局限性。例如，新闻报道的内容、呈现方式以及新闻来源的选择都会受到框架理论的影响。在关注受众群体需求的同时，新闻报道需要将重点放在重要内容上，以

---

① 冯剑侠. 框架理论在传播学研究中的运用及其发展[J]. 新闻传播，2011(9)：15-17.

② 张倩. 雾霾报道的两种叙事模式——以《人民日报》和《南方周末》的国家形象塑造为例[D]. 武汉：华中师范大学，2014.

增强观众对时事的关注和了解。

其四，媒体角色定位。媒体作用的不同性质也体现在框架理论的应用上。媒体是信息传播的重要手段，是社会信息系统的组成部分。作为连接公众与社会的桥梁，媒体是代表党和公众发声的重要渠道。国家和媒体的属性决定了媒体报道在追求经济利益的同时，更应关注社会利益。合理运用框架理论是新闻报道的关键。媒体必须运用框架理论来表明政治趋势、引导舆论和增加公众知识。

综上，对传播者而言，他们在处理传播内容时，会不自觉地启动已有的认知框架。框架意味着简化复杂的社会事实，按照某种常规和惯例，迅速地将大量社会事实“包装”进媒介传播内容里，以一种特定的方式来组织素材，进行分类、选择、判断和编写活动。这既有利于传播者迅速建构现实，也有利于规范传播者的操作[①]。尤其对于新闻工作者而言，在重大突发事件发生时，运用及时、准确、全面的新闻框架对事件进行报道，有利于受众正确看待社会现实，缩小流言的生存空间，更好地维护社会稳定。

但同时，正因为经验框架的存在，人们往往有意无意地忽略框架以外的真相，形成刻板印象。此外，在社会现实的建构中，存在着传播者的框架与受众的框架，这两者之间不一定存在高度的相关性。传播者根据自己的生活经历、知识结构、社会经验、能力水平、意识形态等建构传播框架，并以此对受众产生影响；而受众依据自己的主观经验对建构的内容进行解读，两者之间只是或多或少存在着一定的偏差，传播者应当充分认识到这一点，并由此健全自己的传播框架体系。

新媒体环境下的框架理论

3.4　媒介议程的设定机制：S-R理论的全面剖析

行为主义是西方现代心理学史上的第一次革命，它使心理学在从主观唯心主义向客观唯物主义发展的科学道路上迈出了一大步(行为主义心理学的主要研究对象是人的外显行为，研究外显行为的目的就是要实现对人的社会行为的预测和控制)。行为主义的S-R理论及其研究方法不仅对心理学研究有着深远的影响，也给早期的传播效果研究打上了深深的烙印。直至今日，在跨文化传播语境下，S-R理论对于更好地讲述中国故事仍有指导意义。

3.4.1　S-R理论的起源与发展脉络

行为主义心理学是20世纪初起源于美国的一个心理学流派。行为主义心理学的创

---

① 陈阳. 框架分析：一个亟待澄清的理论概念[J]. 国际新闻界，2007(4)：19-23.

始人华生(J. B. Watson)20世纪初期在巴甫洛夫条件反射实验的影响下，提出了“刺激-反应”(S-R)理论，又称为“行为学习理论”。巴甫洛夫设计了一个实验：在一只狗进餐时摇铃，并长时间重复这个动作，即使这只狗并没有进食，但只要听到铃声，它就会情不自禁地流口水。这表明，狗流口水的动机已经从食物转移到铃声上。也就是说，动物的部分反应并没有通过大脑。同样，环境中的任何事物都可以成为刺激，激发并决定人类的行为。如果对刺激加以控制，就能塑造人类的行为，因此华生强调环境和训练的力量。

华生认为人类的行为过程主要拆解为两个部分：刺激(stimulus)和反应(response)[①]。人类外显行为是以“刺激-反应”为基础的反射机制而产生的，我们可以通过寻找导致反应的刺激条件，或依据已知的刺激条件来预报和控制行为[②]。实际上，从刺激到反应这一人类行为/行动过程，不仅受制于心理过程，包括意识与潜意识层面，更受制于人类文化、道德、习俗、习惯、受教育程度等人类学、社会学层面[③]。华生的“刺激-反应”理论从根本上描绘出了由刺激引发反应的行动过程，它所指出的是人类行为模式的根本形式，而它最终指向的是人的行为模式的深层结构。

然而，S-R理论模型对人类行为发生机制的理解过于机械和简单。大约从 20 世纪 30 年代开始，一些深受行为主义心理学影响的研究人员开始重新组织 S-R 理论模型，其中包括克拉克·赫尔(Clark Hull)、爱德华·托尔曼(Edward Tolman)以及伯尔赫斯·弗雷德里克·斯金纳(Burrhus Frederic Skinner)等[④]。他们在继续从决定论的角度研究人与环境的关系以及人类行为的原因的同时，开始认真考虑其他主观因素在解释人类行为中的作用，在“刺激”和“反应”之间引入了重要的中间变量，S-R模式逐渐被S-O-R模式所取代。S-O-R 模式包含三个相关因素，即刺激(stimulus)、有机体(organism)和反应(response)。“刺激”是指影响个体内部处理状态的外部环境；“有机体”是指个体的认知和情绪状态，反映了个体对线索的心理处理过程；“反应”是指与特定刺激相关的行为。该模型利用这三个要素解释了外部环境(刺激)如何影响个体的心理状态(机体)，进一步决定了个体对外部刺激的行为意图或实际行为(反应)，并揭示了个体行为反应的内在机制。该模型目前已被广泛应用于线下和线上的个人行为的研究，包括与信息相关的研究[⑤]。

---

① 沃秋爽. 基于S-O-R理论的虚拟求职社群互动对求职倾向的影响机制研究[D]. 武汉：中南民族大学，2022.

② 柯泽. 美国传播学研究中的社会心理学[J]. 国外社会科学，2013(6)：110-117.

③ 李君威. 类型、反类型、非类型故事基本形态的再认识——从行为主义心理学出发[J]. 北京电影学院学报，2023(3)：51-61.

④ 柯泽. 美国传播学研究中的社会心理学[J]. 国外社会科学，2013(6)：110-117.

⑤ 谢新洲，胡宏超. 社交媒体用户谣言修正行为及其影响路径研究——基于S-O-R模式与理性行为理论的拓展模型[J]. 新闻与写作，2022(4)：57-69.

3.4.2　S-R理论在传播学领域的创新应用

如果说在传播学研究中确实存在社会心理学传统的话，那么，行为主义心理学应该就是这一传统的轴线。一个多世纪以来，传播学领域有关传播效果的研究基本都是建立在行为主义心理学的“刺激-反应”模式之上。“刺激-反应”指对某个对象施加一定的刺激，便会引起一种固定的、可以预见的反应。传播学语境下，“刺激”与“反应”相对应的则是传播者与受众，传播者通过信息媒介来刺激受众，从而达到影响和控制受众行为的目的，受众的反应则成为衡量传播效果的重要依据。早期强效果研究中的“魔弹论”将受众视为“靶子”，将媒介传播的信息视作“子弹”，受众接收到媒介传播的信息便像靶子被子弹击中，然后应声而倒，此理论便是建立在“刺激-反应”这一行为主义心理学模式上。此外，重要的研究还包括以下几种：李普曼(W. Lippmann)和拉斯韦尔代表的早期宣传研究；30年代前后佩恩基金电影研究；1938年的“火星人入侵研究”；1940年的伊利县调查；第二次世界大战及冷战期间大量的公共舆论及宣传研究；拉斯韦尔的“5W”模式；1942年“电影效果评估研究”；1946—1961 年的耶鲁态度改变研究；1968年以来的议程设置研究等①。

早期的传播研究正是把受众当成一个机械的反应体，只要媒介对他施加某种信息刺激，受众就会随之做出相应的反应。但在实际的传播实践中，受众并非在传播内容面前束手就范，别无选择。随着S-O-R理论模型的发展，在后来的研究中，受众的主动性、媒介信息环境与受众反应之间客观存在的一些中间变量也渐渐得到不同程度的重视。媒介信息刺激与受众反应之间大量中间变量的存在也促使传播研究关注受众对劝服的抵抗，以及对媒介信息选择性接触之类的问题，研究者也注意到受众其实也是固执的，受众并非只对媒介信息环境刺激做出简单反应，媒介不可能总是能够轻易控制受众。例如，霍夫兰在他的电影实验研究中就非常明确地提出过选择性接触、选择性理解等概念。尽管S-R理论夸大了环境的作用，但不可否认的是，作为媒介信息的刺激与公众的态度之间肯定存在着一定程度的关联，有时候这种关联还可能很显著。传播者可以通过精心安排的议程设置，来影响受众的注意，凝聚社会对某一问题的共识。

跨文化传媒下的S-R理论

3.5　记者的心理基石：共享现实理论的深度阐释

新闻记者的责任是为观众提供真实的事实报道，但新闻题材的不确定性和时间的限制，使得新闻议论的选择和价值判断成为一个特殊的决策过程。人与社会环境的关系，以及人与社会关系网络的形成，都是在互动中形成的。新闻记者与其他人一样，都是在

---

① 柯泽. 美国传播学研究中的社会心理学[J]. 国外社会科学，2013(6)：110-117.

特定的社会群体中扮演着不同的社会角色，因而也必然受到该群体和角色的制约。社会交往和共同经历对于记者的新闻选择和价值判断至关重要。而随着互联网的发展，共享现实也呈现一种新形态。

3.5.1 共享现实理论的基本内涵与意义

共享这一社会观念源远流长。在中国，共享作为一种价值观，延续到今天，不仅包含着“天下大同”的社会理想，还体现着“先立乎其大者，则其小者弗能夺也”的理想信念，孕育着“推己及人”的道德观。然而，在我国传统意义上，共享更多地表现为一种价值的抽象存在①。共享现实理论则强调了一种经验共享、一种社会互动。在我们的日常生活中，人们会根据客观世界来形成自己的认知和思维方式，也就是各种主观经验。这些主观经验在没有得到社会广泛认可之前，就像暗夜中的萤火虫在闪烁着光芒，是短暂的、稍纵即逝的。然而，当一个人的主观经验得到他人的认同，并通过持续的动态过程与他人分享，得到社会的认可时，这种经验就不会被主观地推测出来，而是被赋予了一个客观的现实地位，也就是所谓的“共享现实”(shared reality)②。

“共享现实”通常被视为一种知觉状态，它强调的是感知到的现实，而不是客观现实的共同理解。因此，共享现实通常只是我们感知到与他人有相同的观点，并不一定在客观意义上真正形成了一致的观点。共享现实理论的形成基于两种“驱动因素”：第一种是关系驱动，即建立、确认和保持社会关系；第二种是认知驱动，即理解自我和所处环境。共享现实理论把“认知驱动”与“关系驱动”融合为一个促进相互理解的社会心理过程，如图3-1所示。在确保共享经验的互相感知得到满足的同时，人们的认知需求和人际关系也得到了相应的满足。人们分享现实不仅是为了与他人建立联系，也是为了追求知识。

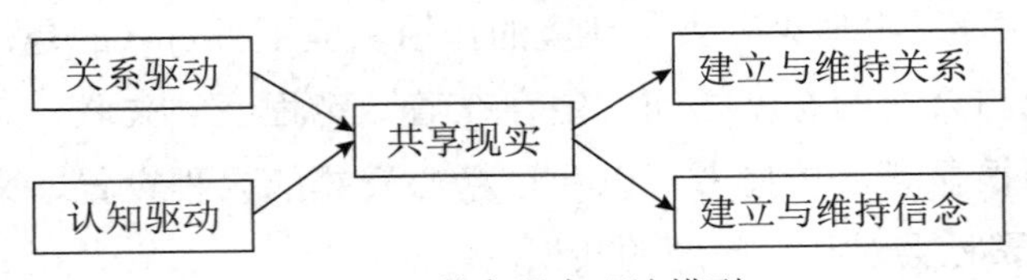

图 3-1 共享现实理论模型

基于这个前提，社会关系得以构建和持续，这依赖于参与关系的各方能够对自己或整个世界有一个共同的认识和理解。在交流过程中，当我们有了共同的体验，这种交流便孕育出了深厚的友情。再者，基于共享现实的理念，无论是认知还是关系，都与共享现实紧密相连，而共享现实在建立与维持关系以及建立与维持信念方面起到了关键作用。哈丁(Hardin)和希金斯(Higgins)采用了测量学中的“信度”“效度”“推广性”和

① 吴世文，杨小雅，何屹然. 从技术话语到价值理想：中国“网络共享”观念之演变(1980-2021)[J]. 新闻与传播研究，2022，29(4)：38-55，127.

② 陶塑，许燕. 共享现实理论：社会认知研究的新视角[J]. 学习与探索，2014(3)：32-36.

"预测性"这些概念，来形容共享现实对人们认知的作用①。首先，当一个人的主观经验被社会成员共同分享和认同后，这种经验就不再是随机的，而是在一定程度上获得了信度。进一步地，经过社会的实证研究，我们发现个体的经验不仅具有普遍的意义，还具有一定的社会价值。这种经验从主观的存在逐渐转变为客观的现实，这种共享的现实为个体经验提供了成为外部现实的坚实基础，从而提高了其效度。再一次强调，通过对现实的共享，主观的经验变得具有更广泛的适用性，它不再是唯一的，这些经验能够跨越时间和空间的限制，具有一定的普适性。当个体或组织共同体验现实时，他们的主观经验会变得更具信度、效度和可推广性，这有助于他们更有效地自我控制，并更好地预测和适应所处的环境。

在心理学视角下，共享现实不仅关乎感知到的现实，更是促进相互理解的社会心理过程。它融合了关系驱动与认知驱动，满足人们的认知需求和人际关系。共享现实在建立与维持关系、信念方面发挥关键作用，使个体或组织的主观经验获得信度、效度和可推广性。因此，共享现实不仅是社会观念的体现，更是心理学视角下促进个体成长与社会和谐的重要机制。

3.5.2 共享现实理论在传播心理学中的实践价值

1. 情感共鸣与信任建立

(1) 情感共鸣。在采访过程中，记者通过倾听、理解和反馈被采访者的情感和经历，与被采访者建立情感上的共鸣。这种共鸣有助于打破隔阂，增进理解，为后续的深入交流打下基础。

(2) 信任建立。通过情感共鸣和适当的社会调解(如接纳他人观点、展现同理心)，记者能够赢得被采访者的信任，从而获取更真实、更深入的信息。

2. 新闻价值的快速判断与确认

(1) 快速判断。在新闻报道强调时效性的背景下，记者需要在极短的时间内对事件的新闻价值做出判断。这时，他们往往会依靠自己的经验和直觉，但这种判断往往带有主观性。

(2) 同行确认。为了降低主观性，提高判断的准确性，记者会寻求同行的帮助。通过与同行的交流和讨论，记者能够确认自己的新闻感知，这种确认来源于他们在实践中形成的共同感知和职业规范。这一过程体现了共享现实在新闻价值判断中的重要作用。

3. 共同感知与职业规范

(1) 共同感知。记者群体在实践中逐渐形成了对新闻事件共同感知的能力，这种能

① 陶塑，许燕. 共享现实理论：社会认知研究的新视角[J]. 学习与探索，2014(3)：32-36.

力使他们能够在面对复杂多变的信息环境时，迅速抓住事件的核心和关键点。

(2) 职业规范。新闻行业的职业规范也是共享现实的重要组成部分。它规定了新闻报道的基本原则和标准，如客观性、公正性、准确性等。这些规范为记者提供了判断新闻价值的依据，也保障了新闻报道的权威性和可信度。

综上所述，共享现实理论在传播心理学中的应用，特别是在新闻传播领域，揭示了记者如何通过与被采访者、同行及受众的互动，共同构建并传播关于新闻事件的共享现实。这一过程不仅提高了新闻报道的准确性和可信度，还增强了新闻传播的共鸣和影响力，促进了新闻行业的专业发展和规范建设。

中国互联网社会建构中的新共享现实

3.6 新闻失实的心理防线：认知偏差的剖析与防范

有人说，“他人即地狱”；也有人说，“没人能比我更优秀”。前一种是高估了危险，后一种是高估了自己。这就是认知偏差。每个人都会产生很多类似的认知偏差，例如人们在判断他人行为原因的时候，容易高估性格的影响而低估环境的作用。比如把别人的沉默当作内向，却忽视了二人之间缺乏共同语言。

3.6.1 认知偏差的基本概念解析

认知偏差(cognitive bias)，是指人们在认知过程中，认知主体产生的偏离正确方向的缺点和错误，典型表现有显著性偏差、生动性偏差等。“它是一种带有偏见的判断模式，人们通过自身的感知而不是客观判断，并受限于他人或组织的看法和社会文化情景而得出不合逻辑的解释或非理性的推论”。社会知觉中常见的刻板印象、晕轮效应等均为某种形式的知觉偏差。认知偏差是个人知觉具有选择性的特征所致。

特维尔斯基(Tversky)和卡尼曼(Kahneman)将认知偏差划分为三类。

(1) 代表性偏差。个体倾向于依据过往相似的事件对样本事件进行归类比较，并根据该典型事件发生的概率来判断样本事件的发生，这种用表面相似性代替深层相似性的错误倾向即是代表性偏差。

(2) 可得性偏差。它是指个体的判断受到记忆中最易提取的信息的影响，印象越深刻的信息，对个体判断的影响越大。

(3) 锚定效应。它是指个体在对信息进行价值评估时，由那些显著的信息引起的歪曲认识。显著信息所产生的首因效应严重影响人们对事件全貌的认知。

3.6.2 新闻失实中认知偏差的表现与影响

从某种意义上讲，新闻失实的原因可以划分为无意性失实和故意性失实。无意性失实是指由于采访不够深入，以讹传讹，导致原始材料本身缺乏完全的真实性，也有可能是由于编辑、校对人员工作中的疏漏而导致的失实。而故意性失实是指明知原来的新闻资料与所发生的新闻事件本身的真实状况不符，但是没有及时加以纠正，或由于其他非正常的目的导致的失实。

造成新闻失实的原因有很多，而报道者具有的较为隐性的社会认知偏差，是导致失实新闻产生的心理因素。图式、刻板印象、归因行为在形成对他人的印象和解释他人行为时难免产生偏差。

以反转新闻为例，反转新闻是在网络新媒体时代出现的新名词，也是一种新闻传播现象。反转新闻最重要的特点是新闻报道最初的事实在传播的过程中被重新发现并发生改变，媒体和受众对事实的立场随之发生逆转，并表现出与之前截然不同的态度。新闻的反转在一定意义上能够成为探寻和靠近真相的动力，但反转新闻虚假的实质违背了新闻的真实性原则，损害了媒体的公信力，造成舆论的混乱和不良的社会传播效果。

1. 反转新闻的实质

反转新闻作为一种新兴的新闻传播现象，其出现有其特殊的社会背景。从内容的角度来看，反转新闻实质上即假新闻。之所以称之为“假新闻”，是因为在网络新媒介环境下，假新闻的产生与传播方式发生了显著的变化。

网络新媒介的崛起，使得受众不再仅仅是信息的被动接收者，而是转变成了信息的积极参与者和制造者。这意味着假新闻的制作者可以是任何人，不再局限于传统的记者群体。随着社交媒体的多样化以及信息发布门槛的降低，虚假新闻的传播渠道也大大拓宽，不再仅仅局限于传统媒体。与传统的假新闻相比，反转新闻在表达观众看法方面更加直接和清晰，从而有助于推动真相的探寻和确认。

新闻报道要同时具备现象真实和本质真实。也就是说，新闻报道不仅要求时间、地点、人物、事件、原因、结果等写作要素必须真实，还要求报道者透过现象洞悉事物深层本质和内在规律，在更深的层次上把握新闻事实①。做到新闻的现象真实并不复杂，而做到本质真实却并不容易。也就是说，新闻报道的时间、地点等各要素没有偏差很容易做到，但由于记者的观察和评价与实际情况不符，虽然现象是真实的，但其本质是不准确的，所以还是失实的。新闻制作过程中的认知偏差是造成新闻本质失实的重要心理因素。

反转新闻在表现形式上往往更具新闻性，其新闻价值因素构成鲜明。例如，2013年8月28日，《南风窗》发表的一篇关于村官腐败的文章，因其中涉及村支书对留守妇女的侵害言论而引发巨大争议。后经查证，这些言论实为村支书私下吹嘘，文章因此失实。这一案例充分展示了反转新闻在引发公众关注和讨论方面的能力。反转新闻还常常利用其显著性的特性来吸引公众目光。村级党组织作为农村基层治理的核心力量，其行为与形象备受关注，这也使得与之相关的反转新闻更易引发公众关注。从新闻形式上

① 欧阳霞. 新闻发现与表达[M]. 北京：北京大学出版社，2009：138.

看，反转新闻是一种新闻价值高度集中的表现形式，其时效性、重要性和趣味性使其具备了有影响力文本的潜质。

2. 反转新闻中的社会认知偏差

社会认知是对他人的社会行为和社会想法的认识。它是指一个人在与别人进行交流的时候，通过对别人的行为进行观察，从而对他们的内部心理状态、行为动机以及行为的意图进行猜测和判断的过程①。在新闻报道的过程中，记者在与被采访者进行访谈的过程中，对他们的言行进行了记载和观察，并且对这些信息进行分析、判断和解读，从而获得新闻事实，这就是一个社会认知的过程。社会认知包括两个层面：一是个体对自我和社会的认知，包括对自身的认知和理解，如自我价值、自我形象和自我效能等方面，同时也包括对他人和社会的认知和理解，比如对他人的性格、态度、情感、行为和社会角色的理解，以及对社会事件、社会规范、社会价值观和社会生活的认知；二是个体与社会的互动关系，主要涉及个体如何基于自身的认知和理解，在社会环境中主动构建和理解社会现象、社会行为和社会关系，以及如何通过社会认知来适应社会和实现社会互动。

在进行新闻采访时，记者的认知往往受到多方面因素的影响。比如他们的知识储备、生活经历、性格特点、人生观、价值观以及文化背景等，都不可避免地影响他们对访谈对象及事件的看法和解读。同样，被采访者的外表、言谈举止、性格特征以及行为表现等，也会在一定程度上影响记者对他们的认知、印象和评价。此外，新闻访谈通常发生在特定的语境之中，这种语境为被访谈者提供了丰富的背景信息和线索，有助于记者更深入地了解他们。然而，社会认知作为一种复杂的心理过程，往往难以完全反映现实，有时甚至会出现与现实相悖的情况，这就是所谓的“社会认知偏差”。当这种偏差出现在新闻领域时，就会导致公众对新闻事件的认识出现偏离，从而产生“反转”的新闻现象。

从实践来看，社会认知偏差导致了新闻反转的主要表现有以下几个方面。

(1) 图式导致认知偏差。图式是人脑自动形成的认知框架，这个认知框架是通过你接触到类似的人、过程、社会角色或职业等经历而产生的。图式一旦形成，就会被刺激激活，从而引发相关行动和期待②。比如，看到一个新事物时，我们可能会根据它与周围人或其他事物之间的相似程度来判断这一事物是否有市场；在学习新知识时，我们可能会根据它与当前学习内容相关程度来判断这一知识是否有用。图式对社会感知的过程与结果有着显著的影响，有助于人类对这个世界的认识，并对其进行高效的组织，但同时也会使人在分析与评价问题上产生误判。

(2) 刻板印象导致认知偏差。刻板印象作为图式的一种表现形式也会引发社会认知的偏差。刻板印象也被称为类化原则，一般指人们对某个社会群体形成的一种概括和固定的

---

① 申荷永. 社会心理学[M]. 广州：暨南大学出版社，1999：45.

② 金伯莉 • J. 达夫. 社会心理学[M]. 李颖珊，宋文，译. 北京：中国人民大学出版社，2013：55.

看法[①]。刻板印象有助于简化人们的认知过程，但刻板印象一经形成，便具有较高的稳定性，很难改变。在这方面，刻板印象往往使人们的认知固化，从而导致社会认知偏差。

在互联网时代，人们对新闻的时效性提出了更高的要求，即实时性。因此在这种情况下，为了快速传播，报道者往往会借助已有的认知结构来实现信息的快速扩散，从而减少了深度思考所付出的时间代价，也为反转新闻的涌现提供了可乘之机。

(3) 行为归因导致认知偏差。所谓归因，是指人们对他人或自己的所作所为进行分析，指出其性质或推论其原因的过程，也就是对人们的行为表现进行解释和说明的过程[②]。这是一种对人和事进行深层次认识的过程。在新闻采写过程中，行为归因就是对新闻五要素中“why(为什么)”这一要素的挖掘。

社会心理学研究证明，人们在行为归因时通常试图将个体的行为归结为内部原因(如个人性格)，或者归结为外部原因(如人们所处的情境)[③]。社会心理学研究表明，人们在对信息数据和认知等方面的处理过程中，往往会产生归因偏见，其表现为对行为原因的推测显得既不理性也不合逻辑，甚至有些武断或荒谬。行为归因中较常见的一种偏差为基本归因偏差，是指个体在对别人的行为进行解读时，往往会过高估计行为者的内部因素对其行为所产生的影响，而低估了情境因素的作用和影响。这种归因偏差在新闻报道中也容易造成新闻失实。例如，2008年，众多媒体包括境外媒体报道了四川男子吴加芳因为在“5・12地震”后背亡妻回家的新闻，吴加芳被网友们称为“最有情义的丈夫”。半年后，吴加芳与他人结婚，再次引起舆论关注。在后来的媒体进一步采访中，吴加芳家乡的村民却指责吴加芳是薄情之人，背亡妻是被逼迫的，之前一直在和前妻闹离婚，而且他不赡养父亲。从现象看，吴加芳背亡妻回家的举动确有其事，但从本质上看，报道对吴加芳行为性质及行为原因的推论则高估了他的内在因素(有情有义)，而低估了环境原因(背亡妻是被逼迫的)，从而造成行为归因偏差。这样的归因错误，让新闻工作者无法以真实的方式回应事实，而只能以他们自己对事实的理解为基础做出反应。

社会心理学家米勒和波特研究表明，随着时间的推移，归因会变得更加情绪化，而情绪的波动也会影响判断。对以事实为基础，以真实、全面、客观、公正为原则的新闻报道来说，报道主体一旦在新闻报道过程中加入个人主观的情绪因素，就很难做到客观公正，也很难守住新闻真实性的底线。

新闻失实中的认知偏差案例

3.6.3　认知基模与阿克塞尔罗德信息处理模式的融合分析

认知基模(cognitive schema)由瑞士心理学家皮亚杰(J・Piaget)提出，指的是人的认

① 申荷永. 社会心理学[M]. 广州：暨南大学出版社，1999：62.

② 申荷永. 社会心理学[M]. 广州：暨南大学出版社，1999：64.

③ 戴维・迈尔斯. 社会心理学[M]. 北京：人民邮电出版社，2006：62.

知行为的基本模式。基模有各种各样的分类，较常见的有涉及个体的人物基模、涉及事件程式的事件基模、涉及社会角色的角色基模等。

基模主要有以下四个特点：基模是人与生俱来的行为模式之一，但是随着人的成长可以发展和改造；基模是一种知识分类体系，呈层化结构，类似于一个树形图；基模是知识的集束或有机的联合，按照一定的关联性，以有机的结构预存在我们的大脑中；基模的功能是在我们遇到新的信息时，通过动员和组织原有的知识和经验、补足新的要素来进行处理、对新信息的性质做出判定，预测其结果，以确定我们对新信息的反应。因此，一般认为基模具有预测和决策控制功能。

美国学者罗伯特·阿克赛尔罗德(Robert Axelrod)在他的《认知与信息处理过程的基模理论》一文中，提出了信息处理过程模式。

(1) 当我们接触到一个新的事物或者新的信息时，头脑中的相关基模就会被激活，参与到信息处理的每个环节当中。

(2) 当我们接触到一个新的事物或者新的信息时，当它的各项特征与我们原有认知基模相吻合时，我们倾向于按照原有认知基模来解释和对待它。

(3) 当我们看到的新信息的各项特征与我们的认知基模存在不吻合之处时，会对新信息和旧信息进行各种特征比较，进行补足，然后确定新的解释和态度。

(4) 新信息的处理结果对认知基模有两方面作用：一方面，当处理结果符合已有的基本模式时，它将强化原来的基模；另一方面，当处理结果与已有的基本模式不一致时，就对原来的基模进行修正，生成新的认知基模。

(5) 不论是被强化的原有基模，还是在接受分析处理的过程中形成的新认知基模，作为每次分析处理时的一种结果，都会成为我们在下一次信息处理过程中进行分析、推理和判断的依据。

3.7 传播者的品牌形象塑造：印象管理的策略与实践

印象管理(impression management)在我们的日常生活、人际交往中起着非常重要的作用，它使得一个人在不同的场合对不同的人做出不同的自我表现。印象管理是社会交往的基本事实，任何人都在有意识或无意识地进行着印象管理，它显示了人们社会适应能力的提高。印象管理有助于维护我们的真面目，使他人了解我们的真实意图、心理特点和个性。尤其是当别人对我们有所误解的时候，我们凭借印象管理，可以纠正这种误解。印象管理还能使我们在现代社会里更快、更富有弹性地适应不同人群的角色要求，使我们针对形形色色的环境做出恰如其分的自我表现和社会行为。同时，印象管理在传播学层面也发挥着不可或缺的作用。

印象管理也称印象整饰。它起源于社会心理学，指的是人们通过促进或者抑制某些信息的传递来影响或控制他人对自己所形成的印象的过程。它是一种广泛存在的现象，是通过控制他人所获得的信息来影响他人对我们的看法的行为。

3.7.1 新媒体时代下印象管理的新挑战与机遇

出于对实际利益的考虑，或难以厘清的微妙的心理动因，真相和假相往往会混杂在人际传播与新媒体传播中。马丁·布伯(Martin Buber)就此提出了一对范畴，即交往中的“本相”与“装相”[①]。装相是人们在交往中自我披露的部分，含有程度不同的本相，但也含有假相。任何人际传播中都潜藏本相与装相的矛盾。现在匿名的网络交流之所以兴起，主要是因为这种对话具有虚拟性，披露一切而不用承担社会交往的责任。例如，我们在网络中可能会大声疾呼以及慷慨陈词、高谈阔论，但是现实世界中却经常沉默不语，不喜欢发表意见。

戈夫曼在其著作《日常生活中的自我呈现》中，将个体在人际交往过程中的体现分为表演、剧班、区域与区域行为、不协调角色、角色外的沟通、印象管理艺术6个部分[②]。其中，戈夫曼认为“拟剧理论”的核心要素是为了更好地进行印象管理。伴随着新媒体的不断发展，网民在互联网上的身份逐渐明晰，成为一个个身份明确的用户，新媒体环境下前后台的“幕布”被拉开，后台私密的内容逐渐展现在“观众”面前。

印象管理，作为个体在社会交往中塑造、维护和调整自身形象的一种策略性行为，其内涵与实践方式随着社会结构的变迁和技术的发展而不断演变。在传播心理学的视角下，印象管理不仅关乎个体如何通过言语、非言语行为及外观等手段来影响他人对自己的看法，还深受信息传播环境和技术的影响。新媒体时代的到来，为印象管理提供了一个全新的舞台，其客观环境的变化主要体现在以下三个方面。

1. 媒介融合：从匿名性的多重身份到全网身份的统一

在网络媒介发展初期，网民身份大多具有隐匿性。同时，由于相关政策不完善、技术不成熟、网民规模相对较小，网民大多随意发表言论，缺乏引导和规范。在这种以匿名为借口下产生的“自由”，导致了互联网发展时期出现侮辱诽谤、坑蒙拐骗、欺诈侵权等各种灰黑色地带。匿名性条件下，网民的表演具有随意性、“自由”性，并且依靠匿名可以在不同媒体账号平台上拥有多重身份及表演人格。随着网络实名制的推出和信息技术的不断发展，基于媒介融合趋势下大数据人工智能技术的发展，网民在互联网的身份逐渐同一化。只要使用过媒介平台，就随时面临以往言论被放大的可能。扎克伯格(Zuckerberg)表示，“现在个人在网上只有一个身份”。加上上网IP地址的显示，个人隐私信息越来越容易暴露，从网民到用户的身份转变代表过去匿名表演逐渐消失，民众后台信息逐渐被放大。由于媒介融合的不断深入，掌握全网信息愈发便利，伴随而来的

---

① 马丁·布伯. 我与你[M]. 北京：商务印书馆，2002：62.

② 欧文·戈夫曼. 日常生活中的自我呈现[M]. 冯钢，译. 北京：北京大学出版社，2008.

人设翻车、名誉崩塌现象越来越多。例如，在一个明星爆火后，立马会有网友找出该明星以往在网络上发表过的与其现在人设营销不相符的言论或行为。过去匿名的多重身份在如今新媒体环境中逐渐失效，转而变为全网身份同一。

2. 语境延伸：从窃窃私语的小隔间到众声喧哗的会客厅

语境即交流、传播或表达的时间、空间、环境和对象构成的整体。在一定程度上，媒介的使用决定了语境。过去，在印刷媒介和电子媒介中，媒介将我们的交流变成一间间的小隔间，但在互联网新媒介发展下，信息不再仅仅存在于原有语境中，发布者要随时做好言论及行为被传播和放大的准备。比如，在网上爆火的炫富男周某在朋友圈里炫富，却被人截图公开发表在互联网上，进而引发了一系列对于他个人及其家族的猜测和争议。媒介技术的不断发展带来传播语境的延伸，我们发表的一系列言论要充分考虑到当信息打破圈层区隔进入新语境时带来的意外结果。

3. 主体参与：从想象共同体到情绪共同体

本尼迪克特·安德森(Benedict Anderson)提出“想象的共同体”的概念①，他强调印刷资本主义通过技术手段为民族的“想象共同体”的形成提供了土壤，所谓的印刷资本主义是指面向大众，具有商业化和世俗化的特点，是民间的、营利的文本生产。当读者在阅读印刷书籍时，由于“虚拟的共时性”，他们得以产生对共同体的想象。

在互联网发展初期阶段，网民开始在互联网媒介上自由发表观点，影响舆论的走向，形成了一种“天下网民是一家”的“想象共同体”。但随着时间的推移，网民主体参与规模的扩大，后真相时代悄然而至。在这个时代，情绪化和立场化成为大部分网民网络生活的主导。当人们难以判断信息的真实性时，他们往往倾向于相信自己的第一反应，以感觉为主导。而当真相最终显现时，他们又会选择性地忽视那些与自身情感相悖的事实，放大人物或事件中的某一点，以偏概全，只追求情绪的宣泄。这种转变意味着，我们逐渐从“想象的共同体”走向了“情绪的共同体”。在“情绪的共同体”中，情感成为了主导，真相往往被边缘化。因此，我们需要更加理性地对待网络信息，避免被情绪所左右，以更加客观的态度去认识和理解世界。

印象管理作为心理学与社会学交叉领域的重要概念，深刻影响着我们的日常生活与人际交往。在新媒体时代，其内涵与实践方式不断演变，与信息传播环境和技术紧密相连。媒介融合使得个人身份从匿名多重转向全网统一，加剧了人设翻车、名誉崩塌的风险。语境的延伸则让信息传播不再受限于传统媒介的“小隔间”，而是进入众声喧哗的互联网“会客厅”，要求我们在发表言论时充分考虑信息打破圈层区隔的意外结果。因此，在心理学视角下，我们需要更加理性地对待网络信息，运用印象管理策略，以更加客观、真实地呈现自我，适应新媒体环境的要求。

---

① 本尼迪克特·安德森. 想象的共同体：民族主义的起源与散布[M]. 吴叡人，译. 上海：上海世纪出版社，2005：167.

3.7.2 印象管理理论在传播心理学中的创新应用

印象管理理论在传播心理学领域的应用，尤其是在企业危机公关中的实践，通过海底捞与三鹿集团的案例得到了生动展现。这两个案例不仅揭示了印象管理策略的有效性与失败后果，还深刻影响了企业战略管理和政府形象塑造的思考。

1. 海底捞“老鼠门”事件的印象管理成功之处

2017年8月，某地海底捞餐厅在面对后厨卫生问题的曝光时，迅速而诚恳的回应体现了印象管理理论的核心原则。首先，承认问题并道歉，这一行为迅速建立了企业的责任感与诚信形象，避免了舆论的进一步恶化。其次，承担经济与法律责任，表明企业愿意为错误付出代价，这有助于恢复消费者的信任。海底捞的应对策略之所以被称为“教科书式”公关，是因为它有效地利用了印象管理理论中的自我呈现策略，即通过积极的沟通和行动来塑造和修复受损的企业形象。此外，海底捞的快速反应也体现了情境适应性，即根据危机情境调整印象管理策略，以最小化负面影响。

2. 三鹿“毒奶粉”事件的印象管理失败分析

相比之下，2008年三鹿集团在应对产品安全问题时的印象管理策略则完全失败。首先，试图通过金钱手段控制信息传播，不仅违背了诚信原则，也严重损害了企业的公信力。其次，安抚消费者保持沉默的策略忽视了消费者的知情权和权益保护，进一步加剧了公众的愤怒。最后，以攻为守，收集竞争对手负面信息的做法更是违背了公平竞争和商业道德，严重损害了企业的品牌形象。三鹿的失败在于没有正确理解印象管理的本质(通过真诚、透明和负责任的行为来建立和维护良好的企业形象)，而是试图通过不正当手段掩盖问题，最终导致了企业的崩溃。

3. 对企业战略管理和政府形象塑造的启示

海底捞与三鹿的案例对企业战略管理者和政府形象塑造者提供了重要启示。首先，真诚与透明是印象管理的基石，任何试图掩盖或误导的行为都将严重损害组织的信誉。其次，快速响应与积极沟通是有效管理危机的关键，能够迅速恢复公众信任。再次，情境适应性要求组织根据不同危机情境灵活调整策略，以最大化正面效果。最后，长期视角强调印象管理不仅是对短期危机的应对，更是组织长期声誉和可持续发展的基础。

因此，无论是企业还是政府，都应重视印象管理理论的应用，通过建立健全的信息披露机制、加强与社会各界的沟通互动，以及在危机事件中展现出高度的责任感和诚信，来塑造和维护积极的组织形象。同时，也应注重在日常运营中积累正面印象，为应对未来可能的挑战奠定坚实的基础。

3.8 “项庄舞剑，意在沛公”：揭秘“第三人效果”理论

想必不少人也看到过类似新闻：家长认为“某动画片会教坏自家孩子”，而去联名举报该动画片，使其下架。为什么家长会认为“自己是大人，不会受到不良信息蛊惑”，而小朋友就“一定会受到不良信息影响而走向堕落”呢？这正是“第三人效果”理论的典型表现。“人们在判断大众媒介的影响力的时候存在着一种感知偏见(perceptual bias)，即认为大众媒体所传播的信息对‘我’或对‘你’未必有多大影响，但是对‘他’往往会产生较大的影响。”

3.8.1 “第三人效果”理论的基本概念与内涵

“第三人效果”(third-person effect)理论是美国哥伦比亚大学的菲力普斯·戴维森(Philips Davison)提出的。1983年，他在《公共舆论季刊》上发表的论文《传播中第三人效果》指出：人们在判断大众传播的影响力之际存在着一种普遍的感知定势，即倾向于认为大众媒介的信息(尤其是说服性信息或宣传以及负面信息)对“我”或“你”未必有多大影响，然而会对“他”产生不可估量的影响[①]。因为这种感知定式，人们认为大众传播的信息对他人的影响大于对自己，所以才在行为上做出和第三人有关的反应，个体会对他人接收信息后可能产生的行为做出错误的预判，从而影响到个体自身的行为。我们将这种现象称为“第三人效果”。该理论在20世纪90代中期迅速成为媒介效果研究的重要方向之一[②]。

人们的自我强化主要包括三个方面。

(1) 对自己的盲目乐观，即觉得与他人相比，自己遭遇不幸事件的概率较低，或者觉得自己不太容易受到负面事件的影响。

(2) 虚幻的优越感，每个人都倾向于认为自己很优秀，习惯于用正面方式评价自己。

(3) 自我服务式归因，即在好事面前容易夸大自己的作用，在坏事面前容易推诿责任。

根据研究人员的说法，“第三人效果”理论指向了消费者广告中经常出现的一种说服或宣传技巧，比如广告语：“如果您的孩子不上我们的补习班，我们就培养您孩子的竞争对手。”得益于“第三人效果”的说服传播，这则广告将孩子的需求转化为对家长的影响，从而达到消费目的。再如，2023年8月24日，福岛核电站核污染水排放入海，这一事件引发了韩国盐价的大幅上涨，并导致大量民众开始囤积食盐；在我国，一些地区也出现了抢购食用盐的现象。在抢盐风波中，受众首先考虑的不是自己家里缺不缺

① 郭庆光. 传播学教程[M]. 北京：中国人民大学出版社，2011.

② 桑珊珊. 第三人效果理论研究综述[J]. 科技传播，2021，13(14)：112-114.

盐，而是预计其他人会因恐慌而疯抢食盐。因此，为了避免“后下手遭殃”的结局，就必须“先下手为强”。当群众不约而同地形成这种共识时，“恐慌购买”便不可避免地爆发了。还有很多案例，通过影响“表面”的受众实现影响第三方行为的目的。但不止如此，关于“第三人效果”理论的研究是复杂的。

从一般情况来看，“第三人效果”研究可以分为两个阶段：一是认知阶段，即与受众的感受有关；二是后续行为阶段，即与传播效果有关。关于“第三人效果”理论，有几个问题值得讨论。第一，是否存在“第三人效果”，怎么验证？第二，“第三人效果”强度是否存在变化？媒介接触、社会距离、个人特质这些太过宽泛，在此需要找出具体的影响因素让人们了解是什么使得“第三人效果”在网络公共事件传播过程中的影响力变得尤其突出。第三，“第三人效果”到底带来了哪些态度或者行为？我们应该明确，“第三人效果”理论与心理学研究有着紧密的联系，它所表现出的“高估自己，低估他人”实际上是人类的一种常见心理行为，从而对媒体的影响进行阐释，是传播学研究的一个重要环节。

3.8.2 “第三人效果”的实证研究与理论延伸

“第三人效果”包括两个层面的内容：一是认为大众传播对他人影响大于对自己的影响——感知层面；二是感知大众传播对他人与对自己影响的差异对行为产生影响——行为层面[①]。

1. 感知层面的理论验证与延伸

(1) 感知层面的理论验证。戴维森最初提出“第三人效果”理论时，是从感知层面进行阐释的。后续大量学者针对感知层面的假说进行了实证验证性研究，使得该理论在大众传播占主导的时期获得了发展，在技术变迁的影响下，学者也开始将“第三人效果”理论的感知层面置于新媒体环境下，检验其存在性，“第三人效果”理论在新媒体环境下也得到了新的发展。

在传统媒体的研究方面，“第三人效果”理论认为大众传播对“他人”的影响比对“我”和“你”的影响更大。基于这个认识，后续的研究多以负面信息对大众的影响为切入点开展实证。如有研究发现，高校学生认为大众传播的色情内容对他人道德价值观、性知识和性行为等方面的影响大于对自己的影响[②]；有学者以2000年美国总统选举为背景，发现人们认为民意调查报道会对其他选民产生影响，但对自己却没有多大影

① 付佳，陈晓琳，喻国明.“第三人效果”研究的范式迭代：现象、影响因素及理论机制[J]. 中国新闻传播研究，2020(3)：107-130.

② LO V H，PADDON A R. Third-person perception and support for pornography restrictions：some methodological problems[J]. International journal of public opinion research，2000，12(1)：80-89.

响[1]。针对传统媒体负面报道内容的研究结果证实：人们认为自己不受或者较少受到负面媒体内容的影响，而认为负面媒体内容会对他人产生更大的影响。

新媒体方面的研究依然是以新媒体中的负面信息作为切入点进行理论检验的，在关于Facebook(改名为Meta)使用行为的影响研究中，学者发现，人们会认为Facebook对他人的影响大于对自己的影响[2]；在关于“网络假新闻”的研究中，研究者以政治倾向为标准将样本划分为若干组别研究个人如何判断自己、组内成员与组外成员的易受影响性，结果表明，个人认为组外成员会比自己和组内成员受到“网络假新闻”更多的影响[3]。

综上所述，无论是在传统媒体还是新媒体环境下，人们对负面内容及风险的影响评估均存在“自我—他人感知偏差”，这使得“第三人效果”理论的感知层面得到基本的研究支持。

(2) 感知层面的理论延伸。随着研究的深入，有学者对“第三人效果”的研究进行了延伸，其中包括延伸到“对不符合社会期待媒介使用行为的评价”和“情感第三人效果”的研究。“对不符合社会期待媒介使用行为的评价”研究属于一种较为普遍的“比普通人都好的效应”(better than-average effect)的研究，如有学者将“第三人感知”从“媒体影响评价”延伸到“电视观看频次评估”，研究结果显示，人们认为他人观看电视的次数会比自己的更多[4]。新媒体方面，在Facebook采取“标记假新闻”的方式后，这类应对假新闻的方式的确会减少假新闻的传播，但人们依然认为他人在留意到“假新闻”的标记后仍然会比自己更有可能传播假新闻[5]。上述研究发现：人们会以一种更积极的目光看待自己，认为自己比他人更少做出某些被认为不符合社会期待的媒介使用行为，使自己看起来和感觉起来比他人更好。

2. 行为层面的理论验证与延伸

随着研究的拓展，研究者不仅发现“第三人效果”能够反映媒介作用于人们感知层面的效果，还进一步指出这种感知层面的定式必将引发人们行为层面的反应，进而引发不同的后续行为。

传统媒体研究中的媒体内容多为传统形式的广告、新闻机构报道等。除了传统的

---

① PRICE V，STROUD N J. Public attitudes toward polls：evidence from the 2000 US presidential election[J]. International journal of public opinion research，2006，18(4)：393-421.

② CORBU N，STEFANITA O，BUTUROIU R. Facebook influences you more than me：the perceived impact of social media effects among young Facebook users[J]. Central European journal of communication，2017，10(2)：239-253.

③ JANG S M，KIM J K. Third person effects of fake news：fake news regulation and media literacy interventions[J]. Computers in human behavior，2018，80：295-302.

④ PEISER W，PETER J. Third-person perception of television-viewing behavior[J]. Journal of communication，2000，50(1)：25-45.

⑤ MENA P. Cleaning up social media：the effect of warning labels on likelihood of sharing false news on Facebook [EB/OL]. (2019-01-01) [2023-12-31]. https://onlinelibrary.wiley.com/doi/abs/10.1002/poi3.214.

“审查行为”之外，研究者还发现“第三人效果”会影响个人身体管理、投资等方面的多种行为。例如，有学者以新加坡女大学生为样本，研究杂志上表现“苗条”身材的广告如何影响其对广告效果的判断以及后续的身体管理行为，结果表明，当女大学生认为广告对他人影响更大时，她们采取节食、减肥等行为的意愿就更小①。

除了传统的“媒体审查”行为之外，部分关于“新媒体”的研究还总结出其他相关的纠正行为类型，如在ISIS网络招募启事影响研究中，研究者发现“第三人感知”除了与限制该招募广告呈正相关关系之外，还会影响社交媒体上的激进行为，关于网络假新闻的研究表明，在后续行为上，人们更倾向于提高媒介素养的措施，而非媒体管制措施②。

3.8.3　影响“第三人效果”的关键因素剖析

“第三人效果”理论的核心观点认为，受众倾向于过高估计信息对“他人”在态度与行为上的影响。媒介信息对“他人”(第三人)的影响要大于对“自身”(第一人)的影响。

“第三人效果”理论中包含感知与行为两个层面的含义：在感知层面，人们认为传播对他人的影响大于对自我的影响；基于这一感知，人们在行为层面会产生相应的行为。此观点提出以来，“第三人效果”假说便受到了学界的广泛关注，成为新闻传播学理论研究的重点。

随着“第三人效果”假说的相关研究从负面信息的传播不断拓展至一般的传播情境中，研究者对于影响“第三人效果”强弱的因素的认识也不断深入。珀洛夫(R. M. Perloff)总结了前人的研究成果认为，媒介信息的可取性、社会距离、个人与群体差异构成了影响“第三人效果”强弱的主要因素，是“第三人效果”背后的运作机制。其中，媒介信息的可取性是指媒介信息本身的负面或正面倾向决定着媒介信息产生的是“第三人效果”还是认为正面信息对“我”的影响大于对“他人”影响的“第一人效果”。社会距离表明，“第三人效果”中的“他人”是谁，会影响自我感知的强和弱，被评价的第三人与“我”在社会距离上越远，“第三人效果”越强。个人与群体差异包括受教育程度、主观感知的知识水平、自我卷入程度、自尊心等维度，上述因素越高，“第三人效果”越强。此外，人类学研究发现，宏观层面的文化与民族差异也是影响“第三人效果”强弱的因素之一。

---

① CHIA S C. Third-person perceptions about idealized body image and weight-loss behavior[J]. Journalism&mass communication quarterly，2007，84(4)：677-694.

② JANG S M，KIM J K. Third person effects of fake news：fake news regulation and media literacy interventions[J]. Computers in human behavior，2018，80：295-302.

3.8.4 “第三人效果”理论在传播实践中的策略应用

近年来，“第三人效果”研究与政治活动、社会治理等问题的结合日益紧密。在政治活动方面，“第三人效果”的研究主要体现为研究视角的突破，如有学者研究较长时间跨度的竞选活动①，也有学者从微观入手研究“第三人感知”对政策叙事策略的影响②，角度的创新也为“第三人效果”在不同领域的应用提供了更多可能。

在社会治理方面，“第三人效果”的研究主要集中在风险感知与规避等方面。近年来，“风险社会”这一概念备受关注，恐怖主义、经济危机等传统危险还在烽烟四起，网络安全等新型风险又悄然抬头。这一现象反映在“第三人效果”的研究上，就是关于“风险感知与规避”的研究不断突出，以及Facebook使用风险、假新闻等研究。这表明，如算法带来的隐私问题、交易摩擦带来的经济动荡问题等各种社会风险议题将可以为未来的“第三人效果”提供更新、更具实际价值的研究方向。同时这也提醒新闻报道部门，大众传播媒介要以谨慎、负责、求实的态度进行负面事件的报道，防止“第三人效果”带来的负面效应。同时监管部门也应重视“第三人效果”，在信息审查限制和受众权利自由之间做到平衡。

总结与回顾

本章正式进入了传播心理学主要理论的学习部分。通过前两章传播心理学的理论基础与传播过程中的心理机制学习，我们可以更好地厘清传播心理学的学科出发点与研究现状。而从传播学视角出发，我们也需要根据传播过程，梳理传播心理学的基础理论，本章内容围绕“传播者理论与传播心理”展开了深入探讨，从多个理论视角剖析了传播者在信息传播过程中的心理机制与行为策略，对传播心理学的理论与实践具有重要意义。

首先，通过社会认同理论的介绍与应用，本章揭示了国家认同与民族和谐在信息传播中的重要作用，强调了社会认同对于构建共同价值观、促进社会和谐的影响。这一理论为理解传播者如何在多元社会环境中传递信息、塑造公众认同提供了理论基础。

接着，本章引入了“把关人”理论，探讨了传播者在信息筛选与传递过程中的角色与责任。通过理论介绍与应用分析，揭示了传播者如何根据自身价值观、受众需求及社会规范等因素，对信息进行筛选与加工，进而影响信息的传播效果。

---

① IDID S A，SOUKET R. Barisan nasional’s G14 campaign materials：a reversed third-person effect[J]. SEARCH(Malaysia)，2019，11(2)：1-19.

② KIRKPATRICK K J，STOUTENBOROUGH J W. Strategy，narratives，and reading the public：developing a micro-level theory of political strategies within the narrative policy framework[J]. Policy studies journal，2018，46(4)：949-977.

框架理论部分，本章详细梳理了框架理论的发展脉络，并阐述了其核心概念在传播学中的应用。框架理论强调了传播者如何通过构建特定的心理现实，影响受众对信息的认知与解读，进而塑造受众的态度与行为。

在S-R理论部分，本章介绍了该理论的发展及其在传播学中的应用，揭示了媒介如何通过设置议程来引导公众关注与讨论的话题，进而影响社会舆论与公众行为。

共享现实理论则强调了传播者与受众之间共同认知的重要性。通过理论内涵与传播学应用的阐述，本章揭示了共享现实如何促进传播者与受众之间的沟通与理解，提高信息传播的效果。

此外，本章还探讨了新闻失实中的认知偏差问题，分析了认知偏差的概念、类型及其在新闻传播中的表现，提出了防范新闻失实的策略。同时，通过介绍认知基模与阿克塞尔罗德的信息处理模式，为理解新闻失实的心理机制提供了理论支持。

在印象管理部分，本章关注了传播者如何通过印象管理策略来构建与传播自身品牌。通过新媒体时代下的印象管理分析，揭示了传播者如何利用社交媒体等新媒体平台来塑造自身形象、提升影响力。

最后，“第三人效果”理论的探讨揭示了传播者在信息传递过程中如何考虑受众对他人反应的预期，进而影响自身的传播行为。通过理论概念、验证与延伸、影响因素及应用的阐述，本章为理解传播者如何在复杂社会环境中制定传播策略提供了理论支持。

综上所述，本章内容通过多个理论视角的探讨，深入剖析了传播者在信息传播过程中的心理机制与行为策略，并将理论带入典型的传播心理案例中展开分析，为理解传播心理学的理论与实践提供了丰富的素材与深入的见解。

思维与挑战：思考题

1. 社会认同理论的发展经历了哪几个阶段？分别具有什么特点？
2. 请举例说明社会认同理论在民族和谐方面的具体应用。
3. “把关人”理论在新媒体时代有何变化？
4. 请举例说明算法如何起到把关作用。
5. 结合当前某个新闻热点事件，谈谈你对框架理论的理解。
6. S-R理论对传播学领域的研究产生了怎样的影响？
7. 结合S-R理论，谈谈当今新媒体环境下的传播特点。
8. 共享现实理论为什么被认为是记者的“定心丸”？
9. 结合自身实际谈谈中国互联网社会建构中的新共享现实。
10. 在新闻传播过程中，我们应如何避免认知偏差对新闻事实产生的影响？
11. 你认为媒体行业应如何进行传播者的印象管理？
12. “第三人效果”理论的内容和两种后续结果是什么？

第4章　传播受众心理解析与策略

本章将介绍传播受众理论与传播心理学所涉及的相关概念，包括认知发展理论的分析和解读；准社会交往理论及其发展与案例；刻板印象的概念及特征；内部动机和外部动机的原理和过程；社会反馈理论的形成与实践等，对传播心理与传播受众理论做出系统的分析和解读。

4.1　儿童认知与媒介接触：皮亚杰的视角

皮亚杰作为近代著名的儿童心理学家之一，以儿童思维能力和特性来研究儿童认知发展的过程，提出了著名的认知发展理论。他依据儿童的认知能力将儿童从出生到青少年时期分为四个阶段，分别是感知运动阶段、前运算阶段、具体运算阶段和形式运算阶段，随着儿童生理上的成长，儿童在每一个阶段的认知能力都在发生变化，不同的阶段呈现不同的特点和发展需求。

下面我们将从理论的基本概念、认知结构形成的过程，来讲述皮亚杰认知发展理论的4个阶段，并且试图讨论在皮亚杰认知发展理论的引导下，我国少儿节目的可能性发展。

4.1.1　皮亚杰认知发展理论的基石

皮亚杰的认知发展理论的基本概念可以从其形成的图示、同化与顺应的过程，以及平衡与失衡的状态三个方面展开，他们之间相互作用，构成了认知结构[①]。

1. 图式

图式是皮亚杰理论中的核心概念，指动作的结构或组织。个体能对刺激做出反应，在于其具有应付这种刺激的思维或行为图式。图式使个体能对客体的信息进行整理、归纳，使其信息秩序化和条理化，从而达到对信息的理解。个体能够形成怎样的认识水平取决于形成了什么样的图式。相应地，不同的场景会产生不同种类的图式，对于新生儿来说，仅有几个简单的遗传图式，所以面对大多数的东西，他们会做出吮吸的反应。但随着知识的增加，人的认知图式不断发展，影响下一步的学习和认知。皮亚杰认为，人的认识发展不仅表现在知识的增长上，更表现在认知结构的发展和完善上，图式的发

---

① 郎筠. 皮亚杰认知发展理论简析[J]. 科技信息，2011(15)：160+159.

展水平是人的认识发展水平的重要标志，既是认识发展的产物，又是认识发展的基础和条件。

在这个过程中，人们就是通过同化和顺应的方式将知识纳入自己的图式中。

2. 同化与顺应

同化是指有机体把环境成分整合到自己原有结构中的过程。皮亚杰借用同化来说明个体把新鲜刺激纳入原有图式中的心理过程。就整个有机体来说，有三种水平的同化：生理水平上，是物质的同化；动作水平上，是行为的同化；智慧水平上，是思想的同化。

从心理学的角度来说，同化就是把外界元素整合于一个正在形成或已形成的结构中。因此，同化过程受到个人已有图式的限制，个人拥有的图式越多，同化的事物的范围越广泛；反之，同化范围越狭窄。

顺应是指个体调节自己的内部结构以适应特定刺激的过程。当个体遇到不能用原有图式同化的新刺激时，便要对原有的图式加以修改或重建，以适应环境。这样将迫使个体改变现有的认知图式，形成某些适合新经验的新图式，引起认知结构的不断发展变化。

图式的演进与深化是通过同化和顺应两种核心机制得以实现的。皮亚杰认为，对外部刺激进行筛选或改造，使其与内部已有的认知结构相融合叫做同化；而内部图式发生的调整与变革，以更好地适应外部环境的真实情况叫做顺应。其中，同化代表着一种量的积累与渐变，而顺应标志着质的跃升与突变。在认知结构的发展历程中，同化与顺应两者既是对立的两个方面，又是相互联系、相互依存的。就人类认知的成长而言，如果只有同化而缺乏顺应，那么我们的认识将无法实现真正的进步与发展；反之，如果没有同化作为基础，顺应也将无从谈起。因此，认识始终是外部事物通过同化融入内部图式，同时内部图式又通过顺应适应外部事物的这一对立统一过程的产物。

3. 平衡与失衡

同化和顺应相辅相成发生作用后，图式总会以两种形式存在：一种是平衡状态，另一种是新知识出现时的失衡状态。平衡是个体发展的动力，当个体运用已有认知结构能解决当前问题时，即处于平衡状态。失衡则是指当个体运用已有认知结构不能解决当前问题时，平衡被打破，导致失衡①。在失衡后，个体必须接受新知识，重复同化和顺应的过程，将新的知识图式加入自己的认知中，使得新知识被吸收，积极主动地构建新的认知结构系统，从而达到新的平衡。平衡从三方面调节着个体的认知过程：一是调节同化与顺应两种技能之间的关系，使两者保持平衡；二是调节个体认知结构中执行不同功能的子系统；三是在个体知识的分化与整合中保持平衡。

平衡状态与不平衡状态相互交换，图式随着新刺激的出现不断更新，认知结构也随着固定的顺序不断更新变化，形成新的认知结构，如图4-1所示。

---

① 周姣术，朱华. 浅谈皮亚杰认知发展理论对当代教育教学的意义[J]. 学理论，2017(8)：172-173.

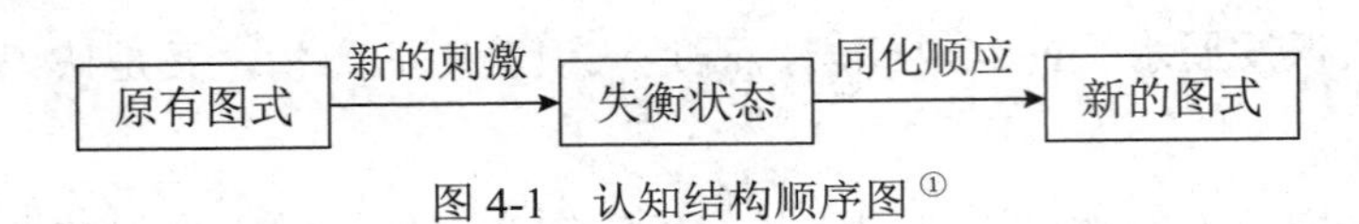

图 4-1 认知结构顺序图[①]

从图4-1中我们不难看出，认知结构的形成就是不断循环往复的过程，最终使我们的认知能力得到发展，发展的过程可以大致分成感知运动阶段、前运算阶段、具体运算阶段和形式运算阶段。

4.1.2 成长轨迹：认知四阶段解析

1. 感知运动阶段

感知运算阶段通常在0～2岁，儿童主要通过探索感知与运动之间的关系来获得动作经验，儿童在现实活动中形成了一些低级的行为图式，以此来适应和进一步地探索外界的环境。这一阶段对于儿童的认知有重要的影响，他们会在这时获得客体永久性[②]，可以通过表象符号来代表事物，但是不能用语言和抽象符号来表达事物。

正如图4-2皮亚杰“幕布实验”所表现出来的，儿童在这一时期将会获得客体永久性。在实验中，将一个玩具放到儿童的面前，在玩具的前面放一张纸，对于那些不具有客体永久性的儿童来说，他们认为玩具在这个世界上消失了，但是对于获得客体永久性的儿童来说，玩具并没有消失。

图 4-2 皮亚杰“幕布实验”

所以在这一实验中，儿童客体永久性的获得，正是他们认知是否成长变化的标志。对于没有获得客体永久性的儿童来说，判断世界物质的存在与否主要凭借于自身视野范围内存在的有和无，但是对于已经获得客体永久性的儿童来说，在意识到客体的物质性存在以后，即使短暂的消失或是被遮挡也并不影响对客体存在的判断，这正是儿童在这一阶段的认知成长变化。

2. 前运算阶段

前运算阶段主要出现在2～7岁，在这一时期，儿童可以运用一些语言或者较为抽象的符号来表达事物，但是这个时期儿童的认知活动具有相对具体性，还不能够进行抽象

---

① 刘茹月，杨李娜. 论皮亚杰认知发展理论中的“时”[J]. 集美大学学报(教育科学版)，2020，21(3)：56-59.

② 王晓萍. 童年的意义和价值——皮亚杰认知发展理论的启示[J]. 江苏教育，2017(40)：32-35.

的思维运算，此时的儿童还处在模仿、想象和游戏之中。处于这一阶段的儿童主要有以下几个特征。

一是万物有灵论。他们认为世界上一切事物都是有生命、有感知、有情感、有人性的，例如，儿童们经常会说："不要踩草地，小草会哭。"

二是思维具有自我中心化的特征。这一时期的儿童多数以自我为中心，这在皮亚杰的"三山实验"中有很好的体现。

"三山实验"是指皮亚杰将儿童放在三座山的一面，将娃娃放到另一面，让儿童来描述娃娃看到的景象(见图4-3)，儿童大多描述的是自己看到的东西，即这一时期的儿童语言多呈现重复、独白、集体独白的特点。

图 4-3　皮亚杰"三山实验"

三是思维具有不可逆性、刻板性。儿童的思维只能向前推断，而不能向后推断，即具有不可逆性；他们在注意一个事物的时候通常会忽视另外一个事物，即思维具有刻板性。例如，有两个兄弟，一个大明，一个小明，你问大明："你有兄弟吗？"大明回答："有，我的兄弟是小明。"接着问大明："小明有兄弟吗？"大明回答："没有。"大明知道小明是自己的兄弟，但不能理解小明的兄弟是自己，即不能进行逆向思考。

四是思维不具有守恒性。这一时期的儿童判断一个事物，只能用一个维度，而不能同时用两个维度来衡量，皮亚杰做了著名的"量杯实验"来证明这一观点(见图4-4)。

图 4-4　皮亚杰"量杯实验"

实验者将两杯等量的水分别倒入矮而宽的杯子和高而窄的杯子，这时候问儿童哪个杯子中的水多，有的儿童会说宽杯子里的水多，有的儿童会说高杯子里的水多，这表明这一时期的儿童只能通过高矮或者宽窄其中一个维度来判断水的多少，而没有意识到两个维度同时作用的情况下，水是一样多的。

3. 具体运算阶段

具体运算阶段出现在7～11岁，在这一阶段，儿童能够进行逻辑推理、分类和数学计算等思维活动。在这一时期，儿童的思维与前运算阶段截然相反，逐渐修正前一阶段出现的问题，思维逐渐去自我中心化，也可以进行逆向思考。最重要的是，儿童在这一时期能够从具体事物中获得的表象进行逻辑推理。

4. 形式运算阶段

形式运算阶段出现在11岁以上，对于大多数中学生来说，他们都处在形式运算阶段，儿童开始具备抽象思维和反思能力。在这一阶段，儿童能够进行抽象思维、推理和解决复杂问题。对于这个阶段的儿童来说，少儿节目可以培养他们的批判性思维、创新能力和实践能力，通过辩论、问题解决和社交活动等方式激发他们的思维潜力。这一时期的儿童具有以下明显的特征。

(1) 认识命题之间的关系。他们不仅能够看到命题与现实之间的关系，并且能够推理两个或多个命题之间的逻辑关系。

(2) 进行假设—演绎推理。皮亚杰的“钟摆实验”充分证明了这一时期的儿童能够根据逻辑通过推理、归纳、演绎的方式来解决问题。

皮亚杰认知发展的四个阶段总结了儿童的成长历程。我们可以明显看到，这个历程具有一定的次序性，在每一阶段，儿童都会呈现显著的特征，前一阶段的成长是后一阶段成长的基础，具有不可跨越性，这一成长历程对当下我们少儿节目的针对性有着重要的影响。

4.1.3 定制童年：少儿节目的智慧引导

在皮亚杰看来，每一阶段的儿童能够学习到什么，取决于他们当时的认知发展水平，同时认知发展水平也制约着他们学习的广度，因此，不同时期的少儿节目应针对不同年龄的儿童提供不同种类的节目，要结合儿童情况量体裁衣，节目的一切要素都要符合儿童的发展规律和特定阶段的认知特点。违反或超越儿童的生理发展阶段的儿童电视节目难以取得理想的传播效果[①]，除非儿童可以自己完善自己的认知结构，通过同化和顺应的方式来吸收新的知识。

在儿童获取知识的过程中，众多因素都可能发挥作用，比如电影、电视剧、报纸、杂志等，而纷乱复杂的互联网信息也在其中发挥着重要的作用。我国为了提升儿童网络素质，为孩子撑起一片网络晴空，出台了众多网络政策。为了给儿童提供良好的网络环境，少儿节目也应与时俱进，以皮亚杰的认知发展理论为基础，采用不同的刺激形式，为不同时期的儿童提供正确的服务。

---

① 朱长宝. 儿童电视节目的现状、问题与对策的研究[D]. 北京：首都师范大学，2008.

1. 进行感官刺激

对于处于感知运算阶段的儿童来说，少儿节目应以一些丰富多彩的颜色、活泼的动作来吸引儿童的注意力，同时，节目中的内容要简单明了，让儿童能够快速建立感官联系。例如《花园宝宝》《天线宝宝》等节目，并没有复杂的台词，通过一些简单的动作或者像“玛卡巴卡”这样单调的声音，让儿童跟着一起动起来，很好地吸引了儿童的注意力，从而让儿童进行高效的信息收集和大脑思考。

2. 引导抽象思考

对于前运算阶段的儿童来说，他们已经可以获取简单的语言和动作信息了，例如角色扮演等拥有丰富的语调和肢体动作的内容，就能够帮助他们理解动画中人物的关系，认识到每一个符号所对应的内容，更加深刻地帮助他们理解所得到的信息。此外，一些简单的提问能够激励儿童进行深度思考，锻炼其逻辑思维能力。

比如陪伴众多中国儿童成长起来的节目《小喇叭》，自开播至今已达68年之久。2023年，《小喇叭》进行了升级改版，设计了很多新板块，力求小朋友们都能够参与其中。其中一个板块《小喇叭剧院》通过广播剧的形式演绎经典，描绘缤纷的童年故事，如《声音里的大世界》，用抑扬顿挫的语调来描述祖国壮丽的锦绣山河，在锻炼儿童想象力和抽象思考能力的同时，帮助其更好地认识美妙的世界。

3. 注重实践和体验

对于具体运算阶段的儿童来说，少儿节目可以通过科学实验、手工制作或者艺术创作等形式，让他们参与其中。例如豆瓣评分9.8的传统节目《艺术创想》是20世纪90年代被引入的优秀少儿节目，是由中央电视台推出的、专门针对4～16岁儿童制作的节目。在节目中，儿童可以自己动手创作和尝试，这种形式充分拓展儿童的思维，锻炼他们的观察力和创造力。

在儿童实践的过程中不要总是说类似“孩子切记不要这样做”等话语，而是常常鼓励他们“这很简单，自己试试就好了”，这很大程度上能够增强儿童的自尊心，同时可以激发他们独立思考的欲望。

4. 勤于思考，勇于挑战

我们常说“少年强则国强”，对于形式运算阶段的儿童来说，他们的认知能力已经接近成人，有独立思考的意识，也更加有胆量和毅力，所以针对这一时期的儿童来说，少儿节目中应多设计具有挑战性或者辩证性的问题，鼓励他们积极思考，勇于挑战。例如经典栏目《非常6+1》升级改版，推出的特别节目《战啊少年》(后改名为《多彩少年》)，少年们在节目中挑战各种不可能，不仅让他们不断增强信心、突破自己，同时也让电视机前的儿童见证奇观，热血沸腾。这一时期的少儿节目不仅在节目难度上要有所提升，同时也

以《爸爸当家》为例
分析认知发展理论的应用

应该重视培养儿童的团队合作能力。

4.1.4 实践智慧：皮亚杰理论在传媒中的应用启示

皮亚杰认知发展理论在教育领域发挥着重要作用，给我们教育的发展和改革提出了指导性的建议，也给予了我们新的反思与启示。

1. 应注重儿童能力的发展

皮亚杰认为，教育过程中最重要的不是传授知识，而是提高儿童的学习能力，促进儿童心智的发展，使学生能将新的知识纳入自己的认知结构。

在学习新知识的时候，要给学生充足的时间来同化和顺应已经学到的知识，让他们对知识有自己的理解。如果教师只是为了完成任务，进行填鸭式教育，迫使学生死记硬背，这不利于学生学习能力的提高，更不能促进其智力的发展。

2. 要适应儿童的发展水平

皮亚杰提出了儿童智力发展的四个阶段，认为儿童的每一阶段都有其独特的认知结构。他认为，发展是一个不断建构的过程，需要在前一阶段的基础上才可能实现进一步的发展。所以在教学设计的过程中，我们应该遵循智力的发展规律，要在符合孩童当下智力发展情况的前提下，因材施教，遵循学生的身心发展规律，根据这些规律来发展教育，这些规律也应该应用到信息的传播当中。

3. 打破旧平衡，建立新平衡

皮亚杰强调儿童在发展的过程中是平衡状态不断建构的过程，智力的增长正是在同化和顺应的作用下，由不平衡到平衡最后又到不平衡，不断循环往复，实现了从低到高的丰富和发展。因此，我们在向儿童传递信息的时候，可以给他们带来新的问题，让儿童进入知与不知的矛盾中，从而激发他们自己打破平衡状态，使其学习新知识，形成新的平衡状态。

4. 充分发挥儿童的主观能动性

在儿童成长的过程中，形成自己的认知结构至关重要，所以不管是设计和制作电视节目还是其他方面，都应该注重增强互动性，鼓励儿童参与其中，调动儿童主观能动性，使儿童在互动中体验乐趣、增长知识[①]。

---

① 韩璐. 基于认知发展阶段论的儿童智力产品设计策略[J]. 大众文艺，2012(3)：89.

4.2　埃里克森视角下的传播对象性

少儿节目在皮亚杰认知发展理论的指导下，对少儿成长发挥着重要作用。相应地，根据埃里克森(Erikson)心理社会发展理论，不同年龄段的人都有不同的心理需求，需求得到满足的时候，这一年龄段顺利发展的可能性会更大，一些阻碍因素会相应减少。埃里克森的心理社会发展理论提出了个体从幼儿期到成年期的8个主要发展阶段，每个阶段都有其独特的发展任务和心理特点。

4.2.1　理论渊源与启示

埃里克森的心理社会发展理论灵感主要来源于莎士比亚的戏剧《皆大欢喜》，莎士比亚在戏剧中把人生分为7个阶段，而在《童年与社会》一书中埃里克森提出了"人生的8个阶段"。在1997年再版的《完成的生命周期》扩展版的序言中，埃里克森的妻子琼·埃里克森解释了生命周期图式增加另一个阶段的过程：有一次偶然的机会，埃里克森发现莎士比亚在诗歌《如愿以偿》中只罗列了人生的七个阶段，由"成人阶段"直接跨越到"成年晚期"显得很突兀。在经过思考后，他在中间加了"成年中期"的生殖与停滞阶段，这一发展理论由此形成。埃里克森的理论是在弗洛伊德理论基础上的发展，同时莎士比亚的文学给了他灵感，使心理社会学发展理论得到了全新的进步[①]。

4.2.2　生命周期的心理地图：埃里克森的八阶段论

埃里克森的心理社会发展理论是解答"人的个性是如何形成与发展起来的"经典的个性理论之一[②]。埃里克森将人的心理社会发展总共分为8个阶段，每个阶段都有一个显著的冲突点，在每一个阶段中都必须要将这个矛盾解决，个体才能得到更好的发展；反之，会阻碍人格发展，对于个体的发展产生一些无法改变的影响。

矛盾问题总是随着人的成长不断出现的，这一成长历程大致分为以下8个阶段。

第1阶段：婴儿期(0～1.5岁)。在婴儿期，个体主要面临建立信任和发展身份感的任务，要让婴儿克服怀疑感，体验希望的实现。婴儿在这个阶段开始与外部世界建立联系，对于主要照料者的反应和态度极为敏感。如果照料者能够给予婴儿足够的关爱和满足，婴儿就能建立起对外部世界的信任感，这种信任感在人格中形成了"希望"的品质。

第2阶段：幼儿期(1.5～3岁)。在幼儿期，个体开始发展个人意志和控制力。儿童在这个阶段开始意识到自己的独立性和能力，他们渴望自己穿衣服、吃饭等，表现出对自

---

① 陈方超. 述评埃里克森心理社会发展阶段理论形成的渊源[J]. 科教文汇(上旬刊)，2010(19)：158+160.

② 范赟，朱霞，王朝凤.《一个人的朝圣》中的哈罗德的成长阶段解读——基于埃里克森心理社会发展理论[J]. 济南职业学院学报，2018(6)：104-107+115.

主性的追求。如果家长能够给予儿童适当的自主权和鼓励，儿童就能建立起自主感，体验到“意志”的实现。

第3阶段：学前期(3～6岁)。在学前期，发展任务是获得主动感，克服内疚感。学前期的儿童开始主动探索周围环境，尝试各种新的活动和任务。如果他们的主动行为得到成人的认可和鼓励，就能获得主动感，体验到“目的”的实现。反之，如果受到过多的限制或指责，则可能产生内疚感。

第4阶段：学龄期(6～12岁)。在学龄期，发展任务是获得勤奋感，克服自卑感，开始发展学业和社交能力。学龄期的儿童开始在学校接受正规教育，他们需要通过努力学习来获得知识和技能。如果他们能够在学习上取得成功并得到他人的认可，就能建立起勤奋感，体验到“能力”的实现。反之，如果在学习上遇到挫折或受到他人的贬低，则可能产生自卑感。

第5阶段：青春期(12～18岁)。在青春期，主要任务是建立自我同一性，避免角色混乱。青少年在这个阶段开始形成自己的价值观和人生观，他们需要在社会角色和自我认同之间找到平衡。如果能够实现自我同一性，就能为未来的生活奠定坚实的基础。这个时期更加重视建立同伴的关系，处于青春期的中学生经常会发出一些疑问，像“我是谁？”“我将来做什么？”这种对于角色身份的思考。此时应该有人对于中学生应该有一些正确的引导。

第6阶段：成年早期(18～35岁)。在成年早期，发展任务是获得亲密感，避免孤独感。成年早期的个体开始寻求与他人的亲密关系，建立稳定的伴侣关系或友谊，通过建立亲密关系来缓解自身的孤独感。如果他们能够成功地与他人建立亲密关系，就能体验到“爱情”的实现。

第7阶段：成年中期(35～60岁)。在成年中期，个体主要面临的是对繁衍和停滞之间的冲突。这一时期的个体已经成熟，他们可能关注家庭和事业，希望为社会和家庭做出贡献，变得更加有责任感，并且去关心他人，同时也要面对生活的种种挑战和压力。

第8阶段：老年期(60岁以上)。在老年期，个体主要面临的是自我完善与失望之间的冲突。他们开始回顾自己的一生，寻求生活的意义和满足感。如果能够在晚年保持对生活的热爱和追求，就能实现自我完善，体验到人生的圆满。

埃里克森的心理社会发展理论为我们提供了一个全面而深入地理解个体心理发展的框架，每一阶段都有要面对的心理危机，每一阶段的成长也都会有一些全新的表现(见表4-1)，每一阶段都有着不同层次的需求，每一阶段也要经历一个重要的事件。人们吃饭穿衣、上学婚姻等这些社会和文化因素影响着人的成长，这是与精神分析理论研究的不同之处。埃里克森的心理社会发展理论按照人的成长历程展开，而不同时期的人有不同的生长环境，互联网大众传播环境也是如此，针对不同的年龄层次，不同的大众传播的内容和形式也会有相应的变化，来满足不同年龄人群的需求。

表4-1 埃里克森心理社会发展理论的8个阶段

阶段	年龄	心理危机	重要事件	发展顺利的表现	发展中的障碍
婴儿期	0～1.5岁	信任与不信任	喂食	建立信任，获得安全感	产生恐惧
幼儿期	1.5～3岁	自主与羞耻感	吃饭、穿衣	出现符合社会要求的自主行为	缺乏自信，自我怀疑
学前期	3～6岁	主动与内疚	独立活动	主动好奇，开始有责任感	畏首畏尾，缺乏自我价值感
学龄期	6～12岁	勤奋与自卑	入学	学习知识，发展能力，学会待人	缺乏基本的生活能力
青春期	12～18岁	自我同一性与角色混乱	同伴交往	获得同一性，有明确的目标和方向	无目的，无方向
成年早期	18～35岁	亲密与孤独	爱情、婚姻	与他人交往，感到亲密感	泛爱或时常感觉孤独
成年中期	35～60岁	生育与停滞	养育子女	关爱家庭，关心下一代的发展	自私，不关心他人生活
老年期	60岁以上	自我完善与失望	反省和接受	自我接受和满足，安享晚年	对过去失望，觉得生活无意义

4.2.3 精准传播：对象性界定的艺术

1945年11月，在伦敦发表的联合国科教文组织宪章中首先使用了“大众传播”这个概念，指出大众传播是“特定社会集团，利用报纸、杂志、书籍、广播、电影、电视等大众媒介向社会大多数成员传送消息、知识的过程”①。但是随着互联网媒体的发展，传统的概念受到挑战，传统的“把关人”理论以及传统的大众传播中新闻的价值的时效性等都受到很大的冲击，现在的信息传播更加明确信息的传播者是谁，更加重视信息的真实性，传播的信息也更加广泛，更加注重传播者与接收人之间的互动，重视信息传播带来的影响。

大众传播的对象性一般是指针对特定的受众进行传播信息，不同的媒介通过受众群体的年龄阶段、个性特点、性别差异、心理需求等多种特征进行划分。传播媒介试图通过定向传播，加强与目标受众的情感联系与信息传递，并以此实现增加与目标受众群体间的情感共鸣，从而进一步激发目标受众思维的目的②。

年轻人作为当代互联网的主要受众群体，大众传播自然会根据他们的情感需求，有倾向性地开展节目。众多电视台节目制作了不同类型的情感节目，获得了众多的关注，同时也对当下年轻人有很多启示，引起社会的讨论。例如当下最受关注的男女问题、婚姻问题、彩礼问题等，都被综艺节目搬上舞台，这也正是传媒存在的意义。

恋爱题材综艺的“连续剧”

① 廖秋红. 当代传播环境中“大众传播”概念再探讨[J]. 新闻爱好者(理论版)，2008(12)：10-11.

② 高昕烨. 广播对象性节目心理学运用初探——以广播节目《姐姐的心里话》为例[J]. 新闻潮，2022(12)：57-59.

当今互联网，以其广博的包容性，让无数话题得以自由讨论。针对不同的心理特点和需求，个体需要选择适配的节目以满足自己的需求，通过选择适合的节目，让不同阶段的个体都能在互联网上找到属于自己的精神寄托与成长助力。

对于婴幼儿，此阶段是习惯养成的黄金时期。为促进其健康成长，大众传播媒介应推出富有教育意义的儿童节目，如教授基础字母、发音和数字的内容，这对婴幼儿的语言发展至关重要。

进入青春期，中学生正处于成长的关键阶段。此时，正确的引导至关重要。因此，大众传播媒介应展示积极的偶像形象和启发性内容，帮助青少年建立自信和身份认同。同时，通过分享杰出人物的故事，引导青少年树立崇高的理想和正确的人生方向，形成健康的价值观和行为准则。

对于成年早期或中期的观众，生活与职场的忙碌使他们渴望放松。恋爱综艺节目如《心动的信号》《半熟恋人》等，不仅满足他们的情感需求，还传递了正确的恋爱观念。而针对中年人的综艺节目，则成为他们下班后的休闲良药，可有效缓解生活压力。

对于中年及老年群体，事业已趋稳定，退休在即。此时，大众传播媒介可提供职业发展资讯、养生保健知识和退休规划等内容。通过有关经济、投资、养老金计划和健康管理等的节目与文章，帮助他们做出明智的规划，以享受一个安逸的晚年生活。

4.3 偶像崇拜：准社会交往的魔力

2011年，郑晓龙执导的古装宫斗剧《甄嬛传》强势出圈，其中，主要角色皇后宜修的一句“臣妾做不到啊”被广大网友制作成了表情包并广泛流传。不少网友都站在宜修的立场，设身处地地思考她的境遇并对其产生同情。这种用对待真实人物的方式对待媒介人物的行为就是准社会交往。

本节将介绍准社会交往的理论内容以及偶像崇拜现象，理论内容主要包含准社会交往的内涵、准社会交往的两种范式和社交媒体中的准社会互动。

4.3.1 理论初探

1. 准社会交往的内涵

“准社会交往”这一概念源于精神病学领域。1956年，美国心理学家霍顿和沃尔(Horton & Wohl)在《精神病学》杂志发表论文《大众传播和准社会交往：远距离亲密行为考察》，首次提出“准社会交往”的概念，并将其定义为“单向社会关系的幻象”①。此概念被用来描述用户和媒介人物间的依恋关系。在媒介使用过程中，某些媒

① Horton D，Wohl R R. Mass communication and para-social interaction[J]. Psychiatry，1956(19)：215-229.

介使用者尤其是电视观众会对电视中的人物或虚拟角色产生依恋的情感，观众像对待真实生活中的朋友一样对待媒介中的人物，与他们互动交往。准社会交往与现实社会中的面对面交往具有一定的相似性，但由于该种关系缺乏真实性和互动性，因此被称为“准社会关系”或“拟社会关系”。

2. 准社会交往的两种范式

在“准社会交往”被提出后的一段时间内，该概念未得到一定的重视，鲜有心理学家关注这一话题，传播学对其的研究更是少之又少。但随着电子媒介的兴起以及广泛使用，“准社会交往”开始在传播学领域占据重要地位，越来越多的研究者对此开展大量实证研究，不同的研究结果最终导向两个范式——“缺陷范式”论和“通用范式”论。

(1) 缺陷范式。早期的研究者更倾向“缺陷范式”论的观点，根据缺陷范式的解释，准社会交往是对于不可获得的面对面交往的功能性替代。“缺陷范式”论认为，最有可能大量接触媒介并进行准社会交往的受众在现实社会的交往中存在某种缺陷，因此他们依赖媒介人物并期望从媒介人物身上获得现实生活中无法获得的友谊，这种替代性的友谊能弥补该类受众的孤独。“缺陷范式”论的支持学者包含罗森格伦、温德尔和麦奎尔等。

(2) 通用范式。“通用范式”论则认为，准社会交往源于媒介使用者和媒介人物之间较为常见的联结过程，并非出于情感补偿的需要。此外，媒介使用者和媒介人物之间进行准社会交往并不会与其进行线下交往相排斥，无论是准社会交往，还是面对面交往，它们的渠道是相互补充的。

此后，大量学者进行验证研究，研究结果显示，人际交往能力弱的被试的确会更多地观看电视，但他们与媒介人物反而呈现更少的准社会交往关系，这些结果都支持了“通用范式”论的假说。

3. 社交媒体中的准社会互动

截至2023年9月，我国网民规模达10.79亿人，互联网普及率达76.4%，即时通信、网络视频、短视频用户规模分别达10.47亿人、10.44亿人和10.26亿人，用户使用率分别为97.1%、96.8%和95.2%。2023年6月发布的第52次《中国互联网络发展状况统计报告》显示，互联网作为重要的社交、娱乐工具已经深入中国网民的生活。准社会交往在社交媒体时代的概念区别于传统媒体时代的概念，主要体现在场景和互动方式两个层面①。

在社交媒体时代，媒介人物可以随时随地录制视频与粉丝进行互动，这种准社会交往不会受到空间的限制，场景更加多元化。而在传统媒体时代，电视上播放的节目大多

---

① 袁登华，高丽丹. 社交媒体中的准社会互动与营销效能研究[J]. 外国经济与管理，2020，42(7)：21-35.

是依照台本提前录制好的，场景有限，表现形式也较为单一。

在社交媒体时代，观众与媒体人物的互动方式相较以前也变得更丰富，观众可以利用弹幕、评论区等与媒介人物进行互动交往，提升两者间的亲密程度。因此，社交媒体时代的网民与媒介人物互动更多元且深刻，准社会交往的体验感相较传统媒体时代也会更强。

4.3.2 虚拟亲密：准社会交往与偶像情感的交织

打榜、投票、控评、集资……许多的追星人也许曾经做过或现在仍在做着这一条龙流程，粉丝每天花费大量时间为偶像服务，成为偶像的“数字劳工”。为什么会有人愿意投入自身的时间、金钱为不认识的人做事呢？从准社会交往的理论中，我们可以窥得一二。粉丝将偶像看作心灵寄托，粉丝在不断收集偶像信息的过程中对偶像更加了解，就像现实好友一样，投入情感成本。心理学家麦克卡臣(Mc Cutcheon)对此话题很感兴趣，并为此编制了名人崇拜量表。

1. 名人崇拜量表(CAS)

名人崇拜量表(celebrity attitude scale，CAS)是麦克卡臣于2003年编制而成的，该量表的三个主要维度分别是娱乐社交、强烈个人感觉和病理边缘。娱乐社交包含7个条目，受众往往因为娱乐社交的需要而开始关注媒介人物并对媒介人物产生兴趣；强烈个人感觉共包含14个条目，指受众对明星的崇拜已经到了较为强烈的程度，此时的受众常常幻想与媒介人物拥有较为特别的关系；病理边缘包含7个条目，处在病理边缘阶段的受众有可能会因为媒介人物做出伤害自己或他人的行为。比如，当下流量明星的部分粉丝就会出现病理边缘行为，他们往往各有阵营，会对偶像的同类型竞争者大肆谩骂，甚至做出极端举动等。

2. 准社会交往案例分析

粉丝为何会为素未谋面的人的逝世感到悲伤？这就和准社会交往息息相关。

在探讨传播心理学实践中的准社会交往现象时，李玟案例提供了一个深刻的视角。2023年7月5日晚，歌手李玟不幸因抑郁症离世，这一消息迅速在其粉丝群体中引发了强烈的情感反应。粉丝们纷纷通过微博等社交媒体平台留言哀悼，甚至在哀悼会当天亲自前往殡仪馆，以悼念卡片和鲜花表达对李玟的怀念。这种行为背后，正是准社会交往心理机制的作用。

准社会交往理论指出，个体在与媒体中的人物(如明星)进行互动时，往往会形成一种类似真实社会关系的心理连接。尽管粉丝与李玟素未谋面，但通过她的音乐作品、公开形象以及社交媒体上的互动，粉丝们构建了一种虚拟的亲密关系。因此，当李玟离世时，粉丝们感受到的悲伤与失去亲人的情感相似，这种情感反应正是准社会交往的深刻体现。

在此事件之后，李玟的粉丝们不仅哀悼她的离世，还积极探究其抑郁症的原因，并集体抗议相关节目，最终导致《中国好声音》的暂时停播。这一行为表明，粉丝们已经将李玟视为自己社交圈中的一部分，愿意为她维权，这种强烈的情感投入和行动支持，再次印证了准社会交往的力量。

此外，流行乐女歌手Lisa的案例也为我们提供了另一个观察准社会交往的窗口。当Lisa宣布将参加疯马秀表演时，她的粉丝们对此产生了强烈的反应。这背后反映出，明星与粉丝之间的准社会互动往往建立在一种理想化的形象投射之上。粉丝们将明星视为自己情感的寄托和理想的化身，而明星也通过这种互动与粉丝建立起深层的情感联系。然而，当明星的真实面貌与粉丝的期望产生偏差时，粉丝们就会感受到被欺骗，从而导致脱粉甚至回踩。这种伪偶像与真粉丝之间的博弈，正是准社会交往在现实世界中的复杂表现。

通过这些案例，我们可以更加清晰地理解粉丝与明星之间复杂而微妙的情感联系，以及这种联系如何影响粉丝的行为和态度，为我们深入剖析准社会交往在传播心理学理论的应用提供了宝贵的实践视角。

4.4　拟态环境的公正构建：挑战刻板印象

心理学家曾进行过一个有名的实验：将一个人的照片给两组被试看，对第一组说这个人是罪犯，对第二组说照片上的人是大学教授，请两组被试描述照片上的人的面部特征。结果，第一组被试认为照片上的人的深邃的目光代表他阴险狡猾，而第二组认为其深邃的目光昭示着他有深邃的思想。同一个人因为不同的身份而获得不同的评价，这就是“刻板印象”。本节将从理论介绍、案例分析和应对策略三个层面对刻板印象展开论述。

4.4.1　刻板印象的理论剖析

1. 刻板印象的内涵及分类

在探讨群体形象时，“刻板印象”是新闻传播学中普遍应用的理论之一。刻板印象的英文是stereotype，来源于希腊词语“stereos”和“typos”组成，“stereos”本义是“坚硬的”，“typos”本义是“一个记号”，两词合成后的意思是“坚固的模型”。1922年，新闻记者沃尔特·李普曼(Walter Lippmann) 首次提出刻板印象的概念。探究社会心理学的研究历史，刻板印象的定义经历了较长时间的演化。20世纪70年代以前，学者更多地从结果的角度研究刻板印象；20世纪70年代以后，学者逐渐意识到刻板印象是一种对群体的认知表征。吉尔伯特(Gilbert)等人将刻板印象定义为人们对某一群体成员的相对固定的观念或期望所构成的认知结构以及特定的社会认知图式，这一定义是目前学界较为认可的概念①。2003年，连淑芳梳理前人描述，将刻板印象定义为“关于特定群体的特征、属性和行为的一组观念，或者说是对于一个社会群体及其成员相联系的特征或属性的认知表征”②。

从不同的维度对刻板印象分类，可以得到不同类别的刻板印象。当刻板印象针对的对象不同时，刻板印象可从性别维度、年龄维度、地域维度、职业维度、民族维度等考察；从刻板印象是否可控的角度考察，刻板印象可分为外显刻板印象和内隐刻板印象；从刻板印象效价的角度看，刻板印象的内容可能是积极的，也可能是消极的③。

2. 刻板印象内容模型和偏差地图

自刻板印象概念提出后，学者便一直致力于探究刻板印象的具体内容、认知角度和表征方式，并建构出多维全面的内容模型、认知模型以及表征模型。其中，具有代表性且广为流传的模型就是心理学家菲斯克(Fiske)提出的刻板印象内容模型和偏差地图，如图4-5所示。此份模型不仅从人的能动性方面深入考察刻板印象的形成过程，还将刻板印象与群际情绪、行为反应倾向相结合。

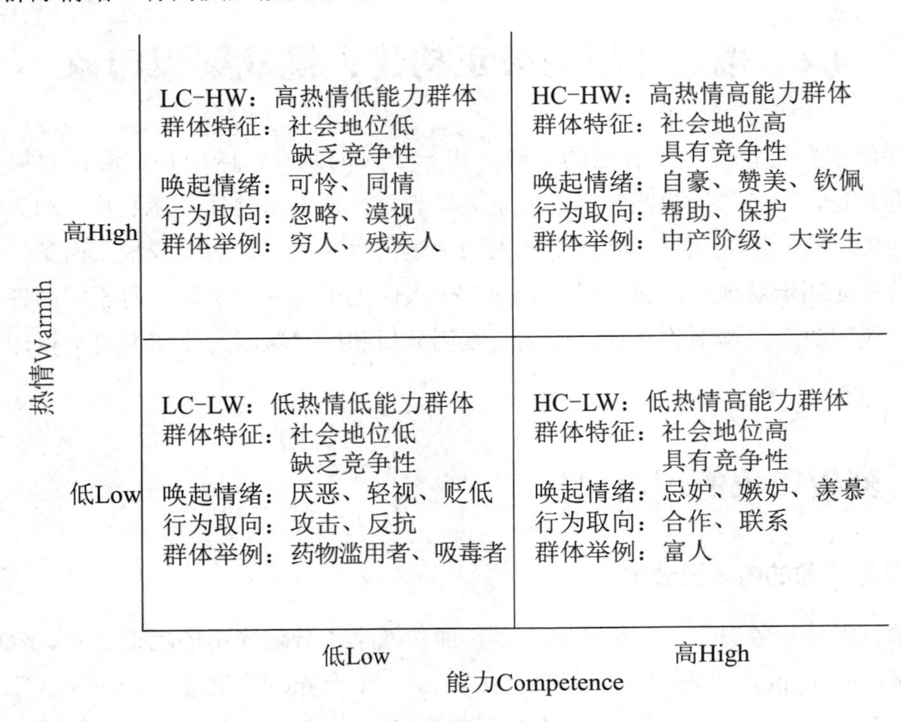

图 4-5 刻板印象内容模型和偏差地图

① Fiske S T. Social beings：A core motives approach to social psychology[J]. John Wiley & Sons，2004：20-21.

② 连淑芳. 内隐社会认知：刻板印象的理论和实验研究[D]. 上海：华东师范大学，2003.

③ 赵永萍. 刻板印象信息沟通的特点及影响因素[D]. 重庆：西南大学，2015.

3. 社交媒体构建的刻板印象

在社交媒体时代，用户的喜好都逃脱不了大数据的法眼。算法机制识别到用户的偏好后，有选择性地持续将用户可能喜爱的标签和内容推送给用户。当网民被困在独属于他的信息茧房中时，他只能接触到他想看到的信息，就像盲人摸象一样，无法把握事件或群体的全貌。这种封闭的社交圈层就会导致刻板印象的生成。

案例分析

4.4.2　破解偏见：策略与实践

在以前，人员流动率低，信息交流也不发达，所以刻板印象是帮助人们快速了解他人的一种手段，这很常见也并不可笑。但是，现如今，信息网络发达，对他人刻板印象的负面作用远大于正面价值，刻板印象所引发的偏见和歧视也在加剧不同群体的对立。因此，如何降低刻板印象的负面影响至关重要。

1. 主流媒体坚持多元引导

主流媒体具有较强的公信力，因此应承担起责任，传播多元化内容，助力打破群体偏见。刻板印象的形成有一个潜移默化的过程。例如，当媒体都宣扬苏州的吴侬软语时，的确会吸引想体验江南文化的游客前来。但是，久而久之，苏州就被贴上了吴侬软语的标签，而被人忽视其生物制药产业的高速发展。因此，只有当媒体多元报道苏州的各个特色，才能给网民提供更加全面的苏州形象。无论是城市宣传，还是群体形象的塑造，都离不开主流媒体的多元引导。

2. 批判性思维助力偏见消失

在社交媒体时代，用户不能缺少批判性思维。当用户接触到新信息时，不应全盘接受，而应保证信息准确无误后再去学习和思考。在应用传统媒介时，新闻上必须有信息源的说明。而如今，网络信息质量参差不齐，真假难分，若盲目轻信，容易对其他群体产生误解。因此，带着怀疑和思考有选择地接收信息是至关重要的。

俗语说，世界上不可能有两片相同的树叶，每个个体都是独一无二的存在。所以，当人带着刻板印象去认识世界时，不仅会伤害到每个独特的个体，也会故步自封，无法前进。偏见和刻板印象是我们社会中的顽疾，但通过心理学的研究和实践，我们可以找到有效的方法来根治。媒体人更应承担起责任，努力创造一个没有偏见的环境，让刻板印象不再成为伤害他人的工具。

4.5　传播者的困境与归因：习得性无助的透视

每当“十一”小长假过去，学生回到学校做的第一件事就是交作业。在中学课堂，学生经常听到老师说的一句话便是“大家都把作业交上来，没带就是没写”。老师基于多年的教学经验，认为学生没带作业只是借口，真正情况是没写完作业。这种没带即没写的认知，其实就是典型的归因问题。本节将从归因理论的内容介绍、归因理论的四大分支和案例分析三个方面说明归因理论。

4.5.1 归因理论的基石

1. 归因理论的内涵

归因理论的提出者是美国心理学家弗里茨·海德(Fritz Heider)，他在著作《人际关系心理》中指出：“我们有一种对自身的信任，相信自己具备控制身处环境的能力。”[①]通俗点讲，即我们为了适应社会、预测和控制发生在我们身上的事，会对身边发生之事做出一定的解释。

2. 归因理论的发展脉络

海德的归因理论于1958年提出，开创了归因问题的先河，66年来，国内外学者不断探索并创新归因理论，如今该理论已经发展成为人文社会科学领域使用频率很高的理论之一。

早期的归因研究重点关注人们如何察觉人的行为的起因而并非真正的行为起因[②]。1965年，琼斯(Jones)和戴维斯(Davis)发表的《从行动到素质》(From Acts to Dispositions)一文十分关注归因过程的考察，文中对海德的归因理论观点进行发展，力求建立一种能够系统解释知觉者如何依据个体行动从而推断行动者意图的推理过程的理论。而维纳(Weiner)的出现，则扩大了归因理论的研究范围。他将归因研究和动机研究有机融合，创造性地提出了动机归因理论，该理论着重考查研究归因的后果而非前提。

3. 基本归因错误

基本归因错误是一种非常普遍且很有意义的归因偏差，即无论何时我们观察行为并企图根据行为的根源来理解行为，做出的判断可能会以两种彼此关联的方式被扭曲[③]。在我们评价他人时，总倾向于用性格去判断而低估了环境和外部因素对他人的影响。如别人在路上开飞车，我们通常下意识地认为驾驶员好斗喜争，而非认为他上班即将迟到。

---

① Heider F. The Psychology of Interpersonal Relations [M]. New York：Wiley，1985：82.

② 张爱卿. 归因理论研究的新进展[J]. 教育研究与实验，2003(1)：38-41.

③ 菲利普·津巴多，迈克尔·利佩. 态度改变与社会影响[M]. 邓羽，肖莉，等译. 北京：人民邮电出版社，2018：89.

4.5.2　四大分支：归因理论的深度解读

1. 朴素归因理论

朴素归因理论是海德从通俗心理学角度出发而提出的，主要用于帮助人们在日常生活中找到事件发生的原因。海德认为事件的原因无外乎分为内因和外因，即性格归因和情境归因。

性格归因(又称内部归因)把所观察到的行为的原因归结于个体内部，即假定个体的独特属性导致行为的产生，如能力、态度、兴趣、勤奋等。若使用性格归因解释学生的优异成绩，我们通常会认为是学生自身热爱科研并为之付出努力最终才获得好成绩。

情境归因(又称外部归因)则与性格归因相反，它认为使得个体行动的因素来源于社会和客观环境。更通俗地表达，即人的行为更多地反映情境的性质。在情境归因的解释下，学生的优异成绩来源于好成绩所能换得的奖励。

2. 三度归因理论

三度归因理论(又称多线索分析理论)是美国社会心理学家凯利(Kelley)提出的。他认为，人们大多在不确定条件下进行归因。三度归因理论可以帮助人们判别他人的行为是基于性格原因抑或是情境原因做出的。他表示，当行为具有非常规性、一致性和非特异性时，人们倾向于使用性格归因。非常规性考察的是个体与群体间的差异，例如，一名学生粗鲁地对待一名备受欢迎的教授，人们通常会认为是学生的个人素质存在问题，而非学生和教授之间存在冲突；一致性则考察在时间维度上个体的行为是否一致，例如，一名同学总是迟交作业，这种行为的原因通常是该学生没有良好的守时习惯，而非外界环境对其施加阻力；非特异性指的是行为的非特异性，例如，一个人在不同的环境中的行为是相同的，这大概率是个人特质产生的行为，而非环境影响。

3. 对应推论理论

对应推论理论是琼斯和戴维斯于1965年提出的，即对应不同的情况推论事件发生的原因是诉诸个性抑或是外部环境。琼斯和戴维斯认为，如果个体的行为具有非共同性、非顺从性和自由选择性，则事件的发生原因可以归因于个体内部。其中，非共同性指的是个体行动方案与他人行动方案不同；非顺从性指的是一个人的行为不符合社会期望；自由选择性指的是个体在做出抉择时，外界对他的压力并不大，他可以做出相对自由的选择。

4. 维纳归因理论

维纳归因理论又称为成败归因理论。维纳是美国的认知心理学家，他将个体做事成功或失败的原因总结为6种，分别是能力、努力程度、工作难度、运气、身心状况和外部环境。成败归因理论有三个维度，分别是稳定性、因素来源和可控性，如表4-2所示。

表4-2 成败归因维度表

因素	成败归因维度					
	稳定性		因素来源(控制点)		可控性	
	稳定	不稳定	内在	外在	可控制	不可控制
能力						
努力程度						
工作难度						
运气						
身心状况						
外部环境						

4.5.3 实证分析：归因理论的应用案例

在学习生涯中，我们在拿到成绩后往往会认真反思并总结，归因理论便是在这时发挥了作用。

小王是大学三年级的学生，平时上课很认真，总体学习成绩较好，但是高数成绩仍然处于班级中等水平。这次期中考试过后，小王其他科目都名列前茅，但高数成绩不理想。在她看来，她高数成绩不好是因为她从小就没有数学思维，即使再努力也学不好数学。

根据维纳的归因理论，小王将数学考不好的原因归于自己能力低，能力属于内部因素，即性格归因，这是稳定和不可控的因素。将考试失败归因为缺乏能力的人往往会变得更加自卑，以后的考试还会期望失败，对未来生活也会产生巨大的负面影响。

无论是在学习、情感还是在生活中，我们经常会自我反省，进行归因。健康积极的归因能帮助我们更上一层楼，但总是失败并将失败归因于能力低的人则会产生习得性无助。因此，积极归因对每个个体都至关重要，我们应该理清归因的内涵和类别，利用积极归因获得成长和快乐。此外，学界对归因理论的深入探究也有助于心理学和传播学的交叉学科发展。

4.6 动机的双重奏：内在与外在的和谐

在探讨人类行为背后的动机时，我们通常会考虑到各种复杂的心理因素和社会因素，其中，动机是一个核心部分。在传播学领域中，动机理论被划分为两大类：内部动机和外部动机。两者的区别在于个体行动的驱动力来源：究竟是出自内心深处对某事物的兴趣和热爱，还是受到外界环境中的奖励或惩罚的诱导。

接下来，我们将深入探讨这些主题，并详细说明内部动机和外部动机如何塑造人类的行为和社会交往。我们将研究各种因素如何调节这两种动机之间的平衡，并探讨这些因素如何影响传播者有效传播信息。希望通过这种深入探究，我们能更好地认识和理解传播行为背后的复杂动机，从而为提高传播效果提供更多的启示和指导。

4.6.1 动机界定：内在与外在的边界

动机是传播学中的一个重要概念，它指的是激发个体采取行动的内部或外部原因。在传播学中，动机被分为内部动机和外部动机两种。

内在动机的研究直接促使了自我决定理论的出现①。根据自我决定理论，内在动机源自个体内在需求的满足或主导性的获得。换句话说，内部动机是指个体因为对所做的事情本身有兴趣而产生的动机，主要是由求知欲、求成欲、互惠的内驱力引起。例如，因为喜欢而参加某项运动，因为喜欢整理东西而清理自己的房间，喜欢猜字谜游戏因为觉得这种游戏很有挑战性，学习某一个自己很喜欢的科目等。

人们实施某一行为时，不仅受到内在动机的驱动，也同样受到外在动机的影响。外部动机是指个体因为想要得到某奖励或者逃避某惩罚而产生的行为。一个人选择参加某种活动可能并不是因为很喜欢它，或者它可以让你产生满足感，而是因为这项活动可以带来某种回报或者避免某种惩罚。例如，为了得到奖励而参加运动会项目，为了避免父母的批评而清理房间，为了赢得奖学金而参加比赛，因为想要得到好成绩而努力学习等。外部动机常常会导致人们过分关注别人的评价和认可，甚至内化这些评价。

总而言之，内部动机和外部动机是激发个体采取行动的两种主要驱动力。

4.6.2 动机的意义与价值

行为动机源自个体能够掌控周围环境和生活的信念②。在传播学中，了解受众的动机调节过程对于制定有效的传播策略至关重要。传播者需要了解受众的内部动机和外部动机，以便针对他们的需求和兴趣进行传播。例如，在广告中，了解消费者的购买动机可以帮助广告商制定更具吸引力的广告策略和促销活动。此外，了解受众的动机还可以帮助传播者更好地设计和组织信息，以提高传播效果。总之，动机是传播学中的一个重要概念，它有助于我们更好地了解受众的需求和兴趣，制定有效的传播策略，提高传播效果。

4.6.3 动机调节的艺术

根据自我决定理论，如果外在动机被内化或整合进个体的自我意识中，那么原本由

---

① Ryan R. M，Deci E. L. Self-determination theory, Basic psychological needs in motivation, development, and wellness[M]. New York，NY，US：Guilford Press，2017.

② Deci E L，Ryan R M. The “what” and “why” of goal pursuits：Human needs and the self-determination of behavior[J]. Psychological Inquiry，2000：11(4)，227-268.

外在因素引发的行为将转变为由内在动机驱动的行为。如图4-6所描绘的动机连续体一样，内化具有多种不同的水平。

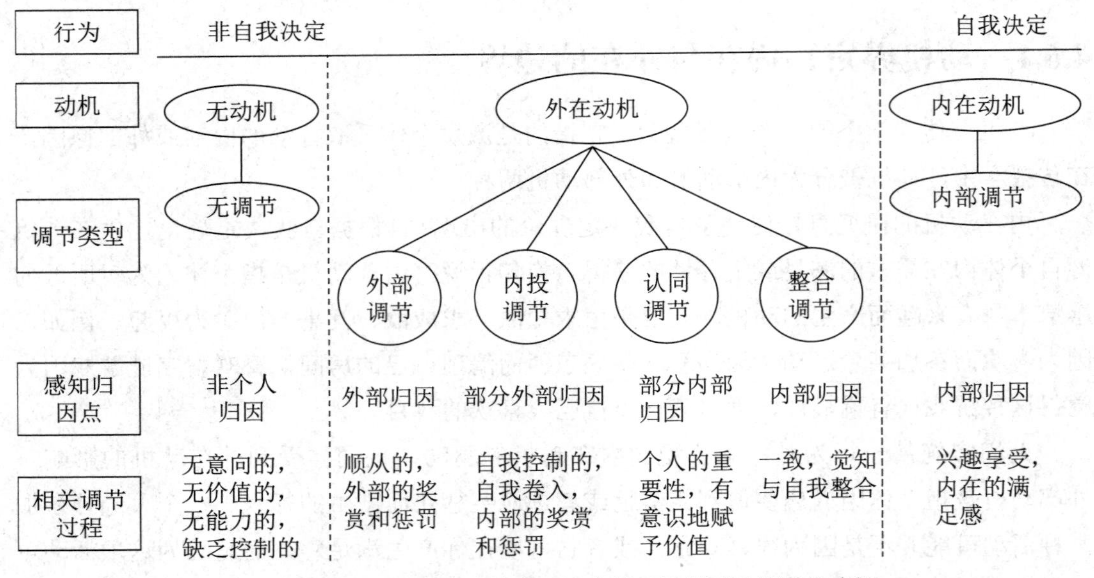

图 4-6　德西和瑞安自我决定理论中的动机类型及其调节过程

1. 无动机状态

图4-6的左端是无动机状态，此时个体要么不参与活动，要么仅仅是“走过场”而已。当我们的能力和自主性的基本需求得不到满足时，就会出现无动机(amotivation)状态。例如，小明是一个阅读能力低下的人，他可能根本就不会去阅读，或者在父母和老师的强迫下，他可能只是去“走个过场”来假装阅读。

2. 外在动机状态

图4-6的中间部分是外在动机状态，描述了内化的不同程度。从连续体的左端向右端移动，行为变得越来越内化，感知到的归因点也从外部转向内部。

外部调节(external regulation)状态是指我们为了获得或避免由他人控制的奖励或惩罚而做出行为。例如，小明为了赚钱或避免惩罚而阅读，他就处于外部调节中。

内投调节(introjected regulation)类似于外部调节，奖励和惩罚仍然是行为驱动因素之一。然而，内投包括由个体控制的偶然情况。如果小明对自己实施一个强化程序(例如，每阅读30分钟就允许自己看30分钟的电视)，那么他就处于内投调节中。

在认同调节(identified regulation)中，我们开始考虑活动本身的价值，但此时的行为仍然由外部因素驱动。例如，小明认为阅读是生活中很重要的一项技能，因此愿意使用自己的自主性，花更多时间阅读。即使这样，动机仍然来自外部，但此时的目标比单纯的惩罚或奖励更加个人化。

最后一种外部动机是整合调节(integrated regulation)。当个体不仅认为行为有用，还将其融入自我意识中时，就产生了整合调节。例如，小明渴望成为一个知识渊博、受过良好教育的人，而好的阅读习惯将有助于他实现这个目标。瑞安(Ryan)和德西(Deci)指出，整合调节在很多方面与内部动机相似。两者之间不同之处在于，整合调节的个体并非真正受内部动机驱动，因为个体仍然不是出于行为本身的目的而做出行为的，而是为了达成外部的某种目的。也就是说，行为仍然是一种实现目的的手段。

3. 内在动机状态

图4-6的最后部分是内在动机，也就是为了个体本身的内在满足去完成一项行为。例如，当小明因为阅读本身而感到快乐时，他才真正受到内在动机的驱动。

需要说明的是，尽管瑞安和德西描述的动机发展是一个从无动机向内在动机移动的过程，但是人的行为动机发展并不是一定会经历所有阶段①。这三种动机状态并不一定是线性或连续的，它们是描述人们在特定情境下可能出现的心理状态。人们的行为可能受到多种因素的影响，包括内在和外在因素，不同的人可能对同一种行为表现出不同的动机状态。此外，这些状态也可以随着时间和情境的变化而变化。

4.6.4　评价体系的差异：内在与外在的对比

使用内部评价体系的人和使用外部评价体系的人的区别主要表现在以下几个方面。

1. 动机来源

使用内部评价体系的人，他们的行为动力主要来自内心的需求和兴趣，常被称为“内部动机”。而使用外部评价体系的人，他们的行为动力主要来自外界的评价和认可，常被称为“外部动机”。

2. 对他人评价的态度

使用内部评价体系的人，对别人的评价不太在乎，他们更注重自己的内在感觉。而使用外部评价体系的人，对别人的评价特别在乎，甚至会内化别人对自己的评价，认为自己就是这样的。

3. 思考方式

提摩西·加尔韦(Timothy Gallwey)把下达指令的我称为“自我1”，也就是自我意识；把执行动作的我称为“自我2”，“自我2”包括了所有的潜意识和神经系统，也代表着我们的本能②。使用内部评价体系的人，在做事情时，更多使用的是潜意识和身体层面的思考，也就是加尔韦所说的“自我2”的领域内。而使用外部评价体系的人，在做事

---

① Ryan R M，Deci E L. Intrinsic and extrinsic motivations：Classical definitions and new directions[J]. Contemporary Educational Psychology，2000：25(1)，54-67.

② Gallwey T. The inner game of tennis[M]. New York：Random House，1997.

情时，更多使用的是意识和头脑层面的思考，也就是加尔韦所说的“自我1”的领域内。

4. 行为的享受感

内部动机和外部动机是人们行为的两种主要驱动力。内部动机源于个体对活动或事物的内在兴趣，能够带来深刻的满足感和幸福感，激励人们长期坚持。相比之下，外部动机则是基于获得奖励或避免惩罚的需求，例如为了金钱、认可或逃避批评而产生的行为。

内部动机和外部动机在行为表现、长期动机和幸福感等方面存在明显差异。内部动机更能激发人们的创造力和创新精神，因为它源于个体内在的兴趣和需求。此外，由于内部动机不依赖于外部奖励或惩罚，更能促进人们的自主性和独立性。相比之下，外部动机常常导致人们过分关注别人的评价和认可，甚至内化这些评价，从而忽视自己内在的感受和需求。这样的人往往容易感到疲惫和不满，因为他们总是在追求外部的奖励和认可，而无法真正享受活动本身带来的乐趣。

使用内部评价体系的人更尊重自己的感觉和需求，他们做事情的动力来自内心的兴趣和价值观。这样的人更容易感到满足和幸福，因为他们正在做自己喜欢的事情，并且感到身心愉悦。相比之下，使用外部评价体系的人更容易受到外界评价的影响，他们的行为动力往往是为了获得别人的认可或金钱奖励。这样的人在完成事情后，可能会感到如释重负或者满足，但往往缺乏内心的享受和满足感。因此，关注内部动机的发展对于激发个人潜能和寻找更多的意义和价值至关重要。通过培养对活动或事物的内在兴趣，人们可以更加享受过程并获得更深层次的满足感，这将有助于人们在日常生活中更加自主和独立，真正实现自我驱动和成长。

5. 评价标准

使用内部评价体系的人，他们的评价标准更多的是基于自己的内在需求和价值观。而使用外部评价体系的人，他们的评价标准更多的是基于外界的评价和期待。

总体来说，使用内部评价体系的人和使用外部评价体系的人在行为动机、对他人评价的态度、思考方式、行为的享受感以及评价标准上都存在显著的差异。使用内部评价体系的人可能更倾向于依赖内在的价值观、信念和经验来处理信息并做出决策，而使用外部评价体系的人可能更注重他人的意见、评价和标准，这些差异会影响他们在信息处理和决策中的独立性，进而影响他们对信息的反应、接受程度和传播效果。

4.6.5 动机影响力：实例剖析

张卫等[①]研究了上海大学生对中华优秀传统文化经典阅读的状况，发现阅读动机受到性别、年龄等多种因素的影响。其中，外部动机变量的解释力最强，尤其是社会交往

---

① 张卫，闫玲玲，邓香莲. 新时代大学生中华优秀传统文化经典阅读动机实证研究——以上海大学生为例[J]. 图书馆杂志，2021，40(10)：111-118+123.

维度。研究对象的经典阅读动机整体更多源自外部驱动力，即社会交往、个人发展和他人认同。而内部阅读动机中的情感抒发维度最低。

根据外部动机理论，人的行为和决策往往受到外部环境的影响，而非完全由内在的动机决定。从上海大学生对中华优秀传统文化经典阅读的状况来看，外部动机，特别是社会交往维度，对他们的阅读动机具有最高的解释力。社会交往可以满足读者的社交需求、归属感、人际关系需求和社会认同需求，产生外部调节，从而促进读者的阅读动机。在中国的文化背景下，社会交往维度的影响力可能来自家庭教育、学校教育和社交网络等多个方面。父母、老师可能会传授和强调阅读经典的重要性，认为这是提高自身修养和社会地位的重要途径。同时，与亲友、同龄人的交流和讨论也可能激发认同调节，引发学生对经典阅读的热情。

在教育和引导方面，我们可以通过强化外部动机，如提供良好的阅读环境和资源，给予积极的反馈和支持，来激发学生对经典阅读的兴趣和热情。同时，我们也可以通过培养学生的内部动机，如培养他们的阅读习惯和阅读方法，鼓励他们对所阅读的内容进行深入的思考和理解，来进一步提升他们对经典阅读的积极态度；通过激发内部与外部动机，培养青少年读者的阅读习惯，更好推广中华优秀传统文化的经典阅读。

4.7 成就动机：成功背后的心理学动因

在追求成功和成就的过程中，成就动机是一个不可忽视的心理因素。成就动机理论探讨了人们为了追求成功和成就而付出的努力和持续的驱动力。在心理学领域，成就动机理论对于理解人们的动力、目标设定、决策以及自我管理等方面具有重要的意义。

4.7.1 成就动机的理论概览

成就动机理论是美国哈佛大学教授麦克利兰(Moclellan)等人在20世纪50年代创立的一种激励理论。该理论的主要观点是，人们具有追求成功和卓越的内在驱动力，这种驱动力被称为成就动机。成就动机可以影响人们的行为和决策，促使人们追求更高的目标，并在面对困难和挑战时保持坚韧不拔的精神。

麦克利兰认为，成就动机是人们在工作和生活中追求成功的一种基本动机。他发现，高成就动机的人往往更喜欢具有一定难度的任务，因为这些任务能够激发他们的挑战性和成就感。相比之下，低成就动机的人更倾向于选择简单的任务，因为这些任务更容易完成并获得成功。此外，麦克利兰还发现，高成就动机的人通常具备以下三个特征：他们愿意为解决问题承担个人责任；他们善于在工作过程中调整目标，以适应实际情况；他们渴望及时了解自己的工作进展和成绩，并希望得到上级的肯定性评价。

成就动机理论的发展背景主要是基于人们对工作和生活中成功和成就的追求。随着现代社会的发展和竞争的加剧，人们对成功和成就的追求越来越强烈。因此，了解人们的成就动机，对于提高工作效率和生活质量具有重要意义。同时，成就动机理论也可以应用于教育和培训领域，帮助人们更好地发挥自己的潜力，实现自我价值。

4.7.2 期望价值：动机的核心机制

之后，阿特金森(Atkinson)对成就动机理论做了进一步的发展，创建了动机的期望价值理论①，该理论运用数量化的形式来说明，如表4-3所示。他认为，趋向成功的动机由成就的需要、对行为成功的主观期望概率以及成功的诱因值三者决定。成就的需要是一个相对稳定的特性，是个体努力以达成功的性格特质，或是主体理解到的成功的可能性。成功的诱因值是指成功产生的自豪感程度。对行为成功的主观期望概率与成功的诱因值是逆向相关关系，即觉得任务越难，个体越倾向付出更多努力，而完成后，又会体验更多自豪感。例如，完成复杂任务时的自豪感远远强于完成简单任务。阿特金森认为，与成就有关的情境中既能引起对成功的期望，也能引起对失败的担心。决定对失败担心的因素类似于对成功希望的因素，即避免失败的倾向是以下三个因素的乘积：一是避免失败的动机，也就是因失败而体验到的羞愧感的能量；二是失败的可能性；三是失败的消极诱因值。当失败的可能性减小时，失败的诱因值就增加。失败的诱因值可理解为一种消极的情感。在容易的任务失败后产生的羞愧感比困难的任务失败后的羞愧感要强。作为结果的成就动机是力求成功的倾向的强度减去避免失败的倾向的强度，即表中Ts–Taf。也就是说，当处在一种特定的情境中，获得成功的需要大于避免失败的需要，那么个人就敢于冒着风险去尝试追求成功，这就是成就动机产生的过程。

表4-3 阿特金森的期望价值理论的量化公式

追求成功的倾向	成就的需要	成功的可能性	激励价值	追求成功的倾向的强度公式	成功的诱因值与成功的可能性的关系
Ts	Ms	Ps	Is	Ts=Ms×Ps×Is	Is=1–Ps
避免失败的倾向	**避免失败的动机**	**失败的可能性**	**失败的消极诱因值**	**避免失败的倾向的强度**	**失败的消极诱因值与失败的可能性的关系**
Taf	Maf	Pf	If	Taf=Maf×Pf×If	If=1–Pf

4.7.3 成就动机的行为驱动力

理解成就动机的产生过程，对于理解个体的行为和成功至关重要。一方面，成就动机的形成受到多种因素的影响，包括个体的性格、早期经历、社会环境以及个体目标等，这些因素共同作用并塑造了个体的成就动机。另一方面，成就动机一旦形成，它将

① Atkinson J W. Motivational determinants of risk-taking behavior[J]. Psychological Review，1957，64(6): 359-372.

对个体的行为和表现产生深远的影响。这种影响不仅体现在个体的职业选择和职业成功上，还表现在日常生活中面对挑战和困难的态度和行为上。成就动机理论对个体行为的影响主要表现在提高积极性、培养成就感、提高自我管理能力、促进团队合作等方面。

首先，成就动机理论可以帮助激发个体的工作积极性。根据该理论，个体追求成功的内驱力可以推动他们积极投入工作。因此，可以通过设定具有挑战性的目标、提供适当的奖励和激励措施等方式，激发工作积极性。其次，成就动机理论可以帮助培养个体的成就感。该理论认为，个体追求成功的过程中会产生成就感，在获得决策、培训和发展等机会时，获得成就感，从而提高对工作的满意度和忠诚度。管理者可以赋予个体一定的决策权，让他们参与制订工作计划和目标。这样做可以让个体感到自己的意见和价值被重视，从而提高他们的成就感和满意度。第三，成就动机理论可以帮助提高个体的自我管理能力。该理论强调个体对成功的追求和责任感。因此，可以通过引导个体设定个人目标、制订工作计划、自我监控工作进度等方式，帮助个体提高自我管理能力，从而提高工作效率和绩效。第四，成就动机理论可以促进团队合作。该理论认为，人们追求成功的过程中会产生合作和竞争的行为。因此，可以通过建立合作文化、鼓励团队合作、提供团队奖励等方式，促进团队合作，从而提高整个团队的工作效率。多组织团队建设活动，增强团队成员之间的沟通和信任。这样做可以促进团队成员之间的合作和协作，提高整个团队的工作质量。

总之，成就动机理论可以帮助人们更好地了解个体的工作动机和行为特点，从而制定更加有效的激励措施和管理策略，提高个体的工作积极性。通过激发个体的积极性、培养个体的成就感、提高个体的自我管理能力和促进团队合作等方面的应用，成就动机理论可以为个体和组织的发展和成功提供有力的支持。

成就动机理论在高校毕业生就业中的应用

4.8　社会学习：从感动到行动的桥梁

2013年，江苏省连云港市，两个小男孩因模仿动画片情节，将同伴绑在树上并放火烧成重伤。事情一经报道，立刻引起网友的热烈讨论。那么，他们为什么会产生这样的模仿行为呢？要想了解其中原理，就必须对模仿学习的理论来源，即社会学习理论有一个基本的了解。

社会学习理论是一个用来解释人类行为与认知的理论框架，它强调以人作为主体，关注人如何在社会环境中学习、模仿、互动以及如何被社会规范、社会影响所塑造。社会学习理论自美国著名心理学家班杜拉正式提出以来，就受到了世界各学界特别是心理学界的广泛关注和不断讨论。

本篇内容将介绍社会学习理论的演化历程、基本内容以及新时期的嬗变，并进行相关的案例分析，以此探讨社会学习理论对于传播受众心理与行为结果的影响，期望探索社会学习理论在传播领域内的运用与发展。

4.8.1 社会学习理论的演进轨迹

20世纪初期，对于人类行为的作用机制，理论家们已经提出了许多种不同的看法。其中，米勒(Miller)和多拉德(Dollard)从学习理论的角度对人类行为进行研究，在《社会学习和模仿》一书中首次提出了“社会学习”这一概念，并在书中着重强调了模仿学习在社会行为获得过程中的重要性。米勒和多拉德通过实验发现：模仿学习就是通过观察并且重复他人的某一种行为并不断强化，学习者就能够学习该行为[①]。

1961年，班杜拉发表了关于“波波玩偶实验”的经典实验文章，在文章中，班杜拉指出人们观察和模仿的行为会对于自身人格的形成和发展造成影响[②]。1963年，班杜拉在《社会学习与人格发展》一书中再次提出了“社会学习”的概念。与米勒等人所认为的人只有通过观察做出外部反应并不断进行强化才能获得学习的理念不同，班杜拉的社会学习理论认为，人可以直接通过观察别人的行为获得学习。 班杜拉认为观察学习就是，“一个人通过观察他人的行为及其强化结果而习得某些新的反应，或矫正他已经具有的某种行为的反应特征。并且在这一过程中，观察者并没有对示范反应做出实际的外显操作”[③]。

随后，班杜拉继续对社会学习理论进行研究与完善。1971年，班杜拉发表《社会学习理论》，他在书中具体论述了社会学习的运作机制。1977年，通过总结过往的研究发现，班杜拉对社会学习的理论体系做出了进一步的完善，并发表了一部同名著作《社会学习理论》。经过几十年的研究，“社会学习”的概念也随之发生改变，一开始，社会学习仅仅指一个人对他人行为的模仿，而班杜拉则将之拓展为对于人类行为的控制。

班杜拉的社会学习理论关注到社会变量对于人类行为的影响，进一步认知到了人类行为的作用机制，对于后续人类行为研究产生了深远的影响。

4.8.2 理论核心观点解析

班杜拉社会学习理论的核心观点是人的行为和认知受到社会环境与学习过程的影响。在总结吸收了众多研究者的认知学习理论后，班杜拉对于人类行为的获得与表现的过程及其规律性有了更深的了解，并将之融入社会学习理论之中。社会学习理论内涵丰

---

① 周国韬，元龙河. 班杜拉的社会学习理论再探[J]. 教育评论， 1989(2)：73-77.

② 高闯，马安然，德力达尔. 纪念班杜拉对社会学习理论的发现：基于数理心理学架构的回顾[J]. 心理研究，2022，15(1)27-35.

③ 高申春. 人性辉煌之路：班杜拉的社会学习理论[M]. 武汉：湖北教育出版社，2000.

富，主要由三大部分组成，分别为观察学习理论、三元交互决定理论和自我效能理论。下面就此三大部分的主要观点分别作简要论述。

1. 观察学习理论

作为班杜拉社会学习理论的重要组成部分之一，观察学习理论关注的是个体如何通过观察他人的行为习得新的行为模式。班杜拉十分注重观察学习，他指出，人们只要通过观察榜样示范就能够学会某种行为。也就是说，在特定情况下，个体只要观察到他人表现的某种行为，即使不直接进行反应，也不经过直接的强化，个体也能学会这种行为。社会学习就是个体通过观察和模仿，从而学到别人的外部反应的行为。

但是观察学习并不是简单的模仿，它需要经过注意、保持、动机和再生成4个过程，如图4-7所示。通过这4个过程，才能帮助学习者完成个体学习。

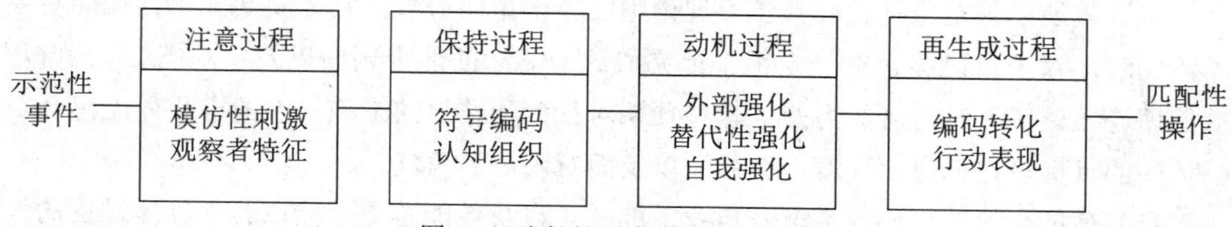

图 4-7　班杜拉观察学习理论模型

注意过程指学习者通过注意获取信息。作为观察主体与观察对象之间相互作用的媒介，注意过程会受到多种因素的影响，比如观察主体个人的认知结构，观察对象本身的复杂性等。保持过程是指学习者将观察到的信息保存到自己的记忆中，以便日后回忆与学习。动机过程是指在一定的情境条件下，观察者受到某种因素的诱导，从而对示范行为进行表现的过程。再生成过程是观察学习的中心环节，是指将信息从记忆转化成行为的过程，实质上就是观察者对示范行为的表现过程。

2. 三元交互决定理论

三元交互决定理论是班杜拉提出的关于人的行为的决定因素的理论，在班杜拉社会学习理论中占据着重要的地位。在三元交互决定理论中，个体的行为、环境以及个体的主体因素之间是相互作用的，具有交互决定关系①。其中，个体的主体因素指的是个体的身心机能，包括行为主体的生理反应、认知水平等。

如图4-8所示，图中B代表个体的行为，E代表环境，P代表个体的主体因素，箭头指示的是作用的方向。所谓交互决定，是指个体的行为、环境以及个体的主体因素三者互为因果，相互作用。这代表三元交互决定理论中，三个因素之间的关系并不是简单的线性关系，而是更为复杂的、动态的相互作用关系。但是，这也并不代表三者具有同等的交互能力和固定的交互模式，三者受到不同的因素影响，三者的交互影响力与模式会因不同的人和环境而产生不同的表现形式。

---

① 容中逵. 论班杜拉社会学习理论的现实教育意义[J]. 高教论坛，2002(6)：129-131.

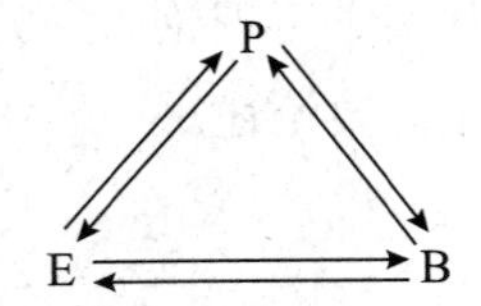

图 4-8　三元交互决定理论模型[①]

三元交互决定理论是构成社会学习理论的基础，它从个体的行为、环境以及个体的主体因素的交互关系中探究了人的心理活动与行为表现，同时把人的心理活动看成三者之间的互动系统，因此，三元交互决定理论也为心理学研究和理解“人”提供了新的路径。

3. 自我效能理论

自我效能理论是班杜拉社会学习理论中的一个重要概念，它主要研究个体在面对某一活动时，对于自己能否在一定水平上完成这一活动的能力判断以及主观感受[②]。自我效能理论强调了人对自身能力的信念和预期对行为和结果的影响。人的自我效能感会影响他们的目标设定、努力程度、持久性以及面对困难的勇气。

自我效能理论的核心观点就是自我效能感。自我效能感是个体在若干具体过程的作用中实现的，它主要包括选择、思维、动机和心身反应4个过程。选择过程中，个体会回避自认为无法应对的环境，倾向于选择自己能应对的环境。思维过程中，自我效能感会影响个体的思维活动，并决定思维过程是促进还是阻碍个体活动。动机过程中，自我效能感影响个体在活动中的努力程度以及在活动中当面临困难或失败时活动的持久力与耐力。而在身心反应过程中，自我效能感的程度会影响个体的身心发展，比如影响到个体的应激反应、焦虑和抑郁的程度等[③]。

总之，班杜拉的社会学习理论为理解人类行为提供了更全面和深入的视角。他的理论不仅从观察学习的角度解释了人类行为的表现，并通过三元交互决定理论深入分析了行为产生的原因及其影响，还强调了自我效能感在人类行为选择中的关键作用。这些理论和观点为理解人类社会行为的复杂性提供了重要的理论支撑，同时对于人类行为的实践研究产生了深远的影响。

4.8.3　新时代的嬗变：社会学习理论的新面貌

随着网络技术的快速发展和社会的深刻变革，社会学习理论在不断的演进与变化。互联网技术的飞速发展不仅改变了人们的生活方式，也影响了人们对于知识与学习的认知。相对于早期社会学习理论而言，新时期的社会学习理论出现了新的学习模式，也呈

① 姜兆萍，张海滨. 试论班杜拉的社会学习理论与人的发展[J]. 烟台教育学院学报，2003(2)：52-55.

② 肖虹. 班杜拉社会学习理论的认知与融合性特征研究[D]. 济南：山东大学. 2007.

③ 高申春. 自我效能理论评述[J]. 心理发展与教育，2000(1)：60-63.

现出富有时代性的新特征。

1. 新时期社会学习理论的新模式——在线社会学习

高度交互的网络空间，推动传统社会学习理论发展出新的内涵与外延，其中在线社会学习模式成为新时期社会学习的主流模式之一。在线社会学习模式是一种自下而上的学习模式，是指学习者可以超越个人维度，成为社交网络中的一员，在网络空间中通过与其他成员发生社会互动来获得学习①。

基于互联网技术的突破，在线社会学习模式让社会学习在广度与深度上有了新的发展。首先，不同于传统社会学习理论小范围的学习形态，在线社会学习模式扩大了学习的范围与空间，它让学习超越了地域、文化等的局限，作为个体的学习者可以接触到全国甚至全世界的信息和知识，这也为学习者提供了更多元化的观察学习的对象和渠道。其次，借助于互联网及时互通的传播特点，在线社会学习也呈现一种群体互动式的学习特点，它让社会学习从个体走向群体，由封闭转为开放。在线社会学习模式当中，学习者往往不再处于个体的孤立的学习当中，而是作为网络群体中的一员，在与其他学习者或是榜样示范者的互动当中完成学习。

2. 新时期社会学习理论的新特征——连通性

受到技术、社会经济等发展的影响，新时期的社会学习理论呈现独特的新特征，其中连通性是新时期社会学习理论中最具代表性的特征之一。互联网技术的发展，尤其是各类网络社交工具的广泛使用，让社会学习呈现极强的“连通性”②。

互联网环境下，个人不断地与周围环境进行信息和资源的交流和互换，形成了一个复杂的社会知识网络。这个网络中包含了各种类型的数据、信息和知识，以及个人、组织、子网络等不同的节点。每个节点都可以作为信息的发送者和接收者，与其他节点进行联通和互动。这就是社会学习理论的连通性。

这种连通性也体现在个人的学习过程中。学习不再是简单地观察和获取知识，而是不断地与周围环境进行交互和作用，建立和维护自己的社会知识网络。学习者需要不断地开放和拓展自己的网络，与其他节点进行交流和合作，以获取更多的资源和信息，促进自己的个人发展。

从强调开放互动的在线社会学习模式逐渐形成并不断普及，到社会学习“连通性”的新特征日益显著，可以看到，新时代社会学习理论的嬗变已经成为一种必然的趋势。同时，这种嬗变的影响也在不断深化，它改变了学习者的学习方式与学习观念，让学习从线下转移到线上，从个体学习变为群体学习，社会学习逐渐成为一种交互式的群体活动。虽然新时代社会学习理论的嬗变让学习更加符合了时代的需求，但也为学习者带来

---

① 段金菊，余胜泉，吴鹏飞. 社会化学习的研究视角及其演化趋势——基于开放知识社区的分析[J]. 远程教育杂志，2016，35(3)：51-62.

② 吴刚，黄健. 社会性学习理论渊源及发展的研究综述[J]. 远程教育杂志，2018(5)：69-80.

了新的挑战。错综复杂的网络空间里，海量的信息真假难辨，情感观念的矛盾冲突等，都将成为学习者急需解决的问题。未来，社会学习理论仍将随着社会、技术的发展而不断变化，这也要求学习者必须不断更新观念，提升能力和适应变化，以促进自身学习的持续发展和进步。

4.8.4 实践应用：案例分析

社会学习理论在长期的发展演化中，已经在不同的领域中得到了广泛的应用，特别是对于儿童教育引导方面，具有重要的指导价值。在当下的传播环境中，社会学习理论也得到了深刻的发展与运用，许多社会现象的发生都能借此得到解释。以下通过两个案例分析来表现社会学习理论的现实应用与价值。

1.“波波玩偶经典实验”案例分析

1961年，为了研究观察模仿对于个人行为的影响，班杜拉对于儿童模仿成人攻击性行为做了一项实验，这就是著名的波波玩偶心理实验。

实验的对象是72名来自斯坦福大学幼儿园的3～6岁的学生。其中男生36人、女生36人。为了观察儿童是否受到成人榜样的攻击性行为与非攻击性行为的影响，班杜拉把这些儿童分为对照组、第一实验组、第二实验组，每组为24人，分别观看成人对波波玩偶进行暴力性攻击的视频和非攻击性的视频。最后将他们带入最后一个房间，这个房间的环境与视频中的房间一致，观察孩子们在房间里的行为。

实验结果得出，观看过攻击性视频的孩子模仿了成人的行为，对波波玩偶进行了暴力攻击。班杜拉通过这个实验，说明了人可以通过观察习得新的行为①。在实验中，儿童仅仅通过观看成人暴力行为，就学会了对波波玩偶施加暴力。可见，不需要任何其他外力因素的引导，仅仅通过观察，个人就能学会某种行为，特别是对于没有分辨能力的儿童来说，观察与模仿是他们学习的主要模式，外部情景和其他人的行为极易引导他们行为与认知倾向的形成。

波波玩偶实验对于儿童成长教育具有很好的启示作用。儿童在认知发展过程中，非常容易受到外部环境与他人行为的影响，在模仿的本能下，会不自觉地跟随他人的行为行事。同时，儿童也很难分清模仿行为的正确与否，特别是对于一些暴力危险行为，儿童依然会盲目地进行模仿，这在认知形成过程中是非常危险的，会造成儿童的认知偏差，使儿童产生错误的认知，对于儿童未来的成长和发展造成难以挽回的恶劣影响。因此，要及时关注与正确地引导儿童的认知与行为，为儿童创造健康良好的成长环境。

2.“喜羊羊暴力”事件分析

2013年4月，江苏省连云港市，7岁男孩平平和4岁弟弟安安，跟10岁的邻居顺顺在

---

① 郭斯萍，张晓冰. 班杜拉的社会学习理论再评价——从文化心理学角度[J]. 心理研究，2022，15(2)：99-104.

村边树林里玩耍，因为模仿《喜羊羊与灰太狼》里烤羊的情节，平平和安安被顺顺绑在树上点火烧成重伤。得知事情缘由后，家长以动画暴力情节影响为由，将《喜羊羊与灰太狼》制片方原创动力文化传播有限公司告上法庭。经过一年多时间的争辩，案件最终以双方调解结束。

从社会学习理论的角度来看，根据观察学习的4个过程分析这个事件。在注意过程中，两位低龄儿童受到动画中的示范事件，也就是将“羊”放在火堆上炙烤的这一行为片段的吸引和影响。在保持过程中，烤羊这一行为在动画中多次出现，并且具有一定的显著特征，孩子经过多次观看，对此留下了深刻的印象。在动机过程中，反派“灰太狼”具有独特的角色魅力，容易获取孩子的注意，成为孩子模仿的对象，而孩子天然的好奇心促使他们产生模仿的心理。最后，在再生成过程中，记忆转化为行为，孩子经过多次观看动画中的烤羊行为，保持更加精细的记忆细节，最终通过“编码转化”变成行动，导致惨案的发生。

时至今日，儿童因模仿动画情节而导致的受伤或死亡的事件依然层出不穷。比如，2016年，10岁女孩模仿光头强砍树，拿起电锯导致4岁的妹妹严重毁容；2023年，4岁男孩模仿动画情节，把雨伞当作降落伞，从楼上跳下，摔成重伤。对于孩子来说，动画片是他们日常娱乐中接触最多的东西，也是他们观察与学习的重要渠道。虽然，仅仅通过观察学习并不一定会导致越轨事件的发生，但处于新媒体时代，儿童依然很容易受到动画里的危险行为的影响。

4.9　反馈的力量：及时回应的艺术

随着信息技术的快速发展与互联网的广泛普及，公众获得了更大的舆论空间和话语权，在传播过程中，反馈对受众和信息都起到了重要的调节作用。无论是在社交网络中，还是在品牌宣传中，反馈早已无处不在，已经成为网络传播过程中必不可少的一部分。

反馈理论原本是控制论中的一个基本概念，至今已经在多个领域都有所应用，在不同的领域中，其具体内涵和应用方式有所不同。传播学中的反馈理论一直在不断完善和发展，至今已有了丰富的内涵。特别是当下的传播过程中，特别强调反馈的重要性，充分利用反馈理论，能够不断优化信息的传播模式与传播的有效性。

本节内容围绕反馈理论的演化发展、基本概念以及新时期的新特征进行论述，同时对相关案例进行分析，以此探讨反馈理论的理论发展和现实应用价值。

4.9.1　反馈理论的演变历程

1868年，麦克斯威尔(Maxwell)发表了论文《论调速器》，对“反馈”作了理论论述，这也是关于反馈理论最早的一篇重要文献。后来，维纳(Wiener)为了纪念这篇文章，发表了《控制论》一书，将“关于在动物和机器中控制和通讯的科学”称为“控制论”。之后，麦克斯威尔对于反馈自动装置进行了研究，这也成为反馈理论的开端①。

随着远距离通信技术的发展，1927年，贝尔电话研究所的布莱克(Black)发明了负反馈放大器，促进了通信系统工作的稳定。1945年，贝尔电话研究所的波德(Bode)总结归纳宽带反馈放大器设计原理的研究，出版了《网络分析和反馈放大器设计》，促进了以频率响应法为基础的反馈系统分析和设计理论的形成。

第二次世界大战时期，维纳等人在研究过程中发现反馈方法可以用来分析生物的行为，后续获得的一些结论，揭示了技术系统与人和生物系统之间的相似性，反馈理论由此进入非工程领域。

20世纪40年代以来，随着控制论、系统论以及信息技术等新理论和技术的快速发展，反馈理论向纵深方向发展，并不断拓展，成为社会科学与自然科学连接的纽带。反馈理论在多个学科中不断融合发展，产生了不同的具体内涵和表现方式。

当下，反馈理论经过不断的演化和推广，已经成为一种普遍适用的科学方法和概念，在各个领域都有着广泛的运用，具有丰富而深远的理论价值。

4.9.2 反馈概念的深度解析

反馈理论是控制论中的一个基本概念，指的是系统把输出端的一部分信息返送到输入端，并以某种方式改变输入，进而影响到系统功能的过程，也就是通过恰当的检测装置，输出量与输入量进行比较并返送到输入端的过程②，如图4-9所示。

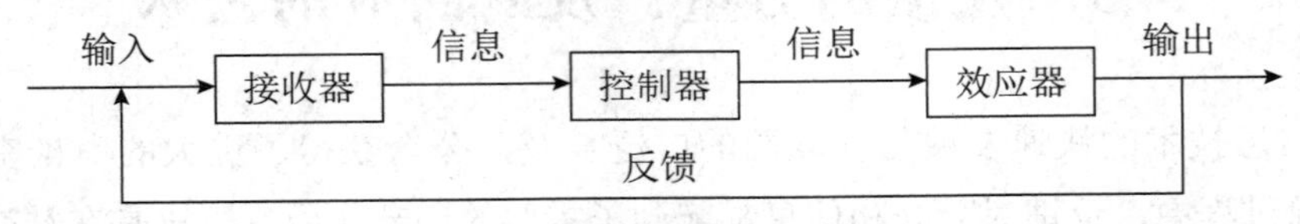

图 4-9　控制论中的反馈模型

随着反馈概念的逐渐发展，反馈也获得了众多社会科学家的关注，他们将反馈的概念与各自学科相结合，逐渐形成了可以运用于社会科学的反馈概念和模型。比如，心理学的反馈强化理论、组织管理中的反馈控制等。而在传播学中，反馈理论也有着独特的内涵，传播学中的反馈一般指在信息交流过程中，信息的传播者与接收者之间进行的交流和沟通。在这种交流和沟通中，信息的接收者会对传播者的信息进行一定的反应。

新媒体环境下，可以根据反馈的整个过程中要素构成的先后顺序，把反馈过程分成前置反馈、中程反馈和后继反馈这三个环节③。

在传播过程中，前置反馈就是在进行传播前，预先调查并明确受众的需求以及特

① 周兆经. 反馈理论的演化及发展[J]. 科学技术与辩证法，1991(5)：43-44.

② 崔秀兰. 前馈控制与反馈控制在工业自动化控制系统的应用[J]. 科技创业家，2013(18)：113-121.

③ 胡澜. 新媒体环境下反馈理论在思想政治教育传播中的应用[J]. 教学与管理，2014(15)：11-13.

点，以此增强传播的目的性和有效性。前置反馈在信息的输入环节中起到非常重要的作用，可以用来预防反馈在调节时由于时间问题而导致的不足。

中程反馈在整个反馈过程中起到承前启后的作用，恰当的中程反馈有利于实现传播目标以及提升传播效果。中程反馈具体是指在传播活动过程中，应该及时地通过各种渠道向传播者反馈信息，包括传播者和受众因为传播环境或其他因素而受到的影响，以及在传播过程中，传播的各方面能否符合受众的需要等。中程反馈能够使传播者及时有效地调整和优化其传播过程，进而避免传播过程中有可能出现的问题。

后继反馈是传播过程中反馈的最后一步，具体来讲就是在传播活动进行时，根据受众的行为和思想的变化情况来评价整体的传播效果，同时对传播信息最后所产生的具体成效加以分析和评估。但因为后继反馈是在传播过程的结束环节上进行的，它对于传播过程的调节和修改也是发生在事后的，所以后继反馈收集到的有关受众的反馈信息对传播效果的影响相对较小。

在传播过程中，反馈对于整个信息传播活动起到了非常重要的作用，特别是对于信息传播者来说，及时地反馈信息能够帮助他们了解接收者的需求和困惑，进而对传播策略进行有效的调整，以更好地帮助接收者理解和接受信息。总体来说，反馈是信息传播中不可或缺的一个环节，它不仅能够促进信息传播的流畅性，提高信息传播的效率，也能够确保信息传播的准确性，增强信息传播的效果。

4.9.3　新时代反馈理论的特征与创新

随着互联网技术的快速发展，网络传播也得到了飞速发展。网络传播作为一种全新的现代化传播方式，具有与传统传播方式截然不同的特征。网络传播为传播者与受众提供了更加快捷方便的信息传播方式，但同时也对反馈有了更高的要求①。传统反馈理论已经无法完全适用于当下的网络传播环境，不可避免地发生了改变，呈现具有时代意义的新特征。

1. 双向反馈的普遍化

互联网技术的发展，让当下传播过程中的反馈不再是单向的，而是一种双向的，互为传播者与受众的反馈②。在传统的反馈机制中，反馈往往呈现一种单向的特点，但当下，互联网给予了传播者与受众及时沟通的渠道，能让受众的反馈直接传达到传播者面前，实现传播者对于受众反馈的反馈，也就是传播过程中的双向反馈。双向反馈意味着在传播过程中，传播者与受众的角色可以实现互换，双方能够相互传递信息并进行反馈。

---

① 周辉强. 从西方言论自由理论看网络媒体传播[J]. 青年记者，2011(36)：54.

② 黄毓斌. 反馈效应：报纸仍可担当舆论场主角[J]. 现代传播：中国传媒大学学报，2017(7)：161-162 .

新时期的传播形式促使双向反馈形式更加普遍化。目前，传播技术的突破实现了传播者与受众的及时互通，使得双向反馈的机制更加简单方便。同时，在当下信息泛滥的时代，双向反馈机制不仅能提升传播者信息传达的准确性，也增强了受众反馈的有效性，已经获得越来越多人的青睐，成为新时期反馈理论中十分重要的特征。

2. 反馈信息的集中化

在传统传播时代，受到技术条件的限制，传播的受众处于不同的地域，接收到信息的时间也不同，呈现零散、隐匿的特点，其信息的反馈也往往是迟缓、分散的。但随着网络技术的快速发展，新时期的互联网技术突破了时空的局限，使分散各地的受众也能同时获取信息并进行反馈，因此，新时期传播者所面对的反馈信息具有集中化的特点[①]。

互联网时代，反馈信息的集中化主要表现在反馈数量的增加。新时期的网络传播突破地域的局限，能够让世界各地的人们联系在一起，同时在网络上发表看法和意见，这大大增加了信息传播的受众数量。同时，快速互联的网络传播特性使得传播者的信息能够快速抵达受众面前，受众也能即时、快捷地对传播信息进行反馈，这极大地增强了受众的反馈意愿，使得更多受众愿意主动地进行反馈。由此，传播者所接受到的反馈往往是大量而集中的。

3. 反馈机制的多元化

新时期反馈机制呈现多元化的特点，包括反馈渠道的多元化和反馈形式的多样化。基于科学技术的迅猛发展以及现代社会的日新月异，人们希望对于各方面信息都能获得及时有效的反馈，为了满足这些需求，新时期的反馈机制越来越多元化。

在互联网时代，反馈渠道变得非常多元化。人们可以通过各种社交媒体平台、在线论坛等途径来表达对传播信息的看法和建议。此外，现代社会还出现了很多专门的反馈平台和工具，比如数据分析和挖掘系统等，这些工具可以帮助企业和组织更有效地收集、整理和分析用户反馈。

同时，反馈形式也变得非常多样化。除了传统的调查问卷、电话访谈等反馈形式，还出现了很多互动性更强、更有趣的反馈形式，包括文字、图片、视频等多媒体形式，还包括语音、聊天记录等实时反馈形式。这些反馈形式可以使参与者更加投入，提高反馈的质量和效果。

总体来看，新时期网络技术的发展，让反馈理论出现了新的特征。新时期的反馈不仅实现了双向反馈的普遍化，还让反馈的信息更加集中化，反馈的方式也更加多元化。但是，这些新特征也让反馈在传播过程中产生了双面性的影响。一方面，这些新特征能够让反馈更好地满足当下传播者与接收者的需求，提高网络信息传播的有效性；另一方面，集中多元的特征会让反馈信息数量庞大且复杂，有时甚至矛盾，部分传播者很难从中判断出

① 赵文晶，崔凌志. 新媒体环境下纸媒公众形象塑造反馈机制研究[J]. 中国出版，2016(14)：30-33.

信息传播是否准确有效，从而可能导致在传播策略的调整中出现误差。不过，无论是现在还是未来，反馈都是信息传播过程中的重要环节，在确保传播效果中发挥着重要作用。因此，传播双方必须重视反馈在信息传播过程中的地位，克服新时期反馈在应用过程中的问题，根据情况合理运用反馈的多种机制和特征，以达到反馈的最佳效果。

4.9.4　实战演练：反馈案例剖析

在反馈理论的发展过程中，研究者进行了大量反复的实验，对于反馈原理及过程进行探索与挖掘。同时，反馈理论在生活中也有着重要的实践价值，能够有效地分析一些社会现象的出现与发展，并对于事情的解决提供建议。下面将通过两个案例分析，具体论述反馈理论在现实情景下的使用价值。

1. 罗西和亨利的反馈效应心理实验

美国心理学家C. C. 罗西和L. K.亨利曾做过一个著名的反馈效应心理实验：他们把一个班的学生分为三组，每天学习后就进行测验，测验后分别给予不同的反馈方式。其中，每天告知第一组学习结果；每周告知第二组学习结果；只测验而不告知第三组学习结果。如此进行了8周教学，结果，第一组成绩明显提高，第二组成绩缓慢上升，而第三组则没有进步。8周后，将对第一组和第三组的反馈方式对调，对第二组反馈方式不变，实验也进行8周。结果发现，反馈方式改变后，第三组的成绩突然上升；反而第一组的学习成绩逐步下降；第二组成绩则稳步上升①。

从这个实验案例可以看出，有反馈的学生比没有反馈的学生学习效果要好得多，而且，即时反馈比延时反馈所产生的效应更大。可见，及时反馈对于人们的行为表现具有非常明显的促进作用。无论是在学习过程中，还是传播活动中，有效的反馈机制都是促使活动目标达成的必要条件。正如实验过程中，知道学习结果的学生比不知道学习结果的学生获得更好的学习效果，这是因为知道学习结果的学生得到了有效的反馈信息，能够根据反馈对于自己的学习行为进行调整，提高学习的效率，而没有得到反馈的学生只能盲目地进行学习，无法明确当前学习行为是否有效。另外，即时反馈更加有助于活动目标的实现，实验中，每天知道学习结果的学生得到了即时的反馈信息，可以及时快速地调整自己的学习行为，而每周获得学习结果的学生虽然成绩也有所上升，但效果并不明显，因为延时反馈会让学生错过调整学习的最佳时机，无法有效快速地达成活动目标。

2. “花西子眉笔”事件分析

2023年9月10日晚，带货主播李佳琦在直播间为花西子眉笔带货，面对用户质疑

---

①　陈金珍. 知识的巡礼 能力的发散——浅析高效课堂“五步三查”之整理学导案[J]. 山西师范大学学报(自然科学版)，2011(2)：81-82.

“花西子眉笔越来越贵”的言论，力挺花西子并大胆发言：“有时候找找自己原因，这么多年工资涨没涨，有没有认真工作。”此番言论立刻引发了广泛的关注和争议。“花西子”品牌也被推到了舆论的风口浪尖。9月19日下午，在事情发生9天之后，“花西子”首次在微博发言，并发布了一封道歉信，以回应该事件。但是，“花西子”在道歉信中，只字未提网友最关心的79元眉笔问题，反而宣传起自己的品牌，如此操作再次遭受网友质疑，引发再一次的负面舆情。

从反馈理论角度来分析“花西子”道歉信事件可以看出，“花西子”这封道歉信的主要问题有以下几个。首先，反馈不及时。“花西子”面对众多网友的质疑没有第一时间做出即时回应，导致问题扩大化，不仅损害了品牌声誉，还失去了消费者的信任。其次，反馈内容重心偏离，缺乏诚意。“花西子”在道歉信中未对消费者最关心的问题——“价格昂贵”做出具体回应，也未对本次问题采取挽回弥补的措施，这种避重就轻的道歉加剧了消费者的不满情绪，导致“花西子”的客户流失和品牌信誉的下降。

从反馈的三个环节来看，面对危机的发生，“花西子”应该在前置反馈环节中，就做好相关的危机预案，以防备类似事件的发生；在中程反馈环节中，“花西子”应该时刻关注舆情发展，随时调整自己的方案策略，并即时对公众言论采取迅速、果断的行动，遏制问题的发展；在后继反馈中，继续收集公众的反馈信息，并给出恰当的回应，实现双方反馈互动，打造品牌的良好形象。

在互联网时代，信息传播表现出快速化、即时性的特点，传播者与受众能够进行即时的反馈与互动，这也要求传播者必须及时回应公众的反馈与需求，并根据反馈快速调整自己的传播信息与形式，如此才能达到良好的传播效果。

总结与回顾

本章首先从社会心理学中的皮亚杰认知发展理论展开，聚焦这一年龄阶段的受众，带领我们了解皮亚杰认知发展理论的基本概念和四个主要阶段，并对如何形成认知结构有更明确的理解；接着，我们从埃里克森的心理社会发展理论探究个体成年时期的情感需求，并研究大众传播为满足受众需求做出哪些努力，根据这一理论，我们讨论了大众传播如何对象性展开，使得每一种媒介传播的信息能够与受众形成良好的互动，帮助受众更好地解决成长过程中的矛盾，促进其正确成长；随后，我们梳理了国内外学者关于“准社会交往”的研究脉络，试图从中立的视角向读者展示该理论的缘起和发展情况；接着介绍了“刻板印象”的概念，带领读者厘清其内涵，了解其分类、经典模型和社交媒体时代构建的刻板印象，在这一节我们对媒体人提出希望，期待他们承担起责任，努力创造一个没有偏见的网络环境，让刻板印象不再成为伤害他人的工具；接着介绍归因理论，从理论内容介绍、归因理论的四大分支、案例分析三个方面向读者展示健康积极归因的重要性；接下来详细说明内部动机和外部动机如何塑造人类的行为和社会交往，同时研究各种因素如何调节这两种动机之间的平衡，并探讨这些因素如何影响传播者有效传播信息的努力；成就动机一节呈现了成就动机理论的基本观点和影响人们行为和决策的主要驱动力；社会学习理论解答传播学中如何运用社会心理学的问题，按照时间顺序，对社会学习理论的演化发展进行了简单的梳理，从新时期传播环境的视角探讨了社会学习理论的发展变化，并具体指出了其中最具代表性的新模式和新特征；最后介绍的是反馈理论，本节介绍其相关概念和发展应用，帮助读者对传播学领域中的反馈理论拥有更加全面的了解。

思维与挑战：思考题

1. 什么是反馈理论？反馈过程有哪几个环节？新时期反馈理论具有哪些新特征？
2. 皮亚杰的认知发展有哪几个阶段？每个阶段有什么显著特征？
3. 举例说明为了应对受众每一层次的需求，大众传播做出的努力。
4. 网络传播中，如何利用反馈理论做好危机公关？
5. 如何降低社会中的刻板印象？你在新媒体时代遇到过涉及刻板印象的情况吗？
6. 请你讲讲生活中遇到的基本归因错误。
7. 什么是内部动机和外部动机？它们对人们的行为有何影响？

第5章　传播内容的编排理论与心理策略

本章将介绍传播内容编排理论与传播心理学实践所涉及的相关概念，包括注意过滤说、格式塔理论、组块理论、先行组织者理论、双重编码理论、语义记忆与情节记忆、感觉阈限、遗忘理论等，为传播心理的实践提供系统的理论视角和分析解读。

5.1　吸引眼球的艺术：注意过滤说

研究表明，人类通过感知这一功能来认识世界，反映客观世界中的各种属性，而在感知的过程中，为了能够系统地获得信息，保证心理活动人为主动地选择性指向目标对象，就需要注意的参与。既然注意是一个有选择性的行为，那就意味着并不是所有信息都可以被一个人接受或者处理。在信息传播过程中，注意深刻地影响着信息的接受处理的效率和效果，想要抓住受众的眼球，就需要对注意进行深入的研究。本节将对注意过滤说的基本含义、注意过滤说的实验基础、过滤器与衰减器模型、吸引注意的策略和实际案例进行相关分析。

5.1.1　理论框架介绍

1. 注意的内涵

注意是人的心理活动对一定对象的指向和集中[①]，它无时无刻不存在于我们的日常生活中。例如，当你在课堂上全神贯注地听讲时，你就很可能察觉不到窗边经过的一个人，此时，你将注意指向老师和黑板并集中于此，对于未指向的事物，就有可能忽略。若窗边的人发出声响，声音作为外界信息给你一定的刺激，将你从集中注意中抽离，你转移了你的指向对象，指向对象变为那个经过的人，此时你就可能忽略课上所讲的内容，因为你的注意已经定格在窗外的人。

注意具有两个特性：指向性和集中性。指向性是指注意心理活动有选择地反映一定的对象，而忽略其他对象。集中性是指注意会集中在某一对象，与之相伴的就是心理活动强度提高，并且与目标对象高度绑定。指向性和集中性决定了注意的方向和强度，对于某些对象的指向与集中，就意味着对其他对象的忽视。

需要注意的是，注意并非一直锁定单一的对象，注意的对象是不断变化的，这种变

① 陶红，张玲燕. 心理学[M]. 广州：暨南大学出版社，2018：43.

化或主动或被动。而注意的对象也既可以是客观事物，也可以是主体内心的心理活动与心理状态。

2. 过滤器的定义

过滤说全称是注意的过滤器理论，由英国心理学家布罗德本特(Broadbent)于1958年根据一系列双耳分听实验得出。基于注意的范围性，一个人所能同时注意到的信息是有限的。过滤器理论也认为，在任一时刻人们能接受和处理的信息量都是具有限制的，一部分信息能够被接受处理，另一部分信息则会遗失，其中仿佛有一个无形的过滤器在运作，外界信息首先需要经过过滤器的筛选，人们选择一部分信息，然后加工，剩下的信息堵塞在滤口无法通过，最终被忽略，得不到加工处理①，而注意就是其中的过滤器。

3. 过滤的尺度

那么，过滤的尺度该如何衡量呢？布罗德本特认为，过滤是由刺激物的简单物理特性来决定的，不需要高级的特征分析参与②。刺激物的物理特性包含了多方面的内容，主要有信息的刺激强度、信息量、信息呈现速率等。信息的刺激强度与过滤效果成反比，强度越低，过滤效果越强。信息的刺激需要突破受众感官的知觉阈值，才更容易被关注，因此强度低的信息更有可能滞留，遭到过滤。信息量与信息呈现速率及过滤效果成正比，信息量越大，信息呈现速度越快，信息就越容易堵塞，也代表着过滤效果较高；反之，信息量越少，信息呈现速度越慢，信息流动就越通畅，过滤效果较低。

5.1.2　理论的发展与创新

1. 过滤器理论

过滤器理论首先由布罗德本特于1958年在其出版的《知觉与交往》一书中提出③。过滤器模型基于感觉特征选择信息，遵循“全或无”的原则，将信息的通过与拒绝的作用机制利用过滤器的原理进行阐释：信息进入感觉器官之后首先会被暂时搁置在一个记忆空间以供选择，被选中的信息可以通过，未被选中的信息则会流失(见图5-1)，该理论也称为单通道理论和瓶颈理论。

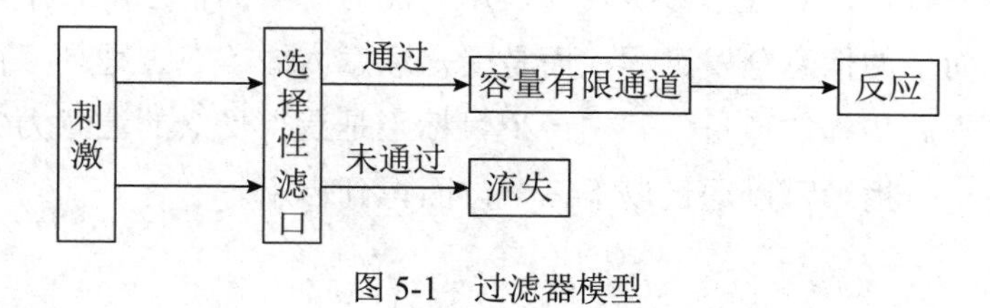

图 5-1　过滤器模型

① 高玉祥. 认知心理[M]. 沈阳：辽宁大学出版社，1999：30.

② 方建移. 传播心理学[M]. 杭州：浙江教育出版社，2015.：70.

③ 史健生. 普通心理学[M]. 福建：福建人民出版社，1996：68.

2. 衰减器理论

过滤器理论认为，那些得不到通过的信息会被过滤出去，完全消失，这种单一绝对的观点随着莫瑞(Moray)发现“鸡尾酒会效应”(人类一种与双耳输入有关的分离语音的能力)[1]开始遭到了一众学者的质疑；与此同时，一些学者开始对过滤说进行创新发展，其中，心理学家特瑞斯曼(Tretisman)在过滤器理论的基础上提出了衰减器理论。衰减器理论将研究目光投向了那些没有被注意到的信息，该理论认为过滤器不会完全阻绝那些被人脑拒绝的信息[2]，它们仍旧能够通过过滤口，只是在强度上弱化、衰减；从结果来说，这些信息仍旧可能被加工利用。衰减器理论的提出，极大地修正了过滤说的理论缺陷，为形成后来成熟的过滤衰减器模型打下基础。

3. 过滤衰减器模型

1971年，布罗德本特接受了特瑞斯曼对于过滤器理论的修正，形成了过滤衰减器模型(见图5-2)。过滤衰减器模型相比于过滤器模型的最大区别是：当信息穿过信息滤口时，所有信息理论上都能穿过，只是不同信息的衰减程度有所不同，而衰减程度取决于受众对信息的特征分析。特瑞斯曼认为，过滤的运作有两种情况：一是在语义分析之前，叫做外周过滤器；二是在语义分析之后，叫做中枢过滤器[3]。外周过滤器会对信息的物理特征进行分析，根据信息特征带来的刺激与阈值的对比，对信息进行不同程度的衰减，中枢过滤器则会积极主动地根据特征进行信息的筛选。

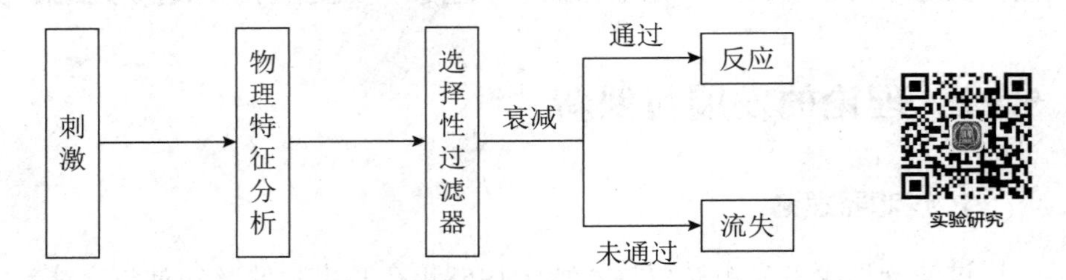

图 5-2　过滤衰减器模型

5.1.3　实战策略：如何有效吸引受众注意

移动互联网时代，信息量幂数级增长，用户面对海量的信息应接不暇，传播不再只是单向的、从上而下的信息分发过程，而是受众注意力的争夺过程。“得注意力者得天下。”所以，为提高传播的声量，其中一个目标正是获得受众的注意力。根据过滤器理论与衰减器理论，传播者可以通过以下三个方面得到启示。

---

① 赵立. 语音信号处理[M]. 北京：机械工业出版社，2009：286.

② 周瑛，胡玉平. 心理学[M]. 长春：吉林大学出版社，2007：44.

③ 史键生. 普通心理学[M]. 福建：福建人民出版社，1996：69.

1. 增加信息刺激性强度

信息想要从量级庞大的信息海中脱颖而出，需要拥有足够的刺激性。信息的刺激性与多方面的影响因素有关。第一，信息的新异性，也就是信息的时效度和独特度。对于受众而言，通常时效性强、独特度高的信息更具新鲜感，往往能瞬间抓住受众的眼球，激发他们的好奇心和求知欲。第二，信息的动态性，持续运动或者突然发生变化，一般来讲，从静态转为动态的信息具有更强的刺激性。第三，信息的对比性，信息与周遭事物环境差异越明显，对于受众来讲刺激性就越大，对比越强烈，刺激的强度越高。第四，信息的创意性，创意的呈现方式也是提升信息刺激性的重要手段。通过独特的视角、新颖的构思和富有创意的表达方式，让信息在众多内容中脱颖而出，吸引受众的眼球和注意力。

2. 利用受众熟悉的内容来减少信息衰减度

根据特瑞斯曼提出的衰减器理论，受众对于不同内容的过滤阈值有着明显的差异，带有受众熟悉内容的信息，可以产生更强的刺激，也可以减少信息的衰减度，甚至可以完全扭转受众的注意对象。在大量信息流中，带有受众熟悉内容的信息拥有更高的通过优先级，哪怕这些信息遭到堵塞，也可能因为有受众熟悉的内容，只是有极小部分遭到衰减，受众将最大限度地接收到信息。举个最简单的例子，当你专注于一件事时，有人在一旁喊你的名字，无论你是否将注意力转到喊你名字的人身上，你很大概率都会接收到有人喊你名字这个信息。

3. 力求信息能满足受众的需要

无论是什么信息，最终目的是满足受众某方面的需要，因此，如果信息符合受众某方面的期待，自然可以在过滤器中获得更高甚至最高的通过优先级，得到注意。受众对于信息的期待，包括常规性社会活动信息需要、调节与保持社会关系信息需要、知识获取信息需要、生活娱乐信息需要等。切中受众对于信息的具体需求来规划信息内容，是抓住受众眼球的关键所在。

4. 利用悬念、差异增强刺激性

众所周知，传统小说每一章节结束总会有一小段结语，如“欲知后事如何，请听下回分解”，这就是在两个章节之间构建起了悬念，悬念可以增强注意的黏性。同样用小说举例子，小说结尾惯常使用的技巧之一就是构筑一个出人意料的结局，文学上称作欧·亨利式结尾，这种方式就是在受众的期待与信息间制造出差异。这种差异也能给受众带来强烈的刺激。

案例应用

5.2 格式塔理论："完形"的创意魅力

格式塔心理学是西方现代心理学的主要流派之一，又称为完形心理学。研究格式塔心理学的流派称为格式塔学派，发轫于1912年的德国，主要代表人物包括韦特海默(Wertheimer)、考夫卡(Koffka)、苛勒(Konler)等。"格式塔"即德文中"整体"的音译，格式塔理论强调心理活动和经验行为的整体性，反对行为主义与构造主义，以一种全新的视角对于心理现象进行阐述，对现代心理学产生了重大且深远的影响。

5.2.1 理论概览

1. 格式塔学派

(1) 诞生背景。格式塔心理学的产生有其历史必然性。德国哲学的发展，为格式塔理论的诞生奠定了坚实的理论基础。康德(Kant)提出了先验论，他将客观世界分为"现象"的"此岸世界"和"物自体"的"彼岸世界"，人只能认识"现象"，不能认识"物自体"，先验是经验成为可能的先天条件，并且，经验是一种整体的现象，不能分析为各种简单的元素。这种观点被格式塔学派接受，运用到心理学，成为格式塔理论的最重要理论来源。

19世纪与20世纪相交之际，德国的科学技术得到巨大的发展。物理学中的场论，受到了格式塔学派的青睐，成为他们维护学派理论的有力武器。场论是对之前的机械论的否定，将"场"理解为一个限定的域，是一种新的力学结构和实体，是一种整体的存在。格式塔理论接受了科学的物理学理论，并将场论作为发展格式塔理论的重要自然科学基础。

(2) 代表人物。格式塔学派的首要代表人物是韦特海默，他于1880年出生于布拉格。在大学期间，他受到多位学者的思想启蒙，开始关注起心理学中的整体问题。1910年，他来到法兰克福大学任教，并且结识了拥有相同理论见地的苛勒和考夫卡，1912年，他创立了格式塔理论。他的相关著作是《创造性思维》，他在书中对整体性的思维观念进行了详细的阐述。

考夫卡出生于柏林，在1909年获得博士学位之后，来到法兰克福大学工作，也就是在那里，遇到了他的老师亦是朋友的韦特海默。他非常支持韦特海默的思想，经常向他求教，并且对于格式塔理论的形成，提供了巨大的帮助与支持。第一次世界大战后，格式塔学派受到美国等国的心理学家的关注，考夫卡也受邀在美国最著名的心理学刊物《心理学公报》上撰写文章介绍他们的理论。考夫卡一生拥有许多专著，其中最系统介绍格式塔理论的是《格式塔心理学原理》一书。

格式塔学派的第三位代表人物是苛勒。苛勒对于格式塔的研究也是开始于他在法兰克福大学工作期间，他与前两位学者一起研究，共同创立了格式塔理论。第一次世界大战期间，他受邀前往特纳利夫岛的类人猿研究基地对黑猩猩进行研究。他在岛上工作了7年，通过对黑猩猩的实验研究，得出了许多有实际价值的成果，对其理论发展有重要的推动作用。1922年，他离开小岛回到德国，担任柏林大学心理研究所所长，1935年移居美国，在宾夕法尼亚州斯瓦特莫学院任职，直至1959年退休。他一生最重要的几本著作包括《心理学中的动力学》《图形后效》《格式塔心理学的任务》等。

2. 格式塔理论的组织性原则

格式塔心理学强调知觉的主观性和组织性，韦特海默总结了一系列知觉的组织性原则。

(1) 图形和背景原则，即在同一视野内，有着图形和背景的区别，图形是相对突出和鲜明的形象，背景是相对模糊、起烘托作用的形象[①]。

(2) 邻近原则，即时间与空间维度上，相接近的各个部分，有一起被感知的倾向。

(3) 相似原则，即刺激物在形状、大小、色彩、强度等角度的物理属性上是相似的，倾向于形成一个整体被感知。

(4) 封闭原则，也叫闭合原则，即人的知觉在面对不闭合的残缺图形时，倾向于将其看作一个圆满的闭合图形。

(5) 良好图形趋向原则，即主体在对图形进行感知时，知觉倾向于将图形看作一个均匀稳定的图形，倾向于将无意义的图形知觉为有价值的图形。

(6) 共向原则，即对于相同运动方向的不同部分，主体倾向于将其感知为一个整体。

(7) 简单原则，即忽略掉其他因素的影响，人在进行知觉活动时偏向于将复杂的东西看作简单的、规则的图形[②]。

(8) 连续性原则，即如果一个图形中，有部分是相连的，可以被看作一条“好的曲线”，那这个图形就会倾向被认为是一个整体。

3. 格式塔理论的研究方法

格式塔学派最推崇的研究方法是观察法，这是由于他们以直接经验为主要研究对象，而直接经验是一种自然而抽象的现象，观察法是最适合用来研究直接经验的方法。考夫卡认为，行为受行为环境的影响[③]，因而他不支持以内省法研究直接经验，认为这种人为的方法会破坏自然的经验。

具体来说，他们推崇质化分析，认为量化研究很难用来测定经验。但格式塔学派

---

① 黄希庭，马欣川. 现代心理学理论流派[M]. 上海：华东师范大学出版社，2003：155.

② 叶浩生. 西方心理学理论与流派[M]. 广州：广东高等教育出版社，2004：243.

③ Kurt Koffka. 格式塔心理学原理[M]. 李维，译. 北京：北京大学出版社，2010.

绝不是单一地拒绝量化分析，他们的研究方法借鉴了物理学实验的研究过程，在初期重视质化研究，在后期转为数理性的量化研究。苛勒就曾指出，把观察改成更精准的计算和测量得到的结果，并不能很好地解释心理学现象，一切仪器测量出的结果，仍然需要结合直接的观察所得，观察才是心理学研究的最终工具。他还举了一个例子，实验员可以轻易地从被试的行为上看出他愤怒的心理，却很难通过对身体激素的测量来判断他的心理。

4. 格式塔理论的研究对象

(1) 直接经验。直接经验是格式塔心理学家们最主要的研究对象。直接经验是主体对现象的认识过程中所把握的经验，直接经验作为一个有机整体，与外界的直观刺激并不完全一致。外界的直观刺激具有的是几何性或者是物理性，这些属性在以整体的结构下可以被感知为直接经验，直接经验也因此带有超几何性与超物理性。

(2) 行为。行为是格式塔学派另一个重点研究对象。格式塔理论中的行为与行为主义具有显著不同，他们把行为分为显明行为和细微行为两种。显明行为是一种整体环境中的行为，细微行为是有机体内部的一种活动。他们将显明行为作为心理学的研究对象，在地理环境与行为环境的语境下研究人的活动，并且关注环境对于行为的影响和制约。此外，考夫卡还对行为进行了属性上的分类：一是真正的行为，即客观世界的物理行为；二是外显行为，即个体在他人行为环境中的活动；三是现象行为，即个体在其自身的行为环境中的活动。

5. 学习论

(1) 顿悟说。根据顿悟理论的阐述，当个体面对复杂问题时，他的意识中可能会突然出现一个将问题中各个复杂部分趋于整合的“完形”，帮助他得到一个可以用来解决问题的复杂手段。这种突发性的质变过程，就是顿悟的过程。顿悟不是循序渐进的，而是突然性的，它是将问题情境进行整体性重构，以系统化的反应对整个情境进行完整的概览，是对于适用或者有用关系的一次突然知觉。

(2) 创造性思维。有关创造性思维的阐述来自韦特海默的《创造性思维》一书，他通过对儿童解决几何问题的思维和伟人思维的研究，发现在他们解决问题的过程中，都有创造性思维的参与。

创造性思维有五大要点：第一，创造性思维来自人类内心深处对于探索的渴望，探索欲望促使人类追求问题的本质和根源，弄清问题情境中各部分的关系。第二，创造性思维包含着传统研究方法的内容，如比较、分析、观察等，但是这些方法都要在整体视角下进行。第三，创造性思维不是想法的累积，而是一个具有前后逻辑一贯性的思维过程。第四，创造性思维与整体特征相关联，思维的各个部分都与整体特征有关，在整体中起着独特作用。第五，创造性思维并不是单纯的智力活动，它受到人的情感、动机、经验等因素的影响。

5.2.2　基本原理的深度解读

1. 心物同形原理

与格塔式理论同时期的神经系统机械论认为，脑内皮质呈现的内容与外界刺激一一对应，将印象作为外在世界的完全复刻。格式塔学派却认为刺激与随之诞生的印象并不是一一对应的，它们是在经验形式与刺激形式上的对应。经验不是外在世界的完全复制，但是两者之间却是“同形”的关系。以一幅地图作类比，地图上的路线不可能百分百对应现实世界的各处细节，但是整体上的同形，使得地图仍能够对应外在世界，发挥指路的功能。心理图或认知图必须映射物理世界的形式，否则生活就陷入一团混乱①。

2. 形基原理

形基原理的含义是：一个知觉的形成，需要一个图形，加上可以承载这个图形的基底，“形”需要在“基”上被突显出来，才能继而形成知觉。举个例子，一个具体的物体，一朵花或是一棵树，本身具有其物理属性，有高度、宽度、厚度、硬度、亮度等，但若是这个物体并不在注意的焦点上，它就失去了“形”自身的性质，变成了“基”的一部分，等到观察者再将注意集中到这个物体上，它才从“基”中区分出来，再次拥有了自身的那些属性，成为一个图形，并在基底的烘托下，形成关于这个物体的知觉。

3. 变化原理

格式塔与刺激形式相互对应，形成了一个稳定的系统。这种稳定的系统可以保证格式塔经历了变化却可以保留它原本的特性。人在进行感知活动时，能够通过这种对应，感知到这种变化，回想起原本的内容。例如，对一幅著名的绘画作品进行描摹，即使在细节上有差异，但观察者仍然能够在一个稳定的对应系统中感知到仿品是对哪一幅作品的模仿。

4. 简化原理

在实验中，心理学家们发现，知觉呈现一种简化的趋势，格式塔学派的学者将其归纳为简化原理。简化原理是格式塔理论中视知觉的基本规律，人眼倾向于将视觉所看到的刺激以一种尽可能简化的形式反映出来。简化通常有两种理解：第一种是从量的角度考虑，将简化看成通常角度上的简单化；第二种是简洁中的多样，是对式样结构的一种简化。

---

① 查普林，克拉威克. 心理学的体系和理论(上)[M]. 北京：商务印书馆，1984：190.

5. 力场原理

格式塔学派有一个基本的假设，就是所有的形都处在一个特定的力场之中，这个原理性假设将知觉的生理性过程与物理世界建立起一个普适性联系。他们认为，形是处在一种张力状态下的，任何知觉上的式样都可以被解释为一种力的形式[①]。考夫卡还在《格式塔心理学原理》中指出："世界是心物的。"心理场与物理场虽不是一一对应的，但两者可以结合为心物场，人的心理活动也是依托这种场存在的。

实验研究

5.2.3 贡献与挑战：理论的双刃剑

1. 理论贡献

(1) 格式塔为心理学研究开辟全新视野。格式塔理论的核心观点之一——整体观，给当时乃至之后的心理学研究提供了全新的科学的方法论。在这之前，心理学受制于机械主义的影响，将研究重点偏向于零件化的一个个局部，而格式塔理论的整体观打破了机械论在心理学研究中对于研究视角的制约，将研究者的视角拉远，带到了整体的高度上。心理学家承认整体大于部分之和，开始更多地关注整体，关注部分与部分之间的交互作用与组织形式。

格式塔心理学起到了推动现代认知心理学的重要作用。格式塔学派对于环境与认知之间关系的研究，启发了诸如托尔曼等认知心理学的学者，为认知心理学的诞生奠定了前期的理论基础。此外，格式塔学派观察直接经验与仪器精准测量相结合的研究方法也被认知心理学的学者所继承，推动了认知心理学的实验研究体系化。

(2) 格式塔在美学中绽放光彩。格式塔的众多组织原则在美术设计上得到了广泛的运用，引发了平面设计对于布局、结构和整体性的思考。设计中的正负空间、归类原则、重叠、剪切、清除等方法都是受到格式塔理论的启发而产生的[②]。并且，格式塔的理念还影响到了现代审美，提高了设计师对于作品整体感和和谐感的重视度，促成了使用直觉观察作品整体视觉表现的审美方式。

在音乐上，格式塔理论也有其贡献。美国著名音乐学家伦纳德·迈尔将格式塔理论融入了音乐的研究，他认为音乐作为一种刺激物，也应该遵循格式塔的原则，需要将孤立、简单的声音相互关联，形成一个有机整体。他总结出的良好继续法则、完成和结束法则以及形态弱化法则，受到广泛的认可和应用[③]。

---

① 史风华. 阿恩海姆美学思想研究[M]. 济南：山东大学出版社，2006：69.

② 乔伊斯·赫特斯，艾琳·费内·布什尼尔. 动态设计基础教程[M]. 王冬玲，吴英俊，李艳，译. 上海：上海人民美术出版社，2005：48.

③ 迈尔. 音乐的情感与意义[M]. 何乾三，译. 北京：北京大学出版社，1991：66.

2. 理论局限

(1) 理论观点与术语模糊不清。观点、术语模糊不清，是格式塔理论的一大缺陷。首先，“格式塔”三个字本身来自德语的音译，有表意不清的可能性。其次，格式塔学派的理论观点多数较为晦涩难懂，缺乏非常完整清晰的逻辑链，理解起来较为困难，这也导致了早期格式塔理论的传播困难。考夫卡在美国《心理学公报》上宣传自己的理论，本来是提高学派知名度的很好机会，却因为理论本身深奥难懂，使得国际上许多学者对格式塔学派的理论产生了误解。

(2) 研究方法缺乏严谨性。研究方法方面，格式塔学派通常采用的是观察法，在实验过程中容易过度夸大观察的作用，而忽视了定量分析的重要性。这导致了其实验没有经过严格的控制变量与重复实验，他人也很难来验证实验的科学性，大大降低了实验的信度与效度。实验是理论的基石，格式塔过分采用这种缺乏严谨性的研究方法，使得他们的理论遭到一部分人的不信任甚至反对。

(3) 带有主观唯心主义倾向。格式塔理论的哲学基础是康德的哲学思想，吸收了康德提出的先验是认识的先天条件的思想，吸收胡塞尔(Husserl)用自然观察去研究意识的思想，这其实已经让格式塔学派带上了主观唯心的色彩。同时，学者在研究时也潜移默化地带有这种倾向，例如他们忽略了人与动物的本质区别，忽略了人的心理能动性，没有充分考虑人的社会性等①。

案例应用

5.3 媒介信息的智慧重构：组块理论的奥秘

本节将介绍组块理论的相关内容，包括组块的定义、组块理论的内涵、组块的特点与组块化的方式，并引用具体实例，最终说明如何在传播活动中运用组块理论。在现实的传播环境中，传播者如果善用组块理论，对传播信息进行一定程度上的再编码，可以帮助受众更好地理解和记忆信息。

5.3.1 组块理论的核心原理

“组块理论”源于信息加工心理学，在研究人类知觉、学习和专长等方面具有重要意义。组块这一概念最早由美国心理学家米勒(G. A. Miller)于1956年提出，米勒借助组块理论希望说明人类本身存在着“接受、处理和记忆信息量的限制”②。

---

① 王鹏，潘光花，高峰强. 经验的完形——格式塔心理学[M]. 山东：山东教育出版社，2009：282.

② Miller A G，陆冰章，陆丙甫. 神奇的数字7±2：人类信息加工能力的某些局限[J]. 心理学动态，1983(4)：53-65.

1. 组块的定义

米勒在说明组块理论前，首先对两个单位做了区分——比特(bit)和组块(chunk)。

比特是一个较小的信息单位。1比特的信息是在区别“两个几近相同的项目”时所需的信息量，面对简单的信息处理问题，我们仅需1比特的信息量就可做出区分，例如判断一场身位差距明显的跑步比赛最后是谁获胜。

与之对应，组块则是一个较大的信息单位，米勒称其为“相关项目的组合”。一个组块单位内部的项目紧密联系，而此组块与其他组块的内容成分体现出较弱的联系。通过“再编码”的手段，可使得每个组块内部所包含的信息量增大，该过程被称为“组块”或“组块化”(chunking)。虽然chunk和chunking的中文名都可译作“组块”，但两者存在本质上的不同，前者是一种相比bit更大的信息单位，后者则是使该单位得以形成的动作行为或过程。

2. 组块理论的内涵

组块理论认为，当外界信息进入人脑时，人脑记忆系统中的短时储存记忆系统就会对信息进行某些有意识的处理。米勒的实验表明，短时记忆广度大致为7±2个单位的无关项目，也就是说，当我们尝试记忆一些无关材料时，一次性最多能记住大概5～9个单位，而且单位越多就越不容易记忆。例如，给被试口头播报一串数字，播报7个数字(如9、4、1、1、5、7、3)，被试几乎都能够轻松复述，然而一旦播报超过9个数字，被试就难以准确复述①。

3. 组块的特点

组块有三个显著的特点——扩容性、动态性和自主性②。

(1) 扩容性，是指短时记忆信息可以通过增加每一组块的内部容量而得到扩充提高。在组块化的再编码过程中，可以借助长时记忆，对信息进行层次组织，通过信息提取结构的优化以达到扩容的目的。需要注意的是，短时记忆系统所能容纳的组块数量并没有因为再编码而发生变化，仍是7±2个，记忆容量的提高是因为再编码使每个组块所包含的比特信息量有所提升，每一次信息叠加形成的组块都比旧组块包含更多信息，于是总的信息量也就随之扩大③。

(2) 动态性，是指组块是一个动态概念，组块会随着主体的经验阅历、知识水平、认知结构和记忆材料等因素的不同而产生相应的变化。例如，面对18位中华人民共和国公民身份证号码的记忆工作，不少人从未了解过其数字背后的含义，往往会采用每6位

---

① 柳加仁，赵小凤. 神秘的七加减二与英语单词记忆[J]. 山东教育(中学刊)，2006(26)：32-33.

② 牛书杰，吕建斌. 人类组块理论研究[J]. 重庆大学学报(社会科学版)，2005(1)：96-99.

③ 陈玉田，陈睿，李鹏. 工作记忆中“组块”概念的演化及理论模型[J]. 心理科学进展，2022，30(12)：2708-2717.

数字一组、连续背诵3组的方式来强行记忆，而理解其数字信息逻辑的人往往将前6位地址码分为第一组，中间8位出生日期分为第二组，最后4位合并归为第三组，这样的组块方式无疑相比前一种更具逻辑性，也更容易记住数字。

(3) 自主性，是指不同组块之间相对独立，而组块的内部成分紧密联系。前述身份证号码的组块分割方式也可佐证这一点。每个不同的组块都是独立且具有内部联系的单元，若是破坏几个组块之间的独立性，越过其分界线进行跨组块记忆，将导致记忆难度明显增加。自主性特征使得我们对组块的识别、区分、计算成为可能。

4. 组块化的方式

组块化的关键手段即为联想。根据事物之间关系的不同，我们可将组块化过程所用的联想分为简单联想与复杂联想①。

简单联想包括接近联想(事物所处时空位置的相近)、相似联想(事物表征或性质的相近)、对比联想(事物表征或性质的相反)等，主要借助事物直接可见的某些特点将其联系起来，从而产生相对具象、易感知的联想，一般更具普适性。

复杂联想，又称意义联想，是一种以事物之间整体与部分、原因与结果等相对抽象化的关系为中介性媒介而产生的联想，一般更具主体性。

通常我们会采取简单联想与复杂联想并用的方法使希望记忆的事物在脑海中产生强关联，而不是使用某种单一的联想方式。有时，一些逻辑上并不通顺，甚至可能有违常识的联想方法能够发挥奇效，生成奇特的、极具冲击力的画面感，使我们对一组事物的关联记忆尤为牢固。

组块理论的研究实例

经由各种联想手段，我们就能将信息以更优的结构进行组块化处理，从而提升每一组块所包含的信息量，达到强化记忆效果的目的。

5.3.2　组块理论的传播心理学实践

组块理论虽然出自信息加工心理学，但是对于传播学具有一定的意义，在传播实践中更是能够帮助传播者有效地传递想要表达的信息。

组块理论认为，人对信息的记忆本身是受限的，但是如果能对信息进行恰当的再编码，将具有一定联系的单个信息项目组合为一个更大的组块，或是将彼此相关的小组块合并为一个更大的组块，就能提高每个组块所包含的信息量，进而提升我们的记忆能力。

传播者在传播活动中应该注意到人类记忆信息的原理和机制，就组块理论而言，传播者就要了解受众如何记忆传播内容，并且善于运用组块理论，致力于提高受众对传播内容的记忆效果。

---

① 方建移. 传播心理学[M]. 杭州：浙江教育出版社，2016.

关于如何发挥组块效果助力传播活动，笔者认为可分以下几个步骤。

1. 研究目标受众

若要受众对自己传播的内容多加联想，形成更优质的信息记忆组块，传播者首先就应当认真研究自己面对的目标受众，分析其地域背景、文化背景、知识水平、生活阅历、兴趣偏好等方面，描绘其总体画像。如果不清楚自己的受众是一群怎样的人，传播效果自然也就难以良好。

确定目标受众可以通过几条筛选路径进行反复排除甄别，即区域定位、身份定位、职业类型定位、文化水平定位和情感需求定位，最终描绘出更加具体、全面、准确的受众画像①。区域定位应考虑受众的当前所在地区与籍贯属地，从哪里来、在哪里生活成为锁定受众区域的核心问题。身份定位即厘清受众的性别比例、年龄分布等客观生理因素，部分特定传播内容的核心受众与非核心受众在身份上可能存在巨大的比例差异。职业类型定位与文化水平定位需要传播者研究受众从事职业的类型和受教育程度对目标受众的总体画像是否产生影响，许多信息在传播时对受传者的专业理解有一定要求。情感需求定位则更关注受众的心理状况，对传播信息的情感色彩与宣传价值有相应的要求。

2. 根据受众决定传播方式

在对目标受众画像有基本的确定后，传播者才可决定如何设计自己的传播内容，使信息更易被受众所接纳。

传播者应当对传播内容进行加工，选择合适的传播手段，使之和受众的地域、文化、知识、阅历等有密切联系，容易使受众产生相应联想，这样的方式才能更好地调动受众的主观能动性，让受众对传播内容的印象尤为深刻，同时也能更好地激发受众阅览的兴趣。可选择的手段有类比、口诀、歌谣等，对信息的加工也有通俗化、专业化、情绪化等形式。

例如，传播者在进行面向农村人口的免费体检宣传工作时，就应当结合目标受众的特点，适当改变传播信息的手段和形式。农村人口通常以老年人居多，文化水平一般不高，对此，传播者应在宣传时避免使用专业化的说明和书面化的官方政策语言，而是使用通俗易懂的口语或歌谣，让老年人明白免费体检的内容和目的，以非常自然的方法完成信息的组块化再编码，最终加强其记忆效果。

3. 根据传播效果调整传播方式

在传播活动结束后，传播者应该对实际产生的传播效果进行调查，通过分析、访谈、问卷等途径了解传播信息究竟被理解、吸收、记忆到何种程度，并且挖掘不足之处，了解受众无法理解、难以记忆传播信息的原因，研究他人的成功案例，对传播内容

---

① 管炜. 地市报的受众定位应考虑四个要素[J]. 中国地市报人，2016(7)：46-47.

的再编码方式进行修正完善，让信息本体的组块化结构更优质，信息与受众生活经验的贴合度更高，最终使受众在接收传播信息时的自主组块化记忆变得更加有效。

总而言之，传播者要理解组块理论，懂得运用组块策略，减少受众在记忆传播信息时的负担和可能遭遇的阻碍，让受众轻松、快速地记住传播信息。这一点对于广告传播和政策传播来说非常重要。

5.4　新闻背后的逻辑：先行组织者理论的引领

现代认知心理学认为，人类的行为并非单纯地对外部刺激做出的被动反应，而是存在主体选择性的。在受众与大众传媒的交互过程中，受众的主体选择扮演了相当重要的角色。如何了解受众心理结构的变化发展，促进受众理解传播信息，实现传播效果的提高，是传播者应当思考的重大课题。在这一过程中，“先行组织者”理论能够提供有意义的参考和启示。

5.4.1　先行组织者理论的内涵

“先行组织者”(advance organizer)出自教育心理学，是著名的教育心理学家奥苏贝尔(D. P. Ausubel)提出的有意义学习理论的一个重要组成部分。为了让读者更好地理解先行组织者的内涵，下面将先介绍其理论来源奥苏贝尔学习理论，再讲解先行组织者的定义与分类，最后对其作用机制进行说明。

1. 奥苏贝尔学习理论

先行组织者出自奥苏贝尔学习理论，在该理论中，奥苏贝尔根据学习者能否理解所学材料，将学习划分为意义学习和机械学习两种方式。学习者通过理解所学材料的意义而进行的学习行为即为意义学习。机械学习则有两种情况：一是学习者无法理解或是不设法去理解，仅仅靠死记硬背学习材料；二是所学的材料本身就没有任何意义，可能是一串毫无关联的数字和符号，也可能是几个无关单词以随意顺序拼接出的一个句子[①]。在奥苏贝尔看来，机械学习的条件主要依靠反复和强化，而意义学习的条件有两个：一是学习者有意义学习的心向，也就是拥有将所学材料与本人已有的认知结构相联系的倾向；二是所学材料对学习者具有潜在意义，即所学材料是能够与本人已有认知结构相联系的。这就要求学习者目前的认知结构中已经拥有能够同化新知识的某种观念，也就是学习者本人已经掌握的、对所学的新知识能起到“拴住”和“固定”作用的相关概念、符号和命题等。

---

① 余米华. 有意义学习理论应用于小学语文阅读教学的策略探究[D]. 喀什：喀什大学，2022.

2. 先行组织者的定义

在了解了前述的奥苏贝尔学习理论后，我们即可正式引出“先行组织者”这一概念。

1960年，奥苏贝尔首次提出“先行组织者”这一概念，其指的是安排在正式学习内容之前的、相比正式学习内容更具抽象性和囊括性的引导材料，是一种能够优化认知结构、促进新知识保持的重要教学策略。先行组织者既可以是比较性的，也可以是说明性的，当学习者在学习新知识，其认知结构中已经具有可以同化新知识的某些恰当观念，却难以完全厘清新旧知识或是原本拥有的观念尚不清晰、成熟、稳固时，我们就可以设计一个先行组织者材料，这个材料既可以用于比较新旧知识的异同，增强两者之间的可辨别性，也可以为新知识的学习与理解工作提供稳定的立足点，起到“拴牢”新知识的作用。

为了能达到预期效果，先行组织者必须简单易懂，应当避免过于深度化的内容和专业化的术语，并且要用学习者目前的水平能够理解的方式、逻辑、案例来表述。

3. 先行组织者的分类

根据先行组织者与所学新知识的关系，可将其分为上位组织者、下位组织者和并列组织者①。当先行组织者所涉及的概念高于新知识，可作为一个上位概念将所学新知识囊括其体系内时，此类先行组织者即为上位组织者。例如，用太阳系的先行材料进行八大行星相关知识的教授时，此处的太阳系即为上位组织者；相反地，以地球为先行材料来讲解整个太阳系的知识，地球就成为下位组织者，而地球、木星则可互为并列组织者。

此外，根据先行组织者本身材料的内容与性质，可将其分为事实型、经验型、实验型和模型型。

(1) 事实型先行组织者的内容包括描述一种生活现象、给出一个具体实例、讲解一则社会新闻等客观事实，突出材料本身的客观性和真实性。

(2) 经验型先行组织者，是指社会大众在生活中广为流传的一些俗语、谚语、顺口溜等经验性的总结材料，突出人的主体性，向学习者展示人类智慧。

(3) 实验型先行组织者以理智的口吻较为全面地介绍一个实验，通常包括实验的目的、材料、现象、结果等信息，用严谨的数据表达观点或引发思考。

(4) 模型型先行组织者，是指与某一知识体系相关的模型图、思维导图、表格等图像材料。通过可视的图形具象化地总结概括相关知识是该类先行组织者的最大特点。

在学习的过程中，恰当选取合适的先行组织者形式，可以有效提高学习的效果。例如，在学习生物的遗传与变异知识前，可以先引入两组俗语：“龙生龙，凤生凤，老鼠的儿子会打洞”“种瓜得瓜，种豆得豆”为一组，“一母生九子，九子各不同”“一树结果，酸甜各异”为一组，这是人们流传几千年的俗语，却显示出了两种不同的观点

---

① 陈元. “先行组织者”策略在初中地理教学中的应用[J]. 中学课程辅导，2022(15)：96-98.

倾向，展示俗语后再向学习者询问缘由，引发其思考。这样，借用一种经验型的先行组织者由浅入深地激发了学习者的思辨欲，从生活经验向科学知识过渡的方法也显得连贯自然。

4. 先行组织者的作用机制

在了解先行组织者的定义和类别之后，应探究其得以生效的原理，即先行组织者的作用机制。不同类型的先行组织者材料通常具有不同的显著优势，如下所述。

(1) 事实型先行组织者的注意聚焦。

事实型的先行组织者材料往往给出一个生活中的具体实例，通过有画面感的行文或有意思的社会轶闻来讲述案例，吸引学习者的兴趣，学习者能够自觉产生对某一实际现象或问题的注意聚焦，并进一步思考其背后的深层次原因。依据所给出的先行组织者材料及其所引导的思考方向，学习者的思绪很自然地被引向了即将学习的主题，学习者的认知结构中也将生成一个认知空位，对于该空位应当填补什么类型、什么方向的新知识也有了一定的自我理解，便于后续对新知识的正式学习①。

(2) 经验型先行组织者的新旧过渡。

先行组织者能够对旧知识与新知识起到“搭桥”作用，有助于学习者进行知识的迁移、扩充和优化，而经验型先行组织者的这种作用尤为突出②。通常我们在学习新知识前，已经拥有许多与之相关的、能够产生特定联系与对应关系的旧知识，旧知识未必专业和严谨，可能只是粗浅的生活经验，未能完全上升到理论的高度，但是对我们所要学习的新知识能够产生较好的关联反应，能够借由旧知识更好地解释和掌握新知识。经验型先行组织者的一个重大意义就是唤醒学习者记忆中的相关旧知识，并且将这些旧知识按一定的逻辑进行编码，以组织者希望的顺序和形式展示给学习者，借此使学习者回忆起旧知识，并且自觉地产生思考，正如前文所述学习生物遗传与变异时的例子，经验型的先行组织者往往由浅入深，从日常的生活经验到严谨的科学观念，其对新旧知识的交接过渡如同润滑油，有效降低了摩擦阻力。

(3) 实验型与模型型先行组织者的感知预设。

对于事实型先行组织者而言，尽管学习者学习新知识前通常已经有一定的旧知识作为基础，但仍旧难以快速理解新知识的情况也不在少数，尤其是在学习一些高难度的数理知识体系或表述较为抽象的社科知识时。而实验型与模型型的先行组织者则可应用于此种情况。在正式学习之前，先给出一个实验现象、一组实验数据、一段实验过程的描述，或是给出一个理论的对应模型图和表格，能够为学习者提供一定的储备知识，通过形象化的内容对即将学习的新知识做出简单的凝练概括，有效帮助学习者建立认知，

---

① 房雨晴，姜建文，陈水亮. 基于奥苏贝尔学习理论对人教版和鲁科版高中化学教材“化学键”的比较及建议[J]. 化学教育(中英文)，2022，43(11)：12-20.

② 王建军. 先行组织者策略在初中生物教学中的应用研究[J]. 天天爱科学(教学研究)，2023(3)：25-27.

对具体的学习任务在头脑中形成具体的相关过程，形成一种感知的预设①。简单来说，实验型与模型型先行组织者就是起到了这样一种作用：学习者在学习复杂难懂的新知识前，先将新知识简略化、具象化地呈现出来，快速学习理解其核心要义，先学会一部分依靠旧知识也能够大致理解的新知识，对其有了概念后才去学习完整的、复杂的新知识的全貌。

5.4.2 优化新闻背景与链接的传播心理实践

虽然先行组织者出自教育心理学的范畴，但是其对于任何具有学习性质的行为都具有一定的启示作用。对于受众而言，在传播活动中接收某种信息的行为，也是一种类似学习的过程。在传播方式愈加多样、传播活动愈发密集乃至使人难以脱身的今天，传播者更加应该重视先行组织者策略的运用，让受众对传播信息的学习更轻松便捷，减轻受众在新媒体时代的信息负担。

1. 新闻背景的运用

近年来，媒体数量越发庞大，官方媒体和自媒体的新闻令人眼花缭乱、目不暇接，受众在这样一个新闻数量呈井喷式增长的时代，越来越容易看不懂一则新闻究竟在讲什么。形成这样的结果，可能是因为受众对新闻本身涉及的内容就不熟悉，如一个整日做家务、带孩子、追电视剧的家庭主妇恐怕很难理解一则国际政治要闻；也可能是因为媒体工作者对于新闻故事的前因后果表述过少或不清晰，如在持续报道一场凶杀案进程的连续新闻中，如果受众只看到第二天的报道，其中又缺少对先前事件内容的引述，就会云里雾里，无法理解这则报道。

为了避免这些情况的发生，媒体工作者理应慎重考虑对新闻背景的取舍，尤其是对于可能远离人们日常生活领域的相关新闻，又或是连续性报道中的后续新闻，都应使用先行组织者策略组织新闻材料，适当增添新闻发生的背景，促进受众对新闻内容的理解。2023年8月，墨西哥的拉各斯德莫雷诺镇发生重大命案，5名年轻人被毒贩集团虐杀，震惊世界，而墨西哥总统洛佩斯却几乎没有关注此案，他在媒体的镜头前只花了大约1分钟时间对此表示遗憾，并用更多时间去讨论棒球。在介绍这则新闻时，媒体工作者就极有必要先给受众简单讲解墨西哥本土毒枭专横、毒品泛滥、犯罪严重、政府无力管控的背景，受众才能理解在这样的土地上发生此案是必然事件，而非偶然，也能明白为何墨西哥官方对此态度淡漠，因为政府对此完全难以管控，多数情况下，此类事件只得不了了之。

---

① 何翼，姜建文. 先行组织者作用机制与教学策略研究——以鲁科版高中化学必修新教材为例[J]. 化学教学，2021(7)：14-18.

2. 新闻链接的运用

在发表新闻时，可能会面临新闻的前因、相关人物、相关事件等过于复杂，难以在一次新闻中完整说明的情况，也可能遇到需要提及另一则或数则新闻的情况，此时若在文章开头讲解原委，就会言之过长，喧宾夺主，而新闻链接就给出了一个新的解决思路。

媒体工作者遇到类似难题时，可以选择在文章中单独或文章末集中贴出相关新闻事件的链接，实现交叉式新闻，方便受众即时跳转查阅。

新闻链接在新闻报道中作为一种先行组织者形式，与传统的先行组织者不同，其更具被动性，不再是直白地呈现在受众面前并主动向受众输出材料内容，需要受众自主点击才能实现其作为内容材料的价值。相对地，新闻链接给了受众很大程度上的选择自由，受众如果已经看懂该新闻报道并且认为不需要再涉猎相关事件，新闻的阅读就到此为止。只有当对该新闻及其相关因素感兴趣时，或是缺少相关新闻报道难以理解当前新闻时，受众才会选择点击新闻链接。传播者尊重受众对新闻的知情权，也给了受众理解新闻的空间，将是否要深入理解新闻的决定权下放给受众本身，如此一来便形成了某种意义上的互动，也给了受众在信息时代阅读新闻时一定程度的自由，这也是新闻链接特殊的价值所在。

这些先行组织者策略不仅适用于新闻报道，同样也适用于广告宣传、文案营销等传播活动，而先行组织者的形式也不应当局限于文字，图片、声音、视频都可以成为先行组织者，其本质无非是一种同受众的认知结构相配的、可以让受众更容易理解传播信息的材料。如果传播者能够在传播活动中善用先行组织者，无疑能够帮助受众减轻信息负担，最终有效提高传播的效果。

先行组织者的研究实例

5.5　信息可视化的魅力：双重编码理论的视角

双重编码理论强调，人类在处理信息时，同时依赖于言语编码(即语言系统)和非言语编码(如图像、图表等视觉元素)两种认知系统。这一理论在信息可视化领域得到了广泛应用，通过巧妙结合文字与视觉元素，能够更有效地传达复杂信息，增强受众的理解与记忆。

从传播心理学的专业视角来看，信息可视化作为一种强大的沟通工具，能够深刻影响受众的认知、情感和行为。一方面，视觉元素能够迅速吸引受众的注意力，激发其情感共鸣，从而增强信息的吸引力和说服力。另一方面，通过双重编码的方式呈现信息，可以充分利用受众的两种认知系统，提高信息处理的效率和准确性，进而促进信息的有效传播和接受。

5.5.1 双重编码理论的解读

双重编码理论(dual coding theory，DCT)是认知心理学领域的一项里程碑式成就，它标志着首个系统性、客观性的以精神想象——即人类心智中语言与非语言表征的相互作用——为直接研究对象的理论框架的诞生。该理论由心理学家艾伦·佩维奥(Allan Paivio)在20世纪70年代提出，旨在深入探讨人类是如何处理和存储信息的，特别是当这些信息同时包含言语(如文字、符号)和非言语(如图像、图表、手势)成分时。

DCT的核心观点在于，人类拥有两个独立但又相互关联的信息处理系统：一个是专门处理言语信息的系统；另一个专注于非言语或图像信息。这两个系统并非孤立运作，而是能够并行处理信息，并在必要时进行交互，共同构建一个更加丰富、多维的认知体验。这意味着，当我们接收到同时包含文字和图像的信息时，比如一份图文并茂的报告或是一个带有解说词的图表，我们的大脑能够更有效地整合这些信息，促进更深层次的理解和记忆。

此外，双重编码理论还强调了“双重编码优势”(dual-coding advantage)，即当信息以两种形式(言语和非言语)同时呈现时，学习者和信息接收者的记忆效果会得到显著提升。这一发现对于教育、广告、媒体传播等多个领域具有深远的意义，它指导人们如何设计更加高效的信息传递方式，以最大化信息的吸收和保留。

总之，双重编码理论不仅为我们提供了一个理解人类信息处理机制的新视角，而且其实际应用价值广泛，深刻影响了信息传播、教学设计、多媒体开发等多个领域的实践策略，展现了理论与实践相结合的强大生命力。

1. 双重编码理论的起源

双重编码理论是对图式理论的发展和补充[①]。图式理论最早是由18世纪的哲学家康德提出的；20世纪初心理学家巴特利特(Bartlett)完善了图式的概念；20世纪中叶，图式理论逐渐成为心理学领域的一个主流理论。但图式理论有着不可避免的缺陷，它认为读者的认知框架由语言图式、内容图式、形式图式构成，读者需要通过一系列的积极思维，激活这些认知框架，才能够理解读物。然而新的信息如何输入已经存在的记忆系统框架，这些框架又是如何被激活的，却是图式理论没有解释到的问题。

1970年，加拿大学者佩维奥(Paivio)提出了双重编码理论，认为人脑在信息加工和记忆时有两套编码：言语编码和非言语编码，两个系统可以独立工作，同时也是相互联系的。双重编码理论是首个系统的、量化的以意象为研究对象的理论，开创了新的量化角度和量化方法。

---

① 黄文砚. 早期双重编码理论国际研究综述[J]. 东南传播，2018(2)：40-43.

2. 双重编码理论的内容

双重编码理论深刻揭示了人类信息处理机制的双重性。具体而言，言语编码系统专门处理那些可以用语言精确描述的经历和知识，它涵盖了文字、对文字的理解与感知以及文字的发音等范畴，构成了我们沟通与交流的基础。而与之相对的，非言语编码系统则致力于处理那些超越语言界限的知识，它是对世界知识的直观把握，是对想象的精神世界的表征与处理的工具。这两大编码系统与人的感知能力紧密相连，相辅相成。言语编码侧重于文字层面的处理，它让我们能够用语言去描述世界、理解信息、表达情感。而非言语编码则涵盖了更为广泛的感知领域，包括视觉、听觉、触觉等多种感官体验，甚至味觉和嗅觉信息也被纳入其中。这种非言语编码的能力使我们能够直接感受世界的多彩与丰富，不需要语言作媒介。

言语编码的表征单元是词元，非言语编码的表征单元是象元。所有以语言的形式接收到的信息的编码单元都是词元，比如视觉词元包括眼睛看到的单词、短语、文字、成语、句子等，听觉词元则是指听到的文字的发音等。佩维奥认为，词元就像一本存在于脑海之中的字典，字、词、短语、句子等的言语表征编码都是字典中的单元，它们既可以独立地也可以互相联系地参与语言信息的编码和记忆[①]。

同时，对这本“字典”的解读取决于个人的认知和理解。例如，在传播学者看来，“共享现实理论”是作为一个完整的词元出现的，但在没有学习过传播学知识的人的“字典”里，可能只存在“共享”和“现实”两个单独的词元。这本“字典”也是可以不断扩充和发展的，如果人们学习了新的短语和术语，那么它们便会增加到我们的“字典”中，成为一个新的词元。

在对语言信息进行编码处理的时候，词元可以进行自由的组合和编排，以帮助我们理解和记忆接收到的信息，小一级的词元，比如字母、单词，可以组合形成更长的短语或句子。词元的结构是有顺序的，且按等级划分，比如我们背一首古诗，即使背得滚瓜烂熟，也很难倒着背出来；又如写单词时从第一个字母开始默写，比从最后一个字母倒着默写，要容易得多。

所有以非语言文字的形式所感知到的信息的编码基本单元是象元。象元的特点是连续的、整体的、嵌套的。例如，如果回想昨天的午饭吃了什么，那肯定不只回忆食物，一系列的用餐场景、餐前餐后的景象也会包含其中，一一在脑海里浮现。这是因为非言语编码系统的象元是以整体化的形式出现的，并且大的象元中嵌套着一个个小的象元，不同象元主要以组合——分解式互相联系[②]。同时，很多时候人们看到某一个情景也会很快地联想到其他相似或有关联的情景，睹物思人、触景生情，便是由此而来。象元之间的联系性使得非言语编码系统能够实现多个场景之间的快速切换和处理。

---

① 闫岩. 双重编码理论及其传播学应用[J]. 国际新闻界，2013，35(10)：42-52.

② 何云欢. 有关双重编码理论国际研究综述[J]. 今传媒，2017，25(6)：75-77.

3. 双重编码理论的运作方式

双重编码系统有三种运作方式，分别是表征式、联合式和参照式。表征式运作方式是指外部的信息直接刺激两套编码系统并产生作用和影响。联合式运作方式是指接收到外界信息的刺激后，在单一编码系统内部多个词元或者象元互相激发、联系，信息在单一编码系统内部传递。参照式运作方式是指言语编码系统的表征单元词元和非言语编码系统的表征单元象元互相联系、参照，共同对所接收的信息进行编码和处理。在参照式运作方式中，词元和象元的联系是多向双箭头的，譬如一句“飞流直下三千尺”的诗句，人们会联想到瀑布的景象、哗啦啦的水声、水滴溅开的触觉等，又联想到其他描写瀑布的诗句。词元和象元是互相激发、互相映照的。

这三种运作方式中，言语编码系统和非言语编码系统既可以独立运作，也可以互相影响。外界信息刺激可以只激发单一编码系统，独立地对信息进行处理和理解；两个系统也可以同时被激发，共同处理信息，其中也包含双重编码系统的两个核心假说——加和效应假说和概念桩假说[①]。

双重编码理论的研究实例

5.5.2 展望理论在信息可视化领域的应用

双重编码理论最开始就把非言语编码的对象定义为：除了文字相关信息以外所有的感官，包括视觉、听觉、嗅觉、触觉、味觉等所接收到的信息。现如今，随着多媒体技术的发展，传播的途径和媒介更加多样化，VR技术、全息影像、交互式媒体等，都可以影响受众的信息接收和处理，信息可视化的发展成为时代趋势。数据新闻可视化就是信息可视化的一个应用。

数据新闻可视化是指利用计算机技术将包含大量数据的新闻处理成有视觉冲击力的图表或者视频，便于读者的阅读和理解[②]。2022年，华南理工大学学者李婉旖借助前端工具和图形编码技术探究了数据可视化中信息图表在色彩搭配、符号标记、动态效果和图表类型这4种指标上的不同的可视化呈现方式对传播效果的影响[③]。双重编码理论不局限于教育学领域的研究，逐渐应用于多媒体传播领域，由独立的文字、图像研究逐渐拓展到声音、视频等相关的研究。

---

① 石小川，闫岩. 汉语语境下双重编码理论适用性检验[J]. 国际新闻界，2016，38(10)：68-83.

② 方苏，韦千千，丰翔宇，等. 数据可视化在新冠疫情报道中的实践与反思研究——以澎湃美数课微信公众号为例[J]. 新闻传播，2022(6)：37-38.

③ 李婉旖. 语图之间：基于双重编码理论的数据可视化传播效果研究[D]. 广州：华南理工大学，2022.

5.6　故事的魔力：语义与情节记忆的交织

本节将介绍语义记忆与情节记忆的概念以及语义记忆和情节记忆的关系，有关语义记忆和情节记忆的实例研究。把握好语义记忆和情节记忆的关系，为现实的传播实践提供理论指导。

5.6.1　语义记忆与情节记忆的概念框架

在心理学中，记忆是指人脑对所接收到的信息进行选择、编码、储存、提取、再认知的过程，也指存储信息的结构及其内容，包括认识、保持、回顾和再认。认识是记忆的一个步骤，即对内容加以辨认，从而产生相应的印象①；保持是指保留对已被保存的内容的记忆；而回顾与再认则是指持续地重复认知信息，以重现过去的经历。

不同的记忆系统，信息编码、存储和提取方式以及信息存储时间长短都不相同，通常将记忆系统分为感觉记忆、短时记忆和长时记忆三种，而长时记忆又包括语义记忆和情节记忆。②

1. 语义记忆

语义记忆是指对世界中普通认知的信息的记忆，它并不局限于时间和空间以及具象的事物、场景，而是以世界为中心的知识和理论的记忆，不以个人意愿而转移。语义记忆代表了我们关于达成普遍共识的信息，比如单词的拼写、词语的含义等永久性知识和世界既有信息的记忆，是人脑掌握的有关字、词、语言语义、语法规则、概念公式和符号算法的应用的知识，有一定的形式结构，具有系统性，无须时空和任意条件的约束，也不容易受到外部因子的干扰，比较稳定，是有组织性、有逻辑性的。譬如，一个中学生在一堂物理课上举手回答问题的事情将会储存在情节记忆中，而课堂上学习的浮力公式则会保存在语义记忆中。一周后，他可能忘记举手回答问题的事情，但仍然能记得浮力公式。

2. 情节记忆

情节记忆是零碎的，有亲历性，属于人们亲身经历的一些事情和场景或者是曾经经历过，能够想象出来的事物或场景，是具有故事性的，一般以时间和空间为框架。情节记忆和个人的经验有关，具有个体差异性，新的信息的编码会对已有记忆内容产生冲击，储存其中的记忆常常变动，而不太容易被检索③。

---

① 陈永明．现代认知心理学：人的信息加工[M]．北京：团结出版社，1989．

② 朱磊，杨治良. 多种记忆分类之研究[J]. 心理科学，2003，26(4)：694-697.

③ 张浩，彭聃龄. 汉语的语境信息对抽象句和具体句回忆的影响[J]. 心理学报，1990(04)：57-62.

有观点认为，语义记忆和情节记忆可能是一个可以连续的记忆过程①，就像一根木条的两端，在特定时空条件下的情节记忆如果反复被认知，就会渐渐形成语义记忆。语义记忆和情节记忆的提出者图尔文(Tulving)也没有否认情节记忆和语义记忆是独立运行、独立存在的，因此许多心理学者尝试将语义记忆和情节记忆概括为单一系统。

5.6.2 语义记忆与情节记忆的内在联系

图尔文将语义记忆和情节记忆作为记忆的两种不同的信息加工系统。但在20世纪90年代，康威(Conway) 等人对心理系大学生的知识掌握过程进行了研究，关注到了记忆过程中意识状态的转变，他认为在习得知识时，学习者的认识表征会影响到意识类型，随着不断地重复认知，知识会趋向于图式化，知识也由情节记忆过渡为语义记忆。

1. 图尔文提出R/K 判断

1989年，图尔文运用现象学方法提出了R/K判断，R指代remember(记得)，对应着情节记忆；K指代know(知道)，对应着语义记忆②。情节记忆包括个人经历的事件，它所编码的信息是处在特定的时间和空间的，并与个体经验相关。语义记忆的编码信息是抽象而系统的，是以普世意义为参照而不以个人意志为转移的，如南京是江苏的省会、香港是特别行政区、光是沿直线传播的等。图尔文认为，记住个体经历的情景属于情节记忆，如去游乐场游玩发生的事情及想象中未来参加舞会时的气氛，而知道鸟类是直肠动物这类事实则是语义记忆。前者包含了特定的时间和地点信息，而后者未包含。

在R/K 判断中，R表示能回想起学习时的有关细节，如我选择的这道题目的答案是老师请了三个同学才回答出来的。它证明了在学习过程中“我”对这个情景进行了认知编码，而在做题过程中主动进行了联想，提取了编码后的记忆。R是自我意识的操作意义，指个体通过感知或从情节记忆中获得知识而形成的状态。K代表我们只是了解答案，却回忆不起知识中的情境与事物。K也代表注意觉知中的操作定义，指人们从语义记忆中获得知识时产生的意识状态③。

2. 情节记忆向语义记忆转变

康威认为，在知识复习和重复认知的过程中，知识表征会发生由R向K的转变：特定的场景和事件越来越难提取，而语义记忆编码的信息越来越清晰，即情节记忆编码的信息减少，语义记忆更加深刻，形成系统化的知识表征，人脑能够快速自动化地提取知

---

① 赵岩，周洋. 基于语义记忆模型的品牌联想表征的分析[J]. 兰州交通大学学报，2011，30(2)：12-16+53.

② 刘耀中. FOK与情节记忆，语义记忆和内隐记忆关系的研究[J]. 心理科学，2001(2)：184-187+255.

③ 隋洁，吴艳红，王金凤，等. 中学生知识获得过程是从情景记忆向语义记忆转化的过程[J]. 心理科学，2003(5)：784-789.

识①。经过更加深入的学习，学生不断复习已经学过的概念、公式，而应用这些概念、公式的场景不同，每次情节记忆也就不同，这可能导致这些情节记忆的信息模糊，只剩下语义部分的记忆；而不断复现的概念、公式在脑海里留下了牢固的语义记忆编码的信息，此时，语义知识可以被快速地单独调动，而不与上课时或做练习时的场景相联系。21世纪初，隋洁等人所做实验的研究结果同康威的推断一致，在中学生掌握知识的过程中，他们的知识表征由情节记忆转变为语义记忆，其学习知识的过程是一个由情节记忆被语义记忆替代的过程。

3. 莫里斯“转换理论”

多伦多大学学者莫里斯在2014年提出了“转换理论”。他认为，每当情节记忆被提取，海马体都会将此时发生的情景与已经储存的信息结合重新编码。随着时间推移，检索提取信息的次数越来越多，情节记忆信息也就越来越多，产生堆积，大脑就自动合并同类项，将这些情节记忆多次出现的信息提取出来，形成语义记忆。最新的研究认为，情节记忆和语义记忆或许处在相同的记忆编码系统中，它们可能属于连续体的两边，语义记忆和情节记忆之间似乎没有绝对的分界线。如果多次在不同的场景里被应用，特定时空形成的情节记忆就会慢慢剔除不同的场景细节，形成语义记忆。

由此，笔者认为，比起单调、抽象、概念化的语义记忆，情节记忆更加生动有趣，更具有故事性，同时包含了个人的情感经验和意识，因而更容易进行编码和复现。在传播活动中，可以注意加强情节记忆的构建，让受众首先通过可想象、有趣味和充满故事性的场景进行情节记忆的编码和存储，构建情节记忆优于对读者进行传统的直接式的语义信息输入的传播效果。

5.6.3　运用情节记忆讲故事的艺术

在传播活动中，利用场景化信息的存储优势，着重建构传播活动场景，使受众优先进行情节记忆的信息编码和提取，有利于信息的传播和接收。

1. 联系内容，加强感染

建立情节记忆与语义记忆的联系需要强调情节记忆与语义记忆之间关系的构建。情节记忆的内容与语义记忆的内容联系越紧密，越能促进受众将情节记忆转化为语义记忆。同时，情节记忆的内容需要有很强的感染力，要能够牵动读者的情绪，让读者难以忘怀。心理学研究发现，被试记忆感染力强的材料比记忆感染力弱的材料效果要好，其中被试记忆令人感到愉快等正面情绪的材料和记忆令人感到悲伤的负面情绪的材料效果

① Conway M A，Gardiner J M，Perfect T J，et al. Changes in memory awareness during learning：The acquisition of knowledge by psychology undergraduates [M]. Journal of Experimental Psychology：General. 1997，126(4)：393- 413.

保持一致[①]。研究结果表明，人们对某一经历的记忆的深刻程度，与该经历所唤起的情绪水平相关，而与情绪的正面和负面关系不大。

2. 设置悬念，营造冲突

从叙事的角度来说，要讲好故事，必须包括时间、地点、人物和故事情节，故事情节又包括了事件的开端、发展、高潮、结局，这些都是一个好故事中必不可少的部分。但是，即使具备了所有要素，也不一定能让受众兴趣盎然，还需要运用一些叙事的技巧——设置悬念。人们对于未知的事物往往更加感兴趣，一个个悬念是调动受众情绪的利器，这也正是近年来剧本杀、密室逃脱等沉浸式探案、逃脱游戏受到广大青年喜爱的原因。当不知道结果的时候，人们对剧情的推进会更加投入，随着剧情的发展，一个个谜底慢慢揭开，人们很享受这一过程。

营造冲突则是另外一大叙事技巧。没有情节冲突就不能牵引受众的注意，要让故事更加具有戏剧性，就要学会营造冲突。传播内容需要包含冲突，而不是平铺直叙地叙述。冲突不仅仅是表面上的物理层面的冲突，更包括人和自然、人和社会等更深层次的价值观念的精神层面的冲突[②]。精神层面的冲突是隐含的，能引导观众去细细揣摩、感知传播的内容，发人深省。

3. 抓取细节，刻画故事

细节是指在故事内容中构成人物特性、事件伏笔、社会背景、自然环境的最小组成单位。对各种细节的刻画是写好一篇报道、讲好一个故事不可或缺的因素。展示表现对象的局部或细微之处，需要作者有敏锐的观察力、熟练的基本功、深厚的文字底蕴及深刻的思考。鲜明的人物性格、社会环境背景都是由很多小细节堆叠而成的。也往往是一个个真实感人的细节，才使故事给读者留下了最深刻的印象。真实报道里反映的生活往往不会像电影那样节奏紧凑，矛盾一个接着一个，如何在保证新闻真实性的同时写出能够打动人心、吸引读者的报道，同样需要作者去仔细观察，不放过任何细节，充分运用叙事技巧，讲好故事。

5.7 舆论引导的微妙平衡：感觉阈限的智慧

感觉(sensation)是人面对世界最基础的认知活动，它是由某种刺激物作用于感官产生的。人类认识世界、构建世界首先依赖于对世界的感知，如感知亮度的变化以判断时间，感知温度的变化来增减衣物。但并非所有“接触”都能产生刺激，只有在特定的刺激范围内，感官才会产生响应，例如我们感知不到羽毛落在身上，对超过人眼可见光波

---

① 翟慎娟. 情景记忆：让语义记忆有迹可循[J]. 高校后勤研究，2016(3)：114-116.

② 张晓嫣. 学会“讲故事”：当今纪录片生存的必然选择[J]. 中国广播电视学刊，2015(8)：85-86.

长范围的光没有反应。该“范围”和相应的感觉能力被称为感觉阈限(sensory threshold)和感受性(sensitivity)。

本节主要介绍绝对感觉阈限和差别感觉阈限、阈下知觉等理论及感觉阈限基本理论在传播中的实际应用。

5.7.1　绝对感觉阈限和绝对感受性

刺激只有达到一定的强度才能够引起感觉，就像一根针落在地上的声音很难被人察觉，这种引起感觉的最小值叫绝对感觉阈限(absolute threshold)，是绝对感觉阈值的下限，也叫刺激阈或察觉阈。如果刺激的强度过高，可能会因为过于剧烈而导致感觉丧失。阈上刺激和阈下刺激都无法引起反应，例如，人眼只对一定范围内的光波和声波产生反应，而超出范围的光波与声波均不能形成感觉。

绝对感受性可通过绝对感受阈限进行测量。绝对感觉阈限越高，引起相应感觉所需的刺激也就越大，对该刺激的感觉就越微弱，即感受性较小；反之亦然。绝对感受性(E)与绝对感觉阈值(R)之间的关系可以用公式表示为

$$E=1/R$$

绝对感觉阈限被用来形容一个刚刚好能产生反应的状态，这个临界值是会随着周遭环境或者个体差异而产生变动的，它不是一个固定值，而是一个模糊的统计值。被试在接受实验时，对刺激的觉察程度时高时低，在没感觉到有感觉之间并不存在一个特殊值，而是一个逐渐过渡、逐渐察觉的过程①。

“入芝兰之室，久而不闻其香”，在一定的条件下，感觉阈限会产生很大的变化。初入“芝兰之室”，会觉得芳香扑鼻，但是在这样的环境中停留一段时间，人体对香味的感受会从刺鼻逐渐转变为适应，直至感觉不到香味。在这种情况下，感觉阈值被提高了，因为持续作用于感觉器官的刺激使得感受性发生了变化，产生感觉适应。这种感受性的调节可以增高，也可以降低。不同的刺激作用于感觉器官促使感受性产生变化，会出现感觉对比的现象。比如，吃了辣椒以后喝热水会使得对辣的感受性增加。

5.7.2　差别感觉阈限与差别感受性

同一类别的微小刺激对于接受刺激的感官来说是难以辨认的，只有刺激量之间的差异达到一定程度才能被感知。例如，在富丽堂皇、明亮的大酒店里，点一根蜡烛，人们感觉不到亮度的差别，如果把灯全部关掉，蜡烛的光就难以被忽视了；同样地，两杯相差一粒盐的盐水人们难以喝出其分别，但是若将其中一杯加盐至饱和溶液，差别就很明显了。这种引起差别感觉的最小刺激增量就是差别感觉阈限(difference threshold)，也

---

① 刘京林. 大众传播心理学：从现代心理学的视角看大众传播[M]. 北京：北京广播学院出版社，1997.

叫最小可觉差(just noticeable difference，JND)。感受这种差异量的能力称为差别感受性(difference sensitivity)。

差别感受性与差别感觉阈限也呈反比例关系。差别阈限越低，引起差别感觉的刺激物之间的最小量越小，差别感受性越大。

德国生理学家韦伯(Weber)曾研究触觉的差别阈限。他让被试先后提起两个物体，并判断哪个更重一些，尝试用这种方法确定差别感受阈限。结果发现，对刺激的差别感觉并不取决于刺激量增加的绝对数量，而是由刺激增量和原刺激量的比值决定的，即“会产生可感知的感觉增加的最小刺激的增加与预先存在的刺激成正比”。

这种关系可以用公式表示为

$$K=\Delta I/I$$

其中，I为标准刺激的强度或原刺激量，ΔI为引起差别感觉的最小刺激增量，即JND，K为一个常数(韦伯分数)。不同的感觉，韦伯分数不同。韦伯分数越小，感觉越敏锐。

需要注意的是，韦伯定律只适用于中等程度的刺激强度。也就是说，一旦刺激的强度过强或者过弱，韦伯分数都会发生改变[①]。

5.7.3 阈下知觉对信息传播的影响

前文提到阈下信息低于能引起感觉的最小刺激量，无法刺激感官，也就无法进入信息处理系统中。虽然我们感觉不到阈下信息，但是它却能引起一定的生理反应，这种反应称为阈下知觉，即无意义知觉。

恩格尔(Eagle)在1959年的阈下知觉实验中选用具有情绪色彩的图片作为阈下启动刺激，探讨被试对于正常呈现的中性情感色彩的图片的偏向判断。研究发现，刺激可以在不被意识到的情况下记录下来，对有意识的认知行为产生影响[②]。

麦凯(McKay)在一项研究中用耳机同时向被试的左右耳呈现不同的材料，要求被试只听其中一只耳机的内容，忽略另一只耳机中的信息。在提供给被试的材料中包含一些歧义词，但在所处的语境中不能确定其具体含义。比如，在“They threw stones toward the bank yesterday”这句话中，“bank”这个词可以同时代表“银行”或“河岸”。每当追随耳中出现“bank”这个词时，非追随耳那边就给出一个可以帮助确定歧义词词义的单词，如“money”或“river”，随后要求被试解释所听到的句子的含义。实验表明，尽管被试不记得非追随耳的单词是什么，但明显倾向于将歧义词解释为与该单词有联系的词义，非追随耳得到的信息对追随耳产生了潜移默化的影响[③]。这表明阈下知觉是存在的。有时候，尽管人们感觉不到刺激的存在，但深受阈下信息的影响。

---

① 波林. 实验心理学史[M]. 高觉敷，译. 北京：商务印书馆，1981.

② Eagle M. The effects of subliminal stimuli of aggressive content upon conscious cognition1[J]. Journal of personality，1959，27(4)：578-600.

③ Mercer N M. Cues to Retrieval from Long-Term Verbal Memory[J]. Psychological reports，1974，35(3)：1234.

不过虽然阈下信息能调动人的情绪和意识，但是否会促进消费者产生购买行为仍处于争议之中①。

5.7.4　感觉阈限理论在传播心理实践中的运用

1. 定价的智慧——数字的距离效应

消费者对于数字的认知和心理阈值有着密切的关系。心理学相关研究表明，随着两个数字之间的差异缩小，人们对于这两个数字之间的辨别会越来越困难，这就是数字的距离效应②。距离效应和最小可觉差有异曲同工之妙。如果数字之间的差异小到难以辨别，即没能达到最小可觉差，那么对于它们的辨别就很困难。

距离效应在量级估计领域很重要，比如处理大尺度和估计数字或者距离。这个效应也可以解释为什么消费者在处理涉及大金额的商品的时候会忽略小比例的节省，却在购买小金额商品的时候而讲价。又如在营销定价策略里，20元的提价或许对于原价2000元的商品没有什么影响，但是对于原价200元的商品，20元的涨价则可能会对消费者的购买行为产生阻拦。

最小可觉差在营销领域带来的启示就是要利用好人类对感官刺激所能察觉的最小改变。Decoded中提到过一个案例，德国Stabilo Boss荧光笔曾经投入大量精力研发如何才能延长荧光笔不盖笔帽而笔尖不干的时间，并将这个时间从100小时延长到了120小时。结果，这20个小时的提升用户根本没有感觉出来，这就属于最小可觉差以下的改变，投入的资源并不能显著地对品牌起到提升作用③。

因此，对于广告人来说，在最小可觉差以下的改进，要么不改，把资源和金钱节省下来给更有价值的项目，要么就放大这个改进。

2. USP理论——营销的差异化

USP(unique selling proposition)法则，即“独特的销售主张”。广告大师罗瑟·瑞夫斯(Rosser Reeves)在学习继承了霍普金斯(Hopkins)的科学的广告理论基础上，于1961年在《实效的广告》一书中系统地提出了USP理论。该理论的核心是每一种产品都要有属于自己的独特的销售主张或主题，并通过足量的重复传递给受众④。

感觉阈限和广告营销行业的结合中很重要的一点就是运用好最小可觉差，强调产品的差异化，塑造本产品区别于其他产品的独特点，从而使消费者能够第一时间注意到本产品，这和USP理论不谋而合。

---

① 陈真真，蔡頠，郑涌. 阈下说服的存在证据与争议[J]. 心理科学进展，2012，20(4)：575-583.

② Moyer R S，Landauer T K. Time required for Judgements of Numerical Inequality[J]. Nature，1967，215(5109)：1519-1520.

③ Barden P. Decoded[M]. West Sussex：John Wiley & Sons Ltd., 2013.

④ 罗瑟·瑞夫斯. 实效的广告[M]. 张冰梅，译. 内蒙古人民出版社，1998.

USP理论的一个重点功能就是差异化功能，即“独特”。成功的广告营销策略就是要建立本产品与其他产品的最小可觉差。产品和广告通过传达和分享独到的销售哲学，呈现与其竞争者截然不同的独特属性。没有差异化，广告及其商品就没有在消费市场突出的资格。

USP理论的核心在于挖掘产品功效的特质，比如德芙的经典广告“纵享丝滑”就在简短的广告词中精准突出产品的特点，建立品牌的差异化。

3. 公关策略——与消费者对话的阈限

在互联网时代，信息海量且瞬息万变。为了有效传达信息并达到预期效果，传播者必须巧妙引导社会舆论。为实现这一目标，传播者通常会采用一系列精心策划的议程设置，旨在将公众的注意力聚焦于特定议题上。

然而，一个关键问题随之而来：为了达到最佳的舆论引导效果，是否应采取最强有力的引导手段？这样的策略是否真的能更有效地影响受众？对此，答案并非绝对。

在公关策略中，与消费者对话的阈限是一个微妙而复杂的考量。过强的引导可能引发反感，而适度的引导可能更易于被接受并产生积极影响。因此，传播者需要谨慎权衡，找到最合适的引导力度，以实现与消费者的有效对话和最佳传播效果。

成功的公关需要在企业和消费者之间建立坚实的对话通道，过于强硬的公关风格和力度高于心理阈限上限都难以化解危机。所以并非舆论引导力度越强越有效。因为舆论引导这种外界力量需要经过受众的心理转化这一“门槛”，才能到达受众的内心。

相反地，在典型的错误公关事件中，企业面对寻求回应的网友往往采取回避策略。这种行为是营造低于消费者感觉阈限的热度和关注度，刻意淡化关注和诉求，切断企业和网友之间的联系来降低网友的关注度。这样可以起到一定的冷却作用，但是对品牌形象造成的伤害是难以抹去的。回避公关容易将个别问题扩大化到整体性、体制性的问题，增加危机公关的难度。并且，企业形象是通过问题回应和解决构建起来的[①]，主动封闭起企业和消费者之间对话的通道容易形成一种推脱责任、无责任感的企业形象。

5.8 传播效果的持久之道：遗忘理论的启示

19世纪末，德国著名心理学家艾宾浩斯(Ebbinghaus)开创了记忆实验研究。自此，记忆这个神秘又重要的问题就一直受到心理学家的重视。

5.8.1 艾宾浩斯的遗忘规律曲线

对所记忆的内容无法再认或回忆，或者出现记忆错误，称为遗忘。艾宾浩斯遗忘

① 王学成，杨浩晨. 企业危机中的微博公关策略研究[J]. 编辑学刊，2020(4)：56-60.

曲线是德国心理学家艾宾浩斯根据人们的遗忘现象所做的系统研究。艾宾浩斯最早研究记忆的保持规律，并在实验过程中发明了“无意义音节”辅助实验的进行。“无意义音节”是由两个辅音字母中间夹着一个元音字母构成的音节，例如GUB、DAK等。由于这种方式构成的音节并不存在具体意义，也不带有任何文化含义，对于任何参加实验的人来说都是全新的，可以较好地排除识记上的干扰因素，使被试的识记效果更加客观有效。艾宾浩斯对大量被试人员进行了测试，并将时间分为几个间隔，在固定的时间间隔后检查被试对记忆材料的遗忘程度，结果发现遗忘在记忆之后立刻就开始了，20分钟之后，遗忘了识记材料的41.8%；1小时后，遗忘了55.8%；24小时之后，遗忘了66.3%……他将随时间变化的遗忘率转化为一条曲线——艾宾浩斯遗忘曲线，如图5-3所示。这条曲线表明了人类的遗忘规律：人们的遗忘过程并不是均匀的，新吸收的内容在最初几个小时遗忘得很快，一天之后遗忘速度逐渐变慢。

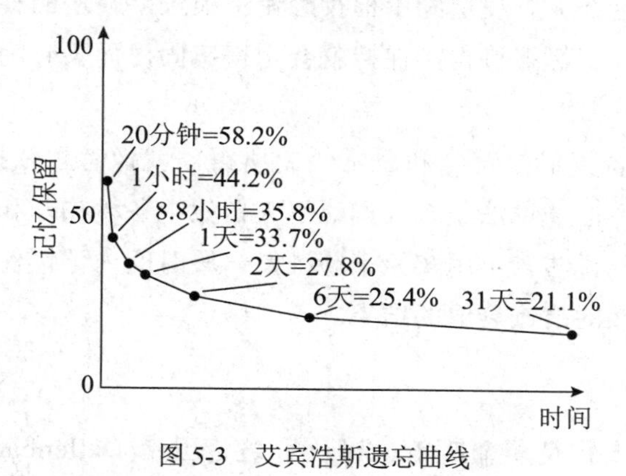

图 5-3　艾宾浩斯遗忘曲线

由此得出了遗忘规律[①]：遗忘进程先快后慢，呈负加速；遗忘在学习结束之后立即发生；遗忘到一定程度以后几乎不再遗忘；遗忘进程在学习后，初期的20分钟进展最快；一般情况下，最先遗忘的是对学生没有重要意义、不感兴趣的内容。

根据艾宾浩斯的实验结论，记忆可以分为短时记忆和长时记忆，新内容从短时记忆转化为长时记忆的过程中，一个很重要的因素就是复习间隔。多次强化后，短时记忆就会转变为长时记忆，内容就不会轻易被忘记。

艾宾浩斯遗忘曲线只是一个平均的记忆规律。不同的生理状态、学习习惯、学习环境等因素都有可能导致不同的记忆习惯和记忆效果。在运用理论进行实践的过程中要结合个人特点进行应用，构建属于自己的遗忘曲线。

目前移动端学习领域积极运用艾宾浩斯遗忘曲线。各类背单词App将遗忘曲线融合进软件的记忆生态中，帮助用户生成个人遗忘曲线表，形成可视化的学习状况图。在零售领域，由于消费者对商品的兴趣偏好是随时间和环境而发生改变的，行业内有基于遗忘曲线构造的消费者兴趣遗忘函数，借以优化对商品的关联规则挖掘算法，针对每一笔

① 赫尔曼·艾宾浩斯. 记忆[M]. 曹日昌，译. 北京：北京大学出版社，2014.

订单的小票数据，构建商品模糊聚类，来更好地协助商家制定销售策略，推荐受消费者喜爱的商品，提高营业额。

5.8.2 遗忘理论与遗忘的机理

艾宾浩斯遗忘曲线是基于实验得出的结论，反映平均记忆力的衰退水平，不涉及具体的遗忘机制，而是记录普遍的遗忘过程的一般性规律。下面是关于遗忘的不同理论。

1. 记忆痕迹衰退说

该学说主要代表人物是巴甫洛夫(Pavlov)。他认为，记忆内容回想不起来是因为记忆之后缺少强化和刺激，记忆内容会随着时间推移而自然消逝。根据巴甫洛夫的条件反射理论，学习和识记会在大脑皮层和中枢神经留下痕迹，痕迹的存在就是记忆。经常复习和回忆会加深痕迹，记忆痕迹得到保持就会记得牢固，而长时间不复习，痕迹就会逐渐消失，即遗忘。

这一说法较为符合人们的直觉和日常经验所得，就像考古依据C_{14}的半衰期来判断待测物品的年代一样，这一说法契合人们对于大自然中各种物理和化学物质随时间减少的粗略感知。但是这一说法较难用实验来验证，一段时间内记忆保有量的下降没有确切的指标可以验证是自然的痕迹衰退的结果。

2. 干扰抑制说

该学说主要代表人物是詹金斯(Jenkings)和达伦巴希(Dallenbach)。他们认为，遗忘是因为记忆的保持和回忆之间受到了其他刺激，过程被干扰了，只要排除刺激，记忆自然就会恢复。由此他们提出了前摄抑制和倒摄抑制的概念。

前摄抑制，即先记忆的材料对后记忆的材料的干扰和影响。倒摄抑制，即后学习的材料对回忆先学习的材料造成的干扰和影响。例如，只学习了一份材料的被试A和先后学习了两份材料的被试B相比，被试A的记忆效果会更好。

3. 动机性遗忘

动机说认为，有一部分遗忘是因为那段记忆太过痛苦，是人们“主动”去遗忘那些具有压迫性的记忆，其持有的观点是，遗忘源于情感和驱动力的抑制，一旦这种压抑和痛苦得到缓解，记忆便会逐渐恢复。动机说认为，这种遗忘是个体自我保护的一种手段，出现动机性遗忘并不代表相关经验从记忆中消失，而是被抑制并进入了潜意识里。

5.8.3 基于遗忘理论的传播效果保持与巩固

根据遗忘的规律和机制，可以探究降低信息减弱的程度、增强传播效果的方法。

1. 基于艾宾浩斯遗忘曲线的策略

由于遗忘是先快后慢，在事情刚发生时新闻的传播效果即使很好，也需要警惕，要做好长线作战的准备，根据艾宾浩斯遗忘曲线的遗忘规律合理安排新闻报道的事件和节奏，就可以有效地巩固新闻传播效果。正如在粉发女孩遭网暴自杀事件[①]中，公众对于该事件的关注一开始呈现爆发趋势，网友们对于网暴的谴责更加直白，但是由于受众会逐渐遗忘此次事件，传播效果也逐渐被削弱。倘若可以按照艾宾浩斯遗忘曲线来设置合理的报道进程，帮助公众回忆事件，强化传播效果，那么传播效果的持续时间就可以得到有效延长。

2. 基于记忆痕迹衰退说的策略

从记忆痕迹衰退说我们得知，及时强化传播信息有利于记忆的保持。在传播领域，单一媒介下的集中式报道和多渠道联合报道都可以有效地提高受众的卷入度，提高受众对于信息的记忆程度。但是根据受众心理学，不当的传播方式会使受众产生抵触和逆反心理[②]。单一的传播方式由于易产生较差的传播效果，使受众觉得枯燥。因此，建议采取多渠道联合的传播方式来提高记忆的保持程度。事件之所以能引起强烈的反响得益于多渠道传播，微博热搜、专题报道、被用作综艺案例等，多种渠道意味着覆盖面广、传播率高。若后续也能推出多种媒介报道，继续强化传播效果，那么传播效果会持续得到巩固。

3. 基于干扰抑制说的策略

干扰抑制说理论认为，遗忘是由于受到了干扰，这种干扰分为前摄抑制和倒摄抑制。

在传播学语境下，受众对于新闻报道的事件的回忆受到前后所接触的相关新闻信息的影响。在进行新闻报道时，为了加强记忆效果，使传播效果得以长时间保持，可以在进行后续报道时对之前的报道进行适当的强化或者差异化的修正。要注意的是，修正的程度需要仔细揣度，若完全颠覆了之前的报道，会超越受众的心理阈限；若修正的程度太小，就达不到倒摄抑制的效果，修正的目的也就达不到了。

“粉发女孩遭网暴自杀”事件源于“粉发女孩”的个人社交媒体，但网络上的争论不仅仅围绕这一事件，传播过程中会产生许多衍生话题。媒体在引导公众舆论、关注深度衍生话题的时候其实就运用了这一理论。由于“粉发女孩”事件在互联网上有很高的讨论度，借此事件深入探讨网暴、受害者维权等话题等“后摄”材料，就能使我们将需要传播的信息高效地传达给公众。

---

① 因染粉色头发被网暴，保研女孩自杀。24岁的杭州女孩郑灵华，曾拿着研究生录取通知书向病床前的爷爷报喜，没想到照片流出后，她因染粉色头发而遭遇大规模网暴。

② 董璐. 传播学核心理论与概念[M]. 北京：北京大学出版社，2008.

总结与回顾

传播心理学的第五章主要介绍了传播内容编排理论，帮助我们对影响传播心理的内容形成机制有一个系统的认识和解读。

首先，本章突破传统的内容分析模式，从如何抓住受众注意的过滤说、媒介信息如何编码、先行组织者在新闻实践中的应用，到双重编码理论在信息可视化方面的应用，以及如何讲故事、舆论引导，如何巩固传播效果等，沿着内容传播的链条对理论进行梳理，清晰易懂。

传播内容编排理论的贡献不仅在于理论层面的研究，也在于实践层面的指导。通过对传播内容的合理编排，可以更好地吸引和影响受众，提升传播效果。例如，在广告领域，这些理论被广泛应用于新闻实践和媒体计划，以提高传播效果和传播效益。

综上所述，传播内容编排理论是关于如何组织和安排传播内容以实现特定目标的理论。它的发展经历了多个阶段，涌现出许多重要的理论和模型。这些理论和模型在理论和实践层面都做出了重要贡献，为传播行业的发展提供了指导与支持。

思维与挑战：思考题

1. 什么是注意过滤说？

2. 过滤器与衰减器有哪些区别？

3. 简述格式塔学派的基本理论。

4. 格式塔理论有哪些基本原理？

5. 格式塔理论有哪些贡献？又有什么局限？

6. 结合格式塔理论，谈谈“完形”在现实中的运用。

7. 什么是组块？组块具有哪些特点？

8. 组块理论认为短时记忆广度为7±2个单位的无关项目，这贴合生活实际吗？

9. 举例说明组块理论可以运用于生活中哪些常见信息的记忆。

10. 如何在传播活动中有效利用组块理论进行受众理解引导？

11. 在传播信息时，除了文中提及的类比、口诀和歌谣，还有其他可用的组块加工手段吗？

12. 什么是先行组织者？本节的行文中存在先行组织者吗？

13. 先行组织者有哪些类型？不同的类型各有何特征与优势？

14. 不同类型的先行组织者优势是固定唯一的吗？是否存在作用机制互相渗透的情况？

15. 如何有效利用先行组织者进行信息传播与信息学习的引导？

16. 除了新闻背景和新闻链接，还有其他先行组织者材料可以运用于新闻报道工作吗？

17. 什么是双重编码理论？
18. 双重编码理论是如何运作的？
19. 网络传播中，如何利用双重编码理论增强传播效果？
20. 什么是语义记忆和情节记忆？
21. 语义记忆和情节记忆有什么关系？
22. 怎么利用情节记忆的特点讲好故事？
23. 什么是感觉阈限？感觉阈限可以分为哪几类？
24. 感受性和感觉阈限之间是什么关系？阐述它们之间关系的理论是什么？
25. 感觉阈限有什么具体的应用？
26. 结合注意的过滤说，简述几条吸引受众注意的策略。
27. 艾宾浩斯遗忘曲线是什么？有什么特殊规律？
28. 遗忘理论有哪些？对于遗忘的原因各有什么观点？

第6章　传播环境与心理互动的深度剖析

本章致力于深度剖析传播环境与传播心理这两大核心要素如何深刻地塑造着传播效果与传播形式的多元面貌。我们不仅仅停留于表面现象的描述，而是借助一系列经典且富有洞察力的理论框架，深入挖掘心理学原理在现代大众传播实践中的具体应用与深远影响。这些理论如同一把把钥匙，解锁了隐藏在复杂传播现象背后的心理机制，使我们能够更透彻地理解信息如何在不同的社会心理环境中流动、变形乃至产生影响。

在此基础上，本章进一步探讨了面对日益复杂多变的现代传播环境，尤其是当传播危机不期而至时，如何运用这些理论知识构建有效的应对策略。这不仅是对既有理论的一次实践检验，更是对创新解决方案的积极探索。我们强调，理解并把握传播环境与心理的互动规律，是预防、减轻乃至化解传播危机的关键所在。

6.1　环境的力量：勒温心理场论的传播学解读

在传播学中，研究者通常关注如何通过传播渠道和信息传递影响受众的态度和行为，而勒温的场论可以帮助研究者理解接收信息的个体如何受到其所处的心理环境的影响，以及群体中的互动、群体动态以及个体在社交环境中的变化。这可以帮助研究者更好地理解信息接收者的背景和需求，从而设计出更有效的传播策略。总之，勒温的心理场论和传播学的有机结合，可以帮助研究者更好地理解人们在不同传播情境中的行为和态度，进而为更有效的传播策略和更深入的社会洞察提供有力支持。

6.1.1　心理场论的核心概念及其特征

心理场论的概念最早在1917年被提出，勒温从拓扑学出发，将物理学中有关场的理论引申到心理学当中，从而构成独有的心理学体系。勒温的心理场论认为：在一个特定时间和环境中，具体人的有效的心理要素的总和就是他的生活空间或称为心理场，它包括个人及其心理情境，如需要、目的、达到目的的障碍和它们之间能动的相互关系。在一个人的生活空间里同时起作用的心理力量的最终效果会给人带来生活空间的改组，从而为心理行为提供基础①。所以为了达到对具体人的行为(B)进行预测的目的，需要把个人(P)和环境(E)看作一个相互依存、相互影响的集合，这个集合称为生活空间(life space，LS)。对此，场心理学提出的基本公式是$B=f(P，E)=f(\mathrm{LS})$，其中，f代表某个函

① 张粹然. 库尔特・勒温的场心理学[J]. 成都大学学报(社会科学版)，1981(2)：80-84.

数关系，即行为是个人的内部动力和所处环境刺激在某种函数关系下的最终结果。

根据勒温提出的基本公式，可以为场论总结出以下几个主要特征。

1. 动力观

勒温认为，人的行为是自身意志或者需求压力所致的心理紧张系统。紧张的释放为心理活动和行为提供动力和能量，从而构成了决定人的心理活动和行为表现的潜在因素①。人的行为本质上就是一种意志的延伸或者需求的满足，也就是"紧张的释放"。

一方面，勒温将人对于某件事物所表现的具体态度抽象出来，并引入"向量"的概念。在心理场中，"向量"具有吸引或者排斥两种形式，引力使得个体或者群体向自己的目标靠近，斥力使其远离，并根据自身意愿强弱以及所处环境刺激程度共同作用的最终结果来决定"向量"的大小。另一方面，勒温认为，通常心理生活空间中的各区域保持着平衡的状态，一旦受到刺激，便会打破这种平衡，让个体由于某种需要而产生紧张，紧张产生后，在个体心理就会引发一种张力②。这种张力的出现会促使个体在心理生活空间中寻求"紧张"的释放，进而恢复平衡，这就是心理场天然具有的动力机制。换言之，动力观是心理场最主要的特征之一。

2. 整体观

在物理学中，"场"是指"相互依存的事实的整体"，心理场也具有相同属性。在心理场中，场对处于其中的事物产生影响，同时处于场中的事物也对场及处于场中的其他事物产生影响，它们相互之间存在着一定的相关性。从$B=f(P，E)$这个公式来看，其中的"B"显然不同于行为主义心理学所说的简单的行为反应，而更强调包含主体目的、期待、认知等方面的整体行为表现。也就是说，勒温的心理场所要研究的并不仅仅是人的某一个属性或特征，它研究的是一个整体性的人。同时，从环境的角度出发，因为场中的事物相互依存，相互影响，所以当平衡被打破时，势必会引起整个环境都发生改变。在心理学上，心理场与格式塔心理学有着极为密切的关系，心理场很好地继承了格式塔对于整体的观念，甚至可以说，整体观就是心理场的基本思想之一。

3. 系统性

贝塔朗菲认为，系统就是"处于自身相互关系中以及与环境的相互关系中的要素集合"，这一点与勒温的场论不谋而合。在心理场中，不单单要研究场和身处其中的事物，同时也要着重探究它们之间相互的关系和影响形式，具体到基本公式$B=f(P，E)=f(\mathrm{LS})$上，就是要研究f的具体形式。在心理场中，存在一个开放系统——心理紧张系统，当处于其中的某一条件发生变化时，就会引起整个系统发生改变，即"紧张的释

---

① 刘九林. 当代社会心理学中"勒温传统"的内涵及影响[J]. 菏泽学院学报，2005，27(3)：88-92.

② 余秀才. 网络舆论场的构成及其研究方法探析——试述西方学者的"场"论对中国网络舆论场研究带来的启示[J]. 现代传播(中国传媒大学学报)，2010(05)：120-123.

放”。勒温提出的心理场本质上就是阐述人与环境的某种关系，这种关系具有天然的组织性与结构性，它们都属于一般系统的基本特征，心理场本身就是系统论的一种经典模式。

心理场的核心观点就是“整体动力观”，它并不是从某个因素出发或者独立地分析个体(或群体)心理问题，而是从整体性、系统性的角度去研究心理行为背后的运行逻辑。它将人和环境的关系重新结合起来，从而扩大了心理学研究的视角。同时，勒温的场论对于环境概念的阐述，也被充分运用到传播学当中，成为舆论场的重要组成部分，最终在分析舆论事件中为研究者提供了更加全面的研究视角。

6.1.2 心理场与传播场的结合——舆论场的构建

在信息传播中，媒介组织建构出一个信息环境，通过某种编码形式将信息传播给受众，具体人在自身意志或者需求压力的作用下，对信息进行解码，两者共同作用，从而构成具体人的行为逻辑基础。在新媒体时代，环境这一要素的作用愈发突出，甚至在互联网舆论生态中成为最重要的一环，心理场论的概念也被广泛应用于大众传播过程中。在国内，最早将“场”的概念引入舆论形成的研究当中的是以刘建明、余秀才为首的一批学者，在过去的舆论研究当中，研究者只是在物理环境或者信息环境下对舆论场进行分析，却忽略了心理因素的显著作用，心理场概念的引入为国内舆论传播的研究提供了新思路。

刘建明认为，舆论是在社会环境中形成的，人们的思想意识、物质交往和心理反射，构成心态和意见的一致。换言之，舆论场就是物理环境与心理环境共同作用之后的产物。刘建明认为，舆论自身便是一种社会意识，其他意识形态提供的知识和思维模式为舆论活动提供了思考方式和认识方式，舆论是在其他形式社会意识滋补下形成的，并日益从意识环境中吸取信息养分而逐步完善①。虽然刘建明在对舆论场进行界定的研究中并没有直接提出心理场的概念，但他对意识环境的阐述与心理场有着高度的一致性。刘建明认为，意识环境本质上是广义上的心理场，它包括社会群体意识和行为范式。社会群体的意识影响着人对于世界的认知和判断，它对于舆论的形成起着至关重要的作用，甚至可以说是舆论产生的根源。这就导致不光舆论本身受到意识环境的影响，舆论的传播与演化也受到意识环境的影响和作用。

余秀才在对舆论场进行阐述的过程中提出了新的认识，他不仅认为心理场对于舆论的形成、传播及演化起着至关重要的作用，同时提出“心理场是舆论场的一部分”的概念。余秀才提出，网络舆论场是由行为环境、心理环境和社会环境糅合产生的复杂环境，如图6-1所示。媒体为社会公众构建出一个行为环境，而媒介场域会影响到人对外部环境的认识和判断，也就是对社会群体的心理场产生作用。尤其在网络舆论场中，环

① 解庆锋. 心理场对舆论场的影响研究[J]. 当代传播，2016(1)：53-55.

境的影响更加明显，大众在互联网场域中表现的心理状态与在传统媒体中有着十分明显的差异，公众在互联网场域中直接受到场中的其他观念的影响，并互相作用。

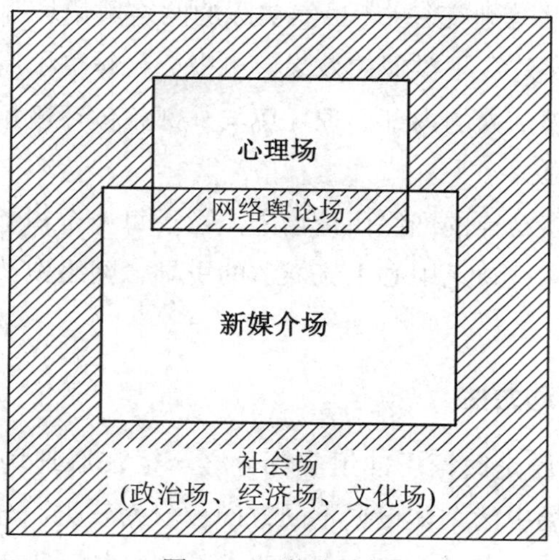

图 6-1　网络舆论场

新媒体时代，虽然其他形式的舆论场依然存在，但由于网络成为当代大众传播最重要的媒介，网络舆论场具有更为独特的运行机制与结构，网络舆论因不同的政治、经济、文化、心理、媒介等因素形成交互、多元、多变的舆论气候，它的形成存在一个有着诸多共生效应的“场”①。它在结构上具有以下几个特点。

1. 大规模信息传播引起的心理生活环境的不稳定性

在网络舆论场中，网络空间中的信息传播活动是不同网络主体之间以数字化信息的形式在精神层面上进行的交流和互动，网络空间使网民的私人精神空间通过联机共享扩展至公共精神空间②。这使得私人领域与公共空间的界限在一定程度上被模糊了，同时带来的影响是，个人最真实的想法得以表现，并且由于网络的匿名性质，意愿的表达更加活跃，这种活跃程度是传统媒体舆论场所不能达到的。人的心理紧张系统的平衡开始呈现一种不稳定性，由于网媒时代大量的信息传播与意见交换使得人受到环境刺激的可能性与环境刺激的力度大大增加，“紧张”释放的周期开始缩短，具体的表现形式是舆论行为的多发性以及舆论话题的发酵时间大大缩短。某种程度上，这已经成为一种新的舆论传播模式。

2. 网络舆论的去中心化

相较于传统媒体舆论场中的意见领袖，网络舆论场的中心概念不再突出，由于互联网平行式的交互模式，场中的个体可以从自身出发，以互联网为中介，连接到场中的其

---

① 余秀才. 网络舆论场的构成及其研究方法探析——试述西方学者的“场”论对中国网络舆论场研究带来的启示现代传播(中国传媒大学学报)，2010(05)：120-123. DOI：10. 19997/j. cnki. xdcb. 2010. 05. 032.

② 王大明. 网络舆论的场论分析[J]. 青年记者，2010(10)：45-46.

他任意一个个体。在这种去中心化的信息传播与人际互动模式中，网民可以超越现实生活中的等级差别而平等地获取和发表各种信息，可以超越现实，如身份、地位、收入、职业等各种现实差距而平等地交往①。虽然实际的网络舆论场并不能完全如设想这般，但在一定程度上，它确实达到了类似的效果。去中心化解构了原有的传播模式与传播格局，场的系统性更加显著，人的内部心理环境与外部整体环境相互作用，进而产生某种特定行为的机制日益凸显。

但在这种去中心、多节点的网络舆论场中，由于每个个体都存在着具有鲜明个人色彩的“紧张释放”，同时又缺乏中心主流媒体的引导，网络舆论场中的舆论行为往往是盲目的，缺乏深度调查。

3. 网络舆论场具有动力性

一方面，由于心理场是舆论场的组成部分之一，在心理场中引入的向量概念必然在舆论场中有所体现。场中的个体根据不同方向被分为三类，分别是无方向、引力和斥力。当网民处于无方向的状态时，其心理紧张系统基本处于平衡状态，此时他还没有形成较为明确的意志(或需求压力)，或者还没有受到外部环境的刺激，还不会付出较为明显的实际行动，处于无目标的状态。当个体呈现出引力状态时，他受到自身内部心理的动力驱动，并受到外部网络环境的刺激，产生了需求压力，此时网民在舆论场中通常会选择自我意志的表达，舆论也往往在这个阶段形成。而当网络环境不再能满足个体的需求时，网民往往表现出斥力的状态②。总而言之，民众心理场是网络舆论形成的动力之一。

另一方面，网络舆论场中的信息对于民众心理场也产生着影响。舆论场是一个系统的结构，处于场中的事物相互依存、相互影响，当构成舆论场的某个要素或系统发生变化时，系统的其他部分也随之发生改变。也就是说，舆论场并非一成不变的，它具备动态变化的动力特征。

总体来看，网络舆论场同时具有新媒体场与心理场的特征，也就是说，网络舆论场也应该具有整体观、系统性的特点，所以在研究网络舆论场的时候，要以整体的、系统性的视角去看待问题，并且考虑到新媒介场和社会场的影响，从而更加全面地处理舆论传播问题。

勒温的场论在传播学中的应用案例

6.1.3 勒温场论在传播心理学中的应用

诚然，心理场概念的提出为研究环境对于个体行为的影响提供了一个有效的路径，但由于勒温所提及的心理生活空间具有十分强烈的主观色彩，不可能客观地描述出某个人的心理生活空间。此外，心理场论相对抽象，缺乏具体的操作性定义，难以具体测

① 王大明. 网络舆论的场论分析[J]. 青年记者，2010(10)：45-46.

② 刘京林. 浅析网民的心理生活空间[J]. 新闻三昧，2002(5)：54-56.

量或操作化，这使得在实际研究中有时难以应用。同时，勒温并没有为心理场的研究提供一个判断标准，他只是将“场”的概念建构出来，这让我们在研究中很难对行为进行预测并提供指导，而只能对已经发生的行为进行解释，心理场的实际运用效果并不显著①。

除了测量维度，场论本身还存在一定不足。有人认为，勒温的场论过于简化了人类行为的多维性，可能无法充分考虑到个体的多样性和复杂性，以及各种因素如文化背景、情感、情绪和价值观等对行为的影响。同时，心理场主要解释了外部环境和社会因素对个体的影响，但没有涵盖个体内部的认知和情感过程。也就是说，对于个体内部心理环境的认知机制与反应过程，场论并没有做出足够且合理的解释，勒温的心理场论仍然需要完善补充。

6.2　周围人的影响：参照群体的力量

在传播学领域，参照群体是一个广泛应用的概念，研究者经常研究信息传播、媒体影响、舆论形成和社交传播等话题，而参照群体可以在理解这些过程中发挥关键作用。参照群体的概念可以帮助解释为什么人们在信息传播和意见形成中做出特定的选择，以及为什么他们更容易受到某些信息或观点的影响。

6.2.1　参照群体的起源与发展

“参照群体”的概念来源于心理学。1902年，库利在他的《人类本性与社会秩序》中提出“镜中我”理论，他认为，自我的观念不完全是主观的，而是依赖客观，是社会的，真正的自我是一个社会的我，是受他人态度影响而产生的我，其形成是主客观的结合过程。1903年，杜波伊斯在其成名作《黑人的灵魂》一书中运用库利的“镜中我”理论的分析视角，进一步突出了他人群体对自我认知的影响。此时的“镜中我”理论虽然没有直接阐述“参照群体”这个概念，但其涉及的“他人”的概念，本质就是“参照群体”。直到1942年，“参照群体”的概念被海曼首次提出。海曼指出，参照群体是指人们判断事物时所依据的一个标准或效仿的一个群体。随着“参照群体”概念的提出，“参照群体”被广泛应用于各个领域，比如斯托弗就使用“相对剥夺”的概念来解释美国士兵的公平感问题，他认为美国士兵的剥夺感取决于他们相对于参照群体的境遇状况，而非客观上的境遇②。

但是，默顿认为，这种分析只是从独立的概念去分析案例，缺乏系统性的认识，因此不够完善。默顿认为存在三种类型的比较：第一种，“与同自己有实际交往、具有

① 昀熙. 库尔特·勒温：社会心理学的先驱[J]. 现代企业文化，2012(7)：46-47.

② 庄家炽. 参照群体理论评述[J]. 社会发展研究，2016(3)：184-197+245-246.

稳定的社会联系的人进行比较”；第二种，“与那些处于同一地位或同一社会范畴的人进行比较”；第三种，“与那些处于不同社会地位或社会范畴的人进行比较”[①]。在这样的认识上，默顿引入了预期社会化与内外群体的概念，将参照行为划分为了两类：隶属群体的参照行为和非隶属群体的参照行为。前者指的是个体以自身所在群体为参照群体，用所在群体的标准作为自我评价的准绳，个体会自觉或不自觉地以此标准对照自己的行为并修正自己的行为；后者则是以外部群体作为参照群体，以外部群体的标准作为自我评价的基础。而对于参照群体的选择，默顿认为，需要假设个体与参照群体之间存在的相似点(一般指社会结构地位)，一旦找出这个相似点，情境中其他的异同点就会成为评价的参考标准。此外，个体也可以和不同社会结构地位的人进行比较，但这种比较不具有一般性，不能成为其所在群体的共同参考框架。在默顿的进一步阐述之下，参照群体理论迅速被应用于经济学、教育学等领域，并取得长足发展。

6.2.2 参照群体的功能

人们普遍认为，参照群体一般具有两个功能：第一个是比较功能，它能用来作为个体行为的比较标准，衡量个体行为的尺度；第二个是规范功能，它能用来给个体的行为树立榜样，进而做出规范的评定。前者为个体评判自己与他人相对位置提供参考，与非隶属群体参照行为相对应；后者则是被个体接受的价值观念，与隶属群体参照行为相对应。

当提及参照群体的比较功能时，相对剥夺感是个体进行比较行为的过程中最主要的特征。经典的相对剥夺理论认为，个体主要通过与他人比较来评价其地位和处境，弱势群体成员经常体验到基本权利被剥夺的感觉，这种被剥夺感不仅使他们失去现实生活中的很多机会，还会对其心理发展造成损害。

而从参照群体理论的角度出发，相对剥夺感其实是个体或者群体在与参照群体进行比较的过程中而产生的一种心理感受。它的产生来源于参照群体的选择，但并不代表与实际利益有着直接联系。有时实际利益减少，会产生相对剥夺感；有时实际利益增加也会产生相对剥夺感，相对剥夺感的产生更依赖于社会比较。人们对自我生活状态的感知并不简单地取决于其当下的社会经济地位，在很大程度上是同其社会网络中不同地位群体相互比照的结果。在相互比照的过程中，个体能够对自己的现实处境形成心理预期和主观感知，继而影响其对自身生活幸福程度的综合判断[②]。此外，当个体在进行比较行为时，如果没有满足自己的价值期待，也会产生相对剥夺的心理感受。在现实生活中，个体或群体之所以会有价值期待，是因为其所参照的另一群体的生活状态对其产生了刺激，为达到心理上的平衡，他们期待拥有与参照群体一样的生活条件。但如果他们的价

① 李国武，陈姝妤. 参照群体、社会身份与位置考虑[J]. 社会学评论，2018，6(6)：3-15.

② 郭小弦，王建. 社会支持还是参照群体——社会网络对主观幸福感影响机制的考察[J]. 社会科学战线，2019(1)：240-248.

值机会无法使之达到这种生活状态，他们就会产生相对剥夺感①。

而参照群体的规范功能主要指的是隶属群体参照行为的具体表现，个体会依照参照群体的规范或者标准对自己的行为进行修正。规范功能在社会心理中普遍存在着。规范是指在一定社会背景下，群体对其所属成员行为合适性的期待，是群体为其成员确定的行为标准。当个体遵守隶属群体的规范时，就会得到群体的接纳和赞赏，反之就会被群体拒绝。在我国，这种参照群体的规范功能的使用尤为突出，比如纸媒时代的先进典型报道，真实、感人的先进典型宣传，具有正强化的激励作用，能鼓舞人心，激发斗志，改善人们的精神面貌②。媒体通过宣传先进典型，构建出我国最广大群体的期待，使得社会中的其他个体规范修正自己的行为，这就是对参照群体理论中规范行为的具体运用。

6.2.3　参照群体的形成机制与选择理论模型

古德曼认为，参照群体的形成主要受两个维度的影响。一个是信息的可获得程度，它是指人们对参照对象的信息来源及信息多寡，越容易获得相关特征信息的其他人越可能成为个体的参照对象；另一个是相关性程度，它是指参照对象与个体的关联程度和可比较程度，越是与其有关联的其他人越可能成为参照对象。也就是说，信息的可获得程度越高，相关性越密切的其他人就越容易成为参照对象。

此外，在对参照群体选择的影响因素研究当中，其他研究者分别总结了社会结构、人口学特征、主观意愿、认知因素、社会环境、可观察性等影响因素。古德曼在这些研究的基础上，从信息的可获得程度与相关性程度两个维度出发，系统性地总结出了参照群体选择模型(见图6-2)。其中，他认为个体与环境因素共同影响着信息可获得程度；工具性的需求(心理动机)直接作用于相关性程度，而工具性需求被计算的便捷性(社会比较的可计算程度)和适合性(即社会结构的影响)影响。个体在这样的机制之下能够评判出哪些群体更适合作为自己的参照群体。

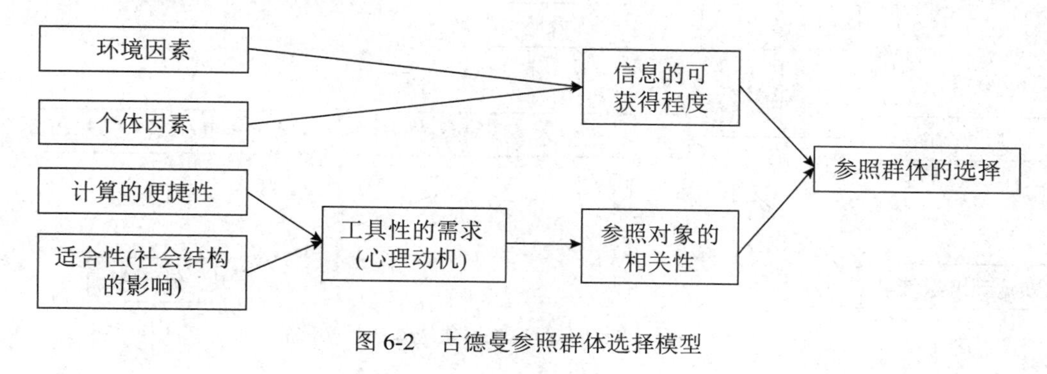

图6-2　古德曼参照群体选择模型

① 李俊. 相对剥夺理论的价值论视角[J]. 学海，2005(4)：175-178.

② 朱利龙. 先进典型报道与参照群体心理效应[J]. 新闻业务，1986(11)：26-27.

在古德曼之后，还有很多学者对参照群体选择模型进行了优化。后续的研究将个体因素拆分为性别、种族、年龄等因素，在环境因素中添加了工作安排、程序变革与空间距离，并且发现环境因素可以对相关性程度进行影响，个体因素也同样会影响对相关性程度的判断。莱文和兰德更是指出，信息的可获得程度和参照对象的相关性在有些时候是可以相互依赖的。在这些研究的基础上，库利克和安布罗斯提出了一个更加细化的选择模型(见图6-3)。但是这种优化使得模型变得过于复杂，因素之间的关系不够清晰，不能很好地诠释参照群体选择过程中各因素的主次关系。

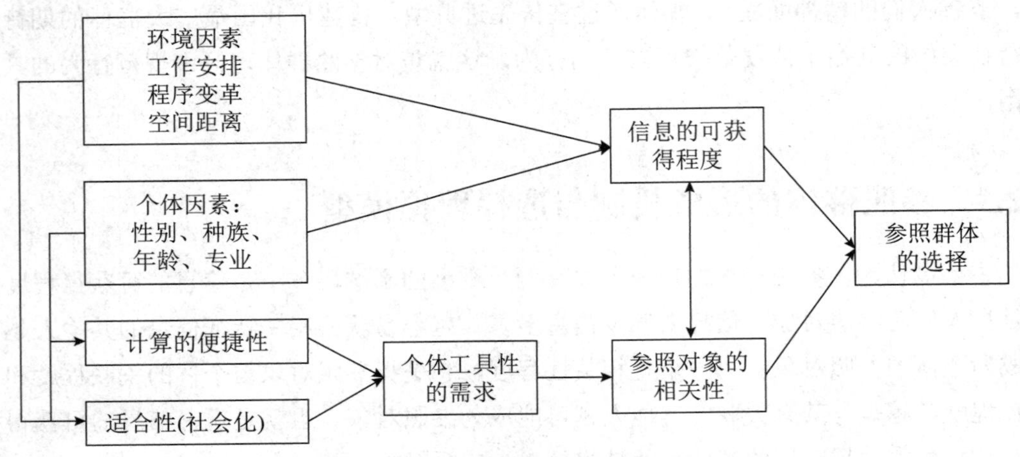

图 6-3　库利克参照群体选择模型

在库利克选择模型的基础上，奥尼尔等研究者又将认知因素和系统参照对象整合到模型当中，并提出了一个综合模型(见图6-4)。他们认为，环境变量在对人们的选择进行影响时，存在着一个由客观到主观的过程。当人们所处的组织环境越开放，信息流动越顺畅时，人们就越容易选择他人作为自己的参考对象。虽然奥尼尔等人在模型中强调了主观认知因素的作用，但他们并没有很好地解释主观认知的作用机制，同时也忽视了客观环境的制约影响。

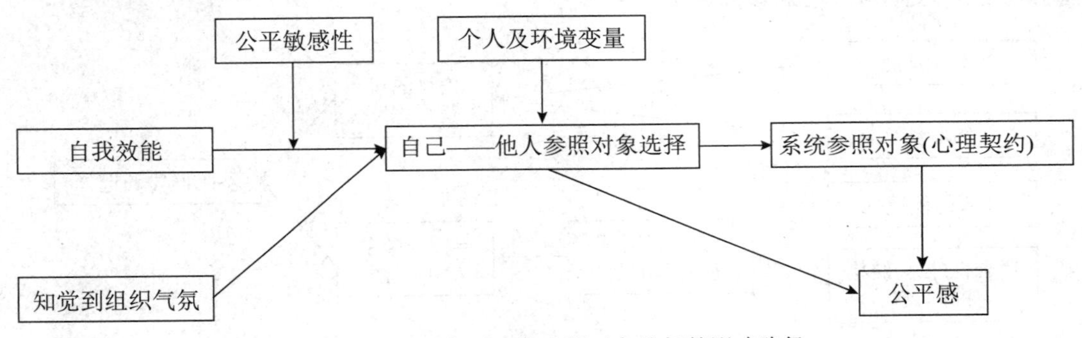

图 6-4　主观认知对人们参照对象选择的影响路径

6.2.4 参照群体在网络传播心理实践中的应用

互联网时代，自媒体高度发达，新兴自媒体所呈现的参照群体对用户产生规范性影响、信息性影响和价值表现影响，从而更好地达到自己的传播目的。在这一点上，网络营销传播实现了传播与参照群体的有机结合，产生了良好的传播效果。

在互联网场域中，最为突出的参照群体就是虚拟社区，虚拟社区是对消费者具有明显影响力的参照群体，虚拟社区能够对参与其中的消费者产生信息性影响和规范性影响。消费者作为虚拟社区的成员，在购买行为方面不可避免地受到这种虚拟群体的影响①。在虚拟社区中，由于网络匿名性，社区成员较现实生活中更愿意进行交流与信息传播，虚拟社区作为一个参照群体，所产生的行为、观念、意见更容易被个体作为有用的意见所采纳，个体在这种信息性影响下，以参照群体为榜样去修正或者规范自己的行为，进而在网络营销中产生购买行为。此外，规范性影响在虚拟社区中依然适用，如果在特定的虚拟社区中，参照群体普遍对某种商品都保持认可的态度，那么个体在这种规范性影响下，也会倾向于购买该商品；相反，如果参照群体普遍对某样商品采取抵触的态度，那么个体也会在这种集体压力下宣称不使用该产品。

在虚拟社区中所表现出来的规范性影响和信息性影响都主要指的是隶属群体参照行为，即个体受所在群体的影响而产生的行为。而在互联网时代，另一种营销模式——网红经济不仅仅在规范性和信息性上有着影响，同时也涉及非隶属群体参照行为。

网红参照群体的价值性影响是指消费者希望通过模仿参照群体的行为和产品偏好来实现自我内在到外在的提升②。互联网时代，网红在一定程度上决定着当前社会的潮流趋势，网红扮演着“专家”的角色，对消费者进行着价值性影响。同时，与传统的传播方式不同，网红与受众采用交互式的信息传播方式，打破了两者的隔阂，使得消费者对于网红参照群体的情感加深，大大增加了消费者的购买欲望。

新媒体时代，参照群体与信息传播结合得更加紧密，由于互联网更加便捷的传播方式，人们能够更容易地获取信息资源，从而接触到更多的生活群体，这些群体都可以被当作参照群体，进而对网民产生影响。人们不再局限于隶属群体参照行为，对非隶属群体的参照行为也逐渐增多，参照群体的适用范围与发展前景开始变得更加宽广。

6.2.5 参照群体理论的局限与发展

参照群体的概念在传播学中主要应用于品牌研究，以往的研究仅仅局限于参照群体本身，而缺少对参照群体不同维度影响的内部作用机理的探讨，也没有将参照群体影响作为自变量来研究其与品牌资产驱动因素之间的关系③。品牌作为一些特殊含义的集

---

① 徐小龙. 虚拟社区对消费者购买行为的影响——一个参照群体视角[J]. 财贸经济，2012(2)：114-123.

② 朱芳. 网红参照群体对消费者购买意愿的影响研究[D]. 深圳：深圳大学，2017.

③ 贾鹤，王永贵，刘佳媛，等. 参照群体对消费决策影响研究述评[J]. 外国经济与管理，2008(6)：51-58.

合，其作用就是让消费者产生联想，参照群体就是特殊含义的来源之一。而在这一方面，对于参照群体概念的研究还不深刻，参照群体只能作为一个抽象的概念起到解释的作用，但还不能准确描述它与品牌营销的内在关系。

此外，参照群体本身的研究方法也存在着一定缺陷，目前的研究方法主要有三种：第一种是开放式访谈法，这种方法的好处是可以还原参照群体的多元性以及不稳定性，但缺点在于统计分析的复杂程度，加大了研究难度；第二种是结构性访谈，这种方法主要通过预设框架的形式，让受试者在既定的参照群体中做出选择，虽然这简化了研究难度，但是结论太过粗糙，并且参照群体分类的概念不够清晰，部分参照群体之间存在重合；第三种是实验法，这种方法可以排除一些无关因素，但它不能包含具体的社会背景和条件，与研究的目的有所偏离①。

6.3 群体性事件的心理探析：集群行为理论的视角

群体性事件，通常又被西方学术界称为集群行为(collective behavior)或集体行动，抑或社会运动。所谓集群行为，是指“在相对自发的、不可预料的、无组织的以及不稳定的情况下对某一共同影响或刺激产生反应的行为”②，因此，基于其“不稳定”的特性，群体性事件往往具有通过多次演化对社会产生深远影响的可能性。

西方国家在多年社会治理实践中，产生了众多相关理论学者和理论流派，通过建立社会理论基础以及法制化尝试，对群体性事件的处理积累了程序化经验，有效地巩固了社会的稳定与政治健康。近年来，伴随着网络群体性事件频发，各国政府以及学者对于网络群体性事件的研究正在不断深化。

6.3.1 集群行为的表征与逻辑

集群行为具有典型的表征，通过这些特点可以快速辨别某个群体性活动是不是“集群行为”。集群行为也具有一套相对固定的形成逻辑，在多重维度的共同作用下会形成集群行为。集群行为的危险性不容小觑，在集群行为的背后存在着潜在的社会风险因素。

1. 集群行为的具体表现

集群行为具体的表现主要包括如下几类：一是以谣言、宣传、舆论等为例的初级阶段的集群行为；二是以恐慌、流行、时尚、狂热、灾后行为等为例的易发生在分散的社会群体中的大众行为；三是以球迷聚众闹事、罢工、罢课、游行、示威等为例的易发生

---

① 庄家炽. 参照群体理论评述[J]. 社会发展研究，2016(3)：184-197+245-246.

② 戴维·波普诺. 社会学[M]. 10版. 李强，等译. 北京：中国人民大学出版社，1999.

在相对集中群体中的且可能相对具有一定组织和目标的群体性事件①。

集群行为拥有较强的演化能力，是处于不断变化之中的。集群行为易受到内外多种因素的影响，可以从多重维度诸如传播学、心理学、社会学、政治学、人类学、历史学等进行解释。集群行为不仅会出现范围、规模的变化，如初级状态的骚动可能演变为骚乱动乱，以至于暴乱，还会出现性质变化，如由政治行为转变为反社会事件。

随着互联网的普及发展，网络提供了良好的群体活动和信息交流空间，这给予“集群行为”的网络化空间。随着不断的发展演化，现实、网络下的集群行为愈发不同，分别被称为现实集群行为与网络集群行为。现实集群行为包括一切发生在现实中的集群行为，包括上述游行、闹事等行为；而网络集群行为包括网络谣言、网络暴力等。网络集群行为与现实集群行为关系密切，两者往往互相影响，互相促进。网络集群行为伴随着网络全面介入人类生活而深化。早在2006年，如“虐猫事件”，网络集群行为就已经初露端倪。时至今日，网络集群行为已经强烈冲击了现有的网络秩序。

2. 集群行为形成的系统化逻辑

关于集群行为的形成有多种理论，并形成了多种维度。其中一种维度主要强调社会情境或环境因素对个体心理产生的负面效果，如将受挫感、相对剥夺感、主观利益受损作为集群行为重要诱因的挫折-侵犯理论，主张利用安全阀机制减少由社会冲突引发的集群行为的社会冲突理论，以及用本能、暗示、感染从众等心理学概念解释群体心理和行为机制的模仿理论、辐合理论 、匿名理论、感染理论、循环反应理论、紧急规范理论等②。

而其中影响力较大的是美国学者斯梅尔塞(Smelser)提出的价值累加理论。价值累加理论认为，集群行为是由6个价值相累加的步骤组成的系统化过程，包括有利的结构条件、结构性紧张、普遍化的信念、导火索、参与动员、社会控制的运作。有利的结构条件指助长集群事件发生的空间条件、经济条件、社会条件、政治条件等因素；结构性紧张指社会产生的较大的结构性压力，为集群性事件产生提供有利条件；普遍化的信念指人们在某种环境下产生的负面的普遍感受；导火索指引发集群行为的引爆剂；参与动员指人们通过传播，鼓动更多人参与到集群事件中；社会控制的运作指社会通过道德、法律等控制方式对集群行为进行控制的能力。在该理论框架之下，集群行为的过程是按照一种特定模式而进行的逐个步骤的价值累加过程，每一步骤都是下一步骤的前提与条件，步步紧扣，最后致使集体行为的发生③。

3. 集群行为理论模型的建立

下面以微观、中观和宏观视角相结合的方式来整理思路。在以往的社会学、社会心

①② 薛婷，陈浩，乐国安. 集群行为诸理论的整合模型[J]. 心理科学，2010，33(6)：1439-1443.

③ 宋民雪. 环境污染群体性事件的演化博弈分析[D]. 大连：东北财经大学，2023.

理学、政治学等学科中，集群行为理论通常是从宏观或微观的角度来解释现实世界中集群行为的发生、发展机制和影响因素。然而，互联网作为网络集群行为的主要环境，是建立在现实世界基础之上的人类传播和精神交往的第二世界。它是第一世界的延伸和扩展①。不管是作为新型的“拟态环境”还是人们的“公共话语空间”，网络已融入人们的生活，成为人们整体社会生活的一部分。因此，我们借鉴美国社会学者查尔斯·扎斯特罗对社会生态系统的分层，可以将网络环境分为相应的三个水平：微观系统、中观系统、宏观系统②。

网络环境中的微观系统主要是指个体的存在，作为网络集群行为的直接参与者，其心理和行为受到其他因素的影响，同时也对事件的发展具有至关重要的作用。中观系统主要是指在虚拟社区中形成的各种小规模群体，这些群体既是一种参与网络集群行为的方式，也是网络集群行为发生和发展的直接场所，同时还会影响个体的心理和行为表现。宏观系统则是指比小规模群体更大的社会系统，例如虚拟社区、网络文化和机构组织等。与现实社会一样，网络环境中不同水平和层次之间也存在着交互作用，并且同现实环境一起影响着网络集群行为的发生和发展。因此，要对网络集群行为的发展全貌和本质进行认识，就需要对以往众多理论中所涉及的不同解释水平的内容进行梳理和整合。在这种情况下，价值累加理论可以被用作整合框架，该理论是集群行为研究中的一个里程碑式的解释理论。

美国学者斯梅尔塞提出的价值累加理论指出了导致和促进集群行为的六项必要而非充分条件。尽管人们生活在高压和紧张的社会结构或背景环境中，集群行为的产生并非无迹可寻，但这些行为通常需要一个“触发因素”，也就是一种普遍情绪或共同信念，人们要对自己的处境形成某种共享的集体观念。一旦带头人物出现并鼓励他人采取行动，社会控制机制因薄弱或失效往往无法阻止这种行为。此理论不仅涵盖与现实集群行为相关的宏观和微观层面，还描绘了现实集群行为发生、发展的整体路径。有学者认为，该理论不仅适用于现实集群行为，同时也能解释网络集群行为，他们尝试以此理论为分析工具，对特定的网络追杀事件、网络暴力事件和网络玩家集群事件进行理论刻画。这些分析初步揭示了网络集群行为的发生、发展路径和可能机制，同时也暗示了网络集群行为与现实集群行为之间的紧密关系，启发我们将该理论作为初步建构网络集群行为理论解释模型的基础框架(见图6-5)。

---

① 张允若. 关于网络传播的一些理论思考[J]. 国际新闻界，2002(1)：60-64.

② 彭兰. 传播者、受众、渠道 博客传播的深层机制[J]. 上海师范大学学报(哲学社会科学版)，2007(6)：89-90.

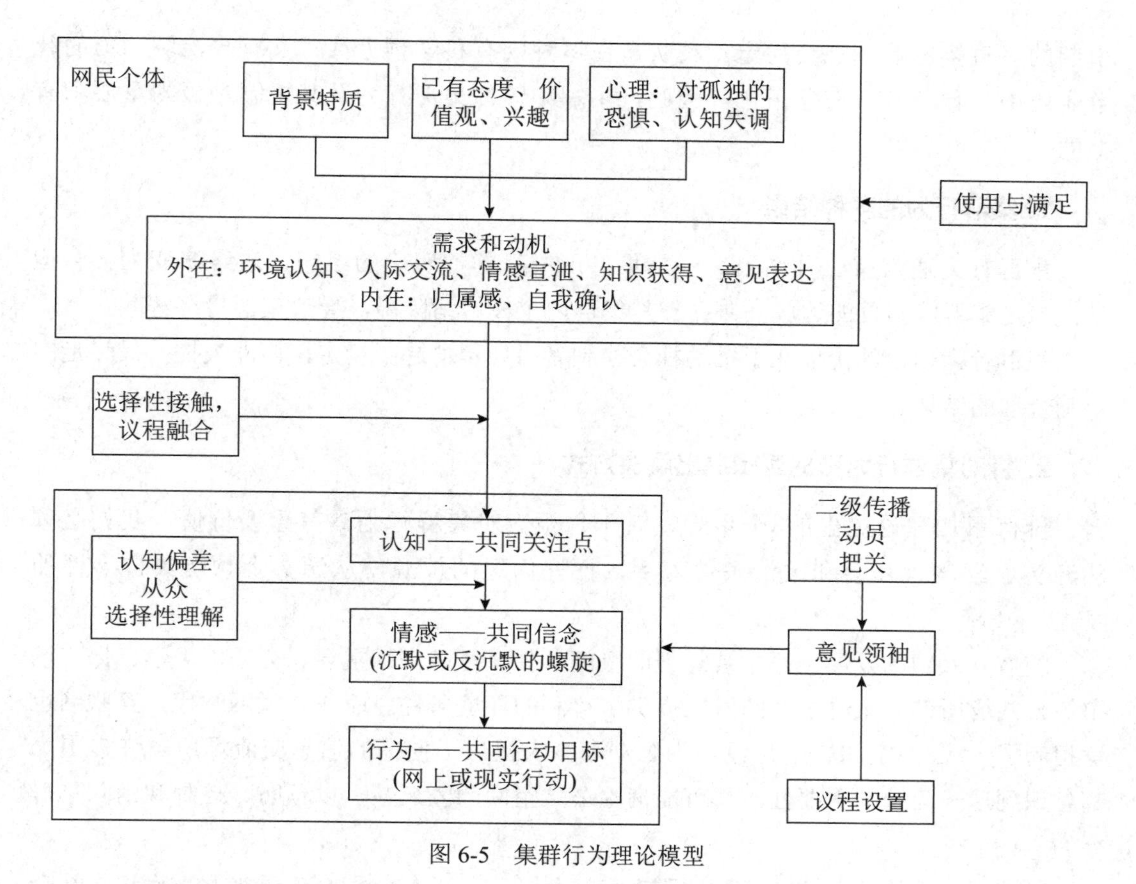

图 6-5　集群行为理论模型

4．集群行为的风险

法国学者勒庞认为："一个心理群体表现出来的最惊人的特点如下，构成这个群体的个人不管是谁，他们的生活方式、职业、性格或智力不管是相同还是不相同，他们变成一个群体这个事实，便使他们获得了一种集体心理，这使他们的感情、思想和行为变得与他们单独一人时颇为不同①。"不确定性是审视社会风险的重要因素，而集群行为的不确定性带来了巨大的风险和挑战。尤其在网络化时代，群体和个体在收到巨量的信息的时候，难以迅速做出理性决定，个人与群体的情绪相互交错，个人控制力被削弱，极易转向非理性的行为，从而冲击社会秩序，造成社会风险。

集群行为有着相对固化的特点、形成逻辑以及可预测的风险。因而，面对可能引发社会问题的集群行为，应当针对其特点和形成逻辑，进行及时观察和预先应对。

6.3.2　集群行为的结果与干预

进入 21 世纪以来，在经济和社会快速发展的过程中，我国的群体性事件持续呈现多发、频发的态势。作为相对激烈的社会冲突形式，群体性事件是由具体的矛盾纠纷

① 古斯塔夫·勒庞. 乌合之众——大众心理研究[M]. 冯克利，译，北京：中央编译出版社，2004：14.

引起的，直接影响到社会稳定。其实，在这种既有科学预见性，又有政治驱动力的社会矛盾中，预警胜于应急干预。因此，了解和评估集群行为及其机制是极为重要和有益的。

1. 集群行为的多种结果

集群行为通常有三种结果：一是集群形成目的性明确的组织，最终演变为社会运动；二是集群就其目的达成妥协；三是集群内个体情绪降温，导致集群最终解散。

集群行为理论的价值在于推动社会控制者引导集群趋于稳定，而非失控，最终走向正确合理的结果。

2. 针对集群行为形成逻辑提出解决方式

价值累加理论提出的6个步骤，对于积极应对集群行为具有重要价值。我们必须从源头、经济、社会和政治条件入手，探究问题的根源，从源头上预防集群事件的发生。

随着互联网的发展，原本被忽视的空间条件变得越来越重要。公园、大学、体育场馆等公共场所都为集群事件的发生提供了有利的环境条件，而在互联网时代，互联网也承担起了“公共空间”的角色，为公众和个人提供了便捷的信息交流场所。许多国家都意识到这一问题的重要性，尽可能消除公共空间的匿名性，以预防、控制和消除集群行为。

价值累加理论所论述的结构性张力和泛化信仰，促使我们高度重视并准确记录社会心理和从众心理，为人们表达意见和不满提供必要的“安全阀”渠道，引导公民自觉通过法律允许的正常渠道表达不满，防止不满过度地下化和隐形化。引导公民自觉通过法律允许的正常渠道宣泄不满情绪，防止不满情绪过度地下积累，导致冲突爆发。此外，心理疏导和舆论引导措施非常重要。

关于动员参与的讨论对于协助社会有针对性地预防和控制集群事件具有启发意义。价值累加理论对社会控制功能的分析强调了社会控制的极端重要性。如果一个社会的控制机制强大且运用得当，群体性事件通常能得到有效控制，大多数甚至可以在萌芽状态就被消除，从而避免对社会稳定造成重大影响或破坏。

集群行为的风险和结果让我们不得不重视应对集群行为的措施，尤其是在互联网发达的今天，对集群行为的不当处置极有可能造成不可预估的社会不良影响。因此，通过公众的心理机制来制定备用解决方案是必要和必然的。

网络集群行为案例分析

6.4　“禁止”告示牌的作用：规范焦点理论的视角

社会规范往往不是法律，更多的是以道德规范的形式出现的。“禁止”告示牌在现实社会中被广泛应用，虽然其被应用于规范厕所卫生、规范排队秩序、规范公共场合秩序等多个场景之下，但其规范效用受到了挑战，“禁止”告示牌下，违反规范的行为仍然屡屡发生。这使得我们不得不思考，如何才能解释这样的现象，怎样才能更有效地规范人们的行为？规范焦点理论给我们提供了一些启示。

6.4.1　规范焦点理论的核心观点及其“反常识”特性

1990年，美国社会心理学家罗伯特·西奥迪尼(Robert Cialdini)等人提出了规范焦点理论。规范焦点理论是社会规范相关研究中近年来影响最大的一个理论。规范焦点理论的内容与大众常识相悖，被称为“一个反常识的理论”。规范焦点理论认为，人们做出的行为背后并非总是受到自我意识、态度或目的的驱使，而是因为受到社会规范的影响。例如，问一个人为什么会节约用电，他可能会说为了保护环境，或者说有利于社会发展，还可能说为了节省开支，然而基于规范焦点理论的研究发现，人们的节能行为更多受到其他人节能行为的影响，而诸如环保、有益社会和省钱这样表面堂皇的理由对实际节能行为的影响并不大。在心理学研究中，社会规范通常被定义为不同于法律、规章制度等明文限定的行为规范，它是一个在群体中被成员所接受和遵从，对其行为起指导、限制和约束作用的行为标准和规则。当个体面临复杂、不确定甚至危险的情况时，社会规范可以给予行为上的指导。

1. 规范焦点理论的区分和定义

规范焦点理论将社会规范分为描述性社会规范和指令性社会规范。

描述性社会规范是在没有外部指导的情况下，对社会环境中大多数人的行为的描述，是基于个人对其所属社会群体中大多数行为的认知。例如，停车场的地面上没有垃圾，这就传达了一种描述性规范，即大多数人不会在这里乱扔垃圾。描述性规范适用于个人行为。例如，如果一个人知道周围的人都在接种人乳头瘤病毒疫苗，其就更有可能采取相应的行为。

指令性规范是关于一个人应该如何行动，即一个人应该做什么，传达的是支持或不支持特定行为的群体行为规范，是社会规范的或然水平。遵守或不遵守指令性规范都会产生相应的社会后果。也就是说，人们倾向于支持或鼓励符合规范的行为，否定或惩罚不符合规范的行为。

对社会规范的认知是个人行为的一个重要标准。其他人的行为方式相似，或者其他人认为自己的行为方式应该相似，这对个人是否会做出特定行为有着重要影响。描述性规范和指令性规范对行为的影响通常是相同的。此外，当描述性规范和指令性规范一致时，描述性规范对行为的影响更大。当然，当两者不一致时，它们提供的行为信息就会相互冲突，从而削弱规范对行为的影响。例如，在垃圾遍地的停车场设置“禁止乱扔垃圾”的标志就不会产生有效的规范影响。

规范焦点理论明确区分了两种性质的规范，并深入阐释了这些规范对行为的影响机制。一方面，描述性规范对个体行为的影响往往是潜移默化的，人们会在不自觉中受到周围大多数人行为模式的影响，而不论这些行为在道德或价值层面上是积极还是消极。比如在一个办公室里，如果大家都习惯在午休时间吃零食，那么新加入的同事可能也会不自觉地跟着吃零食，即使他原本并没有这个习惯，这就是描述性规范在起作用，人们不自觉地模仿大多数人的行为。另一方面，指令性规范则侧重于通过强调不良行为中可能蕴含的积极因素，来引导人们采取行动以减少这些不良行为。比如，学校里规定不能乱扔垃圾，并通过宣传“保护环境，人人有责”来强调这一规范。虽然一开始学生们可能觉得麻烦，但慢慢地，大家都会开始自觉地把垃圾扔进垃圾桶，因为学校通过教育让大家认识到了乱扔垃圾的不良影响，并鼓励大家采取行动来减少这种行为。然而，社会所倡导和重视的积极行为往往难以实现，因为这要求个体能够超越个人利益的局限做出某种牺牲。尽管如此，一旦这些规范在团队层面付诸实践时，它们的影响将超越特定的情境，对个体的行为产生深远且持久的指导作用。这一理论为传播心理学领域提供了关于规范如何塑造和影响个体及群体行为的重要见解。

社会规范无处不在，多种类型的规范可能适用于同一种情况。然而，无论规范的类型如何，只有在行为发生时，社会规范才会对个人行为产生重大影响。

2. 规范焦点理论中的“焦点”

要使行为准则行之有效，就要使这些“规范”成为人们眼中的“焦点”。“焦点”并不总是以显性或实体的方式出现，而是以吸引人们的注意来形成规范意识的多种形态呈现。

他人的良好行为可以成为“焦点”。他人的示范行为可以令个体注意到相应的规范。在他人都遵守规范的情境下，人们更可能采取效仿的行为——遵守规范。有研究表明，在控制变量的条件下，在相对洁净的环境中，人们更容易意识到保持卫生行为的重要性。在使用提示信息干预个体的行为时，描述性规范更容易成为注意的焦点。即使描述性规范和指令性规范相互冲突时，人们遵从描述性规范的概率更大。例如，在游览动物园时，很多地方都有“禁止给动物投喂食物”的提示牌，但如果人们看到很多人都做出投喂食物的行为，那么，很容易忽视“禁止投喂食物”的提示牌，也做出投喂食物的行为①。因此，要想使规范起到更有效的作用，需要采用适当的方法，提升注意“焦点”，更清晰地引导个体的行为。

---

① 韦庆旺，孙健敏. 对环保行为的心理学解读——规范焦点理论述评[J]. 心理科学进展，2013，21(4)：751-760.

3. 规范焦点理论在实践中的应用

规范焦点理论在很多领域都有实际应用。例如，在环境保护方面，该理论可以帮助人们更好地理解人们为什么会采取某些环保行为，并帮助设计更有效的环保政策。根据规范焦点理论，环保政策应该强调社会规范的力量，让人们的行为更符合环境保护的要求。政策可以强调大多数人不做什么事情，例如不要乱扔垃圾等。当某个人发现其他大多数人不会乱扔垃圾的时候，他会更倾向于不扔垃圾。此外，政策也可以鼓励人们采取积极的环保行为，例如使用回收物和节约能源等。通过社会规范的影响力，可以让人们自觉地保护环境，这比强制性政策更为有效。

除了环保方面，规范焦点理论也可以应用于其他领域。例如，在商业领域中，商家可以利用规范焦点理论来推广新产品或服务。商家可以通过让客户知道大多数人都喜欢该产品或服务来影响其购买决策。同样，商家也可以通过强调社会规范来鼓励客户更频繁地购买该产品或服务。此外，在政治领域中，规范焦点理论也可以帮助政治家更好地了解人们为什么会投票给他们或反对他们的政策。通过强调大多数人的行为准则和标准，政治家可以获得更多的支持或选票。

总之，规范焦点理论是一种具有重要应用价值的理论。它可以帮助人们更好地理解社会规范对个人行为的影响，并帮助政策制定者更好地了解人们的决策过程和行为偏好。

6.4.2　规范焦点理论的形成与作用机制

规范焦点理论的形成机制与人在社会中的适应过程有关，是人对社会指导性规范和描述性规范的适应过程。规范焦点理论的作用聚焦于人对规范的服从，规范的文本语义环境会影响其作用效果。

1. 两种社会规范的形成机制

制定社会规范的过程主要包括社会规范的获取、传播以及改变。一方面，从社会网络角度看，这是个体学习典型社会类别例子的过程，也是社交网络范式传播的结果。另一方面，社会规范如由个体获得并通过社会网络传播，便可成为指导标准。

建立说明性阐述模式是个体学习社会模式在社会网络中的典型模式的过程。在某一社区中，个体对该群体进行编码，这些信息保存在记忆系统中，并逐步建立对该社区的标准化描述。这些描述标准帮助个体理解社区的社会规范和行为模式，从而更好地融入和参与社区活动。在指示引起的特定条件下，对这些说明性阐述予以启动和载入。对这一进程有两种不同的解释：实证方法和概念方法。第一种是通过观察朋友的实际行为在社交网络中演绎，第二种是由行为规范(行为准则)推导出来的。

在某些情况下，描述性规范可以转化为指令性规范，这可以看作指令性标准的建立。一些研究者从系统公正理论的角度探讨了将描述性规范转化为指令性规范的心理机制。系统公正理论认为，现状相对于其他替代状况更加合情合理，这就是从“what”到“ought to”的转化，是刻板期望在行为形成中起到的作用，如刻板期望规定了适应特定心智角色的行为。根据系统公正理论，因为描述性规范是对现状的描述，而人们倾向于将现状合理化，所以描述性规范就变成指导性规范，一些研究者称之为描述性规范的灌输①。

2. 规范焦点理论的作用机制

规范焦点理论中的两种类型的社会规范都影响着人们决策时的情绪反应。实验结果显示：被施加以描述性规范的被试者在面对与“准确或效用的个体目标”有关的词汇(如准确的、有效用的、有利的等)时，反应更快；而被施加了指令性规范的被试者在面对与“社会赞许的人际目标”有关的词汇(如赞许、他人、团队等)时，反应更快，指令性规范与描述性规范相比，更大程度地引起了被试的自我意识，使其做出决策，对于决策的选择更矛盾。实验也发现，被试者的自我调节能力若大幅度削减(如让被试者先完成一个消耗注意资源的认知任务)，其后，就会降低对命令性规范的服从，反之，被试者增加了对描述性规范的服从②。

首先，社会规范的形成主要涉及个人学习和社交网络范式的传播。在个人学习方面，人们通过观察和接受信息来形成社会规范。例如，人们可能会观察到某种行为被其他人赞赏或批评，从而推断出该行为是被推崇或是被反对的，进而形成相应的社会规范。此外，社交网络范式的传播也是社会规范形成的重要途径。人们通过交流和互动来理解和接受其他人所持有的观点和行为准则，从而形成了一种共同的范式。

其次，规范焦点理论探讨了不同的社会规范对人们决策时情绪反应的影响。根据这一理论，描述性规范和指令性规范对人们的决策过程有着不同的作用。描述性规范主要关注的是“准确或效用的个体目标”，而指令性规范更注重“社会赞许的人际目标”。人们在进行决策时，会被这些不同的规范所影响，表现出不同的情绪反应。例如，当人们面对与描述性规范相关的词汇时，会更快地做出决策，而当面对与指令性规范相关的词汇时，则会更矛盾地做出决策。此外，实验还发现，当人们的自我调节能力受到限制时，他们对于指令性规范的服从会降低，而对于描述性规范的服从会增加。

总体来说，社会规范的形成机制和规范焦点理论的作用机制是心理学和社会学领域中非常重要的研究内容。这些研究可以帮助我们更好地理解人类行为和社会互动的本

---

① 韦庆旺，孙健敏. 对环保行为的心理学解读——规范焦点理论述评[J]. 心理科学进展，2013，21(4)：751-760.

② Jacobson R P，Mortensen C R，Cialdini R B. Bodies obliged and unbound：Differentiated response tendencies for injunctive and descriptive social norms[J]. Journal of Personality and Social Psychology，2011(100)：433-448.

质，从而为更好地应用心理学原理和社会学理论来指导人类行为和社会发展提供科学依据。

6.4.3 规范焦点理论的实验支持

随着多领域的研究深入，阿尔茨(Aarts)和戴克斯特霍伊斯(Dijksterhuis)在无意识社会行为研究工作的基础上，考察了环境、情境规范和社会行为之间的联系与人决策的关系，进一步地证明了规范焦点理论的正确性。

例如，被试者在进入安静有序的图书馆时，其行为会自动变得安静。这与描述性规范无意识地发挥作用有关。史密斯(Smith)和路易斯(Louis)(2008)在社会认同理论研究传统的基础上，考察了不同群体背景中的描述性规范和命令性规范对态度与行为关系的影响作用①。他们发现，内部群体(而不是外部群体)的社会规范对人们的态度和行为有重大影响。当描述性规范和指令性规范共同指导态度和行为时，态度和行为的一致程度最高。这一结果显然与规范理论在两个不同学科及其功能方面的重要性相一致。

6.4.4 规范焦点理论对社会行为的规范与引导

各种社会行为规范相互作用，有机结合，形成一个完整的社会规范体系，调整人们各个方面的社会行为，维护社会公共秩序，使得社会运作走在正常轨道。社会规范不仅对于社会的存在、发展是至关重要的，对于个体的存在、发展也是必不可少的。

规范焦点理论与社会秩序息息相关。由于其对于人决策走向的重要作用，近年来随着环保重要性的提升，规范焦点理论对引导大众的环保决策有着更重要的作用。

西奥迪尼等学者在1990年做过实验，设置了两种环境：一种是满地垃圾的环境，一种是整洁的环境。被试者经过两种环境，并看到实验助手乱丢垃圾，以引起他们的注意，然后观察他们在接下来做出的行为。结果发现，在充满垃圾的环境中的被试者更可能随手丢垃圾，而在整洁环境中的被试者很少可能这样做。这就是环境本身蕴含社会规范的作用。故而规范焦点理论的建立，对于通过操纵环境、人为影响等因素，引导大众行为(如环保行为)有着重要的意义。

规范焦点理论揭示和解决的是人们在什么情况下更倾向于遵守规范，如何能让秩序更好地践行这一问题。规范焦点理论不仅仅是“从众心理”的发展，更是系统地对社会规范效果的理论阐述，是经过众多学者实证检验的结论性的理论。

---

① Smith J R，Louis，W R. Do as we say and as we do：The interplay of descriptive and injunctive group norms in the attitude-behaviour relationship[J]. British Journal of Social Psychology，2008(47)：647-666.

6.5 民意的判断与报道：沉默的螺旋理论的启示

意识形态和舆论引导是一项重要的传播学议题，而舆论引导的重要步骤是准确判断民意并进行针对性的报道和引导。随着传播媒介的变化，即由大众媒介向网络环境改变，舆论环境和模式都在不断发生变化，受众的感知和意见表达的形式都与以往产生了巨大差别。

6.5.1 发展历程：沉默螺旋的兴起与影响

1. 早期沉默的螺旋理论

1974年，德国学者诺依曼发表了名为《沉默的螺旋：一种舆论学理论》的文章，沉默的螺旋理论被首次提出。随后诺依曼于1980年出版了著作《沉默的螺旋：舆论——我们的社会皮肤》。沉默的螺旋理论一经发布，便在传播学界产生了重大影响。

沉默的螺旋理论阐述了一种现象：人们在表达自我观点时，如果发现自己处于优势地位，会更倾向于表达观点；而当发现自己处于劣势地位时，就倾向于沉默，甚至于自己的原有观点将向“占优势地位的观点”靠拢。就此循环往复，助推优势意见不断巩固成为主导力量。这是出于人们在社交过程中，为避免被孤立，而对周围意见气候进行评估的结果。

沉默的螺旋理论在传统媒体环境下，主要受到把关人的影响，使得非主流的意见难以被表达。同时，沉默的螺旋理论强调大众媒介的“强效果”，即突出强调了媒体的作用，而大众常常持有恐惧孤立的心理。

2. 沉默的螺旋理论的再发展

沉默的螺旋理论受到了很多学者的质疑和非议，随着媒介的不断发展，传播的方式方法不断更新变化，该理论具有一定的局限性，但在众多学者的扩充之下，正处于不断的发展之中。

第一，环境条件的影响因素提升。美国学者拉索沙通过实证研究表明，当人们面对公共舆论时，并不像“沉默的螺旋”理论中所主张的那样无助，而是存在一些可以挑战“沉默的螺旋”理论的条件，比如人口变量、个人地位等。彭兰教授和日本学者平林纪子在对“恐惧孤立心理”的质疑上持类似观点，她们认为，不同国家、不同社会发展阶段、不同社会文化中的人们感受到的“多数意见”压力会有较大不同。

第二，中坚分子和意见领袖的引导。谢新洲教授和学者侯雯雯在不同时期进行的研究都从侧面表明，中坚分子的力量不可小觑。而莫斯考维希认为，“少数派中坚分子”的作用较大，可能会改变群体合力，从而对那些持反对意见的“多数派”产生影响。

第三，受众个体能量的提升。许多学者对大众媒介的强效果也提出了疑问，他们认为诺依曼太强调媒体的作用，而忽略其他因素对群体意见表达的影响。里默和霍华德通过实证研究表明，大众媒介在“沉默的螺旋”中没有起到重要作用。刘建明教授认为，媒介是否能形成效果，要看媒介意见和大众观念的一致性程度①。

“反沉默的螺旋”是多种影响变量共同作用下的新情景新产物。网络信息传播的多元化发展之下，网络空间不仅将信息更便捷地带向受众，同时也将个人的声音传向各个角落，这一特点是以前各种传播媒介所无法比拟的。通过这一点影响，受众开始逐渐转变身份，向传播者转变，会更积极地表达自己的观点，而不是在优势观点面前保持沉默。此外，“反沉默的螺旋”的另一大推手即是当代社交网络中的意见领袖(中坚分子)，他们可以快速地聚集“声音”力量，使沉默的个人找到“亲切的”组织，通过引导，可以快速扩大劣势观点，最终使少数派所持有的观点被更多人认同，形成“反沉默的螺旋”模式。

3. 沉默的螺旋理论模型

沉默的螺旋理论模型如图6-6所示。

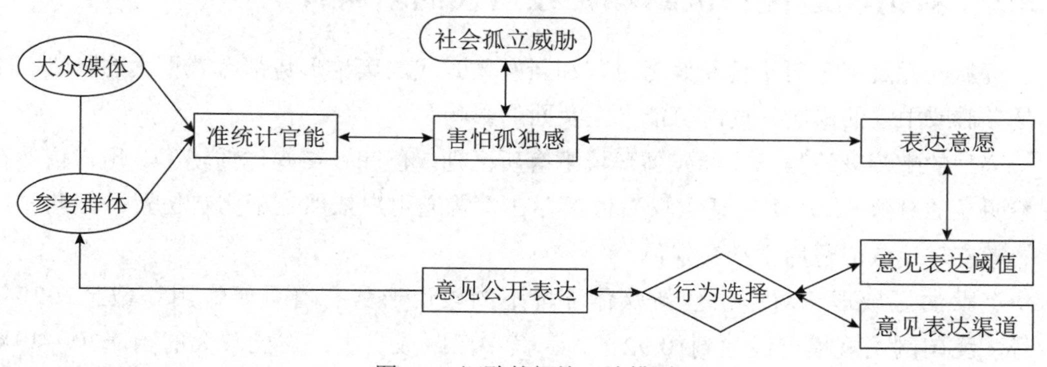

图 6-6　沉默的螺旋理论模型

舍费尔在分析中，将双重意见气候观点连接到微观、中观和宏观三个层面。因此，沉默的螺旋理论在微观、中观和宏观层面都有体现。

在微观层面，沉默的螺旋关注个体的表达愿望、害怕孤立感、准统计官能和个体层面的人口统计学属性，这些因素都影响了人们在表达自己观点时的态度和行为。

在中观层面，沉默的螺旋理论强调参考群体的影响力。参考群体的大小、意见气候、群体来源都会影响个人对主流意见的判断。作为个体因素和社会影响的代理，参考群体在信息传达和影响发挥方面扮演着重要角色。

在宏观层面，沉默的螺旋引入了大众媒体在社会层面的影响，提出了三个主要概念来解释大众媒体的影响力：共鸣效果、累积效果和遍在效果。共鸣效果，即不同媒介的报道有一种相同的倾向；累积效果，即媒体不断地重复播出同样的报道；遍在效果，即

① 常宁. 国内外“沉默的螺旋”理论研究述评及启示[J]. 青年记者，2017(21)：29-30.

媒体存在于我们社会各处，人们非常容易接触媒体发布的信息。因此，大众媒体成为全社会层面的重要因素，直接影响了个体对社会强势意见的认知判断，大众媒体所报道的意见成为全社会的意见气候，从这层意义上讲，大众媒介达成一种社会控制。

本文对于沉默的螺旋模型进行拓展的一个最主要方向是找回被忽视的参考群体，并从社会网络的角度对参考群体的概念进行拓展：处于舆论环境中的个体在面对大众舆论时，从其所在的社交网络感受到他人的观点和态度、受到这些人的影响、以这些人的态度作为行为的基础，这些位于其社交网络中的他人即为其参考群体。这一定义使得我们可以捕捉社交网络在沉默的螺旋过程中的影响。

模型延展的另一个方向是引入意见阈值理论。大量文献应用谢林提出的种族动力学理论将阈值理论引入近期的研究。阈值理论被广泛应用于人际交往对集体行动的影响研究之中，例如居住隔离研究、消费需求研究、创新扩散研究。在沉默的螺旋研究中，意见表达阈值被定义为个体表达意见所需要的公共支持的最低限度，只有超过这个阈值，人们才倾向于表达他们的意见，否则将保持沉默。

6.5.2 新情境透视：沉默螺旋在当代的新解释

沉默的螺旋现象对于传统媒介时代和新媒体时代的舆论形势都有着重大的影响，不仅是有益或中性的影响，同时可能产生负面的影响。

沉默的螺旋理论虽然在新媒体环境下有所区别，但在社交媒体情境下，用户依然存在着明显的分级①。“优势话语权”依然存在，普通用户依然处于劣势位置。因此，沉默的螺旋理论依旧适用于社交媒体。

沉默的螺旋理论对于治理新媒体环境下的舆论形势有着重要作用。截至2023年12月，我国网民规模已经达到10.92亿人，其中活跃成员中，占比较大的当属20～39岁的青年网民，其比例已经超过30%。这是群体价值观、世界观处于养成的关键时期，且这个阶段的青年往往更倾向于表达观点，参与网络舆论。因此，做好舆论引导和意识形态工作，不仅仅有利于社会治理，对于社会的可持续发展同样重要。根据我国网民特征，我国舆论公共事件的道德判断强、情感动员效应明显，当出现敏感性、触动性事件时，往往会出现大多数人形成批判的气候，不同的声音难以在这样的气候中露头，如果大众媒体营造的主流舆论与大众意见相悖，“反沉默的螺旋”就会出现。因此，需要根据沉默的螺旋的产生机制和逻辑，进行系统性的预防和引导。

我们可以分别从公众心理、弱势群体和信息真实性三个方面探讨沉默的螺旋对于新媒体情境下舆论引导的指导性意义，有助于我们更好地理解和应对新媒体时代的舆论挑战。

---

① 张凯. “沉默的螺旋”视角下网络暴力的形成机制[J]. 青年记者，2018(32)：101-102.

1. 沉默的螺旋与新媒体舆论引导环境的双向影响：重视公众心理的需求

在新媒体时代，信息传播的速度和广度前所未有，但公众的心理机制依旧受到沉默的螺旋理论的影响。人们在表达观点时，往往受到周围环境和他人意见的影响，倾向于与主流意见保持一致，而避免成为“孤独的少数”。因此，在舆论引导过程中，必须深入了解公众的心理需求，尊重并平衡各种声音，确保不同观点得到展现和讨论，从而构建一个健康、多元的舆论环境。

2. 新媒体舆论引导需警觉“沉默的螺旋”效应：关注和尊重弱势群体声音

沉默的螺旋理论强调，弱势群体的声音往往因为不被主流意见所接纳而受到压制。在新媒体情境下，这种情况依然存在。由于信息传播的碎片化和多元化，某些群体的声音可能难以被大众听到。因此，舆论引导者需要特别关注这些群体的声音，为他们提供发声的平台，确保他们的观点能够得到展现和尊重。这有助于构建一个更加公正、包容的舆论环境。

3. 从沉默的螺旋理论视角反观新媒体舆论引导原则：强调信息真实的重要性

货拉拉舆情事件

在新媒体时代，信息的真实性和准确性面临着前所未有的挑战。虚假信息和谣言的传播速度极快，对舆论的正确导向构成了严重威胁。沉默的螺旋理论提醒我们，在舆论引导过程中，必须始终坚持真实、客观的原则，加强对信息的筛选和核实，确保公众能够接触到真实、全面的信息。同时，还需要提高公众的媒介素养，增强他们对虚假信息的辨识能力，共同维护一个健康、有序的舆论环境。

总结与回顾

传播心理学的第6章主要是帮助读者以整体性和系统性的视角理解传播心理学，能够更加深刻认识到人与环境相互影响、相互依存的关系。

本章节共采用了有关传播环境的5个经典理论来阐述环境是如何在传播过程中使人的心理发生变化的。

本章首先以“勒温的场论”揭示了外部环境对人的心理产生影响的动力机制，这一思想在与传播学相结合的过程中形成了新的变化——舆论场，它使得读者可以从传播环境的角度出发去研究网络舆情事件。同时引出“参照群体”的概念，其本质上是对整体传播环境下的具体内容的补充，在某种特定的背景条件下，参照群体就是传播环境的组成部分之一。结合参照群体的概念，读者可以从环境局部对传播事件进行更加深入的研究。

接下来探究了群体性事件的心理机制，通过对集群行为理论进行深度剖析，对读者了解和评估群体行为及消解舆情有着十分宝贵的借鉴意义。此外，对规范焦点理论研究揭示了社会规范的形成机制，包括个人学习和社交网络传播等方面。规范焦点理论在实践中的应用，尤其在环保领域，对引导积极环保行为具有重要意义。

最后以经典理论——沉默的螺旋理论收尾。沉默的螺旋理论指出，个体在社交中倾向避免孤立，助长优势意见，其实是对传播环境与传播心理之间所存在的关系的深刻揭示。结合本章的五大理论，读者可以对舆论以及舆论管制有更加深刻的认识，在研究过程中能够准确把握传播环境的影响机制，从整体到局部，从群体到个人，读者在研究舆情事件的过程中能够提出更有建设性的措施，也更能准确把握传播过程中的各个节点的心理变化过程。

思维与挑战：思考题

1. 什么是心理场？它具有什么特点？
2. 心理场与舆论场存在什么关系？试简单介绍一下舆论场。
3. 试举例勒温的场论的实际运用案例，并指出它的不足之处。
4. 什么是参照群体？
5. 简述参照群体的功能。
6. 结合参照群体选择模型的发展过程，对模型进行优化。
7. 什么是反沉默的螺旋，其形成原因是什么？
8. “沉默的螺旋”在互联网是否存在？
9. 提出优化应对集群行为不良社会影响的方法。

第7章　传播策略与心理机制的精妙融合

本章将介绍传播策略理论与传播心理所涉及的相关概念，包括说服理论、精细加工可能性模型、理性诉求与感性诉求、认知失调理论、情绪的三因素理论、单面与双面说服、恐惧诉求、预防接种理论、强化理论等的相关概念，并结合具体案例进行分析和解读。

7.1　说服的艺术：路径与深度解析

人类从用肢体表达到一步步产生语言、文字，从飞鸽传书到网上聊天室，再到现在新媒体技术的产生，传播的内容、意义以及其依赖的媒介一直在发生变化，但本质上都是进行信息传递的过程。封建时期，君主通过颁布旨意来弘扬他们的统治思想和价值观念，使百姓臣服，以达到延续权力的目的；战争时期，不同立场的各方期望通过演说来吸引更多受众；到了现代，各种政治、商业行为等都在借用各种媒体手段宣传自己。不管是哪一类活动或运动，都是借传播过程传递自己的专属信息，并期待或强迫他人接受的行为，即说服受众。对于如何说服他人及如何选择更有效的说服方式的研究由来已久。

7.1.1　早期探索：说服模型的萌芽

从20世纪50年代开始，就有学者不断探索有关于说服的问题。卡尔·霍夫兰(Carl Hovland)在进行了大量关于沟通和态度改变的实验研究后，基于信息传递理论和社会判断理论，提出了态度改变——说服模型(见图7-1)。该模型以信息交流过程为基础，包含注意信息、理解信息和接收信息三个阶段，说明了说服是什么时候以及如何产生的。按照该模型，只有当他人注意、理解并且接受信息时，说服才能产生。

但霍夫兰初期的说服模型对于信息的处理只具有简单的二元性，即简单的是或者否，信息传递的三个阶段中任一阶段出现问题，都不会改变态度。因此，后来理查德·佩蒂(Richard E. Petty)和约翰·卡乔波(John T. Cacioppo)又在认知反应理论的基础上对此进行了完善。

认知反应理论认为，受众在与信息的接触过程中，他们会参与信息加工，并利用自己现有的知识和态度对信息进行分析，产生主动思考。认知反应是在信息接触后产生的思考行为，会影响信息接收者最后的态度。在这个模式下，人们对信息的认识很重要，如果某条信息很简单，但存在无法令人信服的观点，则会被轻易反驳，不会令人信服；相反，如果某条信息提供了令人信服的观点，那么受众很有可能被说服。该理论虽然已经考虑到个人的思考与分析对信息处理、态度改变的影响，但也只是假设人经常思考和重组获取到的信息或产生相关想法，没有阐明态度改变的实质①。

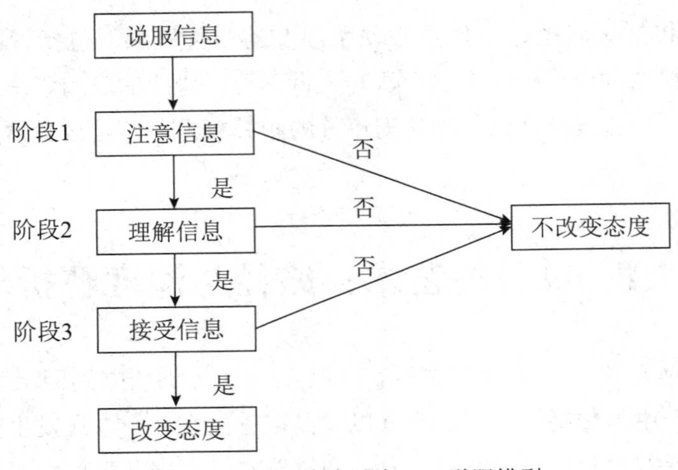

图 7-1 霍夫兰态度改变——说服模型

20世纪80年代，佩蒂和卡乔波又对相关理论模型进一步细化，考虑到某些情况下人们是单纯的信息被动接收者，另一些情况下人们又是信息的搜寻者，在此基础上，他们认为根据个人动机和能力的不同，说服的产生可能有两种路径——中心路径和外围路径，即精细加工可能性模型。

7.1.2 精细加工：可能性模型的路径剖析

精细加工可能性模型(The Elaboration Likelihood Model，ELM)又称双路径模型，如图7-2所示。该模型描述了一个人接触各类信息时，不同的信息特征如何影响其态度的改变，继而影响他的行为②。其中"精细"指的是对相关信息的思考程度，"精细加工可能性"指的是被说服者对接收到的信息进行精细分析或思考的可能性。这个模型较完善，后被用作一种说服模式广泛应用于管理学、传播学领域。

1. 说服的中心路径与外围路径

受众在信息处理的过程中，既不会一直主动思考，也不会一直被动接受。所以精细加工可能性模型认为，随着精细加工可能性的高低，人们态度的改变即说服的产生通过中心路径和外围路径来完成。

---

① 田学红，罗瑞奎. 受众对广告说服的信息加工[J]. 广告大观(理论版)，2007(6)：48-52.

② Ho S Y，Bodoff D. The Effects of Web Personalization on User Attitude and Behavior：An Integration of The Elaboration Likelihood Model and Consumer Search Theory[J]. MIS Quarterly，2014，38(2)：497-520.

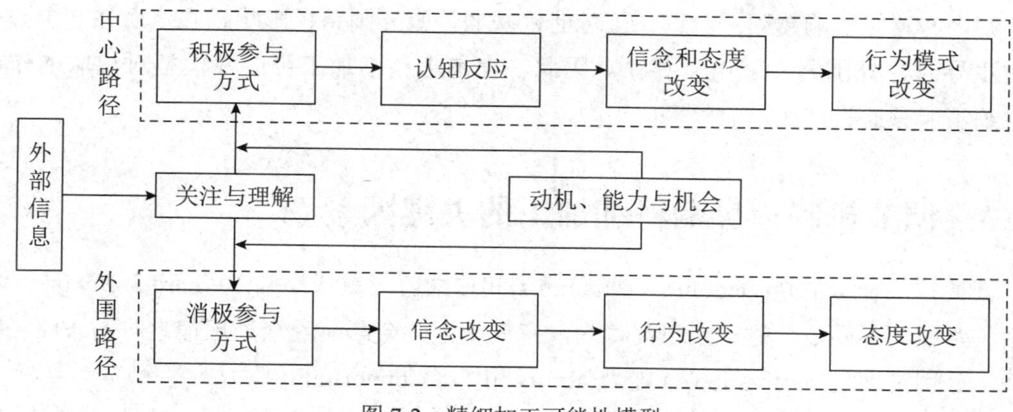

图 7-2　精细加工可能性模型

人们可以根据信息的有用性、相关性或自己的兴趣爱好，自由选择是否对信息进行进一步加工。如果个体选择对信息做一个深度的思考推演，且他们有对信息进行加工的能力，即“精细加工可能性”较高时，那么其对该信息的态度改变就通过中心路径来完成。此时个体更关注信息的本身，他们会从记忆中获取与信息相关的联想和经验并对外部信息进行思考、对比和判断，最终得出相关态度。相反地，如果个体对信息不感兴趣、没有加工信息的能力，或者某些环境因素阻碍了个体思考信息的动机和能力，那么其态度改变则通过外围路径完成，此时受众无须投入较多精力，只需根据有关于商品的显著性、提示性信息即可。例如，品牌倾向于选择具有粉丝号召力的代言人，因为代言人能促使粉丝群体大量购买其代言的产品，即使粉丝并不熟悉或从没使用过这类产品，这与产品本身的功效、价格等其他内部因素无关，只因代言人的吸引力这个外围因素，这就是外围路径在起作用。如果在购买前，消费者仔细研究产品功效、价格等，最终决定是否购买，这就是中心路径在起作用。

2. 两条路径的区别与联系

从模型提出者的观点来看，两条路径的区别有以下几点：一是对于信息的处理重点不同。在中心路径中，关于信息本身的内容更值得被关注；而在外围路径中，与信息有一定关系的边缘性线索更多被关注，比如信息源的可信度等。二是对于信息处理所花费的精力不同。在中心路径中，信息接收者往往需要投入更多的逻辑思考和分析，而在外围路径中，接收者通常以非理性、主观的方式处理信息，判断多受一些情感因素、环境因素影响。三是带来的说服效果是不一样的。其中，中心路径带来的说服效果比较持久，而外围路径带来的态度变化比较短暂，没有长期的行为改变，这种改变还可能随着时间的推移而衰退①。

但是，两条路径并非独立存在，两条路径处于一个整体之中。精细加工可能性增

① Anol，Bhattacherjee，Clive Sanford. Influence Processes for Information Technology Acceptance：An ElaboRa-Tionlikelihood Model[J]. MIS Quarterly，2006，30(4)：805-825.

加，则中心路径影响越强；精细加工可能性减弱，则外围路径影响越强，而并非中心路径占主导时，外围路径就不复存在。因此，在考虑精细加工可能性模型对说服的作用时，绝不能顾此失彼。

7.1.3 调节机制：影响精细加工的关键因素

德博拉·麦金尼斯(Deborah J. MacInnis)和伯纳德·贾沃斯基(Bernard J. Jaworski)根据两条路径的不同点，进一步研究认为，有三个因素会影响受众处理信息时两条路径的选择，分别是动机(motivation)、能力(ability)和机会(opportunity)。

1. 调节变量详述

动机即受众获取信息的主观动力是否强烈，当传播的信息与个人心理预期或愿望的相关性更强时，人们更容易花费更多时间和精力进行深度加工。健康焦虑如今已蔓延到各个年龄段，奶茶品牌“霸王茶姬”深刻把握当代年轻人健康生活理念，推出“热量计算器”的功能，迎合了消费者对热量、脂肪等指标的关注需求，在奶茶领域做到了“健康可视化”。在同等情况下，对健康更重视的消费者会倾向于选择霸王茶姬。

能力指信息接收者是否具有信息相关的基本知识和对信息的理解能力，是能否进行精细化加工的基础条件。在信息爆炸的时代，每人每天都要暴露在大量信息下，时常疲于处理信息，这与短视频的产生和兴起有着密切的关系。短视频可以提供大量简单且易于获取的信息，并且操作门槛低，只需手指轻轻一划，就可以看到不同种类的视频，即使不感兴趣，也只要划走就可以，不需要进行什么思考，所以很多人很容易沉迷在浏览短视频中。

机会即受众接收到信息时，是否有外部客观条件促进或阻碍其进行信息加工。信息传播过程中的机会因素可能包含以下三个维度：受众获取信息的渠道和可能性、受众接收信息的频率和受众接收信息的持续时间。以传统广告投放为例，要根据产品前期销售效果将目标城市分级，再确定是选择短期投放还是长期投放，对于投放地段的选择，要对产品进行分析，根据不同空间、不同时间段的受众特点进行广告投放，确保目标受众能看到广告。

对于传播而言，不同的信息仅仅是基础，最终能否进行精细加工，还要取决于受众的三要素水平。当三要素水平都较高时，信息接收者更趋向于从中心路径对信息进行加工；当三要素水平都较低时，则由外围路径起主导作用。

2. 影响心理动机的因素

个人动机这一因素会受到卷入度、信息源多样性和个人认知习惯三个方面的影响。

卷入度即个人与信息的相关程度。个人与信息高度联系时，更容易引起自身的关注，进行“高卷入”，分析信息的动机更强。例如国庆假期期间出行人数巨大，所以有关高速路况、热门旅游景点人流量的信息会被有出行需求的人高度关注并主动搜索。

人们往往会对来自不同信息源的观点进行评估，当某个信息来源可靠，即使信息本身存在可疑之处，人们通常会选择相信；虽然信息本身看起来没有错误，但信息源非常不可信时，人们会多方比较、判断。霍夫兰与魏斯曾做过一项实验，他们对同样的信息设计了“高可信度”与“低可信度”两种信息源。实验结果表明高可信度信息源组的受试者比低可信度信息源组受试者更愿意相信信息是公正的，即使两组信息是完全一样的。所以信息源对信息接收者的心理动机也有重要影响。

个人认知习惯也会影响个人动机。善于对信息进行仔细分析的这类人往往倾向于采用中心路径，而不善思考的人一般选择外围路径。

7.1.4　实战应用：精细加工模型在传播中的实践

1. 精细加工可能性模型与科学传播

随着信息传播技术的不断升级，互联网成为构建经济、文化和生活新样态的重要媒介，网络平台成为现实社会的空间延伸。在传统科学传播领域，科学家以及专业媒体基于自身的科学认知，向大众传播科学知识，这种传播基本上是单向的。而如今新媒体时代，科学知识大众化传播已成为新趋势，科学知识技能的强专业性和高门槛被打破，科学知识权力“去中心化”，大众可以通过各种途径获取科学知识，信息传播逐渐从单向转为双向互动。基于广泛的用户生成内容(user generated content，UGC)，科学传播的主体、内容与传播渠道不断泛化，导致科学传播日常化、生活化，越来越接近于科普乃至“仿科学”。受众在庞杂的信息中难以获取真正有用的知识，在突发事件爆发时，这种弊端更加明显。

为减少这些问题对科学传播的负面影响，可从以下几个方面来进行改善。

(1) 提升受众科学素养，保证其具备获取以及分辨科学知识的能力。网络成为大众获得科学知识的重要渠道，从电子资源中获取信息的能力变得愈加重要。依据精细加工可能性模型，获取信息能力越高的人，往往能更有效地利用各种渠道搜索并仔细评估信息的准确性，这样就更可能获得正确高效的科学知识。而能力较弱的人，一般只能依靠道听途说来获取信息，看见什么就相信什么，难以区分科学的真伪，更容易被伪科学、假信息欺骗。

(2) 采用多元化呈现方式，高效利用说服的双路径。一项对受众电子健康素养与内容可信度的实验指出：对于电子健康素养水平高的参与者来说，文本形式的内容可以显著提高他们的内容可信度和信息采纳意愿①。由此可知，对于科学水平较高的人来说，

---

① 宫贺，徐莹，黄苗红. 新冠疫情中科普网红的说服机制与反思：基于精细加工可能性模型的两组实验研究[J]. 国际新闻界，2022，44(5)：110-133.

纯文字形式可以有效促进他们的思考，他们的精力可以放在解码本身；对于科学水平较低的人来说，图片和视频可以提供丰富的视觉效果，使他们印象深刻，浅显易懂的配文也让能力有限的人可以获得知识。

(3) 丰富信息源，提高可信度。科学传播中，具有专业属性的专家、学者是传统的权威信息源，扮演着不可或缺的重要角色。在科学传播“去中心化”的趋势下，“科普自媒体”和“网红科学家”等新媒体科学传播主体逐渐涌现，他们不仅丰富了科学传播的方式，更是对传统科学传播路径的有效补充。在疫情时期，钟南山院士和感染科主任张文宏等人是医学领域的权威信息源，人们信任他们从专业视角得出的结论，与此同时短视频、微博等社交媒体平台也涌现出大批科普博主，对权威解释进行补充说明，为公众答疑解惑。因此，科学家与科普媒体的相互补充，是推进科学传播的重要举措。

2. 精细加工可能性模型与广告传播

精细加工可能性模型被很多研究消费者心理的学者认为是解释消费者态度形成的优秀模型①。

在中心路径下，消费者态度的改变是基于对广告中商品信息综合考量后的结果，其中重要的是消费者要有一定能力和动机对商品信息进行深度加工，这样才会将消费者由中心路径推向更深的思考。而在外围路径下，态度的改变在于广告中的其他因素，例如品牌效应、代言人效应、销售服务人员的态度等。这类因素常被称为边缘性线索，已经发现的边缘性线索包括信息源的亲和度和可靠度、论点的数量、声音的热情程度、图片吸引力等②。这些边缘性线索为消费者提供了情感迁移或直观判断的可能性，使得他们可以无须关注产品本身的质量，也不需要进行逻辑思考。

在创作广告时，不同性质的产品需采用不同路径的说服策略。一般情况下，价格低廉、风险较低的商品受外围路径影响较大，消费者更容易冲动购物，因此这类广告中的音乐、景物和产品外观等边缘性线索起着重要作用。百岁山矿泉水广告以唯美浪漫的视角，展现了笛卡尔与公主的爱情故事，虽然有很多人认为这则广告不知所言，但不得不承认，“水中贵族”百岁山的称号给大家留下了深刻印象。

在面对价格高昂、大宗商品(房地产、汽车等)、专业性强(操作机械)等产品时，消费者决策失误带来的风险较大，故在购买前他们一定会仔细了解相关信息。因此，在创作这类广告时，应注意详细说明产品各类指标、性能，强化中心路径。“人生在江，幸福在岸”“矗繁华之上，居城市之央”“省钱买房太辛苦，买房省钱才靠谱”这些房地产广告语都强调了消费者买房时关心的地理位置和房价问题。“征服北极、横越沙

---

① Simonson I，Carmon Z，Dhar R，et al. Consumer Research：In Search of Identity[J]. Annual Review of Psychology，2001(52)：249-275.

② Liebermann Y，Flint-Goor. Message Strategy byProduct-class Type：A Matching Model [J]. International Journal of Research in Marketing，1996，13(3)：237-249.

漠”“将力量、速度和豪华融为一体”这些汽车广告都强调了车本身的性能。值得注意的是，越来越多的广告在利用中心路径的同时，也采取情感因素等外围路径辅助打动消费者的内心。在房地产和汽车领域中，广告开始出现家庭温馨的话语，如“全顺一路安全到家”“择一城终老，遇一人白首”等。

在商品信息日益丰富甚至过度的市场下，消费者每天被迫在各种不同的广告里辨别真伪，相关调查数据显示：产品资料越丰富，消费者得到的产品资讯越少，即进入了“浅尝资讯式购买决策”时代①。边缘性线索的设置不仅可以扩大品牌知名度，还为消费者提供了一条浅尝辄止的路径，即消费者不需要花费太多精力，只需根据边缘性线索了解商品大概。

3. 精细加工可能性模型与电子商务

电商平台给消费者提供了购物的新方式，相较于线下购物，消费者通过电商平台更易于获取不同商品的信息，并在不同商家之间进行同类商品的比较。在传统线下购物时，商品的评价只来源于消费者身边有购买经历的人，而电商盛行之后，全国各地消费者的评价被汇聚起来，这些评价可以影响到还未购买的消费者，因此影响消费者购买意愿的要素变得更加多元化。而电商直播的兴起将这一现象推向更复杂的境地。商家纷纷加入直播行列，但直播门槛较低、主播水平参差不齐等因素严重影响消费者观感。商家若想在营销中脱颖而出，赢得市场竞争，就要维护消费者对商品的信任感并营造积极情绪氛围。

价格优势是电商的基础优势。在电商直播间，红包、优惠券以及直播间专属优惠价格都是促进消费者购买意愿的重要因素。与传统直接发放红包方式不同，主播会反复用直白的语言、具体的优惠数字来强调商品的优惠。这些线索不需要占用消费者过多的认知资源，是最简易而有效的营销手段。

直播间营造的氛围感也是吸引消费者的重要手段。头部主播往往说话幽默，具有特色的口头禅，不仅加深消费者记忆，也能不动声色地掌握直播节奏，让消费者在轻松愉悦的状态下产生购买行为。同时，直播间通常有同样一套流程：简单介绍商品信息与优惠信息——上链接——下单——下一个商品，如此往复，节奏紧凑，再辅以主播对“机不可失，时不再来”的强调、“商品即将售罄”的紧迫感，消费者没有过多时间考虑，此时只能通过外围路径处理商品信息，便会冲动性购买、从众购买。

除此之外，也有部分消费者是目的性购买，这类消费者的消费行为趋于理性，不会被简单的边缘性线索影响而盲目购买，他们会在审慎思考后作决定。为满足这类消费者，电商平台需保障商品的真实性以及可视性，提供可查询商品详细信息的途径，包括商品详情页的设置，也可以利用直播间提供的技术功能，对商品进行详细展示，对实时弹幕里消费者的问题进行详细解答。商品的评价信息也是消费者参考的重要内容，商家需要在保证商品质量的同时谨慎处理消费者的不同评价，以免影响其他消费者和潜在消费者。

---

① 张惺. 广告劝服与精细加工可能性理论[J]. 现代视听，2007(11)：44-47.

4. 精细加工可能性模型与新闻传播

按照精细加工可能性模型对个人接受信息与态度改变的流程来看，新闻报道也受到影响。

新闻的结构包含5个W和1个H，即who(何人)、what(何事)、when(何时)、where(何地)、why(何故)和how(如何)。新闻应该包含这些要素，满足受传者对新闻事件来龙去脉的需要。越贴近受传者生活的新闻信息越受欢迎，与个人衣食住行息息相关的信息更容易受到关注。

传统新闻报道基本以文字为主，而随着新媒体的发展，微信公众号、微博、短视频等平台勃发，新闻报道形式越来越多样。如今新闻工作人员利用大数据技术，创新可视化报道方式，生动展现新闻事件全貌。中央电视台与百度地图联合出品的“数说春运”，从数据智能入手，生动地展示了一幅春运全景图。北京大学可视化实验室出品的“疫情晴雨表”在提供疫情信息的同时，利用动态图标、交互式的方式，拓展了报道场景，提升了用户的沉浸式临场体验。

网络新媒体的发展冲击了传统新闻报道，虚假新闻真假难辨、传统纸媒面临没落等情况频出，但是传统媒体依然占据着主导地位。面临新时代的挑战，传统媒体在新闻报道时需要做到强调中心路径，确保受众可以获知且有渠道得知真实的新闻，并且辅以外围路径，多形式多样态报道新闻。

7.2　情理交融：理性与感性诉求的双重奏

怎样的标题可以吸引读者点击？是客观严谨的科学论述，还是主观情绪的情感共鸣？怎样的广告方式能够打动你，让你进行消费——是晓之以理，还是动之以情？理性诉求与感性诉求的说服策略由来已久，在如今新媒体语境下仍有用武之地。

7.2.1　理论基石：诉求理论的起源与发展

在哲学中，理性与感性的区别在于，是基于逻辑理智还是个人情感做出行为判断。亚里士多德在他的《修辞学》中，提出了三种魅力演讲的基本原则：第一种是演讲者的人品——以德服人；第二种是使听者处于某种心情——感性诉求；第三种则是演说本身有所证明——理性诉求。当演讲者采取理性诉求时，会以陈述和分析的观点说服群众；而采用感性诉求时，则通过对听众的情绪心理的掌握来实现劝说的效果①。

在社会心理学的认知科学中，也有类似的区分方式。感性是通过感官等认知，以个人的感情为主导，没有经过深入思考而主要依靠第一印象来做判断的方式。感性主要关

① 亚里士多德. 修辞学[M]. 罗念生，译. 北京：生活·读书·新知三联书店，1991：24.

注情感和感觉方面的体验，是一种直接、直观的认识方式。而理性是指人在正常思维状态下，具备自信和勇气，能够冷静应对突发情况、全面总结和分析问题、快速选择恰当方案(包括预备或临时方案)，以达到事件所需效果。

理性行为基于正常思维结果，主要关注逻辑和推理，以及对事物本质和规律的深入思考和分析。美国神经学家约瑟夫·勒杜(Joseph LeDoux)等研究者对恐惧的神经根源进行深入研究后发现，在较快而潜意识的情感、较慢而有意识的理性、本能这三者之间复杂的相互作用中，大脑的基本架构决定了我们感觉在先、思考在后，情感类的信息更容易刺激人的大脑[①]。

最早将感性与理性引入传播学的是卡尔·霍夫兰，他在《传播与说服》一书中通过实验得出的“诉诸理性”与“诉诸感性”[②]。他提出了通过冷静地摆事实、讲道理，运用理性或逻辑的力量或者通过激发他人的情感和情绪，运用感性或情感的力量来达到说服的目的。

7.2.2　模型构建：诉求理论的应用框架

理性诉求和感性诉求理论被广泛应用于广告学，分别指采取理性与采取感性这两种不同策略的说服方法。

广告学界一度用美国学者罗斯特和珀希在1991年提出的R-P网络图(见图7-3)来说明理性诉求与感性诉求的关系和应用[③]。产品被划分为“信息的”与“转换的”这两大类。人们的理性分析思考针对前者，而感性和情绪则指向后者。根据消费者在决策中投入的心智多少，又划分为高参与和低参与这两种不同的水平。这样以“信息的”“转换的”为横坐标，以“低参与”“高参与”为纵坐标，组成了R-P网络图。

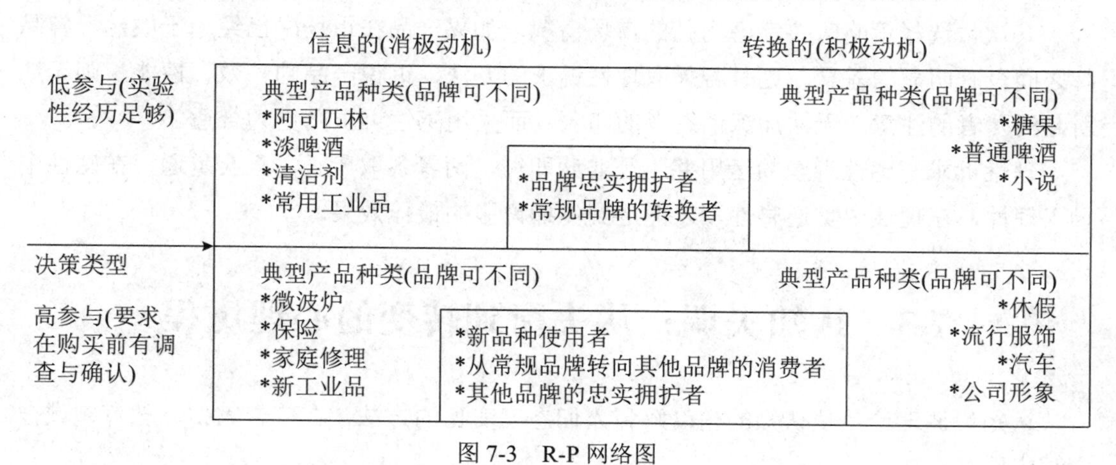

图 7-3　R-P 网络图

① 彭聃龄. 普通心理学[M]. 北京：北京师范大学出版社，2001：354.
② 卡尔·霍夫兰，欧文·贾尼斯，哈罗德·凯利. 传播与劝服[M]. 中国人民大学出版社，2015.
③ 缪文海. 广告诉求策略：理性与感性的融合[J]. 江南大学学报，2003，2(5)：110-112.

网络图中列出了几类不同的消费者：品牌忠实拥护者、常规品牌的转换者、新品种使用者、经验或常规化为其他品牌的转换者、其他品牌的忠实拥护者。他们的参与程度由低到高排序，展现这样一个规律：面向低参与度的消费者，感性诉求占据主导，反之则是理性诉求占主导。根据R-P网络图，广告应该针对不同的产品类型利用不同的诉求策略，对“信息的—高参与”区间的产品采取理性诉求策略，以科学、参数等理性要素提供充分、令人信服的购买理由；对“转换的—低参与”区间的产品采取感性诉求策略，展示产品的情感属性，唤起对广告的情感偏爱。

广告营销中的理性诉求与感性诉求

7.2.3 策略优选：精准定位诉求点

心理学研究表明，感性信息比理性信息更容易刺激人脑，故在抓住新媒体用户的第一印象上，使用感性诉求的策略也许会更胜一筹。而要在海量的内容中脱颖而出，虚有其表是不够的，尤其在同类内容激烈竞争的时期，理性诉求的策略手段也许才能充分展示优势。但是，在用户留存的时期，品牌价值的打造显得异常重要，感性诉求的策略又稍占上风。

实际应用中到底采取哪种诉求方式，要根据诉求对象的心理机制。只有将目标受众的心理机制、广告营销策略和商品相匹配，才能把诉求运用得恰当合适。

商品的使用场所是在选择策略时的首要考虑因素。一般情况下，对于居家使用的商品，如家电、家具等，广告策略以理性诉求为宜，比如空调广告应强调其性能。而对于公共场合使用的商品，广告策略以感性诉求为宜，例如服饰在公共场所可以展示自身地位和时尚感，消费者的心理机制在此时也更为突出。

其次，选择策略时要考虑商品的市场情况，如果产品在市场中已经趋于成熟，各品牌之间没有明显的差异，这时若采取理性诉求的方法，诉说产品的功效、性能，则无法引起消费者的注意，无法加深消费者的印象，而采用感性诉求则更为合适。

理性诉求与感性诉求的运用并不是非此即彼，两者各取所长，融会贯通，在感性中融入理性，在理性中贯通感性，才能达到传播说服的最佳效果。

7.3 认知失调：从失衡到转变的心理历程

认知失调理论是从认知的角度解释人们态度变化的方法，在广告宣传、教育领域被广泛应用。

7.3.1 理论概述：认知失调的揭秘

认知失调理论(cognitive dissonance theory)是从认知的角度阐释态度改变的方法。

美国社会心理学家利昂·费斯廷格(Leon Festinger)于1957年在《认知失调理论》一书中提出了一种社会认知论①。他认为，人的认知系统存在着两个认知要素：一是关于自身特点和自己行为的知识；二是关于周围环境的知识。认知要素彼此之间又存在着三种关系：相互一致、协调相互冲突、不和谐毫无关系，其中第二种关系指的就是认知失调。而当认知失调发生时，人们在心理上会感到不舒适和紧张，这种不适感会推动人们做出改变来努力调整这种状况，使自己的内心世界没有矛盾，让失调变得平衡、协调。费斯廷格的研究表明，为了减少这种不愉快的感觉体验，人们经常会调整自己的想法。

认知失调理论解释了人们态度的改变是为了保持认知间的一致性。林之达在《传播心理学新探》中提出了选取信息与认知结构作用后果图(见图7-4)②，很好地解释了这个过程。

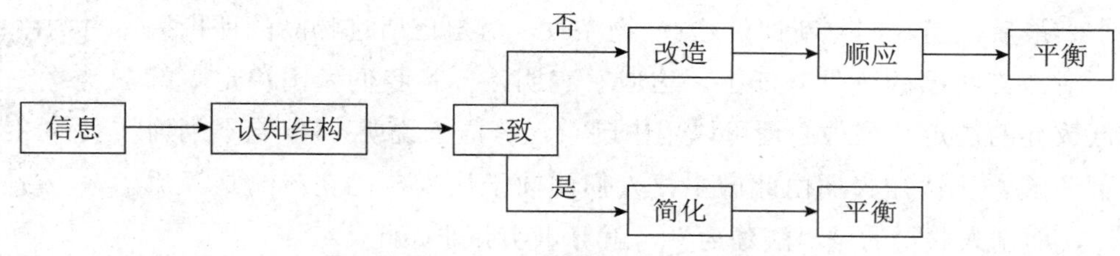

图 7-4　选取信息与认知结构作用后果图

7.3.2 实验探索：失调心理的实验验证

至今已有2000多项研究是建立在认知失调理论观点和其惊人预测力的基础上的。其中最为著名的实验是费斯廷格和学生梅里尔·卡尔史密斯(Merrill Carlsmith，1959)设计的强制顺从的认知性后果实验。

该实验要求来自斯坦福大学的男大学生作为实验对象进行重复性的单调无聊工作，在工作之后要求他们告诉在外等候者，这个工作是有趣的，即在认知上进行人为的不协调设置。这些实验对象会获得两种不同的薪资待遇——1美元与20美元，20美元在当时是一笔巨款，而这两类实验对象对彼此间的待遇差距并不知情。在此之后，通过问卷调查的方式来测试两类实验对象对该工作的认知变化。令人意想不到的是，并非那些获得20美元的实验者对工作认知产生了更多的改观，反而是获得1美元的实验者相信了自己的小小谎言，并认为实验真的如测试者所控制的那样有趣。费斯廷格和卡尔史密斯对该现象做出的解释是：获得1美元的实验对象在认知时感到更不适，1美元并没有使他们的

① 林昂·费斯廷格. 认知失调理论[M]. 杭州：浙江教育出版社，1999：1.

② 林之达. 传播心理学新探[M]. 北京：北京大学出版社，2004：201.

撒谎理由变得充分，因此他们认知失调了，他们只好从心理上改变自己的认知，使认知协调；而获得20美元的实验对象具备了撒谎的理由，所以产生的不适感较轻，体验了轻微的认知失调。

在后续实验中，当个体拥有选择权或可以预见其行为结果时，态度依从行为的效应表现得尤为强烈。

对选择权和责任的强调也揭示了决策过程中可能产生的认知失调现象。面对生活中的重大决策，人们往往会在两个具有相同吸引力的选项之间犹豫不决。有这样一种很常见的情境：当人们下定决心并公开表达自己的选择后，却开始感受到一种认知上的不协调，他们会开始注意到被拒绝选项的优点，以及所选择选项的不足之处。

在做出重要决策后，人们往往会有一种倾向，即过度肯定自己的选择，同时贬低被放弃的选项，以此来缓解内心的不协调感。最早关于认知失调的实验发生于1956年，杰克·布雷姆(Jack Brehm)让明尼苏达大学的女生对8种物品，如烤面包机、收音机和吹风机等进行评价，并且在她们评价非常接近的两件物品中进行选择，并且可以拿走其中任意一个。最后，当她们重新评价这8件物品时，对自己所选物品的评价提高了，对放弃物品的评价降低了。这似乎表明，一旦我们做出决定，就会贬低放弃的决定。这种心理可以用中国一句谚语来说明：“吃不到葡萄说葡萄酸。”认知失调由此产生，人们倾向于认为自己获得的是“甜柠檬”，而别人获得的是“酸葡萄”，就算事实并非如此。

认知失调理论应用与案例

7.4 情绪三因素：态度背后的深层驱动力

情绪是指人对周围事物和现象的一种内心感受，是人对某件事情的态度，高兴或是厌恶、愤恨或是喜欢等。情绪是一种复杂的心理现象，它包含情绪体验、情绪行为、情绪唤醒和情绪刺激等复杂成分。人都是情绪化的动物，我们的行为很多时候都会受到情绪的影响，那么情绪到底是怎么产生的呢？自19世纪后期开始，心理学家开始提出了多个有影响力的情绪理论，其中沙赫特和辛格提出的情绪的三因素理论较为著名。

7.4.1 理论概览：情绪三因素的理论解读

情绪的三因素理论解释了人类情绪是如何产生和发展的，由美国心理学家沙赫特和辛格(Stanley Schachter & Jerome Singer)于20世纪70年代提出。该理论认为，任何一种情绪的产生不是由单一因素决定，而是由生理因素、认知因素和相应的环境因素共同作用产生的①，认知因素中对当前情景的评估和对过去经验的回忆在情绪的形成过程中起

① 孟昭兰. 当代情绪理论的发展[J]. 心理学报，1985(2)：209-215.

着重要作用。

环境中的刺激因素通过感受器向大脑皮层输入外界信息；生理因素通过内部器官、骨骼肌的活动，向大脑输入生理状态变化的信息；认知过程是对经验的回忆和对当前情景的评估，来自这三个方面的信息经过大脑皮层的整合作用，产生某种情绪体验。当我们看到一条狗气势汹汹地跑过来的时候，视觉感官引起冲动，向大脑皮层输入外界的危险信息，同时还有一系列逃跑、剧烈心跳和出冷汗等生理因素的变化，加上对狗的认知经验以及恶狗扑袭的印象，三个因素共同整合之后，我们的大脑中产生了恐惧、害怕的情绪。其中，狗扑向我们是环境刺激因素；逃跑、剧烈心跳和出冷汗是生理因素变化；我们对狗的认知经验以及对恶狗扑袭的印象是认知过程，通过这三方面信息的整合，最终产生了恐惧、害怕的情绪反应。

将上述情绪的三因素理论转化为一个工作系统，即情绪唤醒模型，如图7-5所示。它包括三个亚系统：第一个亚系统来自对环境的输入信息的知觉分析；第二个亚系统是长期生活经验中建立起来的对外部影响的内部模式，包括过去、现在和对将来的期望；第三个亚系统是现实情境的知觉分析与基于过去经验的认知加工的比较系统，称为认知比较器，它带有庞大的生化系统和神经系统的激活机构，并与效应器官相连。

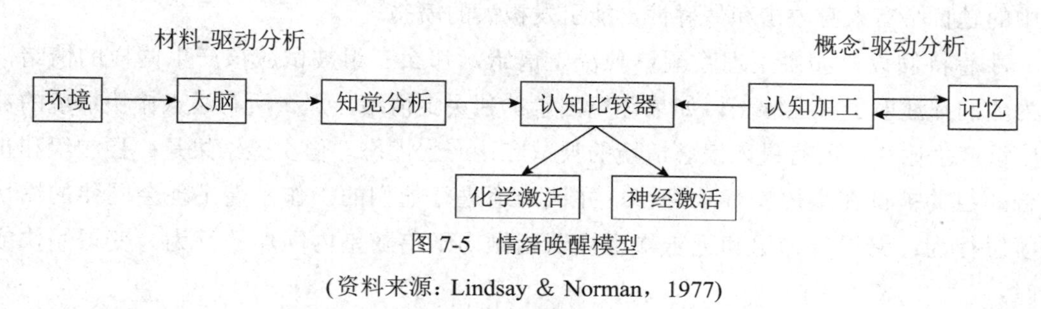

图 7-5　情绪唤醒模型

（资料来源：Lindsay & Norman，1977）

认知比较器作为一个产生情绪的机器，它需要原料才能生产，原料分为两种：一种是来自左边环境中的刺激；另一种是来自右边过去的记忆。来自左边的原料是第一个亚系统，来自右边的原料就是第二个亚系统，认知比较器是第三个亚系统，也是最后的加工机器，它把左边现实情境的知觉分析与右边的基于经验的认知加工放在一起比较，最后产生情绪。

认知比较器是情绪唤醒模型的核心部分，认知比较器会把当前的现实刺激与存储在记忆中的经验进行比较，当知觉分析与认知加工间出现不匹配时，认知比较器会产生信息，并且动员一系列的生化和神经机制释放化学物质，进而改变脑的神经激活状态，使身体适应当前情境的要求，这时情绪就被唤醒了。沙赫特和辛格理论(Schachter-Singer theory)又被称为认知-生理结合说①。

---

① 彭聃龄. 普通心理学[M]. 北京：北京师范大学出版社，2012.

7.4.2 实验透视：沙赫特-辛格情绪理论的实践

沙赫特和辛格设计了一个实验来证明该理论。实验前沙赫特和辛格告诉被试验者，他们要考察一种新维生素化合物对视敏度的影响效果。被试验者在同意的前提下被注射了药物，但实际上控制组接受的是生理盐水，实验组接受的是肾上腺素，肾上腺素能使被试出现颤抖、血压升高、呼吸加快等反应进而处于典型的生理唤醒状态。

药物注射后，将实验组被试分为三组：正确告知组、错误告知组和无告知组，分别给予不同的指示语。对于正确告知组，告诉他们注射这种新药会出现心跳加快、手发抖、脸发热等反应；对于错误告知组，有意错误地告诉他们注射这种新药可能无感觉、会发麻、发痒、头痛等；对于无告知组，则什么也没有告诉他们。注射生理盐水的所有被试都列为无告知组。

被试者人为地安排两个实验情境，分别是愉快情境与愤怒情境。被试者被平等分为两部分，一半进入愉快情境，另一半进入愤怒情境。当被试者进入愉快情境时，看见一个人在室内唱歌、跳舞、玩耍，表现得十分快乐，并邀请被试一同玩耍；而进入愤怒情境的被试则看见一个人对着一张调查表发怒、咒骂，并同时被要求填写同样的调查表，表中的题目带有人身攻击和侮辱性，能引发极大的愤怒。

沙赫特假设，如果生理唤醒单独决定情绪，那么三组被试应该产生同样的情绪，因为他们都注射了肾上腺素；如果环境因素单独决定情绪，那么所有进入愉快情境的被试应该产生愉快，所有进入愤怒情境的被试应该产生愤怒。但实验结果是：控制组和正确告知组的被试在室内安静地等待，并镇静地进行他们的工作，毫不理会同伴的愉快或愤怒行为；错误告知组和无告知组被试则倾向于追随室内同伴的行为，变得愉快或愤怒。

为什么会产生这样的结果呢？控制组的情绪是平静的，因为他们注射了生理盐水之后并没有参与环境因素的实验。正确告知组为什么也会是平静的呢？沙赫特认为，正确告知组能正确解释自身的生理唤醒，他们不被环境中同伴的情绪所影响，因此没有任何情绪反应，也就是说他们知道自己注射了肾上腺素，知道自己在环境情境中的心跳加快是因为药物的作用。无告知组和错误告知组对自身的生理唤醒没有得到现成的解释，他们并不知道心跳加速是肾上腺素的作用，从而受到环境中同伴行为的暗示，把生理唤醒与愉快或愤怒情境联系起来，并表现出相应的情绪行为。

实验结果表明，生理唤醒是情绪激活的必要条件，个体利用过去经验和当前环境的信息，对自身唤醒状态做出合理的解释，正是这种解释决定着将产生怎样的情绪。所以，无论是生理唤醒还是环境因素，都不能单独地决定情绪，情绪发生的关键取决于认知因素，但并不否认另两

情绪的三因素理论
案例分析及思考

个因素的作用。总体来说，情绪是这三者在大脑整合的结果。

7.5 单面与双面说服：策略的艺术

传播最基本形式之一便是说服。说服(persuasion)被定义为“由于接收别人的信息而产生的态度改变”。一般而言，对某些存在对立因素的问题进行说服，存在两种方法：单面说服与双面说服。这两种策略各有利弊，具体应用取决于情境和目标受众。

7.5.1 理论框架：说服理论的核心概念

单面说服和双面说服都是传播策略。单面说服只呈现一方观点或信息，而不提及对立观点。这意味着传播者仅展示支持自己观点的证据、事实或论据，而忽略其对立观点的信息。单面说服的核心特点包括信息单向性、简化性和强调性。这种策略的目标是通过提供令人信服的证据来强调自己的观点，从而影响受众的观念或行为。双面说服的基本特点是坦诚地呈现正面和负面观点，以建立信任、减轻反驳、提供平衡信息，并应对反对意见。换句话说，双面说服是指传播信息包含正反两种立场和观点，承认与自己对立的看法也有可取之处，但巧妙、委婉地表示自己的观点更胜一筹。

单面说服在受众的注意力吸引方面非常有效，因为只呈现一方观点，受众通常更容易专注于所提供的信息，而不会分散注意力。它通常以简单和直接的方式传达信息，避免了复杂性和混淆，这种简化有助于受众更容易理解和接受所提供的观点。由于信息的一方面性和强调性，单面说服通常更容易在受众的记忆中留下深刻的印象，受众更有可能记住支持性证据，而忽略反对观点。

双面说服可以增加广告或演讲的信誉度，因为它表明传播者愿意坦诚地呈现正反观点，受众更有可能信任这样的信息。当受众感知到一个信息源提供了自己的弱点或缺陷时，他们可能不太倾向于反驳该信息，双面说服通过提供负面观点，降低了受众对信息的防御性反应。双面说服帮助受众获得更全面的信息，这有助于他们更好地理解和评估某个观念或产品，正面和负面观点的结合可以使受众更有可能做出明智的决策。

影响双面信息说服效果的因素是错综复杂的，许多研究者对此进行了探索，他们的研究结果可以从负面信息特征、传播者特征、产品特征、受众特征等几个方面进行归纳，如图7-6所示。

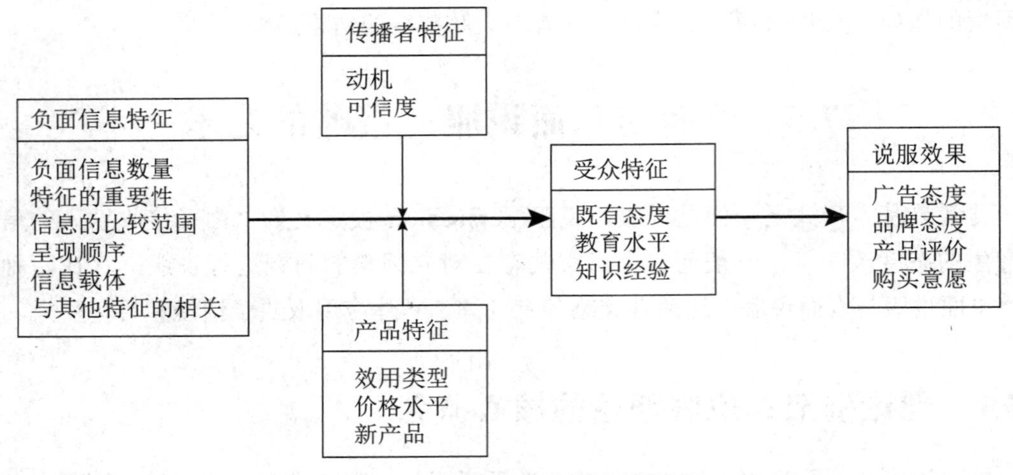

图 7-6　双面信息的影响因素模型

7.5.2　实验验证：说服理论的科学依据

单面说服和双面说服的结论源于霍夫兰的说服实验。1945年，第二次世界大战后期，美国军队士气不振，以霍夫兰等人为核心的研究小组以“美国对日本的战争还要持续多久”为题进行实验研究，在美国士兵中以实验法比较了“单面说服”和“双面说服”的实验效果。

霍夫兰等人准备了两种版本的广播新闻，论点均是“战争至少要持续两年”。“单面说服”的广播说明了日本军队的规模、士气等，“双面说服”的广播中除了说明日军情况外还提出一些不利于日军的条件。

在进行两种宣传前，他们测定了士兵对战争时间的估计。宣传之后的测定结果表明，与未接受宣传的士兵相比，两种宣传都使士兵原有态度发生明显改变，然而这两种方式的效果不相上下，如表7-1所示。

表7-1　估计战争长于1年半者所占的百分比

阶段	群体1 (8个排)	群体2 (8个排)	控制群体 (8个排)
首次调查	37%	38%	36%
接触信息	单面说服	双面说服	无
此后调查	59%	59%	34%

随后，他们进一步调查了士兵原有态度，把士兵分为“原先反对讯息者”(即认为战争只会延续1年半之内的士兵)和“原先赞同讯息者”(即认为战争会延续1年半以上的士兵)。最后的考查结果表明，“单面说服”对原先赞同此讯息者非常有效，而“双面说服”则对原先反对此讯息者非常有效，如表7-2所示。

表7-2　“单面说服”“双面说服”对原先赞同或反对讯息者的效力

说服类型	原先反对讯息者	原先赞同讯息者
单面说服	36%	52%
双面说服	48%	23%

注：表中数字为群体中估计有所增加者与估计有所减少者的两个百分比之差。

霍夫兰及其助手还研究了两种方式对于教育程度不同的士兵的效果。结果表明，“单面说服”对教育水平较低者非常奏效，而“双面说服”则对教育水平较高者非常奏效，如表7-3所示。

表7-3　“单面说服”“双面说服”对于不同教育水平对象的效力

说服类型	高中以下	高中以上
单面说服	46%	35%
双面说服	31%	49%

注：表中数字为群体中估计有所增加者与估计有所减少者的两个百分比之差。

这一现象可以从心理学角度解释。原先观点与传播者一致的人，与传播者相似性大，视传播者为“自己人”，传播者的观点是对他们的肯定、认可和奖赏，使他们原有观点得到强化和巩固。而原先观点与传播者不一致的人看到传播者承认两种证据，会感到较为客观公正，随着传播者的比较、分析和驳斥，人们容易被说服。如果传播者仅以一种观点说教，受众就会以相反证据来抵制所传播的观点。

霍夫兰以后，学者对单面、双面说服进行了持续的研究。

一些研究发现，受众的相关知识经验越丰富，对信息加工的卷入程度越高，双面说服越有效。托福里(Toffoli)发现，对个人主义为导向的西方人更适合用双面说服；而对集体主义为导向的东方人，单面说服更有效。

也有研究者发现传播者的特征会影响到单面、双面说服的效果。卡明斯(Kamins)发现，当传播者尚未在受众心中建立起较高可信度时，应当采用双面说服。艾森德(Eisend)指出，如果受众意识到传播者是主动呈现对自己不利的负面信息，并非被动披露时，双面说服的效果会更好。

林升栋等人运用实验法考查了个体情感、认知两种思维过程中，单面、双面广告信息的说服效果①。研究表明，在个体感性思维过程中，单面信息的说服效果优于双面说服，并通过广告评价影响个体对品牌的评价；在个体认知思维过程中，双面信息的说服效果优于单面说服，且直接影响个体对品牌的评价。研究还发现，单面诉求广告适合插播于情感型节目之后，双面诉求广告适合插播于认知型节目之后②。

① 林升栋，张垠洁，柯学. 个体情感/认知处理过程中单面/双面广告信息说服效果研究[C]. 2012JMS中国营销科学博士生论坛，2012.

② 林升栋，张垠洁. 嵌入媒体语境和一面/两面信息对广告说服效果的影响[J]. 新闻与传播研究，2011，18(1): 103-108+113.

7.5.3 策略智慧：选择最适合的说服路径

单面说服和双面说服需要根据不同的场景情况进行选择，具体可分为以下几种情况。

1. 根据受众受教育程度和社会阅历选择说服策略

对于受众受教育程度低、社会阅历较浅且信息较为闭塞的受众，单面说服可能更有效，如果传递过多信息他们可能会感到困惑和不知所措。在这种情况下，简化的信息和清晰的信息传递可能更容易被理解和接受。

对于受众受教育程度高且社会阅历丰富的受众，双面说服更为有效。因为他们有能力处理复杂的信息，同时期望获得更全面的观点，并可能更倾向于接受具备多角度论证的信息。如果对他们只传播单方面的内容，会被视为过于片面，从而降低说服的可信度。

2. 构建传播者的社会可信度

传播者的社会可信度对于说服非常重要。传播者可以是政府、社会组织、广告业主等。适当主动披露对自己不利的负面信息是建立可信度的关键一步，受众从中可以感知到传播者的诚实和真实，这种信息透明性可以增加受众对信息的信任。

3. 根据信息特征确定传播策略

在信息传播中，需要平衡正面和负面信息的比例。如果信息中只包含正面内容，受众可能会认为过于偏向一方，从而降低信息可信度；如果信息中只包含负面内容，可能会引发恐慌或拒绝。通过平衡正负信息，可以更好地满足受众的信息需求。

负面信息通常应出现在次要属性上，而不是主要属性上。这有助于减轻负面影响，并确保主要优点不受损害。负面信息的出现时机和方式也很重要。最好不要一开始说服就呈现负面信息，但应在适当时间呈现，以避免让受众感到欺骗。负面信息的呈现应与正面信息相衔接，以强化正面属性，并确保信息传递的一致性。同时，通过提供强有力的证据来对抗负面信息，比单纯呈现负面信息更有效。这可以帮助受众更容易接受负面信息，并理解为什么仍然值得选择某种产品或观点。

4. 根据受众的初始态度选择说服策略

如果受众的初始态度与传播者的立场一致，那么采用单面说服通常效果更好。这是因为单面说服强调正面信息，有助于加强他们的已有态度。

如果受众原来的态度和传播者的意见不同，那么采用双面说服策略更有利于提高信息的客观性，并使受众更容易改变原有的态度。

5. 考虑受众的情感或认知过程

对于处于情感处理过程中的受众，这类受众往往更加感性，单面信息的说服效果通常优于双面说服。这是因为他们可能更容易受到情感上的影响，而单面信息更能引发情感共鸣。

对于处于认知处理过程中的受众，这类受众往往更加理性，双面信息的说服效果通常优于单面说服。他们更倾向于进行逻辑分析和思考，双面信息可以提供更多的信息和观点，有助于他们做出更明智的决策。

以上原则为传播者提供了如何选择和执行有效的说服策略的重要指导。了解受众特征、信息特征以及传播者的可信度，都有助于制定更有针对性的传播策略，提高信息的影响力和可信度。

说服理论案例分析及思考

7.6　恐惧诉求：唤醒内心的力量

“不好好学习，长大后就只能去捡破烂！”“不听话，狼外婆就来抓你啦！”“再不好好刷牙，牙齿可就要坏了！”小时候，家长总是会用“吓唬式”口吻告诉孩子，不听话将会产生什么样的可怕后果。在教育外的其他领域，这种以“吓唬”的方式改变受众的态度和行为的说服方法，被称为“恐惧诉求”。

7.6.1　理论初探：恐惧诉求的心理学基础

恐惧是一种由个体感知到严重的且与之相关的威胁所引发的负面情绪。恐惧诉求也称为警钟效果，是指传播者通过分享某些信息，导致人们感到恐惧以及相关的情绪反应，例如恐慌、厌倦、焦虑等危险的认知和紧张的情绪。是一种试图借助“敲响警钟”的策略来推动接收者的观念和行动朝着某个方向发展的策略。经典的恐惧诉求包括两方面内容：描述危险的信息和给出避免危险的建议。

7.6.2　发展历程：恐惧诉求的演变轨迹

学术界第一次对恐惧诉求提出的理论模型是霍夫兰提出的驱力减弱模型。该理论强调恐惧是一种可以改变态度和行为的驱动力。在受众感知到威胁性信息引发的恐慌之后，他们会试图去缓解这种恐慌，也就是接纳信息中提供的建议，直至最初的恐慌逐渐消退，进而实现自身的态度或行为的转变。

贾尼斯通过实验指出恐惧强度与个体态度转变之间呈现倒“U”曲线关系，中等强度的恐惧影响态度转变的效果最佳。但驱动力减弱模型并没有得到实证研究的证实。

1970年，利文撒尔首次提出了一个关于恐惧诉求研究的主要理论框架——平行反应模型(parallel process model，PPM)，并且阐述了两种不同的平行路径：危险控制(danger control)和恐惧控制(fear control)。1975年，罗杰斯提出了保护动机理论(protection motivation theory，PMT)，补充了PPM模型的不足，解释了恐惧因素以及何时起作用。

维特在他们研究的基础上，提出了拓展平行反应模型(extended parallel process model，EPPM)，如图7-7所示。这是恐惧诉求中最新的理论模型。

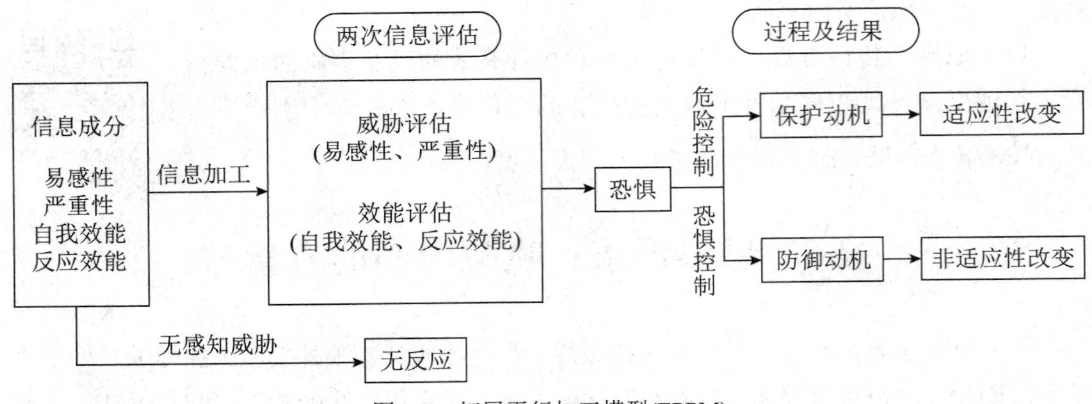

图 7-7 拓展平行加工模型(EPPM)

维特创建的拓展平行反应模型认为信息作为一种外部刺激，包括易感性、严重性、自我效能、反应效能。个体在面对恐惧诉求时，会先进行威胁评估(包括易感性和严重性)，如果个体认为信息产生的威胁不严重，便停止对信息的进一步评估；但是，当个体认为信息产生的威胁严重时，就会进入措施评估的过程。而应对措施评估的结果则会产生不同的过程：危险控制或恐惧控制。

当反应效能和自我效能都很高时，即受众认为可以有效缓解威胁并且易于执行时，个体会产生控制危险的动机，接受建议并引起自身行为和态度的改变。相反，当反应效能和自我效能都很低时，即受众认为没有有效措施建议或可行性不高时，恐惧会促使受众转而控制恐惧，通过否认、歪曲威胁信息或自我逃避等非调试行为降低自身恐惧感。所以，威胁评估较高时也不一定就能导致说服成功，应对措施的评估结果会决定说服是否最终成功。

恐惧诉求理论的实际应用

7.6.3 应用策略：如何有效利用恐惧诉求

1. 控制恐惧强度，不同受众采用不同的恐惧等级

通过一定的恐惧诉求方式，可以让受众充分理解自己的行为所产生的后果，有助于改变自己的行为或者态度。但研究表明，如果恐惧诉求程度较低，就可能无法引起受众的关注和重视，无法达到想要的效果；相反，如果恐惧诉求程度过高，可能会引起受众的心理防御，选择回避信息。由于受众的年龄、文化程度、生活环境以及对恐惧诉求的接受度、卷入度，恐惧诉求程度的确定需要传播者的适当把握。

2. 应同时提出恐惧诉求的相应解决方案

在恐惧诉求达到一定程度后，传播者需提供切实可行的解决措施和办法，否则恐惧诉求则会失去原本的行动意义。以小葵花的广告语“小葵花妈妈课堂开课啦！孩子咳嗽老不好，多半是肺热，用葵花牌小儿肺热咳喘口服液，清肺热，治疗反复咳嗽，妈妈一定要记住哦～”为例，前半句点出“孩子咳嗽老不好，多半是肺热”，给“孩子咳嗽老不好”的妈妈制造恐惧，后半句“用葵花牌小儿肺热咳喘口服液”指出了解决措施，最终形成了完整的恐惧诉求的运用。

7.7　预防接种：增强心理“抵抗力”

在生物学上，免疫力是人体自身的防御机制，是一种防御外来性的病原微生物侵入体内和清除体内自身的衰老、癌变或者变异的细胞的能力。人类在复杂的生存环境中获得了非凡的免疫力，生命得以存续。为了更好地抵御疾病的困扰，医学上提出了“预防接种”的概念。

在信息时代，网络谣言的危害性和破坏性更大。通过预防接种的手段防控网络谣言，增强受众对谣言免疫力的方法值得借鉴。

7.7.1　理论介绍：预防接种的心理机制

预防接种理论又称防疫论、免疫接种理论等，是站在受众的立场，着眼于如何抵御传播者的宣传与劝服，如何保持原有的态度。美国学者威廉·麦奎尔于20世纪60年代寻求抗御态度改变的有效方法，经研究实验后提出预防接种理论，并提出“防疫”一词。

大部分人的信念在受到攻击时很容易被动摇，如果这些信念在此之前从未经历过挑战、怀疑，人们也没有相关经验和习惯去保卫它们。好比一个动物在无菌环境下生长，一旦被暴露在细菌环境里则很容易遭受感染。人们所持有的信息在遭遇到攻击时，接受过预防接种的人会产生一种普遍的免疫力，这种免疫力能确保这些信息在遭受其他攻击时不会发生太大变化。假如我们有意识地向观众传递一些负面的信息，让他们在思维上对这些负面信息产生抵抗，那么当面对真正的负面信息的大规模冲击时，人们由于预先已经接触过该方面信息，就变得不会轻易动摇。

7.7.2　历史沿革：预防接种理论的发展脉络

预防接种理论最初由实验心理学家卡尔·霍夫兰的“单面说服”与“双面说服”研究发展而来。霍夫兰等人的研究表明，“单面说服”对于那些曾经支持这个观念并且受过相当程度教育的人具有较大的说服力，而“双面说服”在那些曾经抵制这个看法并且接受过良好教育的群体中，具备较大的说服力。麦奎尔将“双面说服”所显示出来的对反面意见的抵抗力效果发展成为预防接种理论。

麦奎尔事先选择人们普遍信赖的观点，比如“精神病不会传染”来证实预防免疫效果。他将实验对象分为三组，“滋养”组注入从正面强化的、被当作尝试对待的观点，相当于“单面说服”；“预防接种”组注入轻微的、很容易驳斥的反面信息，相当于“双面说服”；设置对照组为既不支持也不反对实验对象的观点。实验结果表明：“滋养”组和对照组大多随风而倒，纷纷放弃原来的观点，接受新认识；相反，“预防接种”组大多依然如故，不为所动①。实验对象接触到对信息的攻击，并接收这些攻击的反驳时，受相反观点影响的几乎都是原先接受单面信息的对象，而原先接受正反双面信息的对象则没有发生明显的态度变化。同时实验得出，“事前接种”的免疫效果要优于“事前滋养”。

麦奎尔因此推断，如果受众想要保持或者强化他们原有的信念，避免被说服、避免情绪的转变，就需要建立起他们抵御外界说服的能力。要使人们坚守某一信念，就必须让他们了解到这些信念的缺陷，只有在初期遭遇了轻微的打击后，才能够有能力应对未来更强烈的进攻。

预防接种理论的实际应用

7.7.3 实战策略：预防接种在传播中的应用

1. 把关好“疫苗接种”的力度

在强化正面舆论的引导过程中，新闻媒体需要主动引入和推广与其自身立场、公众利益不符的事实和观点，以此展示新闻报道的真实性，培育公众对事实的判断力、对错误事实的心理防御能力，从而在无形中增强公众对主流观点的接受度。使“疫苗接种”的效应最大化的关键点是把握好力度。被接触者面临的威胁与攻击必须足够强烈，能够激发其反抗，但是这些威胁也需要轻微至无法彻底转变人们已经形成的思维模式，需要保证被接触者能够主动地做出抵抗，并允许他们制造有利于他们原有想法的论点，强化他们自己的态度和观点。

2. 建立评价反馈和实时调整机制，确保受众形成长久有效的防御机制

为了调整传播策略，提高传播效果，在公众进行舆情“疫苗”的接种后，媒体机构应建立“疫苗”评价反馈和实时调整的机制。通过传播者和接受者的互动传播，在接收到受众的反馈之后，官方应根据反馈效果不断改良“疫苗”，以增强受众对谣言的抵抗力，提高“疫苗”的接种效果。同时，媒体机构要坚持进行“疫苗”效果的加固工作，定期对“接种者”进行微量刺激，确保受众形成长久有效的防御机制，使得公众

---

① 刘雨丝，刘帅军. 预防接种理论视域下的舆情公关研究——以特斯拉“刹车失灵”事件为例[J]. 视听，2021(8)：170-171.

的“免疫系统”一直处于接种“疫苗”的过程中，久而久之，公众就可以使自身免受谣言的侵害①。

7.8　强化理论：行为塑造的心理学视角

巴普洛夫首次引入了强化理论，这一理念在行为主义心理学的学习理论中占据了关键地位。随着斯金纳、班杜拉等心理学权威的持续推动和优化，这个理念已经逐步构建起一套全面的行为科学框架。因此，强化理论经常作为一种教育理论与方法，塑造人们的行为。

7.8.1　理论解析：强化理论的核心要义

强化理论是一种行为改造激励理论。美国著名的心理学家、教育学家斯金纳认为，人的行为是反映其所获刺激的某种函数，通过强化或惩罚等不同的手段建立某种行为或对行为进行矫正，以便接近适应性行为的治疗手段。强化的效果取决于强化物种类、强化方式、强化程序等因素的选择。强化作用并不仅仅依赖于增强物的存在或规模，更依赖于强化物与行为的联系，通过调整强化的强度和频次来优化行为。

1. 正强化与负强化

根据强化物的性质，强化可分为正强化和负强化，也可以称为积极强化和消极强化。正强化是指一个刺激物在个体做出某种反应之后，就会提高该行为的可能性。也就是说，当人们做出一些行动，可以从他人那里获得一些让自己感到满意的回报时，这些回报又会转变为推动人们去做或者重复这些行动的动力。负强化是指当一个刺激物被个体做出特定反应后会被剔除，这样也提高了这种行为的可能性。也就是说，通过某种不符合要求的行为引起一些不满意的结果，并对这种行为进行否定。无论是正强化还是负强化，都能加强行为的效果。

2. 一级强化与二级强化

一级强化是指满足人类和其他生物的基础生理需求，如生存和繁殖。一级强化物是生活中必不可少的元素，如食物、水源、保障、舒适度和性等。二级强化意味着，只要有一个中性刺激和一级增强物持续结合，它便可以展现其独特的增强化特征，如金钱、教育背景、认可度等，起初并不具有强化的作用，但通过和一级强化物发生关联后，产生出了强化作用。

---

① 张佳佳. 抵抗与免疫：抵御网络政治谣言的可能性及路径——以“防疫论”为视角[J]. 东南传播，2020(5)：96-98.

3. 连续性强化与间歇性强化

根据行为的发生和强化物出现间隔的时间，强化分为连续性强化和间歇性强化。连续性强化意味着，在做出每次或每个阶段的准确反应之前，都会进行增强，强化物会立刻产生或者消失。间歇性强化是指反应发生、强化物的产生或消失之间，会有一定的时间间隔按比率产生或消失。

7.8.2 发展历程：强化理论的演进历程

行为塑造理论形成于西方行为主义研究。在20世纪早期，行为主义学派先驱巴甫洛夫通过多次试验，揭示出外界刺激和有机体行为的紧密关系，有效的外界刺激可以促进有机体产生条件反射，从而创建了经典的条件反射理论。

斯金纳认识到经典的条件反射实验存在的不足，对实验进行了改进。在斯金纳的操作条件反射中，强化是一种人为操纵，是指伴随于行为之后的、有助于该行为重复出现而进行的奖罚过程。这个理念主张个体的最终行为形态取决于行为结果对操作行为的强化，并且它的模型被定义为“R(反应)-S(刺激)”。在斯金纳看来，人的学习也是一种操作行为，对行为结果的强化能够影响学习行为的出现频次和成效。教育也是一种行为塑造，因此，行为塑造也常作为教育理念和方法，促使行为的发生①。

7.8.3 实践应用：强化理论在行为改变中的作用

1. 充分发挥正强化物的正向激励作用和负强化物的行为调节作用

奖励和表扬是常见的正强化，也是强化理论在企业中常见的应用形式。“海底捞”的企业拥有一套全面的员工激励机制，无论是“海底捞”的高级管理人员、店主，还是杰出的员工，他们的家属均能从企业获取每月的补贴。同时，“海底捞”不同于其他很多公司给优秀员工奖金，而是给他们分红，让员工感觉受到了特殊的优厚待遇②。这种补贴的奖励机制，刺激着员工保持充足的干劲和饱满的热情，从而形成其独特周到的服务文化。

在教学实践中，教师可以积极正面地引导学生，对表现良好的学生进行奖励和表扬，鼓励学生继续保持这种行为。对于学生的不良行为，教师可以采取一些适当的惩罚措施，但要把握好力度，以免对学生造成伤害。对于一些不必要的行为，教师可以采取不理睬的态度，让学生意识到这种行为并不会得到关注，从而逐渐消退。当然，不同的

---

① 张秋柏，蒋鑫锐. 行为塑造理念下高校思想政治理论课教学模式创新[J]. 晋城职业技术学院学报，2021，14(2)：50-53.

② 张宇昊，侯江畔，郑沛东. 从激励理论的角度谈“海底捞”迅速发展的原因[J]. 商场现代化，2014(5)：93.

学生有不同的性格和特点，教师需要根据不同的情况采取不同的强化方式，最大限度地促进每个学生的健康成长，最大化地实现教学的预期目标。

2. 落实宣传工作，充分发挥新闻媒介的提示作用

提示是强化理论中较常见的方法，提示是在反应发生之前发生的，其目的就是增加刺激反应发生的概率，进而调整个体的行为。提示是指在反应之前增加反应概率发生的刺激或线索，宣传是一种提示引导手段，传统媒介(如宣传栏、公告牌)和新兴新闻媒介(如官方公众号、视频号等)是推进行为最直接的提示物。

在教学实践中，对于学生的不良行为，教师除了在行为发生后应用负强化的行为调节作用，也应该依靠日常宣传，比如有影响力的人物的正能量发言，电视节目中传达的积极正向的价值观等，在无形中塑造和影响学生的行为，从根源上阻止不良行为的发生。

3. 坚持“小步推进”原则，制定相应的计划和目标

小步推进是指在强化过程中，将一个具体的大目标分解成若干小目标进行，及时给予已完成的小目标强化，在此过程中可促进总目标的实现，提升个体信心和主动性。

人的成长是一个渐进的过程，不要幻想一步登天，那是不现实的。人的行为塑造是一个长期的过程，借鉴“小步推进”原则，通过一系列的程序才能达到最终的目标，小目标的实现能对人起到一个强化激励作用，调动人们继续完成下一阶段学习目标的积极性与主动性。

在教学实践中，针对那些基本技能不足且品行较差的学生，教师需要强调“逐层提高”的原则，将课堂的主题拆分为较为简单的几个环节，每一环节的难度提高需要恰到好处，引导学生在学习过程中循序渐进，稳步上升，产生向上攀登的积极意志，过易过难都会挫伤学生的自信心与积极性。

4. 遵循有效强化的原则——客观性、及时性、效能性原则

客观性原则是指强化要根据具体情况，客观公正、科学合理地进行强化，不能任由主体的意志和欲望随意地强化，导致强化不符合实际情况。客观公正的强化充分调动被强化者的积极性。在实践中强调客观性原则，就是要求人们提高评价水平，不以主观意愿和偏见来评价他人，着眼于他人的动态发展。

及时性原则是指新的行为出现后要对此及时做出信息反馈，进而确保主体行为的长期性，及时强化能够迅速将主体行为与强化物建立联系，避免无关因素的干扰。及时性原则要求人们要及时全面地发现问题，提出明确要求。

效能性原则是指在强化过程中要根据主体认知以及行为变化的情况，及时调整强化方式与类型，进而最大程度地利用强化带来的积极影响。效能性原则要求人们认识到人是发展着的，认识到人的行为是在变化的，针对不同主体的不同阶段，采取合适的强化方式。

总结与回顾

人们态度的改变不仅仅受到他人态度的影响，也是环境、个人认知、传播策略等因素作用下的结果。本章从心理学的视角解读了影响人们态度改变的传播策略，从实验的角度阐述了这些策略包含的心理机制，具体案例的分析也帮助读者更好地理解其应用。

霍夫兰在第二次世界大战时期进行了大量有关人们态度改变的实验，提出了说服模型，佩蒂和卡乔波在此基础上提出说服的双路径模型，即精细加工可能性模型。人们对信息的加工有两条路径：中心路径和外围路径。在传播过程中需根据人们对信息的态度等因素选择合适的路径，不同的信息进入的路径不同，两种路径带来的说服效果也不同，但两条路径并不是相互独立的。

某些情境下诉诸情感比诉诸理性更能说服他人。在广告营销中经常运用到理性诉求与感性诉求的策略，选取哪种诉求方式需要依据产品和消费者的特性决定。两种诉求的运用并不是非此即彼，两者各取所长，融会贯通，才能达到传播说服的最佳效果。

人们态度的改变是为了保持认知间的一致性，为了有效地改变一个人的原有态度，最佳策略是首先诱导他经历认知失调，促使其采取与原有态度相悖的行为或公开表态。认知失调理论广泛应用于广告营销、教育和组织决策领域。

情绪是由生理因素、认知因素和相应的环境因素共同作用而产生的，来自这三个方面的信息经过大脑皮层的整合作用，产生某种情绪体验。从情绪的三因素出发，分别对其进行修改和设置，可以影响人们的情绪变化，进而影响人们态度的改变。

在说服中，只呈现一方观点或信息还是同时也提及对立观点，需要根据不同的场景和信息抉择。选择单面说服还是双面说服，可依据受众受教育程度、信息源的可信度、信息的特征、接受者的初始态度等因素。

以“吓唬式”的口吻改变受众态度和行为的方式，称为“恐惧诉求”。通过塑造场景来引起受众害怕、恐惧等相关情感体验，并赋予压力和紧张气氛，可以让受众充分理解自己的行为所产生的后果，进而实现态度和行为的改变。恐惧诉求应用于健康传播、广告营销领域。在使用恐惧诉求策略时，要注意受众特征、控制恐惧强度以及提供切实可行的解决措施。

预防接种理论由“双面说服”发展而来，接受过预接种的人会在信息遭受其他攻击时不会发生太大变化。预防接种理论常应用于品牌公关、谣言治理、信息传播等领域。把握好接种力度，时刻根据反馈进行调整，能够让受众形成更有效的防御机制，从而避免被说服、转变。

强化理论经常作为一种教育理论与方法，塑造人们的行为。强化的效果取决于强化物种类、强化方式、强化程序等因素的选择。在企业和学校教育中常采用正向激励和负面调节的方法。强化不是一蹴而就的，要坚持“小步推进”原则；在强化过程中也要坚持客观性、及时性、效能性原则。

传播策略的选择需要因地制宜、因人而异，并时刻调整，不同的策略带来的传播效果不同，受众的态度反馈也随之变化。从心理学的视角探究传播策略，不仅扩展了对传播效果、受众态度变化的研究，同时也促进了两个学科的交叉融合。

思维与挑战：思考题

1. 早期说服模型有哪几种？存在哪些不足？
2. 精细加工可能性模型的两条路径分别是什么？有什么区别？
3. 举例精细加工可能性模型在新媒体环境下的应用。
4. 理性诉求与感性诉求的特点和区别是什么？
5. 理性诉求与感性诉求有哪些手段？
6. 除了广告领域，理性诉求与感性诉求理论还可以运用在哪些新媒体领域？
7. 什么是认知失调？它是如何产生的？
8. 请针对认知失调理论的一个心理实验谈谈你的看法。
9. 在现实生活中，你如何应对自己的认知失调？
10. 什么是情绪的三因素理论？
11. 情绪唤醒模型的三个亚系统是什么？
12. 请简述沙赫特-辛格的情绪理论实验过程及结果。
13. 请尝试用情绪的三因素理论解释新冠疫情期间公众产生恐慌情绪的原因。
14. 单面说服和双面说服的特点和区别分别是什么？
15. 请简要叙述霍夫兰关于“单面说服”和“双面说服”的实验过程及实验结论。
16. 请列举几个说服策略的选择原则。

第8章　传播效果的心理评估与深度解析

传播效果评价的研究主要有两种视角：一种是媒体对用户的认知、态度、行为的影响；另一种是研究用户对媒体的影响。传播效果的产生是十分复杂的过程，对传播效果产生机制和影响因素的研究是传播效果评价的重要基础。从传播学诞生开始，学者不断调查研究，总结出了一系列传播效果评价理论，这些理论为传播心理的研究提供了基础。

8.1　睡眠者效应：延迟的影响力

睡眠者效应是传播学重要的理论之一，其指出了受众对信息的可信度会随着时间而变化的原因。睡眠者效应成为说服的重要策略之一，揭示了所传播内容对传播效果的重要性，对当下的谣言治理起到一定的指导作用。

8.1.1　概念解析：睡眠者效应的定义

睡眠者效应也叫休眠效应(sleeper effect)，由学者卡尔・霍夫兰提出①，指的是信息源可信度与传播效果之间的动态关系，即高可信性信息源传播的信息在传播发生初期更容易得到正向的说服效果，而低可信性信息源产生的说服效果并没有马上发挥出来，在一段时间的“休眠”过后，低可信性信息源发挥出说服效果，而高可信性信息源产生的说服效果逐渐减弱。

从1928年瑟斯顿的开创性研究之后，态度成为探究个体内心状态、预测个体行为的核心概念，由于研究者发现通过说服可以改变个体的态度，进而改变个体的行为，态度的说服策略成为一个研究重点。学者在研究态度改变时，发现了一个反常的现象：一般情况下，信息对态度改变的影响效果会随着时间推移而递减，但在某些情境中，这种影响效果反而会随着时间推移而增强。

最初，皮特森和瑟斯顿在实验中发现了这一现象②。为了研究关于社会问题的电影对人们态度的影响，他们让不同地区和年龄段的学生观看电影并立即进行了相应的态度

---

① Hovland C I，Lumsdaine A A，Sheffield F D. Experiments on mass communication[M]. Princeton，NJ：Princeton University Press，1949.

② Peterson R C，Thurstone L L. The effect of motion pictures on the social attitudes of high school children [M]. Chicago：University of Chicago Press，1970.

测验。6个月后，他们再次进行了测验，发现学生们对其中一部电影中的人物态度发生了正向的改变。后来，霍夫兰等在研究纪录片*The Battle of Britain*对态度改变的即时影响和延迟影响时发现：9周后，*The Battle of Britain*对态度的影响比 5 天后的影响大，态度改变的效果随着时间的推移不是降低而是提高了①。

因此霍夫兰认为，态度形成的基础会随着时间推移而产生变化。在个体接收到信息后立即进行调查时，被试的态度会受到信息源与信息内容的影响，此时信息源可信度对个体态度形成起到了重要作用。一段时间过后，虽然个体还记得信息的来源，但是受到信息源的影响降低了，被试的态度主要受到信息内容的影响。于是就会出现睡眠者效应②。

8.1.2　原因探析：睡眠者效应的心理机制

从说服的角度来看，不同的传播者即使传播的是同一个信息，人们对它的接受程度也存在差异。霍夫兰研究了信息源的可信性对态度的影响。他以4个争议性很大的问题为主题与被试沟通，并向被试展示了来自不同信息源的沟通信息。这些沟通信息的信息源分为高可信性和低可信性两种。

研究发现，就即时效果来说，高可信性的信息源对态度的改变是迅速且显著的。据此，霍夫兰提出了“可信性效果”的概念：在大部分情况下，信息源可信性越高，对受众的说服效果越强；反之，信息源可信性越低，说服效果越弱。但是这种态度改变并没有得到长期的维持。一个月后，当他们重新测试被试者关于这几个问题的态度时，调查结果发生了变化：随着时间的推移，来自高可信性信息源的信息说服效果减弱了，而来自低可信性信息源的信息说服效果得到了增强，如图8-1所示。针对此现象，霍夫兰等人提出了几种可能的假说并进行了验证。

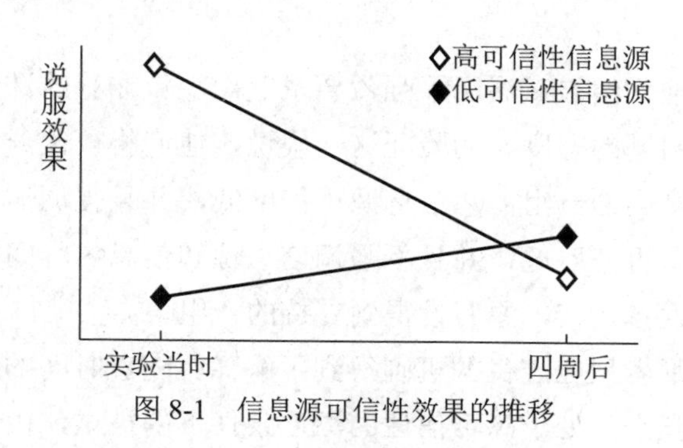

图 8-1　信息源可信性效果的推移

1. 信息源-信息记忆假说(memory of the source versus message)

对于睡眠者效应的一种可能的解释是人脑的遗忘机制在起作用。艾宾浩斯的遗忘曲

① Hovland C I，Lumsdaine A A，Sheffield F D. Experiments on mass communication[M]. Princeton，NJ：Princeton University Press，1949 .

② 李娟娟. 心理学入门：匪夷所思的98个心理学实验[M]. 北京：中国法制出版社，2016.

线原理揭示了记忆的规律。随着时间的推移，人脑对信息的记忆量逐渐减少，信息的次要属性首先开始被遗忘。因此，作为信息主要属性的内容能够得到较长时间的保留，而次要属性如信息来源可能会首先被模糊，因而对态度产生的影响较小。霍夫兰据此提出了信息源—信息记忆假说(memory of the source versus message)：个体对信息源和信息内容的记忆时间存在差异，人们更倾向于先忘记信息源[①]。记忆心理学理论研究表明，相比具体的场景，抽象的人名更加难以在记忆中保留。因此一段时间过后，人名(信息源)不再被提及时，人们的记忆更多保留了信息的内容。在被试看完影片时，他们受到的非权威信息源的影响大于信息本身的影响，导致被试对电影产生了负面的态度。如果被试更快地遗忘了信息的来源，而保留了对电影内容的记忆，那么在一段时间后的态度调查中，被试只会受到电影内容的影响，睡眠者效应就可能产生。在这个假说模型中，他们认为，个体在时间推移后可能逐渐淡忘了信息源，但对劝说信息的内容还保留了记忆。

2. 线索分离假说(dissociative cue hypothesis)

但是随后的实验中，霍夫兰的实验并没有验证这一假说。在实验中他们发现，产生了睡眠者效应的被试，并没有遗忘信息源[②]。霍夫兰对假说进行了修正，提出了线索分离假说(dissociative cue hypothesis)。他们认为，态度的形成受到信息源和信息共同的影响，而两者各自产生的影响随着时间的推移发生了变化。在被试接收到信息后立即测试时，信息源和信息共同对个体的态度产生了作用，而经过一段时间之后的测试中，态度主要受到了信息内容的影响。虽然个体仍然记得信息的发出者，但信息源的权威性对态度的影响逐渐减弱了。也就是说，随着时间的推移，信息内容和信息源之间的联系逐渐分离，这是睡眠者效应产生的原因，而并非人们对不同类信息的记忆存在遗忘速度的差异。

在本次实验中，他们给被试展示了强烈要求宽恕少年罪犯的评论文章，并在当时和三周后调查被试对该问题的态度。为验证这一假说，他们将被试分为三组，进行了对照实验：①信息源可信度高的一组；②信息源可信度低，并且强调信息源和信息内容间的联系的一组；③信息源可信度低，并且不强调信息源和信息内容间的联系。结果发现，只有第三组出现了睡眠者效应，原假设得到支持的一组。

从此实验中，睡眠者效应产生的机制得到了解释。随着时间的推移，人们通常把信息本身和信息源分离开来，处于高可信性的沟通条件下的被试，由于信息源具有威信，这种高威信使得被试立刻受到了影响，一段时间后，由于人们把记忆中的信息内容和发

---

① Hovland C I，Lumsdaine A A，Sheffield F D. Experiments on Mass Communication[M]. Princeton，NJ：Princeton University Press，1949.

② Hovland C I，Weiss W. The Influence of Source Credibility on Communication effectiveness[J]. Public Opinion Quarterly，1951(15)35-51.

言人分开了，沟通者权威性的影响慢慢地消失。而在低可信性的条件下，被试的即时态度改变程度小于高可信性条件下的态度改变。但随着信息与信息源的分离，沟通者的低威信所产生的不利影响渐渐消失，内容本身的说服力才能较为完全地发挥出来。

这种现象表明，低可信度信息源发出的信息，由于信息源可信性的影响，其内容本身的说服力不能马上得以发挥，而是处于一种“休眠”状态，经过一段时间，可信性的负面影响减弱或消失，其说服效果才能充分表现出来，如图8-2所示。

睡眠者效应的现实应用

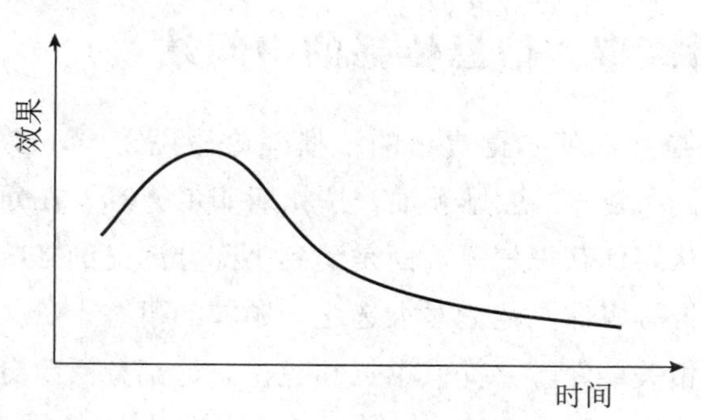

图 8-2　休眠效果示意图

8.2　两级传播理论：从单一到多元的传播网络

早期的子弹论是大众媒体迅速发展背景下产生的理论之一，指出了大众传播的强大力量。两级传播理论的关键是意见领袖，指出了传播过程不是端到端，而是要经过一个“中转站”。两级传播理论虽有一些局限性，但是其为传播学的发展起到了一定的推动作用。

8.2.1　子弹论的兴衰：早期传播效果的误解

20世纪初至30年代末，报刊、广播、电视等大众媒体发展迅速，传播效果研究进入初级阶段，此时人们对大众媒体的力量寄予厚望，认为媒介传递的信息可以“像子弹击中人体、药物注入皮肤一样”，直接迅速地影响到人们的态度和行为，这种观点被称为“子弹论”或“皮下注射论”①。

在当时，西方国家大众媒体迅猛发展，电影等新兴媒介不断涌现，逐渐渗入社会生活中的方方面面。不论是国家、组织还是个人，都在利用大众媒体的力量，因此人们普遍认识到大众媒体的力量是巨大的。在这个时期，西方流行的本能心理学理论也影响到了传播学研究领域。本能心理学认为，本能的“刺激-反应”机制主导了人的行为，

① 胡翼青. 对“魔弹论”的再思考[J]. 国际新闻界，2009(8)：38-41+66.

由于人的遗传生理机制具有一致性，某种特定的刺激能够引起类似的反应，当时人们认为，媒介传递的信息能够成为一种直接的刺激，直接引起人们大致相同的反应行为。

从当时的媒介发展情况来看，子弹论的诞生不无道理。但是，“子弹论”过分夸大了大众传播的力量，忽视了受众对大众媒介的能动选择和使用，把整个传播过程简单化了，是一种唯意志论的观点。实际上，社会的发展变化还受到各种客观因素的制约，传播效果也受到不同因素的影响，受众也存在着选择的能力。

8.2.2 两级传播模型：信息传播的中间站

两级传播理论是拉扎斯菲尔德提出的传播理论假说之一，要理解两级传播理论，首先要了解两级传播的关键——意见领袖。拉扎斯菲尔德等人在研究政治选举时发现，大多数选民并非直接从媒体获得信息，而是受到小部分选民的影响。这些部分选民频繁接触广播、报刊、广告等媒体，他们对大选这一领域的事态十分关心和了解，能够为其他的大多数选民解释相关事件，并提供意见和建议。这部分活跃分子便被称为“意见领袖”。两级传播理论认为，在大众媒介时代，信息总是先从媒介传播到少数意见领袖，再由意见领袖传播至全体公众，这个过程总共分为两步，也就被称为“两级传播”(见图8-3)。该理论重点强调了第二级，也就是人际传播在整个传播流程中的作用。但是该理论也存在缺陷：在实际的信息传播过程中，大部分只有一级，即信息由大众媒介直接传播到公众，并没有经过意见领袖的二次传播。事实上，意见领袖在实际生活中很难做出区分，其地位并不稳定，也不可能永远被所有人承认，意见领袖与公众也并非完全的领导与被领导地位。舆论领袖既然不是处于绝对的领导地位，只是“信息流程中的一个中继站”[①]，那么信息传播过程就存在多级传播、多级意见领袖等情况。

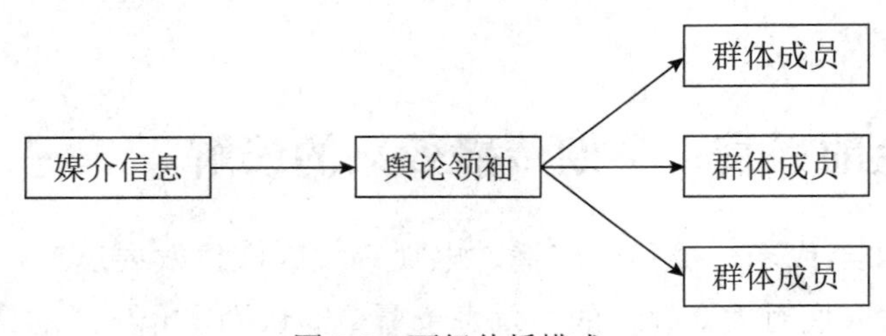

图 8-3　两级传播模式

虽然两级传播理论存在缺陷，但其基本的构想不无道理。受众群体始终存在差异性，总有人对某种领域的信息更敏锐，受众感应到的信息也并非全部来自媒介，人际关系传播在其中也扮演了重要的角色。在两级传播的基础上，学者对其进行了发展与修正。

① 李彬. 传播学引论[M]. 北京：高等教育出版社，2013：131.

8.2.3　N级传播：信息传播的多级扩散

为了验证拉扎斯菲尔德提出的假说在选举以外的领域是否适用，拉扎斯菲尔德与卡兹进行了多个领域的调查。在调查汇总《个人影响》中，他们提出了制约传播效果的“中介因素”概念。其中介因素有4个：①选择性接触，包括选择性注意、选择性理解和选择性记忆，这就表明受众对媒介具有选择性，他们可能回避某些媒介渠道和媒介内容；②受众本身的特性，包括受众的基本特征、既有的态度、社会关系会影响传播的效果；③媒介自身的特性，不同特性的媒介对传播效果的影响存在差异；④信息内容，不同的信息传播形式会对受众的心理产生不同影响。

1962年，罗杰斯以新事物普及为主题的研究过程中，对两级传播理论进行了发展。他把大众传播过程分为两条传播流：一是作为信息传递过程的“信息流”；二是作为效果或影响的产生和波及过程的“影响流”。信息流可以是一级的，信息可以从大众传媒直接传递到各类受众；而传播流是多级的，通过人际传播进行多级的影响传递，如图8-4所示。媒介信息可以通过“信息流”和“影响流”进行多渠道、多层次的传播，这样，罗杰斯就将“两级传播”模式发展为多级传播模式(也叫N级传播模式)。

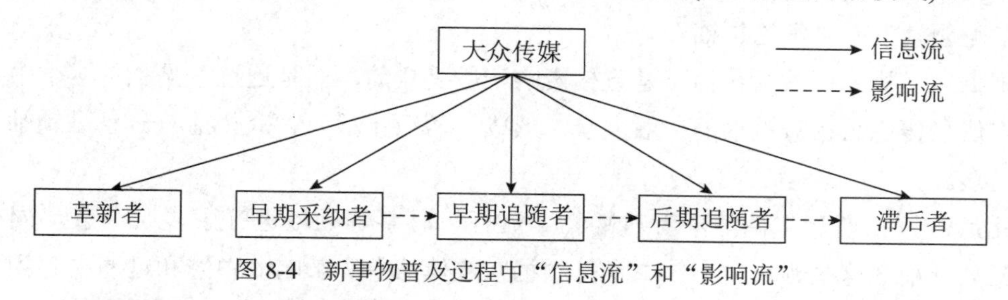

图 8-4　新事物普及过程中“信息流”和“影响流”

这些研究揭示了大众传播的复杂性，说明单独的要素并不能直接决定传播的效果，人们的态度改变过程中并不只有大众传播在发挥作用。这些结论否定了“子弹论”的唯意志观点，同时揭示了传播过程中存在着对传播效果的种种制约因素，强调了大众传播影响的无力性和效果的有限性，被称为“有限效果论”。

两级传播理论在网络环境中的发展与应用

8.3　意见领袖：引导舆论的关键力量

意见领袖在一个团队中扮演着重要的角色，他们是信息和影响的主要来源，有能力影响多数人的态度。虽然他们未必是正式的团队领导者，但他们有的对消息了如指掌，对时事了解深入，有的在某个领域有卓越的专长，有的拥有出色的人际交往能力，受到广大人群或公众的认可并成为意见领袖。在消费行为学中，意见领袖是指那些为他人过滤、解释或提供信息的人，他们因为持续关注某类产品或服务而拥有更丰富的知识和经验。意见领袖可以是家庭成员、朋友，也可以是媒体或虚拟社区中消息灵通的个人。

8.3.1 背景追溯：意见领袖的兴起

意见领袖并非一个新概念，最早由传播学者拉扎斯菲尔德在20世纪40年代提出。拉扎斯菲尔德等学者在1940年美国总统大选期间展开了一项研究，旨在探究大众传媒在影响选民投票方面的力量。然而，研究结果出人意料，发现大多数选民在竞选活动初期已经做出了投票决定，只有约8%的人因竞选活动而改变了他们的投票意向。而这些人的意向变化并非受到了大众传媒的影响，而是主要归因于亲戚、朋友和社交圈子的劝说。

这一发现揭示了大众传媒并非唯一影响选民的因素，而只是众多因素之一。同时，研究还发现了传播过程中的两级传播现象。大多数选民获取信息和受到影响的主要来源并非大众传媒，而是另一部分选民，这部分选民与媒体关系密切，频繁接触报刊、广播、广告等媒体，对事态了如指掌。这些人将竞选信息间接传递给与他们互动频繁的大多数选民，并对众多竞选问题提供解释和观点。这一部分选民被拉扎斯菲尔德等学者称为“意见领袖”或“舆论领袖”。

根据这一模式，大众传播不是直接影响一般受众的，而是通过意见领袖这个中介环节，将信息传递给相对被动的一般大众，形成了两级传播：大众传播——意见领袖——一般受众。

此后，拉扎斯菲尔德等学者对购物、流行、时事等领域进行了多次调查，同样证实了意见领袖在这些领域的存在。意见领袖在媒体信息和影响的中继和过滤中起到了关键作用。这种传播过程通常不仅仅是两级传播，还可能是多级传播，信息从一人传到十人，十人传到百人，从而实现了信息的扩散。在生活中，由于各种原因，很多受众并不经常接触媒体上的信息，因此他们更依赖于意见领袖。有时即使信息直接传达给受众，但由于人们的依赖、群体性和协作心理，他们也需要意见领袖对信息进行解释和评价，以指导他们的行为。这正是意见领袖存在的原因。

需要注意的是，意见领袖并不仅限于特定群体或社会阶层，而是广泛分布于社会的各个群体和阶层中。每个群体都有自己的意见领袖，他们与被影响者平等互动，而非上下级关系，并且意见领袖是不断变化的。他们的出现受到时空条件、人际关系变化、社会地位的波动、社会参与频率的增减以及个人背景的变化等多种因素的影响，因此在不同的情境下，会出现不同的意见领袖。

8.3.2 新媒体视角：意见领袖的新面貌

相对于传统的大众媒体，微博和微信等社交新媒体代表了一种更加开放和去中心化的传播环境。这种环境下，新型的草根意见领袖得以涌现，并得到广泛认可和发展。这些新型意见领袖具有以下几个特点①。

第一，新型意见领袖参与大众传播的方式和范围有了显著变化。在传统媒体时代，意见领袖的影响主要体现在面对面的人际传播中，但在新媒体时代，传媒受众之间的边界变得模糊，意见领袖通过参与大众传播，打破了时空的限制，能够更广泛地影响受众。

第二，新型意见领袖更容易促成群体抱团和群体极化现象。在新媒体传播过程中，意见领袖不仅传播信息，还能够接收受众的反馈，并根据这些反馈来调整后续的传播内容。这使得在社交媒体上形成的群体更具内聚力，同时也使不同群体之间的冲突和矛盾更加明显，有时甚至会形成信息茧房，加剧了群体之间的极化现象。

第三，社交新媒体时代意见领袖的商业化倾向更加明显。在传统媒体时代，意见领袖通常是出于兴趣和热情来发表评论和传达观点，商业因素相对较少。然而，在新媒体时代，广告商越来越重视群体中意见领袖的作用，许多知名博主和名人纷纷将自己的影响力转化为商业机会，以赚取收入。这使得商业化倾向在社交新媒体上更加显著。

总体来说，社交新媒体的出现改变了意见领袖的角色和影响力。新型意见领袖通过更广泛的传播方式、更强的互动性以及更高的商业化倾向，成为新时代的意见领袖，塑造和影响着社会和文化的变迁。

8.3.3　理论评价：意见领袖的影响力分析

意见领袖理论为我们提供了传播过程中的一个重要视角，强调了某些个体在信息传播中的关键作用。

1. 突出社会影响的作用

在许多情况下，个体的决策更多地基于社交网络的交互，而不仅仅是直接从媒体中接收到的信息。通过强调意见领袖在传播过程中的角色，我们可以更好地理解某些信息为何具有更大的影响力，而其他信息则可能被忽视。

(1)具有社交网络的决策导向。当人们处于一个紧密相连的社交网络中时，他们的观点、态度和行为往往受到网络内其他成员的影响。这种影响可能基于群体的共同价值观、文化或历史背景，使得个体更倾向于与社交网络中的主流观点保持一致。

(2) 提供动态的社交互动。在社交网络中，信息的流动不仅仅是静态的传递，还涉及互动、讨论、辩论和反馈，这些都可以加深或改变信息的含义和影响力。

---

① Schafer Mike S，Monika T. Opinion Leadership Mediatized Opinion Leaders：New Patterns of Opinion Leadership in New Media Environments[J].International Journal of Communication，2015(9)：22.

(3) 扮演情感的角色。在社交网络中的互动经常涉及情感交流。朋友、家人或同事的认同和支持可能加强了某一观点或决策的吸引力。反之，他们的反对或批评可能导致个体对某一观点或行为产生怀疑。

(4) 具有意见的放大效应。意见领袖作为社交网络中的关键人物，他们的观点和行为往往对其他成员产生放大的影响。他们不仅仅是信息的传递者，更是信息的解释者、扩展者和创新者。

(5) 符合适应性筛选机制。由于意见领袖通常被视为专家或权威，他们的推荐和建议往往被优先考虑。这种筛选机制意味着具有高质量或高关联性的信息更有可能被广播和传播，而与社交网络的核心价值观不符的信息可能被边缘化或忽视。

意见领袖在决策和信息传播中扮演了关键角色，帮助我们更好地理解为什么某些信息更具影响力，而其他信息可能在社交网络中被淡化或遗忘①。

2. 具有多维度的影响

意见领袖可以存在于从草根组织到全球名人的各个层次。这种多维度的存在意味着不同的策略和方法可以应用于不同的领域和层次，为信息传播提供了灵活性。这种多维度体现在以下几个方面。

(1) 跨领域的广泛存在。意见领袖并不仅限于某一特定领域。无论是政治、商业、科技还是时尚，每一个领域都有其独特的意见领袖。这些领袖基于专业知识、经验或影响力，对特定的受众产生影响。

(2) 从地方到全球的范围。意见领袖可以是社区的关键人物，如村长或社区领袖，他们对本地社区有直接的影响。同时，意见领袖也可以是国际名人或知名企业家，他们的话语和行动可能影响到全球的听众。

(3) 不同层次的策略应用。对于地方或小规模的意见领袖，策略可能更侧重于面对面的交流和小范围的活动。而对于全球意见领袖，策略可能包括大型广告、社交媒体活动或公共关系活动。

(4) 独特的受众接触点。不同层次的意见领袖往往有独特的受众接触点。例如，草根组织的领袖可能更多地依赖于社区活动或当地媒体，而全球名人可能更多地利用社交媒体或国际新闻媒体。

(5) 层次间的协同作用。在某些情况下，不同层次的意见领袖可能会合作或共同努力，以放大他们的声音和影响力。例如，一个全球名人可能会与一个社区组织合作，共同推广某一公益活动或议题。

这种多维度的存在确实为信息传播和市场营销提供了极大的灵活性。意见领袖的

---

① 胡正萍. 意见领袖在YouTube平台传播中国故事的特点和效果研究[D]. 北京：北京外国语大学，2023.

多样性意味着策略和方法也需要进行相应的调整和优化，以确保有效的信息传播和受众影响。

3. 重视人际传播

此理论强调了人际传播的作用。相比于大众媒体，人际传播可能更加有效和有影响力。人际传播的影响力基于以下几点。

(1) 具有信任和关系的基础。当我们从朋友、家庭成员或其他信任的人那里获得建议或信息时，我们往往更容易相信和接受这些建议。这是因为我们与这些人之间建立了信任和亲密关系，而这种关系为信息提供了一个强有力的背景。

(2) 能够进行深入的沟通与理解。与广告或媒体报道的简短信息相比，人际传播往往涉及更深入、详细的沟通。这使得接收者有更多的机会提问、探讨并深入了解话题，从而增加了信息的吸收和理解。

(3) 融入情感。当我们与亲近的人交流时，情感和个人经验常常被融入传播中。这种情感的融入可以增强信息的影响力，因为我们更容易与分享者的经验和情感产生共鸣。

(4) 提供个性化的信息。与大众媒体传达的标准化信息相比，人际传播更加个性化。朋友和家庭成员通常了解我们的需求、兴趣和偏好，因此他们提供的建议和信息往往更符合我们的实际情况。

(5) 利用互动性增强反馈循环。人际传播不仅仅是单向的信息流动，还有双方的互动、提问和回应，这种反馈循环可以增强信息的清晰度和有效性。

意见领袖理论案例分析

总体而言，意见领袖理论提供了一个有价值的框架，帮助我们理解信息如何在社会中传播。但与所有理论一样，它也有其局限性，需要在具体的应用和环境中进行考量。

8.4　使用与满足：受众需求的核心

随着大众传播研究的不断深入，20世纪中期，美国传播学的研究对象逐步从媒体转变为受众。受众接触大众媒介的动机、媒介接触对于受众的意义等一系列问题成为当时受众研究的重点问题。在这一背景下，使用与满足理论(use and gratifications approach)应运而生。该理论主要从受众个体角度出发，通过对受众使用媒介的动机和需求进行分析，进而考察大众传播所带来的在心理和行为上的效果。这一理论也对后续美国经验主义和批判学派产生重要影响。

8.4.1 背景探索：使用与满足理论的起源

尽管在美国传播学历史上，使用与满足理论在20世纪70年代才得以确认，但具有类似思想的相关研究在20世纪40年代就已出现[①]。在广播电台及其听众方面，1940年H.赫佐格就曾研究过火星人入侵地球的广播剧所引起的恐慌事件，并对听众产生恐慌的原因进行了调查采访。1944年，赫佐格又研究了妇女热衷于收听电台白天的连续节目的原因，结果显示，妇女将这些连续剧作为发泄情感或满足幻想的工具，以及想要从中获取为人处世的指导。E.苏切曼也对电台古典音乐听众的收听动机进行了研究。在报纸与读者的关系方面，伯纳德·贝雷尔森针对读者对报纸的阅读动机开展了一系列调查研究，发现报纸之于受访者的主要意义有以下几个：提供社交可能或社会声望；帮助理解社会公共事务及信息；充当日常生活中的娱乐休息工具，并成为一种日常仪式。这一时期的研究已经呈现以受众为研究中心的倾向，认为人们都是基于信息需求、情感需求、娱乐需求等来接触和使用媒介的。

在第二次世界大战后，使用与满足研究发展到了新阶段。丹尼斯·麦奎尔等人于1969年开始了一项对于电视节目的调查研究，其研究程序相较于之前更为严谨。研究最终归纳了不同节目在“满足”受众需求时的不同特点，展示了使用与满足研究的程序日趋严谨。威尔伯·施拉姆、罗伯特·帕克等人就美国儿童的电视使用情况开展了大规模的调查，探究儿童对于电视的使用方式以及儿童电视使用情况与家庭等社会因素之间的关系[②]。此时社会因素对于人们媒介接触的影响也进入研究者的视野。综合来看，这一阶段研究者对于受众的需求和媒介使用动机有了更深的了解，同时研究者也关注到社会因素对于受众媒介使用的影响，其媒介使用与满足研究的形式日趋复杂化和精细化。这些进步为成熟的使用与满足理论的产生奠定了基础。

8.4.2 理论提出：使用与满足的核心观点

随着前人研究的逐渐深入和成熟，使用与满足理论从中脱胎而出。美国社会学家伊莱休·卡茨被学界广泛认为是该理论的提出者以及使用与满足研究领域中的代表人物，卡茨对于使用与满足的阐释也更为成熟。

1974年，卡茨等人发表《个人对大众传播的使用》，提出了使用与满足理论。这一理论经过日本学者竹内郁郎的补充，最终发展为如图8-5所示模式。

---

① 殷晓蓉. 美国传播学受众研究的一个重要转折——关于“使用与满足说”的深层探讨[J]. 中州学刊，1999(5): 58-61.

② W. 施拉姆，W. 波特. 传播学概论[M]. 陈亮，等译. 北京：新华出版社，1984：212-213.

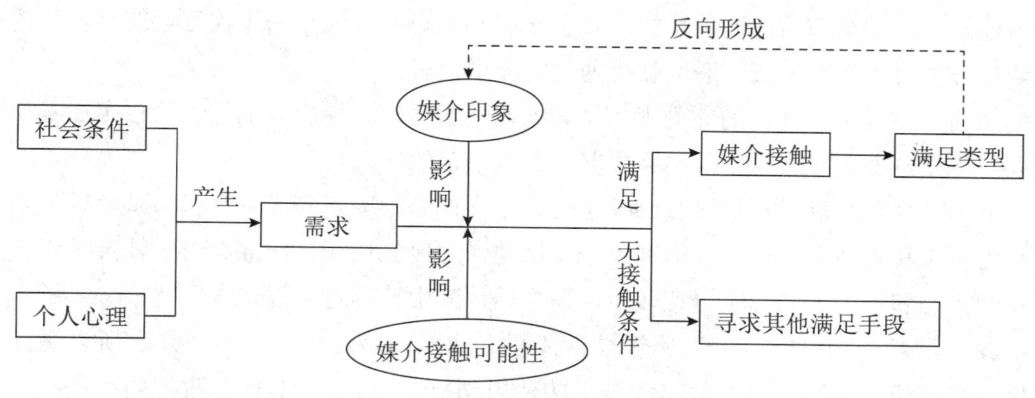

图 8-5　受众使用与满足的过程

这一模式相较于前人的研究和理论更为复杂和周密。其含义是：①人们进行媒介接触的目的是满足自身的特定需求，而这些需求往往根源于一定的社会条件以及自身的心理特性；②人们根据需求进行媒介接触的过程中，还会受到媒介接触可能性和媒介印象两个因素的影响，当受众无法接触到相关媒介时，就会转向其他满足需求的代替性的手段，同时人们对于媒介的印象，即对于媒介能否满足自己需求的评价，也会影响到人们的媒介选择与接触的行为；③人们根据自身对于媒介的印象产生了一定的媒介接触后，可能会产生两种结果，即满足需求与不满足需求；④但无论人们的需求是否得到满足，其结果都会修正自己对于媒介的印象，从而影响到对于媒介的期待以及后续的媒介接触与使用行为，这一模式也说明了用户的媒介印象与偏好和媒介使用行为是相互影响的。

互联网时代下的使用与满足理论

8.4.3　理论评价：使用与满足在传播中的应用价值

使用与满足理论，以及该理论所涉及的使用与满足研究在大众传播效果研究历史上影响深远。它的出现转变了此前以传播者或传媒的视角来考察传播活动对于受众影响的研究范式，将受众的媒介接触与使用动机纳入研究范畴，通过对这些动机的研究以及对媒介接触满足了他们的哪些需求的考察，研究大众媒介究竟对人们带来何种心理影响，又如何影响人们的媒介使用。这一全新的研究视角也开创了传播学历史上从受众角度考察大众传播过程与效果的先河。

这一理论也带来了许多新的研究理念和观点。第一，这一理论强调了受众在媒介使用中的能动性，重视受众对于媒介内容的主动选择与接触，打破了此前将受众视为简单被动的受传者的观点。第二，其对于受众媒介使用动机的研究也解释了受众媒介使用形态的多样性，指出受众自身需求的多样性会形成不同样态的媒介接触，强调受众需求对传播效果的影响和制约作用。这一观点也否定了早期“子弹论”等强传播效果理论。第三，使用与满足理论在强调受众的主观能动性的同时，也指出了大众传播对于受众的影响，以及其对受众需求的满足功能，对于此前20世纪40年代至60年代流行的有限传播效果论有一定矫正作用，成为适度效果理论的典型代表。

然而，在提供一种新的理论视角与研究范式的同时，使用与满足理论也存在着一定局限性，在传播实践过程中与实际情况存在着一定的出入。

其一，使用与满足理论过分强调了受众个人的心理因素和需求动机，具有较为浓厚的行为主义和功能主义色彩。纵观整个使用与满足研究历程，研究者对于社会因素在受众媒介接触和使用中的影响研究较少，在整体研究中被相对忽视。

其二，对受众媒介接触的认识较为片面。使用与满足理论认为受众之所以进行媒介接触与使用，是因为自身的需求产生的使用动机①。但后人对电视收视的动机研究发现，受众在收看电视时除了为满足自身信息获知与娱乐消遣这类功能性需求外，还呈现一种习惯性的收视行为。这类非态度导向的媒介接触与使用行为在使用与满足理论中是被忽视的。

其三，使用与满足理论夸大了受众在进行媒介选择时的主观能动性。在传统媒体时代，媒介的有限性决定了受众无法自由地进行媒介选择，仅能对于有限的媒介内容进行主动选择，其选择总体上还是受限于媒体经营者的内容提供。即使是在互联网时代，用户的主体性大大增强，媒介内容也呈现海量多元的特征，但这些媒介内容的提供以及媒体平台的底层逻辑都受到资本和权力话语等因素的影响，用户在媒介选择中的能动性根本上还是受到限制的。

其四，这一理论及相关研究视角往往局限于受众的媒介选择与接触行为，而缺乏对于媒介内容生产和传播过程的了解与探究。由于视角的局限，使用与满足理论及相关研究并未关注到媒介的内容生产时所受到的意识形态和资本利益影响，同时也缺乏对于受众在信息解读时所受的社会、文化、教育和意识形态等因素制约的关注，因而其难以从宏观角度上揭示传媒活动与受众解读之间复杂的互动关系②。

使用与满足理论为大众传播效果研究提供了一种新的、从受众视角出发的研究角度与理念观点，成为传播学发展过程中的一个经典理论。但其局限性不容忽视，必须深刻把握理论的关键概念，同时与其他理论形成相互借鉴与补充。只有如此，才能更加全面、正确地理解受众，理解受众与传者的互动关系。

8.5 创新扩散：心理与传播的双轮驱动

创新往往意味着新观念、新事物、新产品的诞生，而这些观念、事物、产品被社会广泛接受总要经历一个过程，这一过程离不开信息的流动与传播。那么这些信息是如何

---

① 陆亨. 使用与满足：一个标签化的理论[J]. 国际新闻界，2011，33(2)：11-18.

② 郭庆光. 传播学教程[M]. 北京：中国人民大学出版社，2011：169-170.

流动的，又要经历怎样的传播与受众接受的过程呢？1962年，创新与扩散理论被提出，对这一系列问题进行了解答。

8.5.1　启航：创新扩散理论的诞生

1927—1942年，美国社会学家布莱斯·瑞恩和尼尔·格罗斯开展了一项研究：他们向衣阿华州和艾奥瓦州两个社区的农民推广新型杂交玉米种子，并通过对农民的访问试图了解农民通过什么渠道获取了怎样的信息，以及这些信息是怎样影响农民的决策并最终重塑其种植习惯的。研究者试图通过这样的调查来解释大众传播在玉米种子新品种的推广中所起到的作用。研究结果表示，尽管大众传播在提供新知识方面扮演十分重要的推动者角色，但农民是否愿意接受新的玉米品种仍然取决于人际传播。研究者认为创新的采用受到受众当前既有的人际关系和对于媒介的使用习惯两方面因素共同影响。

1962年，埃弗雷特·罗杰斯和休梅克深入农村，调查了农村中农作物新品种、新农药、新机械等新事物的采用和普及的过程。这次调查使得二人对于新事物的传播过程有了更深入的了解。结合前人研究及此次调查，罗杰斯和休梅克合著出版了《创新的扩散》一书。书中探讨了大众传播和人际传播的区别，对“两级传播”理论做出重要的补充，并对创新成果是如何为社会成员熟知并在社会上得到推广的过程进行了详细介绍，提出了创新与扩散理论，而罗杰斯也由于其贡献常被认为是创新与扩散理论的提出者之一。

8.5.2　深度解析：创新扩散的内涵

罗杰斯的创新与扩散理论涉及创新传播的许多方面，整体观点体系相对复杂。综合罗杰斯对于自身理论的论述，创新与扩散理论主要包含以下几个部分：①创新的定义及特征；②信息接收者采用创新的决定过程；③创新采用者的类型；④创新扩散及其传播过程。

1. 创新的定义及特征

在罗杰斯的定义中，创新指的是被个人或其他单位视为新颖的观念、事物或是产品。他认为，一项创新事物应当具备以下5个特征，这5个特征决定着创新能否被个人或单位、组织采用。

(1) 相对优越性，指这项创新相较于其应当取代的旧事物的优越程度。这项创新相较于旧事物越优越，则越容易被采用。

(2) 兼容性，指这项创新与现有价值观、理念、以往经验以及与其采用者需求的共存和兼容程度。当这项创新更符合现有价值观、使用经验和采用者需求时，那么这项创新更容易被采用。

(3) 复杂性，指这项创新被预期采用者理解和运用的难度。更易理解和运用的创新往往意味着更高的用户青睐，即更高的被接受和采用的可能。

(4) 可实验性，指这项创新在有限的基础上可被实验的程度。新的创新的广泛传播必然要经历一个由试点到推广的过程，这就需要创新具有更低的实验成本，提升自身的可实验性。只有这样，才能使采用者乐意实验，继而采用该项创新。

(5) 可观察性，指这项创新结果能够被他人知晓的程度。创新是否能够被继续采用与其可观察性密不可分。只有创新带来的效益能够被感知到，这项创新才可能被采用者继续使用。

2. 信息接收者采用创新的决定过程

在对创新的定义和特征进行探讨后，罗杰斯将个人或组织单位采用一项创新的决定过程分为以下5个阶段。

(1) 了解阶段(获知)，人们刚刚接触新技术新事物，但对此了解不多。

(2) 兴趣阶段(说服)，通过对创新的初次接触后，人们对于新事物产生兴趣，并主动寻求更多信息。

(3) 评价阶段(决策)，在对创新有了更为深入的了解后，人们联系自身需求来决定是否采纳这项创新。

(4) 试用阶段(实施)，考虑采纳后，对创新进行初步试用来观察创新是否适合自己的需求。

(5) 采纳阶段(确认)，认为创新符合自己需求后，将创新在大范围内实施。

3. 创新采用者的类型

尽管信息接收者决定是否采用一项创新的过程都大同小异，但在对创新的采用率及采用时间上却呈现一定差异。基于这种差异，罗杰斯将创新的采用者分为以下5种类型，如图8-6所示。

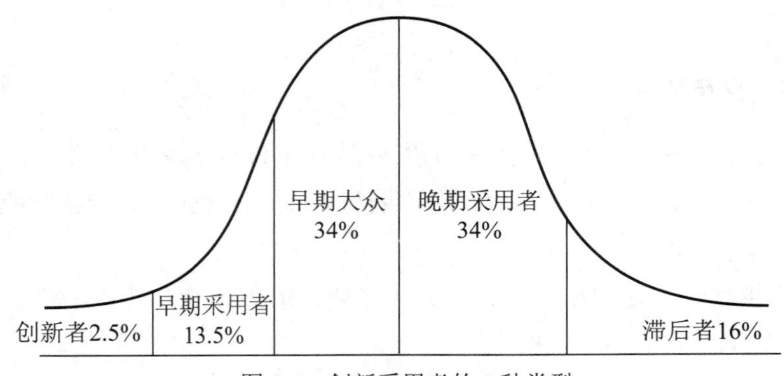

图 8-6　创新采用者的 5 种类型

(1) 创新者。这类人群在所有创新采用者中占比约为2.5%。他们往往富有冒险精神，对于新观念、新事物、新产品有较强的兴趣与接受度。相较于其他创新者，他们见识更加广阔，也通常具有较高的社会地位与更为广泛的社会关系。

(2) 早期采用者。这类人群在所有创新采用者中占比约为13.5%。尽管不如创新者，但早期采用者也具有较高的地位，通常是社会系统中处于上层的意见领袖。然而由于在创新传播中信息源与受众往往呈现较强的异质性，在两级传播当中意见领袖与其追随者则呈现较高的同质性，因此创新传播便遇到了一对矛盾。对此，在实际的创新扩散的过程中，早期采用者分为变革推动者和地方关键领袖，以此试图通过同质性来解决异质性。变革推动者一般是职业人士，如推销员。他们在风险评估和创新实验中扮演着关键的角色，能够对地方意见领袖产生影响。地方意见领袖则对本地人有着更多的了解，与其追随者有较高的同质性。他们充当着变革推动者与受众之间信息沟通转换的桥梁。两者相互配合，共同促进了创新的扩散。

(3) 早期大众。这类人群在所有创新采用者中占比约为34%。这类群体对于创新事物的接受保持谨慎态度，往往谨慎跟随早期采用者的步伐。但他们不会作为引领者来主导采用创新事物的潮流，而是在扩散中起着承上启下的作用。

(4) 晚期采用者。这类人群在所有创新采用者中占比约为34%。他们对于创新事物的疑虑更多，通常不信任事物的创新，且其采用创新的原因通常为迫于经济上和社会上的压力。

(5) 滞后者。这类人群在所有创新采用者中占比约为16%。这类群体通常因循守旧，固守传统，对于新事物持批判与抵制态度。他们的行动参考也通常为以往的经验而不是当下的条件①。

根据这几类群体各自的特点，罗杰斯认为创新传播者在创新的推广中应当重视吸引第一、二类群体的注意，并说服他们进行尝试。为了更容易达到这一效果，通常需要将产品定位为时尚前卫。而对于第三、四类群体，就需要依靠列举创新带来的切实好处引起他们的兴趣。人际传播和提供体验机会在此时则会起到更大作用。

4. 创新扩散及其传播过程

罗杰斯认为，创新扩散指的是主观感受到某个新观念、新事物、新产品的信息的传播过程，这是一个基本的社会过程。通过这样一个社会建构的过程，某项创新的意义才得以逐渐显现。

这一创新扩散的传播过程可以用S形曲线来表示(见图8-7)。在创新事物的扩散早期，采用者很少，创新传播的速度也很缓慢。但当采用者人数达到居民的10%～25%时，创新扩散的速度突然加快，曲线迅速上升并保持这一趋势。在接近饱和点时，由于大部分居民都已经采用了这一创新事物，故其发展空间不足，扩散速度放缓。

---

① 沃纳·塞弗林，小詹姆斯·坦卡德. 传播理论——起源、方法与应用[M]，郭镇之，等译. 北京：华夏出版社，2000：235.

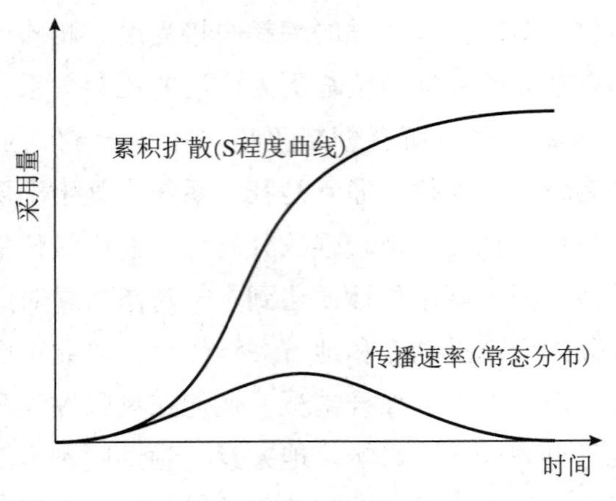

图 8-7 创新扩散过程

综上，罗杰斯将创新扩散分为前奏、过程和结果三个方面，如图8-8所示。前奏指的是影响信息接收者对于创新接受程度的因素，包括接收者变量(个人特征、社会特征、意识到的创新需求等)和社会体系变量(社会体系规范、对异常的宽容度、传播的整体性等)，其中社会体系变量起到决定性作用。在决定是否采纳创新的过程阶段，主要包括知晓、说服、决策、实施4个环节，这些环节都会受到外界信息传播的影响。其中在说服阶段中，还会受到个体所意识到的创新特征的影响(包括相对优越性、兼容性、复杂性、可实验性和可观察性)。在决策阶段，个体会做出是否接纳创新的选择，如果接纳，则该创新将会得到大规模实施，整个流程的结果则可能是继续接纳，也可能是因为某种原因而中断；如果不接纳，个体则可能会在以后接纳或继续拒绝[①]。

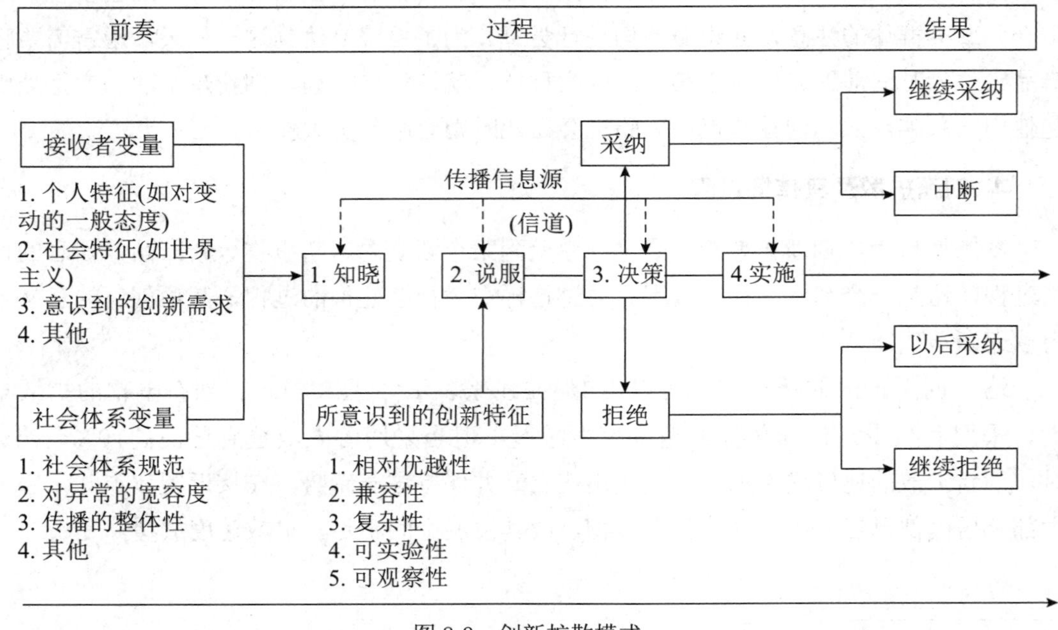

图 8-8 创新扩散模式

① Rogers E M. Diffusion of innovations[M]. New York：The Free Press，1983.

同时罗杰斯还根据研究指出，创新总是依靠特定的社会网络环境进行，在信息的获知阶段，大众媒介往往更为有效，能够更为广泛、准确地提供相关信息；而在创新传播效果的劝服阶段，人际交流则显得更为直接有效。两者有机结合是创新传播和劝服人们利用这些创新的最有效途径。而由于创新传播的过程呈S形曲线，即开始时和传播扩散的最后阶段增长较为缓慢，当创新采用者达到一定人数(占总人口的10%～25%)时开始快速增长，这一阶段往往是传播的早期与中期阶段。因此，如何在早期引起创新者和早期采用者的注意，成为创新扩散能否成功的关键。

互联网时代下的创新与扩散理论

8.5.3　价值审视：创新扩散理论的评价

创新与扩散理论主要研究大众媒介在人们接受新观念、新事物、新产品的过程中所扮演的角色，侧重于探讨大众媒介对社会和文化的影响。在那个时代，它总结了创新传播与扩散的机制，提醒人们要采取适当形式来促进创新的传播与扩散以产生预期效果，对于现实有较强的指导意义。同时，创新与扩散理论基于大量实证研究基础上，具有可重复性和易操作性，能够反复接受后人检验，并在后续研究中得到拓展。

但这一理论也不可避免地暴露了一些不足。首先，该理论过分迷恋新事物，认为新事物都是有益的，能够促进社会发展，而忽略了部分新事物的弊端，也没有考虑到新技术的使用代价。其次，它对于创新采纳的理解与阐述较为片面。一方面是此前提到的对新技术使用价值的忽视，仅从创新本身来考虑新技术投入使用的可能性；另一方面其对于新技术的功用考虑过于笼统，未能细化。最后，该理论研究没能考虑到组织采纳者对于创新采纳的决策，使其适用范围有所限制，同时研究与理论缺乏反馈机制，未能细化创新扩散过程中各个主体和各个环节的互动反馈。

综合来看，创新与扩散理论作为一个研究创新传播与扩散机制的重要理论，在当代仍具有很强的现实指导意义与参考价值，但也需要在如今的媒介生态与传播环境中不断完善，以更好地指导实践。

8.6　议程引领：塑造公众认知的蓝图

议程设置理论是传播学的经典理论之一。议程设置理论指出了媒体是如何塑造和影响受众对议题的关注的，有助于进一步了解受众对信息的接收。在互联网时代，议程设置理论有了新的发展，为当今社会的信息传播提供新的指导。

8.6.1 初探：议程设置理论概览

1. 理论总介绍

议程设置理论，又称议题设置理论，关注媒体如何塑造和影响受众对于特定议题的认知和关注程度的问题，是传播学最重要的理论之一。其主要观点认为，大众传播媒体不能完全决定公众关注的内容，但可以通过设置并强化报道相关话题来影响公众对于社会事件的认知和关注程度，从而进一步影响公众对于事件的态度。该理论的重要性主要表现在其揭示了媒体如何在社会和政治议题上发挥影响力，有助于理解媒介与社会之间的复杂互动关系。

2. 理论中各概念介绍

(1) 议题设定(agenda setting)，指大众传播媒体媒介通过反复、强调、突出等方式，赋予某些话题或议题一定的重要性，将其在公众认知中的重要程度提升至大大超过其他话题或议题，使得公众对于该话题或议题的认知程度与重要性提升，从而引导公众关注相关内容。

(2) 媒体议程(media agenda)，指媒体选择加强报道的特定议题，通过强调来赋予该议题重要性，而使其得以进入受众眼中。媒体议程反映的是媒体本身性质以及其对于社会事件报道价值的判断，是权力部门对社会舆论引导的手段。媒体议程可以引导公众对于其所选择强调的议题的关注程度。

(3) 公众议程(public agenda)，指大众所关注或热衷于讨论的话题。议程设置理论认为，媒体议程的设置可以影响公众的议程，使他们更加关注媒体所强化报道的议题。

(4) 互动关系，指议程设置理论强调媒体与公众之间的相互影响关系。媒体通过强化报道等手段设置媒体议程，塑造公众关注的焦点，引导舆论走向，公众对于媒体报道的反响和公众自身的需求也会影响媒体对于报道内容和强调内容的选择。

8.6.2 回溯与展望：理论起源与发展

议程设置理论相关思想的萌芽，当属古希腊哲学家柏拉图的思想。在柏拉图著作《理想国》中有一则《洞穴寓言》，大意为：洞穴中有一群囚徒，背对着洞口被捆住，无法转身；他们面前有一堵墙，身后的火将他们与周边事物的影子映在墙上，他们以为墙上的影子是真实的，后来有人离开了洞穴，才发现了真实的世界。在这则寓言中，我们不妨将囚徒看作当今的受众，“墙”是媒体，“火”为议程设置的主体，影子在囚徒的头脑中形成了关于现实的图像，这便是当今议程设置理论的雏形。不过在当今议程设置理论中，公众的认知不由媒体决定，而是很大程度上受媒体影响，这不同于在洞穴寓言中囚徒对于外界的认知完全由火和墙决定。

沃尔特·李普曼受柏拉图思想影响，在1922年出版的《舆论学》中指出，媒介受众如同洞穴寓言中只看得见影子并将之当作真实的囚徒，媒介受众只能看见媒介所展现出的事物，这些展现出的意象是受众认知现实事物的基础，而媒介对于现实事物的展现又可能是不完整的或经加工过的。值得一提的是，这些经由媒体呈现的经过加工的外界构成受众头脑中对外界的映像，而受众会对其头脑中的映像做出思考与回应。

美国政治家伯纳德·科恩在其书目《新闻媒介与外交政策》中指出，新闻媒介不只是向受众呈现新闻报道以及编辑者的观点，还“在告诉读者想什么方面异常有效”，即不单单以媒介所表达的观点来束缚读者，更多的是将时事呈现，让读者围绕这些时事进行思考。显然，科恩的观点在李普曼的基础之上，向现代议程设置理论更进了一步。美国记者西奥多·怀特在其作品《美国的探索——总统的诞生》中也提及，报纸安排受众讨论的议题，决定人们读什么以及想什么，这点与科恩的“告诉读者想什么”有异曲同工之妙①。

其后，马尔科姆·麦库姆斯和唐纳德·肖于1968年美国总统大选期间，对于新闻媒体所呈现的内容以及大众对于大选中诸多问题的关注程度和认知程度进行了研究，结果表明，大众对于竞选中各项事宜的关注程度和认知程度与其在媒介上的排版布局等方面的设置有着密不可分的联系，这说明媒介对于某一议题的强调程度会影响大众对于该议题的重视程度，即媒介内容引导大众的关注方向。在1972年，他们发表于《舆论季刊》的论文《大众传播的议程设置功能》明确地提出了“议程设置理论”这一概念：大众传播具有为公众设置公共议程的功能，并且由于传播形式等方面的不同，影响了大众对于各议题的不同反应，即大众媒体影响甚至引导大众对于事物的关注程度和认知程度。

8.6.3　层次递进：议程设置的三个维度

1. 传统议程设置(agenda setting)

麦库姆斯和唐纳德·肖在美国总统大选期间进行的一项关于媒介受众对于大选期间各项事宜的了解程度和重视程度的调查，显示大众所关注的话题与大众媒介所传播内容在一定程度上具有相关性，即大众媒介的议题对于大众议题有一定的引导作用。

(1) 传播效果方面。传播效果分为认知、态度、行动三个方面。议程设置理论重点关注认知层面，即大众媒介的内容影响受众“了解”或“不了解”相关内容，而不能进一步在态度层面上决定受众对于一些话题的具体看法。此外，大众媒介对于议题的突出强调程度相当于在一定程度上为议题赋予了重要性，这也会影响受众认知中对于议题重

① 袁潇. 数字时代中议程设置理论的嬗变与革新——专访议程设置奠基人之一唐纳德·肖教授[J]. 国际新闻界，2016，38(4)：67-78.

要性的感知，进一步可能会影响受众后续的态度和行为。如受众对于媒介所强调的内容会更重点地关注，并优先对该内容所反映出的一些问题采取相关回应。

(2) 作用机制。议程设置理论提出后，众多学者也对其进行了相应的研究分析，在众多研究和理论挖掘之后，议程设置理论中媒介影响受众的具体作用机制也逐渐明显。

第一种机制为“知觉效果”，即大众传媒所呈现的内容影响到公众对于该内容相关话题的感知，媒介给予报道的，受众了解程度就高，也会有不同的重视程度，反之媒介不予报道的，受众了解程度就低甚至不了解，也不特别重视该议题。

第二种机制为“显著性模式”，即媒介的报道方式对于议题赋予了不同的重要程度，从而影响到受众对于议题的重视程度，对于媒介大费笔墨、突出强调的内容，受众的关注程度较高，而对于媒介轻描淡写、一笔带过的内容，受众的关注程度相应较低。

第三种机制为“优先顺序模式”，媒介对于各话题的报道按照一定的顺序排布呈现，这种顺序往往也会对受众的认知造成一定影响，通常受众会认为报纸的头版相对来说是整张报纸最重要的地方，后面则是相对不那么重要，因此报纸的头版往往呈现的是报纸中最重要、最关键的议题。

2. 属性议程设置(attribute agenda setting)

在传统议程设置理论中，媒介议程对于受众的影响体现在“认知”层面，即影响受众了解相关话题与否以及对于相关话题的重视程度；而属性议程设置理论指出，大众媒体通过对内容编写者主观观点的呈现，也会在一定程度上引导受众对相关议题的看法，即媒介议程对于受众在“态度”层面也有一定的影响。

如图8-9所示，议程设置的第一层传递的是对象的显著性(salience of objects)，为传统议程设置；第二层传递的是属性的显著性(salience of attributes)，为属性议程设置。

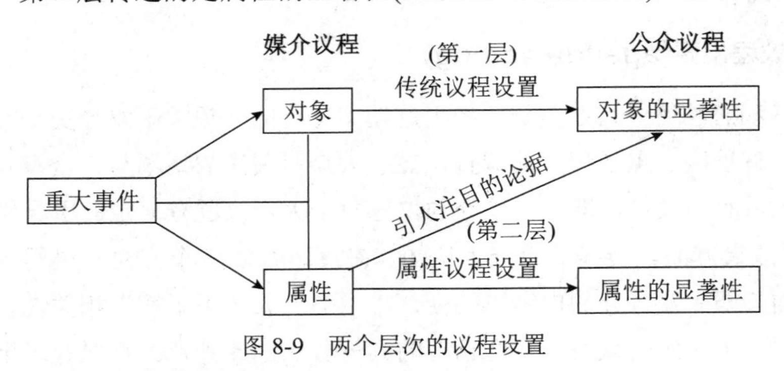

图 8-9　两个层次的议程设置

从1972年出版的《美国政治议题的兴起》(*The Emergence of American Political Issues*)一书开始，麦库姆斯等人开始关注大众媒体对议题属性(attribute)所造成的影响。一个具体问题具有多个属性或特征，在某一则新闻中，不同的属性一起构成了重要性的排列等级，比如一则新闻写进哪些内容省略哪些内容、强调哪些细节弱化哪些细节、支持或是反对某种做法等。这些属性依附在对象议程上，共同传递到公众那里，从而影响公众对某一事件的认知。

麦库姆斯在进一步的研究中发现，属性议程不仅可以影响受众对议程某一特征的重视程度，还会反过来影响对象议程的显著程度，即议程设置的第二层会影响议程设置的第一层，麦库姆斯将这一效果称为“引人注目的论据”(compelling arguments)。

3. 网络议程设置(network agenda setting，NAS理论)

信息时代下，人们对于事件的思考不再局限于单个事件本身或者其属性，而是热衷于将事件与其他的事件或属性相互联系，形成网状认知结构。新媒体所呈现的单一议程或属性难以对受众议题有所影响，更多的是将受众脑中不同的议题或属性相互联系，从而形成一定的认知网络。也就是说，在媒介内容中，若有几种事件或属性总是在一起被提及，那么受众就很可能认为这两个事件或属性是有关联的。

8.6.4　新时代变迁：议程设置的新面貌

1. 议程设置主体变化

进入新媒体时代后，报纸、电视等传统媒介的使用率逐步下降，这首先使得传统大众媒介对于公众议程的引导能力逐步减弱。其次，在信息化媒介技术的加持下，越来越多的受众不再满足于单纯地被动接受，而是借助新媒体平台表达自己周边发生的事或是对于某些事件的看法，成为议程设置的主体，即议程设置的主体不再只是大众媒介，各种组织以及个人也成为议程设置的主体。

2. 议题内容主体丰富

传统大众媒介作为议程设置的主体时，所设置的媒介议题多为新闻或者社会重大事件；而在新媒体时代，人人都能成为议程设置的主体，个人所看到的、所做的、所想的等方面的内容都可以成为议题，使得新媒体时代议题呈现多元化趋势①。

3. 受众与媒体之间的互动

受众对于媒体设置的议题产生讨论，同时有人对于媒体生产内容提出一定的反馈，媒体会根据受众的反馈调整生产的内容。

---

① 董婉柔. 镜像、围观与认同：社会化媒体环境下议程设置理论的嬗变[J]. 国际公关，2023(14)：170-172.

8.6.5 批判性思考：议程设置理论评价

1. 积极意义

(1) 议程设置理论着重关注大众传播媒介在受众“认知”与“态度”两个传播效果的层面，揭示出大众传媒对于公众视角、思维等方面强有力的影响，凸显出其重要性。

(2) 议程设置理论阐述了媒介议程与公众议程之间的关系，为人们认识传媒与社会舆论的关系提供了角度，也为人们理解社会中不同信息流动、信息之间频次不同的现象提供一定的参考。

2. 局限性

(1) 议程设置理论过于关注媒介议程对于大众议程的作用，而忽视了其他方面因素对大众议程的影响，如政府干预、利益集团收买等。实际上，这些因素也可以影响到媒体的议程设置。

(2) 议程设置理论将公众视为一个整体，而实际上，不同的个体之间由于文化背景、社会背景等方面的差异，对媒介议程的看法反应不尽相同，也会有不同的关注点以及关注程度。理论缺少对这方面的考虑。

(3) 忽视了媒体和公众之间的互动。议程设置理论强调媒介议程对于公众的影响，而事实上，公众可以通过一些方式对媒体所呈现内容进行反馈，从而使得媒体对自身设置的议程进行相关修改，或者以公众反馈的观点作为议程，即公众也有机会参与媒介的议程设置。

议程设置理论案例分析

8.7 教养涵化：媒体塑造个体认知的力量

教养理论是传播学界一个不可或缺的理论，指出媒介对人潜移默化的影响，为传播学做出重要贡献。在互联网时代，教养理论产生新变化，为当前的社会发展、教育发展等提供指导。

8.7.1 入门：教养理论简介

教养理论，又称为涵化理论、培养理论，字面含义为潜移默化的影响。教养理论的主要观点认为，人们对于现实世界的认知相比于现实世界，更接近于媒介(理论提出时主要指电视)所呈现的世界，媒介不仅充当着媒介受众的外界信息来源，还在受众长期的使用中，对于受众关于客观现实的认知产生长时间的、潜移默化的影响，使得人们以媒介所呈现的世界规律来对自己周边的客观现实进行认知。

8.7.2　起源：教养理论的提出

20世纪60年代，电视已经成为美国主流媒介，并且其播出内容中含有大量美国文化的元素。为了解释电视对于受众世界观、价值观等方面的影响，以格伯纳为代表的宾夕法尼亚大学学者在政府的支持下进行了大型文化研究项目，主要聚焦于当时的主流媒介——电视，其重点分析了电视暴力内容与电视受众对于暴力的态度和对于现实世界认知的联系。研究发现，大量接触含暴力内容的电视节目观众，认为自己在现实社会中也极可能遭遇暴力攻击，而少观看或不观看暴力内容节目的观众则不这样认为。

格伯纳等学者认为，电视作为当时的主流媒介，不仅是观众获取新闻和社会重大事件信息的有力手段，也是许多观众获取其他事物信息、其他观念等内容的途径①。长时间观看某一特定内容的观众会对这种特定内容比起少看或不看的人更加敏感，并更可能带入客观现实，将其作为对现实判断的依据。如经常看法律频道的观众对于法律更加敬畏、遵从，也会更加担心自己周边是否有违法犯罪行为的出现；经常看暴力内容节目的观众可能会形成一定的暴力倾向，也会更加担心自身在现实中受到暴力的侵犯。

8.7.3　演进：教养理论的后续发展

教养理论提出后，格伯纳等人对理论进行了深入挖掘与完善，提出了“主流说”(mainstreaming)与“共鸣说”(resonance)、“第一级信念”与“第二级信念”。

1. 主流说与共鸣说

主流说，指媒介除了通过展示内容直接对受众个体进行涵化以外，还可以涵化社会舆论环境、整体风气等，再由社会环境对个体进行涵化，其两种涵化模式如图8-10所示。社会中存在不同阶层、不同职位、不同背景的媒介使用者，社会个体的价值观、世界观等理念也应有所不同，从而形成多元的社会理念。反观研究时的现实，不同情况下的媒介受众往往会不约而同地跟上媒介中所展现的主流观点，相比于客观现实，受众对世界的看法更贴近于媒介所展现出的现实，这是长期使用媒介的潜移默化的结果。至于那些持不同意见的，在社会整体环境的作用下也逐渐舍弃原有意见态度，这与“沉默的螺旋”理论有所相似，即媒介涵化社会，社会再涵化个体。

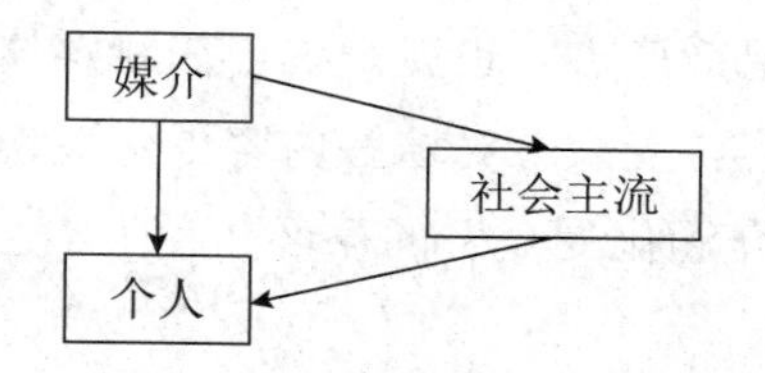

图 8-10 “主流说”中的两种涵化模式

① 孙召路. 网络暴力与少年暴力：从涵化理论说起[J]. 青少年研究，2004(2)：36-38.

共鸣说，指媒介的内容能够引起某些特殊群体的共鸣，从而使得涵化效应更加明显。如残疾人是相对弱势的群体，若他们在电视中看到相对不公的内容，则会比其他受众就更容易认为这是歧视与不公，即媒介的内容与特殊群体的特殊经历或特殊价值观有所勾连，在两者的共鸣之下，使得涵化效应更加显著。

2. 第一级信念与第二级信念

第一级信念，指人们对于社会的表面认知。例如，社会的GDP、社会整体发展状况、社会环境好坏等。第一级信念，主要受到现实经历与在媒介中获取的关于社会的信息有关。第二级信念，指人们对于社会的态度层面认知。例如认为社会是否宜居、在社会中是否觉得辛苦等相对主观的认识，第二级信念除了与媒介信息有关，与个人人际关系、学历水平、宗教信仰等方面均有联系。“第一级信念”和“第二级信念”的影响关系如图8-11所示。值得注意的是，第一级信念和第二级信念虽然一个是表面认知，一个是深层认知，表面上呈递进关系，第二级信念可能来自第一级信念的推断，但总体上讲两者之间的关联并不强。两级信念之间存在差异也正好反映了媒介内容对于受众有无相关基础的不同方面的涵化效果不尽相同。

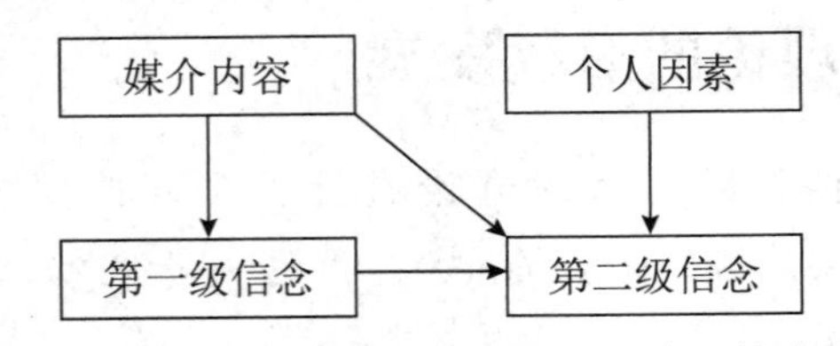

图 8-11 “第一级信念”和“第二级信念”的影响关系

8.7.4 变迁：教养理论的新趋势

1. 双向涵化

传统的涵化理论强调媒介内容对于受众行为观念的影响，即媒介涵化受众。在新媒体环境下，由于网络具有交互性、实时性、交错性，受众在各平台的使用数据不再局限于当前平台，而是在多个平台交错，用以计算并推送出迎合受众口味的内容，形成以用户偏好为核心的内容选择性推送模式。如受众在购物平台上预览过某种物品，进入视频平台后会又被推送相关信息或广告。也就是说，在新媒体时代，受众决定媒介，而媒介不断推送受众感兴趣的内容，受众会对这些内容更感兴趣或有新的理解等，从而形成“受众涵化媒介” ⇆ “媒介涵化受众”的循环①。值得注意的是，这里的受众更多的

① 蔡立媛，张金海. “媒介涵化受众”与“受众涵化媒介”：大数据环境下网络涵化模式的重构[J]. 出版广角，2015(6)：88-91.

是指已形成一定价值观的人，对于年龄相对较小的儿童受众来说，价值观、世界观还未完全形成，受媒介内容影响价值观、世界观较多，此时还是会单方面地受媒介涵化。

2. 文化影响

新媒体时代，受新媒体技术影响，网络媒体受众可以轻而易举地在网上发布对于事情的各种看法，以及个人的价值观的内容，这些个人发布的内容多元，且通常都会有一定的支持者，这使得一种观念涵化另一种观念的支持者相对较为困难，对价值观、世界观的方面涵化效应较为有限。而受新媒体发展的影响，不同文化、社会形态、地理区域之间的交流加速，受众较易获取其他地域的信息，这些信息往往带有其他文化、社会形态、地理等方面的特色，而对于本土文化了解程度以及感兴趣程度普遍不高的现代受众则相对较容易受到这些信息涵化，即涵化理论在新媒体时代可能更加强调在文化方面的作用①。

8.7.5　评估：教养理论的价值与局限

1. 积极意义

(1) 教养理论强调了媒介对于受众关于世界的判断的重要影响，即长期接触媒介的受众认知中的世界，相比于现实世界，更接近于媒介所呈现的世界，体现了媒介内容对于受众的观念影响，突出媒介内容规范的重要性。

(2) 教养理论阐述了媒介对于受众观念方面的影响，为研究媒介内容与社会总体价值观的关系提供了角度。此外，通过对于教养理论的分析，可以对于一些会相互影响的观念以及即将衰落的观念做出预测。

2. 局限性

(1) 教养理论关注大众媒介内容对于大众观念的影响，但忽视了个人的学历、阅历、社会地位等其他方面。此外，对于社会大众主流观念，影响因素也不只媒介传播的内容一种，还有政府宣传、宗教传播等因素。

(2) 教养理论是基于对包含暴力内容的电视节目的研究上总结提出的，后续也有对于其他节目内容类型的研究，但终究不能包罗万象，因此客观看来，教养理论只在某些特定的方面对于媒介内容与受众观念的影响适用，在其他方面可能效果较差或完全不符合。

互联网时代教养理论案例分析

① 王春颖. 融媒体时代下“涵化理论”的发展[J]. 记者摇篮，2021(03)：9-10.

8.8 知识鸿沟：信息时代的不平等挑战

知识沟理论指出了不同群体之间信息获取与知识水平产生差距的原因。知识沟理论为传播学的发展贡献了一份重要的力量，在时代的发展中，知识沟理论也不断创新，为传播学以及社会的发展提供新思路。

8.8.1 概览：知识沟理论简介

知识沟理论旨在解释社会中不同群体之间的信息获取与知识水平的差距。知识沟假说指出，随着大众媒介向社会各界输送的内容不断增多，经济状况稍好处境较好的人将比经济状况稍差处境较困难的人以更快的速度获取知识，如图8-12所示。值得注意的是，知识沟假说并不否认随着大众媒介传播的信息量增加，各社会阶层、家庭条件、教育水平的人都会相应地提升知识量。因此，经济条件较差、处境较困难的人并不是绝对意义上的信息匮乏且难以增长知识量，而是在大众传播信息增量的前提下，两类群体获取信息的速度拉开了差距，由此形成两类群体之间知识沟愈发扩大的趋势。

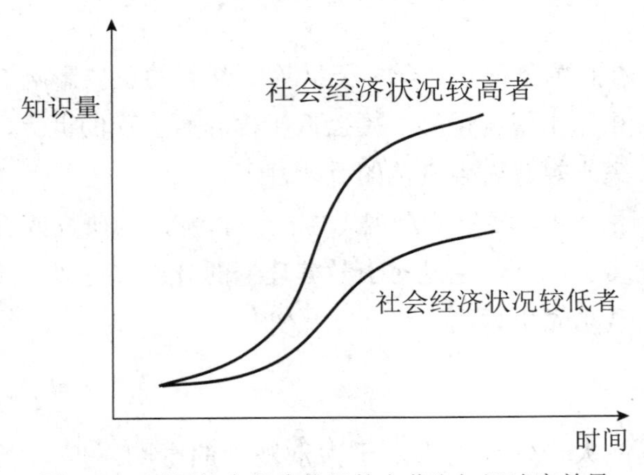

图 8-12　不同社会经济状况的人获取知识速度差异

8.8.2 起源与延伸：知识沟的提出与发展

20世纪60年代，美国政府推出补充教育计划，意图改变教育不平等而导致社会阶层分化的问题。其中，以电视为代表的大众媒体在美国已经普及，因而选取电视作为重要阵地。美国政府推出了少儿教育节目《芝麻街》，通过普及的电视来减小贫富阶层的少儿受教育资源的差异。

《芝麻街》的播出收到了不错的反响，在少儿教育方面有深远影响。但是从播出后一些相关研究成果来看，富家子弟对于节目中所演示的内容理解程度比家庭相对贫困的少儿高，而且在电视节目的指导下，家境较好的少儿更有条件来跟着节目实践，而家境相对较差的儿童对节目中一些事物难以理解且难有条件跟着实践。由此看来，虽然《芝麻街》起到了教育少儿令其增长知识的作用，但就最终效果而言，节目的初衷并没有达成，反而由于种种原因将贫富阶层的少儿受教育程度差异拉大了。美国的传播学者蒂奇诺等人在系列研究的基础上，于1970年发表的《大众传播流动和知识差距增长》一文中明确提出了知识沟假说。

1974年，卡茨曼将知识沟的概念放大，提出信息沟。认为在以因特网为主的新技术加持下，整个社会的信息量流通将变得更大，社会个体也将有更多的机会和手段接触并获取更多的信息。但是，如电视媒介为主时代的“知识沟”那样，因为贫富差距，富人阶层能够更早并更为熟练地使用以计算机等为代表的新技术来获取信息，所以能比其他阶层在信息量获取上有更多优势。并且，随着媒介技术不断升级换代，升级的速度也越来越快，可能导致前一种媒介技术引起的信息沟还未缩小，就又有另一种媒介来引发新的信息沟。

20世纪90年代，托夫勒在其书《权力的转移》提出了数字鸿沟的概念，指出由于新技术不断出现，新的信息差也会随之出现，在宏观表现上可能会由于地区、行业等方面的发展差异和对信息技术运用的差异，从而在地区、行业等方面之间出现信息差。

8.8.3　剖析：影响知识沟的因素

在深入探讨“知识沟”现象的传播心理影响因素之前，我们有必要理解这一概念如何与个体的心理状态及信息传播过程紧密相连。知识沟，即信息富有者与信息贫乏者之间在知识获取、理解和应用上的差距，不仅是一个社会经济问题，更是一个深刻涉及心理学层面的复杂现象。以下三个节标题将分别从不同角度剖析知识沟在传播心理学方面的影响因素。

1. 信息认知偏差与知识沟

信息认知偏差是指个体在接收、处理信息时，由于既有观念、经验或情感等因素的影响，对信息产生歪曲或片面的理解。在知识沟的背景下，信息贫乏者往往由于缺乏足够的背景知识或批判性思维能力，更容易受到认知偏差的影响，从而难以准确理解和吸收新知识。这种偏差不仅加剧了知识沟的宽度，还可能导致信息的误传和误解，进一步拉大信息富有者与贫乏者之间的差距。

2. 动机差异与知识获取行为

动机是驱动个体行为的内在力量，对于知识获取而言，动机的强弱直接影响着个体的学习积极性和效果。在知识沟的情境中，信息富有者通常具有更强的求知欲和学习动机，他们愿意投入更多的时间和精力去探索和学习新知识。相比之下，信息贫乏者可能由于缺乏明确的学习目标或动力，对新知识持消极态度，甚至产生畏难情绪，这严重阻碍了他们的知识获取和成长。因此，动机差异是构成知识沟的重要心理学因素之一。

3. 社会认同与知识共享障碍

社会认同是指个体对自己所属社会群体的认识和归属感。在知识传播过程中，社会认同差异可能导致知识共享障碍，从而加深知识沟。具体来说，信息富有者可能因为拥有更多的知识和更高的社会地位，而形成优越感，不愿意与信息贫乏者分享知识。同时，信息贫乏者也可能因为自卑感或担心被嘲笑而不敢主动寻求帮助，这进一步限制了知识的流动和共享。因此，社会认同差异不仅影响了知识传播的效率，还加剧了知识沟的存在。

综上所述，知识沟的传播心理影响因素涉及信息认知偏差、动机差异以及社会认同等多个方面。这些因素相互作用，共同构成了知识沟现象的复杂心理机制。要缩小知识沟，就需要从心理学角度出发，采取有针对性的措施，提高个体的信息处理能力、激发学习动机、促进知识共享和社会认同感的提升。

8.8.4 现实意义：知识沟理论的社会影响

1. 揭示信息社会中阶层分化的心理机制

(1) 认知差异。知识沟理论揭示了不同社会经济地位的人群在信息处理、理解和记忆方面的认知差异。社会经济地位较高的人群通常具备更强的信息处理能力和更高的文化素养，能够更快速、更有效地获取和利用信息，从而形成认知上的优势。

(2) 动机与兴趣。传播心理学认为，动机和兴趣是影响个体信息行为的重要因素。社会经济地位较高的人群往往具有更强的学习动机和更广泛的兴趣范围，这促使他们更积极地寻求新知识，进一步拉大了与信息贫乏者之间的差距。

2. 促进信息传播公平性的思考

(1) 关注弱势群体的信息需求。知识沟理论提醒我们，在信息传播过程中，应特别关注弱势群体的信息需求和心理状态。通过改进信息传播方式，提供符合他们认知水平和兴趣的信息内容，有助于提高他们的信息获取能力和社会参与度。

(2) 缩小心理层面的知识差距。除了物质条件外，心理因素也是导致知识沟的重要因素。因此，在缩小知识沟的努力中，应注重培养个体的批判性思维能力、信息筛选能力和自我学习动机，从心理上缩小不同群体之间的知识差距。

3. 指导公共政策与媒介实践

(1) 公共政策制定。政府和相关机构在制定教育、科技、文化等公共政策时，应充分考虑知识沟现象及其心理层面的影响因素。通过优化资源配置、提高教育质量、促进信息传播公平等措施，有助于缩小不同群体之间的知识差距。

(2) 媒介实践创新。大众传媒作为信息传播的主要渠道，其传播内容和方式直接影响着知识沟的宽度。因此，媒介机构应不断创新传播手段，提高信息的可接近性、可理解性和有用性，以满足不同社会经济地位人群的信息需求。同时，还应加强媒介素养教育，提高公众的信息处理能力和媒介批判意识。

4. 引发社会关注与讨论

(1) 增强公众意识。知识沟理论通过揭示信息社会中阶层分化的心理机制，增强了公众对信息传播公平性的关注。这有助于激发社会各界对缩小知识沟问题的重视和讨论，形成共同推动信息社会和谐发展的良好氛围。

(2) 促进跨学科研究。知识沟理论涉及传播学、心理学、社会学等多个学科领域。其传播心理学的现实意义促使跨学科研究的深入发展，为全面理解和解决知识沟问题提供了新的视角和方法。

综上所述，知识沟理论的传播心理学现实意义在于揭示信息社会中阶层分化的心理机制、促进信息传播公平性的思考、指导公共政策与媒介实践以及引发社会关注与讨论。这些意义不仅有助于我们深入理解知识沟现象的本质和成因，更为我们制定有效的应对策略提供了重要参考。

8.8.5　动态变化：知识沟的新形态

1. 媒介使用时间先后产生知识沟

传统的知识沟假说是在电视媒介统一电视节目类型下对传播效果进行分析，即对于同一媒介内容不同群体的接受程度以及获取知识量进行分析；而新媒体时代，知识沟主要来自新技术使用的先后，即计算机、手机等新媒介技术刚推出时售价高昂，此时只有社会经济条件较好的群体才能使用这些新技术，而社会经济条件较差的群体需要等待其降价到相对低廉的时候再入手，此时富人群体已经接触了一定的时间并且掌握了一定的操作经验等，从而拉开信息获取速度，形成知识沟。

2. 同技术使用下，使用手段拉开信息差距

知识沟假说于电视媒介为主流的时代提出，其主要强调的是，在相同的媒介输送的内容下，不同群体从媒介内容中获取的知识和信息差异；而新媒体时代，这种知识和信息的差异主要表现在使用的媒介是否先进以及使用手段是否丰富，如知识水平较高者可能多使用专业的数据库，而低知识水平者可能只使用一些搜索引擎(知识水平还与贫富

阶层、社会条件有一定关系)，在同样的媒介技术下，使用手段拉开信息差距[①]。

3. 获取知识意愿产生知识沟

网络技术的普及使得网上各种信息繁多，主动获取知识和信息的意愿也是拉开知识和信息差距的因素[②]。出于学业、兴趣、工作等原因，条件较好的阶层会更加主动地在网络上获取其他信息，以此来增进自己；而条件相对较差的阶层更可能认为上网就是放松，只是打游戏、刷视频，刷视频还可能受平台机制影响，不断推送偏好内容而难以获取新的知识和信息。由此，知识沟可能来自群体对知识获取的主动意愿。

8.8.6 评价：知识沟理论的贡献与反思

1. 积极意义

(1) 揭示了信息获取的差距。知识沟假说提出了社会信息获取不均等的现象，强调不同社会经济条件的群体对于同样媒介内容中获取的知识信息的不同。这很好地解释了社会中存在的信息之间的差距，使相关研究者能够更好地理解社会中信息不平等的现象。

(2) 为媒介调整内容和政策制定提供一定参考。通过了解知识沟假说，政府以及相关部门能够更好地对于知识沟产生的原因产生更加深刻的认知，这有利于政府等相关机构采取措施，以减少信息不平等的现象。此外，对于媒介来说，了解知识沟假说，可以促使其对于自身内容进行一定的调整，使得对于不同知识水平背景的人呈现不同描述方式的内容，使得不同受众群体都能够获取一定的信息。

2. 局限性

(1) 过度简化。知识沟假说过于简化社会中的信息分布和知识传播过程，事实上众多媒介的受众的知识不完全来自媒介，自身受教育程度、知识水平、宗教信仰等方面的因素也会对知识的获取有一定的帮助，而知识沟假说关注于来自同一媒介的知识，自然无法充分解释社会中复杂的信息传播过程与获取差异。

(2) 不适应技术变迁。知识沟假说主要关注于传统媒介时代的信息获取差距，但随着新媒体技术的发展，信息的获取方式已经天翻地覆，众多获取知识的手段彼此之间也有差距，知识和信息的获取方面不平等的因素相对较多，这些都会导致新媒体时代的知识沟产生，在这种情况下，传统的知识沟假说可能就不太适用。

知识沟理论案例分析

---

① 许靖敏. 基于新媒体使用的知识获取差异研究[J]. 新媒体研究，2016，2(16)：40-41.

② 叶春成. 浅析新媒体时代下“知沟”理论的发展变化[J]. 新丝路，2019(12)：126-127.

总结与回顾

传播效果理论是传播学的重点内容，对传播效果理论的把握可以更好地理解传播学以及传播心理学。本章主要介绍了传播学的诸多经典理论，目的是帮助读者对传播理论建立一个整体且系统的认识。

第一，本章介绍了睡眠者效应理论，阐释了信息来源的可信度对短期效果具有重要影响，但从长期来看，决定传播效果的关键在于信息内容本身。第二，本章对有限效果论体系进行了介绍，指出了早期子弹论的缺点，对两级传播以及意见领袖进行了详细的阐述。第三，对预防接种理论的产生以及现代变化的介绍有助于读者深入了解该理论并且进行运用。第四，本章介绍了使用与满足理论的模式以及其在互联网时代下的运用，指出该理论为大众传播效果研究提供了一种新的、从受众视角出发的研究角度与理念观点。第五，本章对创新与扩散理论的发展过程进行了详细的介绍，该理论是研究创新传播与扩散机制的重要力量，在当代仍然具有很强的现实指导意义与参考价值。第六，议程设置理论是传播学的又一经典理论，本章对议程设置理论的起源与发展、三个层次以及当今的理论变化进行了详细的阐述，并对该理论进行了相应的评价。此外，本章还介绍了教养理论的起源与发展，指出了其对传播学发展的重要意义。第七，对知识沟理论进行了详尽的阐述，指出了该理论后来的变化，揭示了知识沟现象出现的原因。

本章在介绍各理论之后辅以案例介绍，能够更好地帮助读者理解传播学理论，同时有助于理解当今出现的各种传播现象，对不良传播现象也起到了预防与解决的指导作用，同时也提供了新的学科视角，对传播学与心理学的交叉研究提供了新思路，有助于学科之间的交叉创新。

思维与挑战：思考题

1. 睡眠者效应与信息对态度改变影响的一般规律有什么区别？

2. 睡眠者效应产生的原因有哪些？

3. 有哪些案例可以用睡眠者效应来解释？

4. 传播效果研究经历了哪些阶段？

5. 有限效果论有哪些重要的观点？

6. “多级传播”理论对“两级传播”理论有哪些发展？

7. 如何评价意见领袖在不同社会和文化背景下的影响力和重要性？

8. 在社交媒体平台上，意见领袖如何将自己的影响力转化为商业价值？这种商业化倾向是否影响了意见领袖的公信力和影响力？

9. 从李子柒和王自如两个案例中，你认为意见领袖应具备哪些核心特质和能力，以便在新媒体环境中获得成功和影响力？

10. 什么是使用与满足理论？这一理论提出的意义是什么？

11. 互联网时代下用户使用与满足现象出现了哪些变化？

12. 互联网时代下的使用与满足模型应当做出哪些修正？请你结合所学进行尝试。

13. 大众传播与人际传播分别在创新扩散的过程中发挥着什么作用？

14. 你能否找出其他互联网时代下创新传播的典型案例？请结合理论对案例进行分析。

15. 简述议程设置。

16. 议程设置理论不同层次分别有哪些特点？

17. 新媒体时代下议程设置理论受到哪些冲击？

18. 涵化理论定义是什么？如何理解“涵化”？

19. 涵化效果有哪些影响因素？

20. 什么是知识沟假说？有什么意义？

21. 知识沟假说在新媒体时代发生了哪些变化？

第9章　心理与传播的交响：社会效应探索

传播心理学作为传播学与心理学的交叉学科，同时也融入了社会学、新闻学、语言学、哲学等多门学科理论与实践。本章将着重介绍传播心理学涉及的各种社会效应及相关概念，其中包括典型社会心理、社会影响、社会思维、社会关系、社会行为的概念、特征、表现等内容，并以此为基础，分析传播心理与社会思维、社会关系、社会行为、社会影响等方面的理论关联与相互作用，对传播心理学的社会效应、相关学说及相关案例做出系统的分析和解读。本章将介绍情感传播与未来传播心理学实践所涉及的相关概念，包括情感传播发展的历程；情感传播的概念及特征；情感分析与预测的原理、过程和方法；情感传播效果评估的标准及方法等，对情感传播与未来心理传播实践的相关技术和方法做出系统的分析和解读。

9.1　社会心理：个体与传播的互动舞台

人作为社会成员，在社会相互作用下会产生不同的社会心理。人的心理受到外界环境的影响，会自然地产生去个体化、从众、群体极化等一系列的社会心理，这些心理在很大程度上影响着人们的行为。而当社会组织或个人团体有效运用这种社会力量，在其特定发展方向上有效改变个体的主观态度、心理，进而会影响个体的心理、行为时，就是社会影响。

社会心理学一般是指分析人们过去对人类社会生活、现象本质和世界其他一切社会现实的一种认知、反思、态度转变和看法。它是人类整个社会生活在某种特定社会事件或群体性事件影响中形成的一种社会内部整体的心理状态，包括该社会群体的某种整体情绪基调、群体价值取向和普遍共识。它一般表现为这一特殊时期内的某些社会舆论、社会氛围以及某些人独特的心理看法态度和思想认知模式。

社会心理通过影响个体的心理状态来影响个体的言论或行为。当个人言论或行为通过各种手段转化为社会言论或群体行为时，它又在一定程度上影响着社会。

虽然人类的交往行为始终伴随着情感传播现象，但高频率、高强度、群体化、社会化的情感传播，是互联网时代才出现的传播景观与文化现象。互联网时代，情绪传播、情感传播现象层出不穷，网络节点上的每个人都沉浸在鲜活而多元的情感传播实践中：个体情感感染广泛的群体，群体情感裹挟分散的个体。情绪、情感沿着互联网群体传播的路径贯穿于私域与公域的方方面面，时聚时散、时消时长，并以话语或行为的方式与整个社会发生着深刻关联。

9.1.1 去个体化：群体中的自我消融

1. 概述

社会心理学家费斯廷格等人最早提出去个体化(deindividuation)。去个体化，是指社会个体有时会感到自我被淹没在社会群体中，失去个人意识和理解认同感，自我认同逐渐被群体的集体行为和目标认同等取代的时候，个体难以意识到自己的价值和行为，他们的自制力变得越来越差，最后导致人们参与到重复、冲动和情绪化的活动中去而又不自知，有时他们甚至会产生一些具有破坏性倾向的行为①。

也就是说，当一个人身处人群之中的时候，实际上他会越来越感觉不到，自己是一个“独特”的存在，而会觉得自己和身旁的这些人一样，都同属一个更大的群体之中。他们会感受到，自己都是这个群体中的一员，相互之间没有本质区别。当这种自我意识彻底沦丧，而群体意识占了上风之时，每一个个体所能感受到的责任感和理智情绪都会大幅度降低，他们变得难以约束自己的行为，更加冲动，更易做出极端行为，也更易认为自己不必对一些事情的不良后果负责，这种社会现象就是去个体化。

2. 特点

(1) 群体规模大。人在群体中更容易受到群体情绪的影响，群体心理营造出的群体气氛更易影响个体意志的支配。群体情绪激动时，在群体中的个体就会很轻易地进入去个体化的状态，理智逐渐淹没于群体情绪之下，从而倾向于依从整体做出反应。

群体的规模越大，人数越多，身处其中的个体便越容易受到影响而发生去个体化。其原因如下：第一，规模更大的群体形成的从众压力也更大，当群情激奋时，假如个体一言不发，甚至试图平复群体的情绪，那么个体将会被群体淹没，换言之，个体情绪在群体情绪中很难存活；第二，人数越多，责任越分散，个体越不会受责任感的约束，十个人一同实施了暴力，每个人能感受到的责任感便被分摊为十分之一，而当一份责任感被分为百分之一，甚至千分之一的时候，伤害他人的行为就会变得易如反掌。

(2) 匿名性强。匿名性是指个人在追求个性化目标的社会群体活动中刻意隐藏自己真实个性的一种行为现象。津巴多的“制服试验”发现②，相比穿戴白色外套和戴着姓名身份牌套的女性被试者，实验室内穿戴白色外套和面罩的女性被试者在实验环境中通常会对受害者(由试验助手所充当)施以更长时间的电击(实际上是假电击)。由此可见，匿名或许会引发无克制的进攻。

当一个群体中的所有成员都戴着清一色的面罩时，个体的身份是不容易被辨别出来

---

① 迈尔斯. 社会心理学[M]. 张智勇，等译. 人民邮电出版社，2006.

② 理查德・格里格，菲利普・津巴多. 心理学与生活[M]. 王垒，王甦，等译. 北京：人民邮电出版社，2003.

的，主要个体就被湮没了，被匿名了。社会形象对每个个体来说都是极其重要的“遮羞布”，一旦它的作用因匿名性而减弱，个体便会逐渐不受约束，其行为也会逐渐不加克制与收敛。这一特性在互联网中的影响尤为明显，网络暴力时有发生。

(3) 自我意识性低。迪恩纳认为，引发去个体化的主要心理认知因素有两个：一是缺少主体自我意识；二是群体中的个体活动通常会受道德意识、价值系统及自身习得的某些社会规范的控制。

自我意识偏低的个体或是个体经历自我意识降低的过程后，更容易产生去个体化行为。有一些个体的自我感原本就不高，他们认为自己并不出众，甚至平平无奇，而只有当身处群体之中时，他们才能够找到自己的归属感。这类个体相较之下更容易产生去个体化。此外，如果群体进行过唤醒群体意识的活动，比如看比赛的球迷一起唱队歌，参与游行的众人一起听完领导者的演讲，那么他们更容易产生“我们”的感觉，这会增强他们的群体意识、降低自我意识。换言之，当每个人都感受到了那种“拧成一股绳”的力量，去个体化的过程也便悄然完成了。

3. 表现

去个体化在网络中最主要的表现就是网暴，具体表现在以下几点。

(1) 集体无意识，容易被操控。由于群体中某些成员的个人活动方式并不是直接以个人身份出现的，而是以群体的形式存在，于是群体就淹没了个性，而且群体成员中的个体越是无明显的个人特点，他们的个人自我意识就越少，行为举止也就自然地越缺少自我控制[①]。

(2) 个体缺乏责任意识，逃避责任。个体的身份特征隐藏在匿名的面具之下，责任追究流程不畅，个体淹没在群体之下，感受到责任的分散，就易变得肆无忌惮。

(3) 个体对外界环境敏感，易情绪化。个体在群体中很容易受到群体情绪的影响，同时个体理智和独立思考的能力也逐渐下降，个体就会变得敏感脆弱，容易受到外界环境的刺激，变得情绪化。

4. 案例

网络暴力是去个体化体现在具体案例中较为直观的形式。网络暴力是指在互联网上，通过言语、图片、视频等方式对他人进行侮辱、恐吓、恶意中伤等不当行为。它与传统的实体暴力相比，具有匿名性、扩散快速、覆盖面广等特点。网络暴力可以发生在各种社交平台、论坛、微博等网络空间中。它常常以针对特定个体或群体的攻击为特征，可能导致受害者的心理伤害、名誉受损、隐私泄露等问题，甚至对个体的生活和工作造成重大影响。

近年来，网络暴力的案例有很多。2022年7月，一位杭州女孩郑灵华因染了粉色头

① 王礼申. 去个体化效应——群体偏差行为的心理学解释[J]. 科协论坛(下半月)，2009(6)：72 .

发而成为焦点，随后遭遇大规模的网暴，网友指责她染一头粉发是不务正业，更有甚者造谣污蔑女孩的人格，郑灵华因这些铺天盖地的侮辱言论而抑郁失眠，这场网络暴力持续了半年之久，直到2023年2月，这位年轻的女孩去世的消息传出，这场网络暴力才终止。

案例中的施暴者隐匿于网络外衣下，隐身于群体的行为之中，思想、行为轻易地被群体所带动，仗着不易被他人发现身份，肆意伤害无辜者，将社会道德、基本教养都抛掷脑后，无意识或有意识地伤害他人，并认为自己无须为这些“轻若鸿毛”的指责与不认同负任何实质性的责任，但实际上，雪崩时没有一片雪花是无辜的，他们的行为伴随着言语侮辱、恐吓威胁、人身攻击等恶意的言辞，会给受害者带来极大的伤害，而施暴者却选择性地忽视这种伤害。

9.1.2 从众现象：随波逐流的心理机制

1. 概述

从众心理效应最初由美国的社会心理学家阿施(Asch)指出。他认为，从众是一种普遍存在的社交心理机制和群体行为，从众心理效应通常是由于少数个体受到集体的各种隐性压力或者某些显性压力，而被迫改变自己原先的行为目标、态度取向和社会行为，最终只能选择和最多数人相对一致的意见或行为[①]。换言之，从众心理效应是指当某个体因为受到某个群体因素的消极影响(引导或施加的压力)，会出现怀疑意识并随之改变自己已有的价值观点、判断倾向和思维模式，朝着一个与群体里大多数人相一致的方向发生转变，也就是人们常说的“随大流”。从本质上讲，从众是向群体压力屈服的表现。

2. 影响机制

去餐馆吃饭，我们经常会选择顾客很多的餐厅，即使需要等待很久，我们还是愿意在那里吃饭，因为大家会下意识地认为很多人等位置的餐厅里的饭菜一定很好吃。在淘宝平台上，用户大概率按销量的排行来选择物品，产生“这家店的销售最多、好评也不少，那么这家店的物品应该差不到哪儿去”的从众心理。这些都是生活中常见的“从众行为”，背后的原因主要有两个：一是为了做正确的事情，即信息性影响；二是为了被喜欢，即规范性影响[②]。具体分析如下所述。

(1) 信息性影响。个人在面对诸多不熟悉或不常见的情况时，由于没有足够的信息或经验来指导他要做出正确的行动或反应，就会参考、观察大多数人的行为。比如，在

---

① 泰勒，佩普劳，希尔斯. 社会心理学[M].10版. 谢晓非，等译. 北京：北京大学出版社，2004：312-316.

② Kelman，H. Compliance，identification，and internalization：Three processes of attitude change[J]. Journal of Conflict Resolution，1958(2)：51-56.

使用一种新型工具时，个人由于缺乏信息而不知如何使用时，就会观察模仿他人是如何使用的，最终做出反应。

(2) 规范性影响。个人由于希望被他人所喜欢和接纳，而避免因“不合群”显得与群体格格不入而遭受他人的排斥或引起他人的反感，就会产生顺从团体的行为。在社会群体组织中，个体通常都希望主动融入集体生活而不受排斥，希望在团体活动中的其他个体能够主动接纳自己、喜欢自己、友好礼貌地对待自己，当某些个体为了获得群体的主动接纳而去改变自己过去的某些行为方式、为了更符合该群体的组织规范要求和评价标准时，规范性的影响也便同时产生了作用。

3. 表现

从众现象在社会生活中非常常见，其产生的心理机制不同，表现也会各不相同，主要分为以下几种。

(1) 规范性遵从。这种类型的从众表现为改变一个人的行为，以适应一个群体。例如，一个青少年可能会穿着某种风格的衣服，因为他们想看起来像他们的同龄人，想成为一个特定群体的成员。

(2) 信息性遵从。在这种情况下，从众是指从群体中寻求信息和方向(当一个人缺乏知识时就会发生这种情况)。例如，当一个人到了一个新的不熟悉的环境，由于不知道该如何融入，就会观察周围人的行为，从而模仿他人的行为，以达到合群的目的。

(3) 合规性遵从。合规是在内心不认同的情况下依旧改变自己表面的行为。例如，你看了一部电影，并非常喜欢它。但在交流时，你得知其他人都不喜欢这部电影。与其与大家的意见相左，你可能会简单地同意这部电影很糟糕。

(4) 内化。这种类型的从众指一个人的行为向另一个人改变。例如，两个相处久了的人，在音乐或电影方面的品位会逐渐转变为与另一个人相似。

4. 案例

在购物网站上，从众效应十分常见，典型现象就是限时限量抢购。例如，电商平台常常会在特定时间段内推出限量商品，宣称只有有限数量的商品可供购买。在这种情况下，消费者往往会因为担心自己错失这个商品而感到紧迫，从而就会迅速下单购买；同时其他消费者看到别人都在购买这个商品会觉得这个商品很受欢迎，从而提高购买欲望。电商平台利用消费者的从众心理，营造出商品很火爆的假象，从而促使消费者下单购买。又如，当某个品牌或者店家推出限量商品时，消费者通常愿意花时间排队等待购买，这是因为他们看到了别人在排队购买，会下意识地认为这个产品有价值、有独特性，从而激发他们的购买欲望。

9.1.3 群体极化：意见强化的漩涡

1. 概述

在组织群体中，个体会因为受到群体决策的影响，轻易地做出更极端的决策，这种特殊社交现状被称为“群体极化”。桑斯坦认为，群体极化现象是“团队成员一开始时即有某种偏向，在商讨后期其偏向的方位继续移动，最终形成极端的观点”。对群体极化现状进行的科学研究最早可追溯到詹姆斯·斯托纳提出来的“冒险转移”学说：“如果说群体中大多数人偏向于审慎，那么通过商讨以后的群体意见会更加审慎；如果群体中大多数人偏向于冒险，那么通过探讨后的群体意见会更趋于冒险。”①群体极化具有双重科学意义：一方面，可以大大促进群体看法协调一致，提高整个群体的精神凝聚力；另一方面，易于产生放大错误的判断和决策，不利于群体后期规范化运作。

2. 表现

(1) 群体压力具有双重影响。群体压力，指群体中集体的较多数意见对其成员的个人意见或较少数群体意见所产生的心理压力。在面临群体压力较大的特定情况下，个人意见和少数群体意见一般会对较多数意见采取服从的态度。在这种情况下，易发生群体极化现象。群体压力的产生有三个原因：一是信息压力，一般情况下，人们会倾向于相信大多数群体提供的信息，因为多数情况下，多数群体提供的信息准确性概率要高于少数群体；二是趋同心理，个体通常期望与群体中大多数成员的意见保持一致，以避免因孤立而遭受群体的排斥或制裁；三是规范压力，个体为了符合群体规范，避免受到群体的非议或排斥，会倾向于遵循群体的期望和标准。

群体压力具有双重影响：一方面，群体压力可以积极促进群体成员遵守群体标准、实行自我约束，从而增进群体的团结和共识；另一方面，群体成员有时也可能过度受制于群体压力，盲从群体内的多数意见，或是盲目跟随群体的某些错误行为。

(2) 证实性偏差会造成个人或群体的极端走向。证实性偏差，是指当个体建立起某一个具体信念或观点时，在进一步收集相关信息材料和整理分析这些信息证据的过程中，会容易产生一种积极寻找可以支持这个特定信念的事实证据的倾向。也就是说，通常他们只会很容易接受支持这个具体信念的信息，而常常忽略或者否定有悖于这个特定信念的信息，甚至还会花费更多的时间资源和认知资源贬低与他们看法相左的观点。这往往会导致群体由一开始的极端走向一种更加难以扭转的极端方向。

(3) 使受众产生回声室效应，陷入相对的消息闭塞环境。“回声室效应”(echo chambers effect)最初来自桑斯坦2003年发表的作品《网络共和国》，含义是人类变得更轻易听见彼此志同道合者的言语(有时也可能让自身觉得更被孤立)，听不到彼此相反看

---

① 泰勒，佩普劳，希尔斯. 社会心理学[M]. 10版，谢晓非，等译. 北京：北京大学出版社，2004：312-316.

法的声音。也就是说，在某一种相对而言比较闭塞的社会环境中，某些相同观点的声音以夸张或歪曲的形态被不断复制，令处在这种相对闭塞的社会环境中的大多数人认为这些被歪曲出来的故事就是该事件的全部①。而处在该封闭环境外部的其他任何的信息，都可能很难在这种较闭塞的环境中得到传播或者可能根本不会传播到这种环境中去。消息的闭塞为群体极化提供了发展环境。

(4) 中坚分子转变合意。中坚分子是指群体中少数意见的坚定支持者。群体中的中坚分子往往可以成功扭转“沉默的螺旋”，他们在表现个人意志的坚定性、主张立场的一贯性和态度的强烈性之时，可以对多数派产生十分有力的影响，甚至可以直接改变一个群体内部已形成的合意并直接推动新的合意的形成。这是群体极化过程中发生转向的一种可能。

(5) 群体性迷失。群体性迷失，是指在社会网络群体心理的作用下，个体丧失基本的理性，丧失基本的独立思考的理性能力，群体意识出现集体性的或愚笨或冲动癫狂或盲从行为的群体性现象，主要表现为协商群体内的一些成员更典型化地开始选择与正式协商开始前和他们的倾向相一致的、更为极端的立场。

3. 案例

案例一：社交媒体的极化

社交媒体的发展为群体极化提供了平台。社交媒体往往会形成支持自己的意见和观点的群体，他们通过分享和传播信息来巩固自己的观点，并对其他观点尤其是相左观点进行攻击和批评。社交媒体上的信息过滤算法也会使用户更容易接触到与自己观点相符的信息，进而加剧群体极化的趋势。典型例子就是某事件中两方明星粉丝的极化。粉丝群体是极为庞大的，两方群体由于观点和立场不同，极易产生群体极化现象，A方粉丝必然是支持有利于自家明星的言论和观点，并不遗余力地攻击和批评与自家相对的B方粉丝的言论和观点，双方各自所持有的观点是趋向两个互斥的极端的，同时由于证实偏差和回声室效应，处在A方粉丝群体中的个体很难听到B方粉丝对明星B的称赞性言论，且A方粉丝由于已经有了一个坚定的支持A的立场，那么他们很难转向支持B或其他明星，只要没有原则性的“塌房”事件发生，他们极有可能会更加坚定地支持A，从而更加走向极端，加剧群体极化现象。

案例二：政治的极化

政治的极化

9.1.4　相互作用：社会心理与传播心理的对话

社会心理的诸多常见心理现象与相关理论成果是传播心理学研究的重要理论溯源。传播心理正是社会心理在传播过程的具体表现形式。去个体化、从众心理与群体极化这

① 王迪. “回声室效应”对传播的影响探究[J]. 传播与版权，2018(10)：13-14.

类常见的社会心理是常见的受众心理，同时传播心理学也在这些理论、现象的基础之上开展了一系列受众信息感知与理解的影响因素研究，如受众与从众行为、受众的逆反心理等。

传播过程中的复杂的情感传播现象与作用过程反哺了社会心理的理论框架。传播活动中受众的心理状态也是一种社会心理现象的体现。相比较传统的交往行为与传播活动，互联网环境的技术特性与传播特性催生了高频率、高强度、群体化、社会化的情感传播现象。这种全新的传播景观与文化现象即表现为情绪传播、情感传播现象的层出不穷，网络节点上的每个人都沉浸在鲜活而多元的情感传播实践中：个体情感感染广泛的群体，群体情感裹挟分散的个体。而这样特殊的心理状态与情感现象为社会心理研究提供了重要的研究案例与理论补充，推动两个学科的理论融合与互鉴发展。

9.2 社会影响：塑造传播心理的力量

传者与受者在社会交往时会受到外界社会的影响，其心理会发生变化，同时心理变化会影响行为选择。个体的态度或行为在一定程度上会受到各种社会力量的影响，而当有他人存在时，个体的行为选择与独自一人时也大有不同。

9.2.1 社会影响的定义与范畴

1. 概念

社会影响，是指运用个人或团体的社会力量，在特定的方向上，改变他人态度或行为的现象。这里所说的社会力量通常是指影响者用以直接引起他人心理态度和思维方式变化的各种社会力量。社会力量的来源相当广泛，包括直接与他们社会地位相联系的各种社会权力，也包括源于他人爱戴和受人尊敬的各种影响力。

2. 社会影响的来源

French和Raven总结社会影响的来源①包括以下几方面。

(1) 奖赏权。奖赏权是指人们享有向社会他人直接提供某种奖励方式的能力。例如父母奖赏孩子，老板奖赏下级。

(2) 强制权。强制权与奖赏权性质相反，是指拥有特定权力的人惩罚他人的能力。例如老师惩罚学生。

(3) 参照权。参照权是指让他人参考的权力。例如与团体成员保持一致是团体参照权影响个体行为的真实写照。

---

① Mintzberg H. Power in and around organizations[M]. EnglewoodCliffs，NJ：Prentice Hall，1983：111-218.

(4) 法定权。法定权是指具有与一定社会地位相联系的特定权力。例如部长和校长都拥有独立处理内部事务的权力。

(5) 专家权。专家权是指与个人某些学术特长相联系的一种权力。例如医生对处理疾病的影响力。

(6) 信息权。信息权是指获得和了解某些他人尚不知道的有用信息而可能拥有的影响力。例如在网购的时候，老用户的评价会影响新用户的购买意愿、决策和评价。

9.2.2　理论基础：社会影响理论解析

社会影响理论可有效地解释个体在有他人在场时与独自一人时态度和行为的不同。作为影响源，他人是社会影响产生作用的重要因素。社会影响对个体也有正反两面的作用。

1. 概述

社会影响理论是由比伯·拉坦纳最先提出的。该理论认为当人们感知到他人存在时，相比于独自一人时，自己的心理状态或者行为会发生一定的改变[①]。

2. 影响因素

社会影响如何产生作用呢？拉坦纳认为有三个因素决定社会影响的大小，分别是影响源(观察者)的数量(number)、影响源的强度(strength)以及影响源与被影响对象的距离(immediacy) 。

(1) 影响源的数量。如果我们把被影响对象视作一个独立的个体，那么这个个体受到的影响是与其周围观察者的数量成正比的，即个体周围的观察者越多，所受到的影响越大。例如，当个体独自一人在房间时，他能准确、自信地大声说出台词，当个体面对着全班同学时，却会变得结结巴巴，如果台下观众的数量继续增加，对个体造成的负面影响也会相应增加，当个体面对50个同学时，往往更能明显体会到舞台恐惧感。

(2) 影响源的强度，也就是观察者的重要性和权力。这里强调的是独立个体所面临的他人在地位、能力、权力等方面的高低，他人的地位越高、能力越强、权力越大，其给个体带来的社会影响也就越大。例如，在组织中，领导人具有更高的地位和更大的权力，所以领导对个体的影响力相较于一般人要大些。

(3) 影响源与被影响对象的距离，即与个体在空间和时间上的接近性。简单地理解，影响源与被影响对象之间的距离实际上决定了社会影响发挥作用的可能性，是社会影响发挥作用的渠道，如果影响源距离被影响对象比较远，无论是时间距离或是空间距离，影响源对于被影响对象来说相关性就比较低。比如，观众直接观看个体的表演比从

---

① Latané，B. The psychology of social impact[J]. American Psychologist，1981，36(4)：343–356.

另一房间的监视器上观看或通过录像观看使他的反应更强烈。

拉坦纳认为，可以将这种社会的影响比喻成光照在物体表面上：光的总能量主要依赖于灯泡的数量、灯泡功率的千瓦数以及与物体表面的相对接近的程度。

3. 表现

社会影响的表现包括从众、服从、群体极化、社会促进与社会懈怠等①。

(1) 从众(conformity)，是指由于少数个体受到集体的各种隐形压力或者某些显性压力，而被迫改变自己原先的行为目标、态度取向和社会行为，最终只能选择和最多数人相对一致的意见或行为。

(2) 服从(obedience)，是指在他人的直接命令之下做出某种行为的倾向，很多时候人们会服从地位高的他人或权威的命令。

(3) 群体极化(group polarization)，是指在组织群体中，个人决策会因为受到群体决策的影响，轻易地做出一些比独自一人决策时，更极端的决策。

(4) 社会促进(social facilitation)与社会懈怠(social loafing)。作为社会性动物，人与人之间的影响并不总是积极的。有时候他人能激发我们更加努力，这种效应称为社会促进；而有些时候，集体性的氛围使我们松懈，努力程度减少，这种效应称为社会懈怠。社会促进与社会懈怠的过程如图9-1所示。

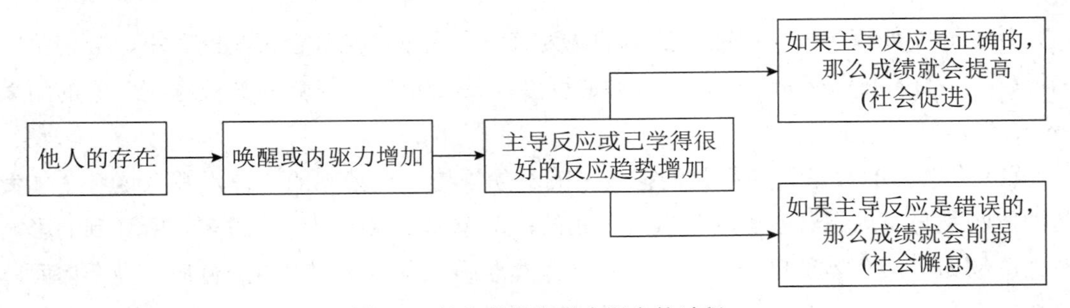

图 9-1 社会促进与社会懈怠的过程

扎荣茨(Zajonc)用简单在场效应(mere-presence)解释这一现象：他人的出现可能会使人们的生理唤起或驱力增加，这种生理唤起会使得人们的主导反应或已经习得的反应趋势增加。在完成某些简单任务的过程中，主导反应往往会是正确的，那么成绩将会显著提高，这就是社会促进；而人在执行复杂任务活动时，被唤起的主导反应往往不是最正确有效的，所以在完成复杂的任务时，唤起和增强是错误反应，那么其成绩肯定会有所下降，这就是所谓的社会懈怠。也就是说，他人的出现对完成较简单工作起积极促进作用，而对其完成较复杂的工作却起着阻碍作用。所以有观众的体育比赛能激起运动员斗志，但考试的时候被监考员监视，就令学生紧张出错。

唤醒程度的增加能否有效提高任务绩效，这主要取决于任务的性质。当所要求执行

---

① 戴维·迈尔斯. 社会心理学纲要[M]. 6版. 侯玉波，廖江群，等译，北京：人民邮电出版社，2014.

的任务是人们已经充分习得的，或是某种与生俱来就有的本能反应，即主导的反应时，动机或内驱力的提高则会明显增加任务绩效。他人的存在一般能有效促进一些简单任务的绩效提高。比如，对于一个接受过高度训练的职业运动员，他人的存在一般会极大提高他的成绩。但如果当任务要求的行为是很复杂的或人们习得不是很好时，他人存在所激起的唤醒反而会降低工作绩效。例如解决一个复杂的数学算术问题、记忆一些新材料等。对一名演讲者来说，当他在努力去回忆所要讲到的知识内容时，即便现场只有一个普通听众在场，他可能也会惊慌，致使演讲表现变差。但如果一名演讲者具有丰富的演讲经验，那么听众的存在很可能会使他有更好的表现。总而言之，当一个任务要求的反应是一个已经充分习得的，或处于比较优势的地位时，动机的进一步提高往往能迅速提高个人绩效，而且简单任务通常比复杂的任务更容易发生社会助长现象。

总之，他人的存在有时可能会导致社会促进，有时会导致社会懈怠，出现哪种社会效应主要取决于群体情境到底是增加了我们对他人社会评估的关注度(因为他人在评估我们的表现)还是降低了这一关注度(因为个体的成果在群体中被隐藏)，还取决于任务本身的复杂程度以及我们对结果的关注程度。

案例分析1

9.2.3 应用实践：社会影响在传播心理学中的展现

社会影响强调社会作为一个集体对于个体的态度、行为等独立活动的干预与改变行为。表现在心理层面就是，当个体从属某一团体、组织等集体时，他的态度行为会受到该集体约定俗成的规范条例的制约与监督，出于融入群体、寻找认同归属的本能性心理，他会不断规范自己的态度与行为，跟从集体的统一思想与行动。除此之外，社会影响在传播过程还可以“意见领袖”的形式体现。“意见领袖”通常由在某一领域具有一定话语权、知识储备和社会地位与威望的“领头羊”充当，他们的看法、行为往往会成为其“追随者”和其他受者的重要参考依据，进而间接影响甚至直接决定这些人的态度与行为，即对其传播心理产生较大影响。

戈夫曼依托于符号互动论中“社会我”观点，提出了“拟剧理论”。戈夫曼认为，社会和人生是一个大舞台，社会成员作为这个大舞台上的表演者都十分关心自己如何在众多的观众(即参与互动的他人)面前塑造能被人接受的形象。这一理论揭示了传播环境对于传者在传播过程中心理变化的影响，反映社会环境所打造的不同的传播环境会给传播施加不同心理压力，“拟剧理论”研究的是人们运用哪些技巧在别人的心目中创造印象，戈夫曼将人们运用各种技巧和方法左右他人，以在他人那里建立良好印象的过程称为“印象管理”。

后续，在戈夫曼“拟剧理论”的基础之上，梅罗维茨提出媒介情景论，认为现代社会下，媒介的变化必然导致社会环境的变化，而社会环境的变化又必然导致人类态度与行为的变化，尤其是电子传播媒介对社会变化所产生的巨大影响更令人瞩目，因为它能更有效地重新组织社会环境和削弱自然环境及物质“场所”间一贯密切的联系，进而形成全新的“拟态”化的传播环境，而这一变化必然也会对受众的心理产生重要影响，当前社交媒体的虚拟化及部分的匿名性直接或间接地决定了用户在进行传播活动时的态度选择与行为规范，互联网就是社交媒体时代交往行为的一层隔膜，而这层屏障的存在与否对于受众的传播心理与行为选择具有重要的作用。

9.3 社会思维：传播心理的认知框架

9.3.1 三维透视：社会思维的构成

社会思维，是指在特定的社会历史环境条件制约下，群体或个人为追求某种特殊需要在社会实践的相互交往、相互作用过程中进行的一种具体思维。这种具体思维会以社会个体、群体或集体等思维形式表现出来：如某个企业为追求某种经济效益和社会效益而形成的群体思维；某科研集体为科技攻关而进行的集体思维。社会思维是建立在人们之间相互交往、相互作用的基础上的。

社会思维的研究分为“自我”的探讨、社会信念与判断、态度和行为三个维度。“自我”的探讨，这一维度首先研究“自我”作为一个概念具有怎样的含义，随后思考“自我”的社会化过程，并研究“社会我”对“自我”的影响，最后是对自尊的思考。社会信念与判断，这一维度主要分析社会信念对于个体形成社会判断过程的影响，个体通过社会化感知到社会信念，形成对于他人、事物的社会性判断，同时形成自己对于他人行为的解释与评判，最后这部分还研究了不同的社会信念对于个体心理、行为的影响，即积极的社会期望往往会给个体带来正向的自我实现预言，而错误的社会信念则会通过个体的行为验证及主观性的心理暗示不断巩固并加深。态度和行为，这一维度聚焦于态度与行为的相互作用，首先是态度对行为的预测，从言行不一的心理现象、态度的内隐与外显、计划性行为与态度的强度4个因素分析态度对行为的预测，随后介绍了行为对态度的反作用而形成的心理现象，最后从印象管理、认知失调和自我知觉三个理论的角度总结行为对态度形成作用的原因。

社会思维的研究维度展现出个体对于自己的感知，主要会受到角色扮演、社会同一性、与他人之间的比较、成败的经验、别人的评价、文化的影响，而经典的符号互动论也同样涉及对“自我”“社会我”的探讨，研究个体的社会化过程以及“自我反思”“社会评价”对于人格塑造的影响。

9.3.2　符号互动：沟通与理解的桥梁

符号互动论是一个注重从人的心理角度研究社会与人际传播的社会学理论，在19世纪后期至20世纪初期，经过库利、米德等芝加哥社会学派成员的相继研究发展得来。符号互动论最早由布鲁默在1937年提出，但直到1969年，他出版了《符号互动主义》，符号互动论才作为一个独立的学说登上社会学舞台。符号互动论的主要观点认为，社会首先是由众多相互独立而又保持着互动的个体人组成的，强调对社会现象的分析要深入人的内心与心理层面寻找原因①。

1. 库利的“镜中我”

作为一种实用主义、关系主义和行为主义的社会科学理论，符号互动论注重研究人的自我的形成，其中以库利的“镜中我”的概念最广为人知。库利在这个学说中特别强调主观世界的作用，认为一个人的自我观念是在与其他人的交往中形成的，一个人对自己的认识是其他人关于自己看法的反映，人们总是在想象别人对自己的评价过程中形成自我的观念②。观念的形成分为三个阶段，第一阶段为感觉阶段，即个体想象自我在他人视角中的形象；第二阶段为解释与定义阶段，即想象他人对自我的评价；第三阶段为自我反应阶段，即根据第二阶段的想象来形成自我感觉。库利“镜中我”理论的反应模型如图9-2所示。

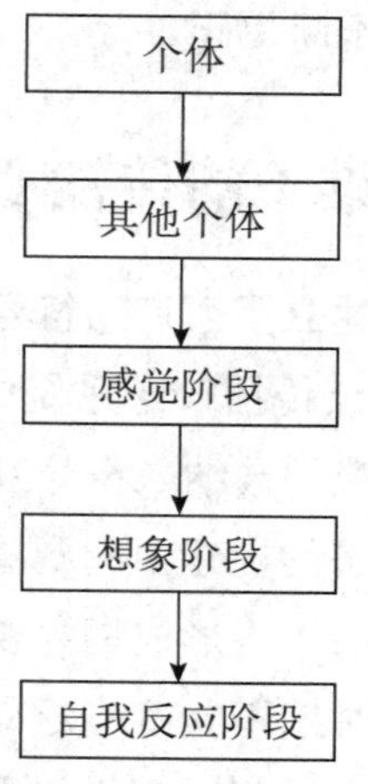

图 9-2　库利“镜中我”理论的反应模型

与人交流的过程更像个体在不断地照镜子，在交流的同时也不断反思、审视自己，进而形成自我认知及人格塑造，自我得以形成。库利“镜中我”的概念与初级群体思想息息相关。库利认为，初级群体是一个个体早期自我观念发展的起源，个体的人格依托于生命早期与周围环境、人物的交流中，并在此后不断变化成形。

---

① 贾春增. 外国社会学史[M]. 3版. 北京：中国人民大学出版社，2008：232-233.

② 贾春增. 外国社会学史[M]. 3版. 北京：中国人民大学出版社，2008：237-238.

2. 米德的符号互动

在倾向主观的库利之后，米德作为符号互动论真正意义上的创立者，提出了同时强调主观与客观世界的主体我与客体我的自我反思的人格发展模式。米德认为，人们的行为并不是简单地起源于“刺激因素”，而是人们在生活与交往的活动中产生作用的事物被赋予意义，成为刺激因素。米德对刺激因素的定义也引申到社会行为中，他认为正是人在追求自己生活的同时，产生的刺激因素使得人们逐步成为一个社会，人格在其中完善，而这一切的核心就是人与人交流的载体——语言媒介。

在交往中，自我得以形成，米德认为自我是对社会客观现实的内化和主观解释①。通过各种建立在语言上的交流媒介，人与人之间拥有了一套共通的语言符号系统，语言符号的存在使得人们可能在一定程度上从他人的角度与立场看待“客体的我”，即“社会我”。在米德对儿童的研究中，米德发现儿童在“嬉戏阶段”进行角色扮演活动，在这个阶段，儿童模仿各个他们所能见到的人，也正是在这个过程中，儿童得以从他们的角度体验不同的社会人的角色与职责，儿童的自我开始形成。在“群体游戏阶段”，儿童开始参与进一个更加复杂的扮演系统，儿童必须学会互动与合作，了解他人的角色定位，将自己融入大集体中。在这两个儿童自我的发展阶段中，符号占据了举足轻重的地位，正因为人们通过语言与符号达成了交流，主体我(自然发育出的个人人格)与客体我(社会环境驯化下的人格)得到交融与发展，通过不断自我反思，自我得到不断更正。

案例分析2

9.3.3 效应解析：社会思维下的传播心理影响

库利与米德从人际互动的层面建立了人们用符号交流与形成自我的学说，也同时将其发展为更全面的交流系统——大众传播符号系统②。这一引申使得大众传播作为个体培养、人格塑造、社会认同的重要载体被纳入符号互动论的理论范畴。

大众传播在人们的社会意识形态的构建中起到重要作用。无论是在大众传播时代还是在传统语言符号时代，社会个体的人格形成期主要是生命的前期和中期。对于传统语言符号时代而言，社会个体的孩童时期不具备广泛交往的能力与条件，交流活动只限于家庭与亲近的亲友，或是扩展为整个村落。这样的交往圈相对较小且固定，孩童能够接收到的信息与反馈是相对单薄、局限的，即“镜中我”理论中的单调、单薄。其可能的后果就是孩童的自我形成难以与社会希望的客我达成一致，人格发育受到长辈的影响较大。在发育成人之后，自我的形成已经相对固定，而语言符号系统的地域性和局限性又决定了个体难以与外界的、持不同意见思想的个体有深入的交流，因此造成人格的加强与固化。

---

① 贾春增. 外国社会学史[M]. 3版. 北京：中国人民大学出版社，2008：240-241.

② 柯泽. 传播学研究的社会心理学传统[M]. 学习出版社，2016. 19-20.

而在大众传播时代，社会个体往往在孩童时期就能够接触到广泛且多样的媒体资源，“镜子”数量的增多，则代表更多“客我”标准的反馈，孩童对自我的构建也会越丰满。孩童通过接收网络信息，在自己的长辈之外得到了第二个社会反馈源，随着孩童主我的觉醒与发育，他们逐渐在父母长辈的反馈与大众传播的反馈中找到平衡点，进而获取更多的社会认同，形成相比传统语言符号时代更为多元化的社会人格。在这样的环境下，孩童的社会认同不再局限于地理层面的周围环境，而是来源于媒介环境塑造的整个社会，也正因如此，他们拥有与更多同龄人交流的机会与途径，主我与客我更加和谐，人格发展更加完善。在之后的青年、中年时间内，社会个体仍会借助大众媒介接收或传递社会信息，通过这面“镜子”来审视反思自己，不断实现主我与客我的相对平衡，而社会认同正是在主我与客我的和谐一致中塑造的。

社会意识形态的构建对达成社会认同具有基础性意义，这有助于传播过程中受传双方、受者之间形成共通的意义空间，进而达成共识，有效提高传播效果与情感体验，因此社会思维的认同建构是实现高效、有用的情绪传播的必要条件。

9.4　社会关系：人际与传播心理的纽带

9.4.1　关系网络：社会与人际的交织

社会关系是人们在共同的物质和精神活动过程中所结成的相互关系的总称，即人与人之间的一切关系。根据社会心理学视角，社会关系可分为积极的态度与行为、消极的态度与行为，如从偏见到攻击、从吸引到互助、从冲突到和解等。而这些关系的主体可以是集体，也可以是个体。人际关系是社会关系真正的实在现象。如果截取社会关系体系的一个单独平面，在这个经济、政治、法律、道德、宗教和其他各种社会关系的“截面”里所表露出来的就是人际关系。因为其他各种具体的社会关系又总是通过各种具体的人际关系表现出来。人际关系不是游离在其他社会关系之外，而是产生于各种社会关系之中。人际关系和客观社会关系是同时产生的。人际关系一开始就受到社会关系的制约影响，社会关系存在于人际关系之中。

人际关系更像是社会关系的一个基本单位。人际关系是在特定的社会文化环境中，人与人之间通过言行互动建立起来的心理关系，它通过人与人之间直接或间接的交往而形成，是一种心理关系，同时也是较低层次的社会关系，渗透并影响着社会关系[①]。

在强调理性的社会交换论领域，人际关系意味着以利益为主导的人与人之间的交往模式与交往追求，人们在共同生活中出于各自的多元化需要而形成不同形式、不同性质

---

① 陶红，张玲燕. 心理学[M]. 广州：暨南大学出版社，2018.

的关系，进而在交换与需求的推动下形成社会。在传播学研究领域，人际关系意味着个体在交往中与他人建立并维持的链接，并对他人产生情感，例如热情、冷淡、质疑、愤恨等。社会交换论与传播学理论对人际关系的共同关注使得社会交换论与传播学的融合发展成为可能，例如社会交换论中对人际吸引、权力地位的产生、认同与尊敬机制的阐述，都被引入传播学领域，应用于传者与受者的社会关系研究，并取得较大成果。两者的理论借鉴与对象融合已经成为传播学从人际与社会角度发展的重要方向。

9.4.2 交换原理：社会交换论的视角

社会交换论是社会学家霍曼斯立足于经济学立场的微观角度解释社会现象的社会学理论。霍曼斯认为无论是人或动物，其本质倾向都是追求快乐与物质享受，并且尽可能少地付出代价，人际互动本质上就是一种商品交换，交换物可以是声誉、物质与社会地位等。在同一个地域环境中，生活的社会个体因为各自的利己主义，趋利避害地进行交往与投资，由此培养出共同的信仰、文化、友谊与价值体系，使得人们的交往行为产生相互接受、认同以及反对等社会情绪。生活在这个社会的个体，都倾向于追求社会认同与社会肯定，促进社会的整合①。

但是，霍曼斯的社会交换论也存在诸多不足。第一，霍曼斯过于强调心理作用，将一切都归结于心理因素。第二，霍曼斯过于强调理性主义，事实上人际交往中有众多行为是相对感性的。

在霍曼斯之后，布劳立足宏观角度创立了结构主义交换理论。相对霍曼斯的理论而言，布劳的理论是社会交换论学术发展的又一进步。布劳认为，无论是微观领域还是宏观领域，都存在着交换过程，只是宏观的群体之间的交换过程更为复杂。由此，布劳在微观领域总结提炼出交换的模式，提出了三个基本交换过程，即吸引与竞争、分化、整合与冲突，并着重研究社会交换的发生、发展与基本形态②。

1. 吸引与竞争

布劳认为，社会交换始于“社会吸引”，即行动者发现另一个体拥有自己需要的社会资源时，就会倾向于接近对方并达成一致后进行资源的交换。“社会吸引”也是社会交换的前提条件。在“社会吸引”的前提条件下，社会个体根据自身所需并遵守互惠规则与相关条例进行资源互换，实现某种社会互动与资源的流通，便开始了社会交换的过程。但是，社会交换由于主体的多样性，交换者往往只会在众多待选者中挑选一个或数个交换对象，由此便产生了社会竞争的概念。在交换过程中，每个行动者都努力向对方展示自己的社会价值与资源，来吸引目标对象与自己进行交换。其结果则是，拥有更多

---

① 贾春增. 外国社会学史[M]. 3版. 北京：中国人民大学出版社，2008：218-221.

② 贾春增. 外国社会学史[M]. 3版. 北京：中国人民大学出版社，2008：223-227.

社会资源的个体掌握更多的选择权，而资源稀缺者往往成为被选择的对象。

2. 分化

分化是社会交换的进一步发展阶段，是在社会交换的早期竞争中逐渐显现的。在布劳的社会交换论中，“分化”是一个关键的概念，它指的是个体或群体在交换过程中由于资源、能力、价值等方面的差异，逐渐形成不同的社会角色、地位和关系的过程。随着交换的深入进行，个体或群体之间的差异逐渐显现，形成了不同的社会角色和地位。这种分化既可能基于资源、能力或价值的差异，也可能受到社会结构、文化规范等因素的影响。

需要注意的是，分化并非总是消极的。在某种程度上，分化过程不仅影响了社会交换的模式和结果，也促进了社会的多样性和复杂性，为不同个体或群体提供了更多的发展机会和空间。然而，过度的分化也可能导致社会不平等和冲突的加剧，因此需要在社会政策和实践中加以关注和调控。

3. 整合与冲突

权力分化最终归结于交换双方所有资源的不平衡，各个交换者经过反复的交往、互动，将这种不平衡以等级结构的形式固定下来[①]。布劳将权力的影响分为整合和冲突两个方面。其中，整合意味着所拥有资源较低的群体集中起来，集中在占有资源较多的个体周围以换取交换机会，低阶级群体用社会尊敬与依附来换取高阶级群体的社会资源，而高阶级群体也愿意用自己的资源来换取相应的回报。遵循着互惠和公平原则，高阶级群体和低阶级群体对彼此的交换过程都感到满意，低阶级群体也愿意确立他们对高阶级群体权威的合法与认同，于是一个阶级分化的社会交换整体确立。

而冲突意味着群体内部既定的互惠原则被打破，低阶级群体对高阶级群体权力的合法认同被推翻，权力体系被迫重构。这可能是报酬的结构发生变革，或是随着经济发展原有的报酬不能满足让低阶级贡献出社会尊敬与依从的需求，也可能是高阶级群体不再渴望低阶级群体的依从。这些情况都会导致交换双方感到交换价值的下降，由此社会认同和依从被破坏，既有的社会权力关系与分化关系被打破。

案例分析3

9.4.3　融合探索：社会交换与传播心理的交汇

1. 研究对象

霍曼斯与布劳立足于人的利益诉求建立了以人际关系为基础的社会交换论，这对

① 贾春增. 外国社会学史[M]. 3版. 北京：中国人民大学出版社，2008：227-228.

于传播心理学关于人际传播的研究具有重要参考价值。虽然霍曼斯学说与布劳学说是微观与宏观的两个学派，但他们在本质上都是通过研究人与人之间的交换模式、交换逻辑来解释社会现象。布劳学说作为霍曼斯学说完善后的理论，剔除了霍曼斯学说中偏重心理、过于理性的因素，从人的利益诉求出发，建立了更为简单合理的交换模型。与社会交换论相比，传播心理学同样注重研究人与人之间的信息交换的影响因素，更加注重其中包括社会角色、社会地位、主体性格等因素带来的心理状态、情感因子的变化，着重研究人际关系的社会交换论对传播心理学的研究能够起到积极的启发作用，反之也可以从社会交换论中汲取关于人际交往与信息交换的理论精华。

2. 社会群体模型

社会交换论的吸引过程与两级传播的“意见领袖”假说具有异曲同工之妙。社会交换论的吸引过程注重理性交换的逻辑，在社会群体模型中，交换的前提是交换双方有一方或是都有彼此需要的资源。吸引过程研究的是交换群体的形成，而这与大众传播的现象相似。在大众传播过程中，最常见的意见领袖可以作为很好的样例。意见领袖通过输出有价值的观点学说，吸引普通观众的聚集，形成意见领袖与粉丝群体。在这个群体中，意见领袖拿出的交换物是有价值的信息与意见，这信息对于观众而言是难以获取的、自身不能领悟的，观众出于自身的诉求将主动自发地聚集在意见领袖周围，形成社会交换论中的“被吸引群体”。在这一前提之下，用户受众对于这些“资源占有者”则会产生一定的亲近感与认同感，会不自觉地拉近与其的心理距离，并且选择性地吸收、理解，进而将他们的意见看法、行为选择内化为自身的看法与判断，并进行下一级的传播活动。这种群体模型对于传者如何更好地通过控制受者心理倾向、拉近心理距离，具有宝贵的参考价值。

9.5 社会行为：行为主义视角下的传播心理

社会行为是人对社会因素引起的并对社会产生影响的反应和反应系统，包括个体的习得行为、亲社会和反社会行为、人际合作与竞争、群体的决策行为。人们在交互过程中的各种行为，以及人们在解决社会问题、满足社会需要时的行为表现，均属于社会行为。

社会行为是指群体中不同成员分工合作，共同维持群体生活的行为，即群居在一起的动物相互影响、相互作用的种种表现形式。社会行为的主要特征有：①社会行为属于社会性刺激而产生的行为，这是社会行为同其他由非社会性刺激而导致的人类行为的区别；②一个人的行为可以直接或间接地与另外一个人的行为发生关系，其中包括对他人行为的控制、影响和制约。

9.5.1　理论基石：行为主义心理学概览

行为主义心理学是心理学史上的一次大革命，它影响了整个20世纪美国心理学的走向，并对传播学研究产生了实质性的影响①。在20世纪20年代，代表华生的行为主义心理学体系正式建构的三篇巨作——《行为主义者心目中的心理学》《行为：比较心理学导言》《从一个行为主义者的观点看心理学》分别出版，由此心理学正式发展成为一门独立的自然科学。

行为主义心理学的研究重点是人的外显行为，而研究人的外显行为的根本目的就是通过归纳总结人的行为模式，来推测控制人的社会行为。行为主义心理学因为研究手法与理念更倾向于环境决定论，并提出了著名的“刺激—反应”条件反射机制，但其任务就是找到那些激起人们反应的刺激条件，或是观测已知的刺激来推测人们下一步可能进行的活动。

1. 反应性制约理论

反应性制约也称为古典制约，其主要代表人物是俄国的心理学家巴甫洛夫和美国的行为主义创始人华生②。其中，最为著名的是巴甫洛夫的制约反射实验，即关于狗的唾液分泌反射实验。在这个实验中，巴甫洛夫研究了各种不同环境、刺激与反射反应现象之间的联系。这类反射现象学说被称为反应制约理论。实现过程模型如图9-3所示。

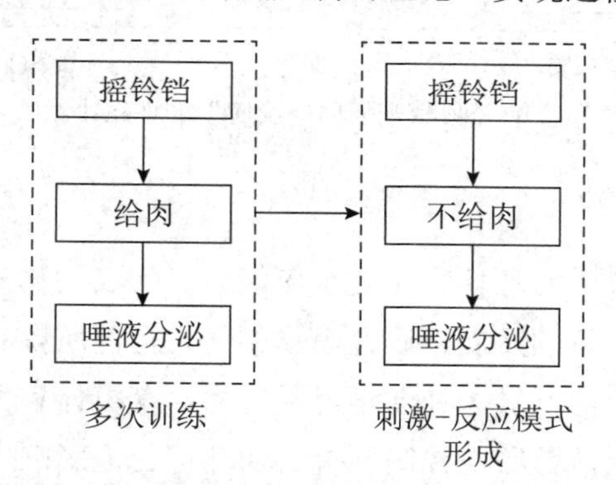

图 9-3　巴甫洛夫对狗的唾液分泌反应实验模型

后来，行为主义心理学创始人华生在巴甫洛夫研究的基础上，进一步提出了“刺激—反应”模式。华生认为，行为主义心理学研究的目标在于研究各类环境刺激所导致的反射、反应、习惯等等现象的形成，并建立模式以供预测。

2. 操作性制约理论

作为操作性制约学派的代表，斯金纳进一步完善行为主义理论，提出了“刺激—

① 柯泽. 传播学研究的社会心理学传统[M]. 学习出版社，2016：22-24.

② 费梅苹. 行为主义理论及其研究范式[J]. 华东理工大学学报(社会科学版)，2000(4)：60+ 61-65.

强化—反应”模式。斯金纳认为，人的行为产生于环境中的操作强化，认为人与环境共处，但环境是主动者，人是被动者。环境主动的变化与刺激作用于人，使人产生各种行为。因此，只需要了解环境，监测环境的变化与刺激源分析，就能够预测、控制人的行为，这也是斯金纳环境决定论的重要组成。以斯金纳为代表的操作性制约学派研究者进行了众多主题的研究，例如语言习得、行为塑造、迷信行为等。在研究方法上，斯金纳更注重外显行为，对行为进行长时间的频率测量，寻找影响行为的因素。预测离不开初始信息，正所谓“巧妇难为无米之炊”，没有一定的已知条件，预测演算就无法进行。在定性预测中，必须有一定的已知事实作为推理的前提；在定量预测中，也必须有一定的已知数据作为推算的依据，初始信息的提取是预测过程中的首要环节。斯金纳“刺激—强化—反应”的迷箱小鼠实验模型如图9-4所示。

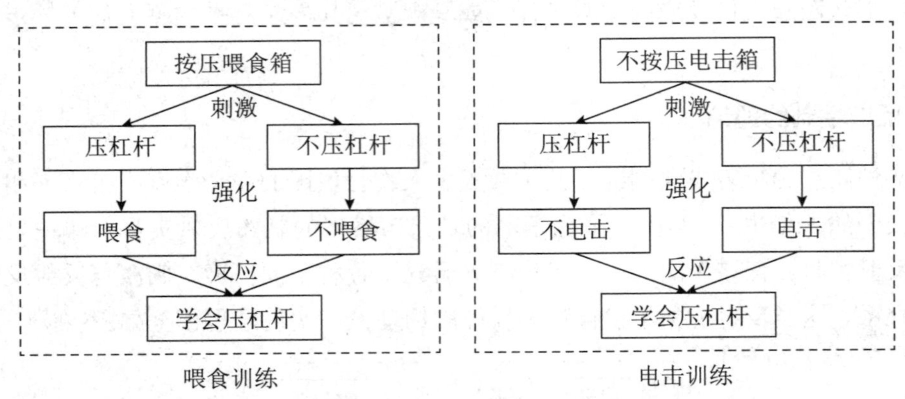

图 9-4　斯金纳“刺激—强化—反应”的迷箱小鼠实验模型

3. 社会学习论

社会学习论侧重研究人对环境变化的反应能力，代表人物是美国心理学家班杜拉。社会学习论研究有机体个体的发展，研究个体如何习得他所属的生物种类的生活方式，进而发展成所属生物社会的一员。社会学习论认为，有机体和环境相互作用，通过认知结构发展与自我控制，人能够影响控制环境，而环境也能影响人，其学习过程便是“行为—认知—环境交互”模式。社会学习论认为，学习现象在没有奖励的情况下也能够发生，而奖励的作用只是促使这种习得行为再次表露出来。相比其他学说，社会学习论的研究重点在于认知活动作用，强调人的观察与自省、自我调整。

案例分析4

9.5.2　社会效应：行为主义对传播心理学的影响

行为主义心理学“刺激—反应”的模式在传播学中能够找到相似的研究理论，两者都在控制实验中发现控制、预测人的反应的规律。例如，20世纪30年代的“子弹论”认为传播媒介的能量巨大，它们所携带的信息传达到受众身上，就像是子弹击中身体，能够产生快速、明显的反应，并且能够在相当程度上影响人们的想法与意见，甚至是直接支配人们的行为。虽然这一理论在后来的实践中被证明失之偏颇，但不难发现，子弹论与行为主义心理学一样，使用的是完全一致的“刺激—反应”模式。

研究控制发生机制不仅是传播学的重要课题，同样是传播心理学的重要研究方向。这一研究与行为主义心理学关于环境与刺激的研究有着不谋而合之处。控制的形成必须依赖于控制方和被控制方两者的共同参与和确保实施。在大众传播过程中，控制和被控制方的表现形式主要为传者与受者。传者既可以是媒介机构，也可以是具体的传播者个体，而受者则通常指观众或听众。传者借助大众传播媒介将信息传递给受者，由此形成对受者的某种影响与控制。有趣的是，多数大众传播研究倾向于将大众传播的信息视为一种刺激因素，而将受众视为对此刺激做出反应的反应物。这种研究思路实际上源于行为主义心理学的“刺激—反应”模式，两者在逻辑上具有显著的共通性。

总结与回顾

本章从社会心理、社会思维、社会关系、社会行为、社会影响角度理解传播心理的一系列社会效应，感悟传播心理学与社会学、心理学的理论渊源与互联，了解理论形成、发展与完善的过程及其在实际中的验证与应用。

社会学作为传播心理学诞生的理论渊源之一，对传播心理学的理论范式、基本假设和研究方法都具有重要影响。哲学家杜威、社会学家库利、米德、帕克等人构成的芝加哥学派等理论学说为学科的诞生与发展奠定了理论基础。芝加哥学派在关于人的行为问题上，反对本能论观点，提倡社会互动理论。在人的社会化过程中，传播起着至关重要的作用。其中米德关于人的社会化、社会角色取得以及社会自我理论，对现代社会心理学和传播研究影响很大。

因此，分析传播心理也是社会心理、社会思维、社会关系、社会行为及社会影响等因素在传播领域的应用与结合。结合上一章，本章具体介绍了去个体化、从众、群体极化三种常见的典型性社会心理，介绍了这些社会心理现象的特征、表现及经典案例的解读；介绍了社会中人际关系、团体规范、环境变化等因素对个体心理、行为的动摇与导向作用；分析了符号互动论、社会交换论以及行为主义心理学等理论假说在传播心理学领域的应用，分析了符号互动假说对大众传播符号系统的构建与影响，分析了大众传播的过程与个体社会化、社会意识形态建构过程的关系；介绍了社会交换理论与传播心理学的理论与研究互联，指出社会交换的“吸引”过程和“意见领袖”假说都强调资源分配的不平衡加剧了某种意见、资源的服从与倾斜，进而演化为群体性行为，产生社会性影响；了解发现行为主义心理学领域经典的“刺激—反应”学说在早期的传播效果研究的深刻体现，以及控制性制约理论与社会学习论在传播心理学研究中的应用，并从这些角度来分析解读传播心理学的社会效应。

思维与挑战：思考题

1. 从众心理有哪些影响因素？从众与服从有什么区别？
2. 如何减轻群体极化的负面影响？
3. 如何理解去个体化和群体极化？两者有何异同？
4. 举例说明社会促进与社会懈怠有哪些影响。
5. 举例分析符号互动论与大众传播有怎样的理论关联。
6. 如何理解社会交换论对于社会地位与社会交互关系的分析？
7. 反应性制约理论与社会学习论有何理论关联？从异同点角度简要分析。
8. 试从行为主义心理学视角分析一个具体案例。
9. 如何看待传播心理学与社会学、心理学的理论互联与未来发展？

第10章　新媒体浪潮：传播心理的新篇章

本章将介绍新媒体与传播心理所涉及的相关概念，包括社交网络与人际传播心理；人机交互与智能化传播心理；网络舆情的心理学审视与心理引导；谣言传播的心理动因、心理特征与心理策略；媒介暴力的心理成因、表现、传播、影响与媒介素养心理策略等，对新媒体与传播心理的相关概念做出系统的分析和解读。

10.1　社交网络：重塑人际传播的心理版图

随着智媒技术的不断迭代更新，社交媒体不断出现，传统的人际交往模式被打破，人们越来越倾向于网络人际交往①。人际传播指的是两个主体之间的信息传播活动，也是由两个个体系统相互连接组成的新的信息传播系统。根据麦克卢汉以媒介形态为标志的历史阶段划分，从“部落化”口语时代到“脱部落化”文字印刷时代，再到“重新部落化”电子媒介时代，人际传播在媒介迭代中不断呈现新变化，引发新思考。

本节将介绍社交网络与人际传播心理的相关概念，包括人际传播在媒介变迁中的定义、新媒体环境下人际传播的新特征、社交网络对人际传播的影响、新媒体下人际传播的未来展望。

10.1.1　定义重构：媒介变迁中的人际传播

“人际传播是个人与个人之间的信息传播活动，也是由两个个体系统相互连接组成的新的信息传播系统”，人际传播是两个独立主体的交流活动，被认为是日常生活中最常见、最直接、最丰富的传播形式，满足着人们生存和发展的需求，但由于时代的差异，不同阶段人际传播呈现的形态和特点各有不同②。根据传播媒介产生和发展脉络，可以把人类传播活动分为口语媒介传播时代、印刷媒介传播时代、电子媒介传播时代和网络媒介传播时代。从媒介变迁史来看，真正有意义的讯息不是各个时代的传播内容，而是这个时代所使用的工具的性质、它所开创的可能性以及所带来的社会变革。

1. 口语媒介传播时代：掀开人类文明篇章

口语是人类历史上最原始的传播媒介，语言的产生让人类脱离动物界成为真正的

① 匡文波. 论网络传播学[J]. 国际新闻界，2001(2)：46-51.

② 童青青. 网络人际传播的形态和特征探析[J]. 西部学刊(新闻与传播)，2016(4)：20-21.

人，摆脱了“与狼共舞”的野蛮时代，掀开人类文明历史新篇章。在口语媒介传播时代，人类还处在部落化时代，交流主要依靠的是声音、表情、手势，信息的传受必须在可听可见的范围之内才能展开(所以这个时候还是感官平衡的时代，也是部落化的时代)。媒介的特性已经内化为一种口语文化，口语传播逐渐成为文化积累、记忆、传承的主渠道，神话故事、口传史诗、民间传说等口头文学逐渐发展起来。人类的社会交往主要以个人的社会和生活半径为范围，是一种基于地缘关系的交往，以地理空间为基础的身体在场构成了无中介的现实交往情境。但是，口语传播的有限性造就了文化的狭隘性和封闭性，因此社会的变化和发展也是缓慢的。

2. 印刷媒介传播时代：促进文明繁荣进步

到了印刷媒介传播时代，传播由此开始真正步入大众传播，进入脱部落社会，印刷技术的发明给人类传播带来了翻天覆地的变化。大量印刷作品的出现，推动了文明的繁荣和进步。文化的大众传播成为可能，社会特权和贵族阶层对文化的垄断被打破，教育开始被普及，现代文明开始萌生。与口语媒介传播阶段相比，这一阶段的传播者和信息接受者可以分离，人们有足够的时间和空间对信息进行独立思考、归纳概括，人类的理性得以释放、提升。因此，印刷文化被赋予了高度理性的内涵和精神启蒙的意义。

3. 电子媒介传播时代：改变信息传受手段

电子媒介传播时代，现代科技力量彻底改变了人们接受信息、表达情感的方式，突破了时空限制，有着接近于实时的传播速度和强烈的现场感、目击感，人们进入了重新部落化时代。电话、广播、电视等媒介使人的视觉、听觉等各个感官都得到了整体性的延伸。电子媒介比印刷媒介有着更丰富的传播手段，提升了传播的丰富性和生动性，为信息传播搭建了一个高效、便捷的渠道，从根本上改变了人们的生活方式。

4. 网络媒介传播时代：构筑全新传播环境

网络媒介传播时代，人类的感觉和感知模式因为媒介技术延伸而丰富起来，人类的感官再一次得到统合。在这样一个高度信息化的社会，一个信息经济占主导地位的时代，新媒体带来了信息多元化传播的新方式，引发了信息传播方式的重大变革，构筑了全新的文化环境。打破了以往时代的精英传播霸权，平民可以在公共领域发出自己的声音，拥有话语权，开创了人人皆媒的新局面，并随之产生新的媒体体验、新的文化、新的传播环境。

媒介形态的更迭不是简单的替代关系，而是以提升、过时、复活、逆转的方式向前推进。印刷媒介的出现，使口语媒介过时，但是电子媒介的出现，又使口语媒介重新复活。互联网使书写文字重新成为重要的信息载体。电报和手写信虽然逐渐消失，但是人和人之间用文字沟通的形式却以手机短信和电子邮件的形式重新复活。媒介的发展史，就是一部媒介改变社会、创造社会、促进社会进步的历史，也是一部媒介不断创造讯息的历史。受众对世界的认识、理解、沟通、情感表达等都与媒介紧密联系。所以，每一个新媒介的出现都会带来传播体系的颠覆性变化，发展一段新的传播阶段，开启一个新的文明时代。在这场媒介与人的互动中，要结合媒介的技术优势，重塑更符合人类发展、社会进步的时代。

10.1.2　新特征涌现：新媒体环境下的人际传播

1. 对象：拉近社交距离，交际范围扩大

所谓“媒介即人的延伸”，将媒介的特点比作人体感官的延伸①，电子媒介技术不仅把人类从机械化媒介之下拯救了出来，还治愈了人们身上的残缺，使得人类又回归到整合的状态，偌大的地球又变为一个小小的原始村落②，形成了“天涯若比邻”的感觉。媒介技术演进推动人们交际能力提升，给人们沟通交流提供了最快捷、最便利的传播方式，拓展了人际传播的交际范围。口语时代，原始村落保持自然状态，和口语的使用是密不可分的。偏重听觉的口语，使得村民在面对面进行交流时不仅可以表达心中所想，还可以同时借助表情和手势来实现情感的流露。文字印刷时代，口语对人听觉的延伸就被视觉延伸取代，通过书信、传真等方法扩展交往范围③。电子媒介的出现又使口语媒介重新回归，打通现实和虚拟的屏障，人际交往对象得到空前拓展。

2. 手段：重回“感觉整体”，复原交往情境

相较于侧重文字、书面信息的传统媒体时代，电子媒介为人们找回长期失落的“感觉整体”，重新回到感官平衡状态。人际传播强调全面吸收非语言的情境信息，如表情神态、衣着打扮等。这在文字印刷时代一度遇冷，而电子媒介凭借语音消息、视频通话等技术不断复现人际交往实时语境，发挥多感官接收全方位信息的优势。微信和QQ等社交媒体的兴起，让互联网人际传播回归了“面对面”。面对面的人际传播具有双向性强、反馈及时、互动频率高的特点，是高质量的传播活动。微信等社交媒体因其强大的功能，让网络人际传播不仅仅局限于过去的文字与图片，表情符号、语音聊天、视频聊天的出现，不仅能够利用语言进行交流和表达，还能利用丰富的非语言因素进行交往，使广大用户回归面对面的人际传播。

3. 互动：重建实时交互，即时自主互动

口语时代的人际传播具有双向性强、反馈迅速、互动频率高等特点，但由于技术条件的限制，双方要面对面，互动只有即时，难以保存；文字印刷时代的互动内容往往以

---

① 张慧. 浅析麦克卢汉《理解媒介——论人的延伸》[J]. 新闻窗，2016(4)：43-44.

② 宋凯. 对麦克卢汉“技术决定论”思想的再审视[J]. 新闻传播，2015(5)：88.

③ 田月. 数字媒体时代部落化类型分析[J]. 网友世界，2014(2)：26-27.

文字形式存档，但较为滞后。在新媒体环境下，人的传播是自主性和互动性的统一，跨越时空，实现了即时性和保存性，即可通过通话、视频功能实时互动，也可通过历史记录随时查看。实时互动增强“在场感”，个人可以随时随地发布信息，搭载关系链条进行实时互动，打破了时空界限，拉近了主体之间的社会距离，也可以采用语音、视频等方式产生强烈的“在场感”。

4. 关系：相对自由平等，非制度化传播

随着互联网的发展，人际传播越发扁平化、非制度化。这一点在电子媒介时代得到凸显。人们可以使用颜文字、表情符号、表情包等语言文字以外的表达媒介，这些表达媒介凭借自身幽默、轻松等特点，在各大社媒上普遍流行，在网络人际交往中成为一个气氛调节器，降低用户之间的沟通成本，化解陌生、紧张的人际关系，尝试营造轻松的交流语境，在网络社交上拉近彼此距离，有利于情感空间的升温。

10.1.3　影响深析：社交网络对人际传播的塑造

尼尔·波兹曼指明，媒介变革是生态性的。社交媒体为人们带来更加丰富的交际手段的同时，也对人们的关系结构、自我认知、情感表达等产生根本影响，进而促使人际传播既展现多样性，又面临许多困境。

1. 自我的建构：“后区前置”揭露真我，但“印象整饰”浮于表演

印象管理又称自我呈现，是社会学家戈夫曼在其著作《日常生活中的自我呈现》中提出的，指人们试图管理和控制他人对自己所形成的印象的过程。其中，试图使别人积极看待自己的努力称为“获得性印象管理”；而尽可能弱化自己的不足或避免使别人消极地看待自己的防御性措施称为“保护性印象管理”。戈夫曼用戏剧舞台的隐喻描述人际传播，将私人领域视为“后台”，公共空间视为“前台”，将交往行为比作“表演”。社交媒体的开放、自主、个体化特点，使得人们可以自愿在公共平台分享生活细节，使用自我揭露展现真实、立体的人格。但对昵称、头像、展示内容的选择往往受到“表演”心理驱使，比如有意选择美食、旅游等反映“幸福生活”的照片，好友可以通过查看好友以往的朋友圈来估量好友的身份和人物特征，可看到的内容只是人们想展示的。

2. 关系的维系：人际网络强弱交叉，维持关系造成倦怠

社交媒体拓展了人际传播的范围，人们使用社交软件功能可以随时随地扩展自己的人际交往网络，比如“扫一扫”“名片推荐”等，甚至可以借助“漂流瓶”“摇一摇”等与现实生活中完全陌生的人建立联系。弱连接让原本两个陌生的人有了彼此间的认知，但是很多交往停留于弱连接的“点赞之交”，由此形成的社会关系未必持久、稳定，很难断言这与传统媒体时代范围有限但较为长久的人际交往孰优孰劣。社交软件所连接的不再是传统意义上的好友而只是认识的人，导致“好友”从熟人关系的强连接逐渐向一般朋友甚至是陌生人的弱连接拓展，形成强弱连接交叉共存的景象，造成人际交往的重压，使人们越来越感到倦怠和压迫①。

3. 现实的区隔：提供情境虚拟漫游，“媒介依赖”隔离现实

梅罗维茨的“媒介情境学”提出，媒介的变化带来社会环境的变化，最终带来对人的影响，媒介决定情境，情境决定交往行为②。社交媒体为网民使用多种身份畅游多重交往情境提供可能，多样化交际手段丰富交往体验，受众即使足不出户也能够通过社交软件与他人进行社交，受众个体的媒介依赖日渐加深。但由于网络和现实的情境差异，交流技法和策略有所不同，习惯网络社交的人容易沉沦在虚拟的交往情境中。但是虚拟社交难以替代现实社交，互联网具有使人们疏离的天然属性，容易加剧人们的孤独心理，受众可能难以适应现实交往而日渐脱离社会。社交媒体的过度使用也会催生倦怠心理，当用户心理上产生厌烦、耗竭等情绪时，就会在行为上减少使用甚至逃离。

4. 渠道的联通：高度关联大众传播，舆情表达下沉

社交媒体的传播格局是人际、群体、大众传播的相互连通、紧密交织。传播学者拉扎斯菲尔德提出过“两级传播”，即“媒介—意见领袖—受众”的传播模式，充分肯定了人际传播的影响力。人际传播在其中看似覆盖最窄，实则是信息流和情感流传播最有力的环节，构成如卡斯特所言的“网络社会”中最基本的节点关联。这也使得它成为谣言流通、病毒式营销的扩散渠道，其中暗流涌动。在社交平台上，主体的甄别难度越来越大，网络水军、社交机器人等主体的隐匿性在一定程度上扩大了舆论主体的外延。例如，小红书培养众多关键意见领袖对受众进行分类渗透，对许多人而言，“种草”不只是功能的选择，更是消费者在选择一种生活方式、个性态度以及品牌背后所代表的符号化意义。

10.1.4　未来展望：新媒体与人际传播的融合之路

新媒体当前与人际传播的结合尚不如大众传播一样深入，但是我们仍然可以借助新媒体对人际传播的影响对未来两者的结合进行展望。

1. 自沉浸的多维多感官传播

大众传播借助VR等方式使得用户深入其信息化环境中，人际传播也能如此，如现

① 牛静，常明芝. 社交媒体使用中的社会交往压力源与不持续使用意向研究[J]. 新闻与传播评论，2018，71(6)：5-19.

② 路嘉仪. 结合梅罗维茨的媒介情境论阐述影响“吃鸡”游戏商业传播的情境因素[J]. 现代营销(经营版)，2019(5)：77-78.

在已初具雏形的AR视频交流，如“激萌”等App已经采用此类形式。借助新媒体视频聊天也可以有多种类型的沟通，或是通过VR的全景接入，让对方身临其境。

2. 与其他传播类型的有机融合

在人际传播中嵌入其他传播形式已经不是新展望，但是两者未来的有机融合是一种值得深挖的资源。未来人际传播都可以接入新媒体，了解到个体内心的活动乃至操控本体，也有“解析梦”的可能性，如同经典电影《阿凡达》中人类的意识接入阿凡达躯体一般。

综上所述，未来人际传播作为传播类型的关键一环，与新媒体的联合必然更加紧密，但是我们也要注意赛博空间营造下的虚拟世界对个体现实的影响，人们之间的交往不能只靠虚拟链接，面对面的沟通才是情感交流的重要方式。

传播媒介的发展影响着人类传播的方式和功能，在一定程度上决定着人类传播的质量和影响。新媒体以数字技术、通信技术、网络技术和互动传播技术为基础，为用户提供信息、内容和服务，给人际传播带来新特征和新影响，在未来的媒介发展中人际传播心理也有持续研究分析的价值。

10.2 人机交互：智能化传播的心理新境

本节将介绍人机交互与智能化传播心理相关的概念和发展历程，包括人机交互的发展历程、人机交互与智能化传播心理的交叉研究热点，以及人机交互与智能化传播心理的未来趋势。通过对这些内容的系统分析和解读，探讨了人机交互与智能化传播心理的交叉领域，为传播学、心理学和计算机科学的研究提供了新的视角和理论基础。

10.2.1 发展历程：人机交互的演进轨迹

人机交互是一个跨学科领域，涵盖了计算机科学、心理学、设计学、人因工程等多个学科的知识和方法①。人机交互是研究人、计算机之间相互影响的技术，其研究重点是用户界面，即人与计算机之间传递、交换信息的媒介和对话接口，主要涉及人与各种输入、输出设备之间的交互②。

人机交互的定义和理论框架在技术的不断进步和社会需求的变化下经历了演变。最初，人机交互研究专注于提高计算机的可用性，使计算机更易学习和使用。然而，随着互联网和智能手机等技术的普及，人机交互领域已经扩展到包括汽车、电商、教育等诸多领域。与此同时，人机交互的方式也从最早的图形用户界面逐渐发展成了多模式的交

① 董士海. 人机交互的进展及面临的挑战[J]. 计算机辅助设计与图形学学报，2004(1)：1-13.
② 彭兰. 人机传播与交流的未来[J]. 湖南师范大学社会科学学报，2022，51(5)：10-22.

互技术和设备。

下面将具体介绍人机交互的发展历程。

1. 早期的人机交互

在早期，计算机系统主要由专业人员操作和维护，用户与计算机的互动方式受到命令行界面和编程语言的限制。这种形式的人机交互主要面向技术专家，是手工作业，一般用户很难使用计算机。

最初的手工作业阶段由设计者本人(或同事)来操作计算机，工作人员采用手工操作和依赖机器(二进制机器代码)的方式来适应现在看来十分笨拙的计算机。后来进入了作业控制语言和交互命令语言阶段，这一阶段的特点是计算机的主要使用者——程序员可以使用批处理作业语言或交互命令语言与计算机进行交互①。虽然程序员需要记忆许多命令并熟练地敲击键盘，但已经可以使用较为方便的方法来调试程序和了解计算机的执行情况。

2. 图形用户界面的兴起

在20世纪80年代，图形用户界面(graphical user interface，GUI)的问世改变了人机交互的格局。通过采用图形元素、菜单和图标等可视化方式，GUI使得用户更容易理解和操作计算机。GUI的主要特点是以窗口管理系统为核心，使用键盘和鼠标作为输入设备。其中，窗口管理系统的核心技术包括重叠式多窗口管理技术和事件驱动技术②。由于GUI的人机交互过程依赖于视觉图形，并且鼠标的使用减轻了对命令语言的记忆任务，即使是不熟悉计算机的普通用户也能够直接操作并熟练使用计算机。这扩大了计算机用户的群体，推动了信息产业的前所未有的发展。苹果的Macintosh和微软的Windows操作系统是这一时期的代表。

3. 移动设备和触摸屏技术

随着移动计算设备如智能手机和平板电脑的普及，触摸屏技术已成为主流的人机交互方式。用户可以通过手指触摸屏幕进行操作，这种方式更直观和便捷。

从初期主要用于特定行业和科研领域如工业控制和医疗设备领域的触摸屏技术到智能手机、平板电脑，再到近年来科技公司开始研发折叠屏幕和可弯曲屏幕的移动设备，这些新技术可能进一步改变触摸屏的未来形态，提供更多创新的交互方式。

4. 自然语言处理和语音识别

近年来，自然语言处理和语音识别技术的发展使得人们可以通过语音和文字与计算机进行交互。虚拟助手如Siri、Alexa等的出现标志着这一趋势。

---

① 董士海. 人机交互的进展及面临的挑战[J]. 计算机辅助设计与图形学学报，2004(1)：1-13.

② 马卫娟，方志刚. 人机交互风格及其发展趋势[J]. 航空计算技术，1999(3)：16-20.

自然语言处理(natural language processing，NLP)技术使得计算机能够理解、处理和生成自然语言文本。这一技术应用广泛，包括智能搜索引擎、自动文本摘要、机器翻译和情感分析等。而语音识别技术在各种语音场景下的准确性显著提高，使得语音识别成为无障碍技术、语音搜索和语音控制的关键组成部分。NLP和语音识别技术的多语言支持使得全球范围内的用户能够以自己的首选语言与计算机进行交互。

这些技术的进步不仅丰富了人机交互的方式，还为用户提供了更便捷、智能化的交互体验，促进了计算机技术在各个领域的广泛应用。

5. 人工通用智能时代(AGI)的跨模态、多模态智能交互

随着媒体技术的不断发展，人机交互变得更加多元化和深入。全息互动投影、虚拟现实(VR)、增强现实(AR)等技术使人机交互不再受限于屏幕，而是融入日常生活，提供丰富的感知体验。此外，生物特征识别技术如指纹、人脸、声纹、虹膜等也为交互提供了新的方式。

尽管不同模态是独立的符号系统，但它们可以在交流中相互转化，即跨模态互动。以前这种跨模态交互主要依赖于程序设定，缺乏智能，然而，随着生成式人工智能的突破，如ChatGPT、MidJourney、Stable Diffusion、DALL-E2等工具，使AI能够理解并生成不同模态的信息，实现了智能跨模态生成。2023年9月25日，OpenAI在官网宣布，对ChatGPT进行重磅升级实现看图、听声音、输出语音内容三大功能。当代人机交互不仅可实现跨模态理解(比如图像识别、语音识别等任务)，也能完成跨模态生成(比如从文本生成图像、图像生成文本、语音生成图像等任务)。

总之，人机交互模态的发展经历了逐步累积的过程，现在呈现多模态和跨模态的特征。然而，多模态和跨模态交互仍有改进空间，需要进一步发展计算机软硬件、传感器、通信和生物识别技术①。

6. 脑机接口技术

脑机接口(Brain-Computer Interface，BCI)能够读取脑神经信号，并使用程序将这些信号转化为行动②。这一概念在许多科幻电影中都有所体现，如《黑客帝国》《盗梦空间》和《阿凡达》等，以及最近的《流浪地球2》，其中科学家试图将思维意识上传到计算机以实现数字生命的实验。这种想象中的脑机接口为我们展示了未来可能的应用场景。

脑机接口可以分为侵入式和非侵入式两种类型，目前脑机接口领域仍然面临着伦理和技术上的挑战，但它仍然具有巨大的潜力。虽然目前脑机接口技术还没有成熟的面向

---

① 马卫娟，方志刚. 人机交互风格及其发展趋势[J]. 航空计算技术，1999(3)：16-20.

② Wolpaw J R，Birbaumer N，Heetderks W J，et al. Brain-Computer Interface Technology：A Review of the First International Meeting[J]. IEEE Transactions on Rehabilitation Engineering，2000(2)：164-173.

广泛用户的交互解决方案和设备，但从理论上讲，通过脑电信号直接控制外部设备可以提高效率，这可能会在未来为人机交互领域带来革命性的变革[①]。

10.2.2　交叉热点：人机交互与智能化传播心理的融合探索

自2016年首次在国内提出智能媒体概念以来，智能传播领域经历了显著的增长与变革。这一领域正在受益于人工智能、大数据技术等多种技术的积极推动，这些技术正广泛地应用于各种不同领域的智能媒体中。这种发展不仅对传媒生态系统产生了深远的影响，也促使智能传播研究的范围和深度不断扩展[②]。

在早期，智能传播领域的研究重点主要集中在智能技术自身、传播过程和传播平台等方面。然而，随着时间的推移，研究兴趣逐渐扩展到人工智能、智能算法、大数据、物联网等智能技术，以及这些技术在传播领域的应用。与此同时，随着技术广泛应用，对技术的反思也逐渐显现。伦理失范、个人数据隐私保护，甚至技术对人类主体地位构成的挑战等问题日益引起广泛关注。近年来，研究者开始更专注于个人信息保护、人机交互、社交机器人、数字社会治理等一系列更深入的主题。

在这一背景下，本节将深入研究智能传播与人机交互领域的研究热点，特别侧重于社交机器人、人机关系等跨领域研究课题，以探索这些领域的发展趋势和未来发展方向[③]。

1. 社交机器人与人机交互

社交机器人能够在社交网络中自主运行、自动发送信息和链接请求的智能程序[④]，不仅作为媒介，还承担了传播任务，参与社交互动，甚至影响公众认知[⑤]。这些社交机器人在今天的社交媒体中不断“人格化”，在信息战场中扮演越来越重要的角色，影响着人们对信息的关注和信任。研究者开始关注社交机器人在公共讨论中的参与行为以及对舆论的影响。一些研究使用文本挖掘和机器学习技术来检测社交机器人在社交媒体上传播虚假信息的情况，并开发出有效的算法来识别人工和机器生成的假新闻。社交机器人的介入还引发了对社交媒体中信息可信度和真实性的担忧。

社交机器人不仅是传播工具，还成为可以调节社会偏见的社交行动者。它们在日常

---

① 郭全中，张金熠. 人机交互(HCI)的历史演进、核心驱动与未来趋势[J]. 新闻爱好者，2023(7)：11-15.

② 安孟瑶，彭兰. 智能传播研究的当下焦点与未来拓展[J]. 全球传媒学刊，2022，9(1)：41-58.

③ 廖秉宜，李智佳. 中国智能传播研究进展的知识图谱研究：基于CSSCI数据库(2016—2020年)的可视化分析[J]. 传播创新研究，2021(1)：203-227，244-245.

④ Boshmaf，Yazan，et al. The socialbot network：when bots socialize for fame and money[J]. Proceedings of the 27th annual computer security applications conference，2011.

⑤ 洪杰文，许琳惠. 社交网络中社交机器人行为及其影响研究——基于国外相关文献的综述[J]. 全球传媒学刊，2021，8(4)：68-85.

生活中扮演各种角色，特别突出的是提供情感陪伴，满足人们的情感需求①。这些社交机器人与人之间的互动和共情行为成为智能传播领域的研究焦点。

研究者还关注用户与社交机器人的交互对孤独感的影响。研究发现，用户与社交机器人的交互程度越高，他们越可能对社交机器人产生媒介依赖，从而增加了孤独感。此外，社交机器人也扮演了情感性角色，例如充当情感伴侣或朋友，深化了用户与它们之间的情感互动②。社交机器人的应用领域不断扩展，相关研究也在不断发展。此外，人机界限模糊不清，后人类主义视角也开始引发关注，为社交机器人和人机交互研究提供了新的可能性和动力。社交机器人不仅是技术工具，还与人类情感和社交互动密切相关，对人们的生活产生了深远影响，也引发了一系列挑战和伦理问题，因此值得进一步探索和了解。

2. 算法偏见

广泛应用的个性化推荐技术可能加剧信息的封闭性，这在一定程度上引发了所谓的“回音室效应”，用户被不断推荐与其观点和兴趣相符的内容，而与之相左的观点和信息被排除在外。这导致了信息的狭隘化和局限性，同时也有助于大数据杀熟现象的出现。大数据杀熟是一种商业做法，其中企业根据用户的行为和数据，定价和推荐产品或服务，用户看到不同的价格和推荐内容，往往由于封闭性在不知情的状态下被杀熟。

2022年8月2日下午，演员马天宇在微博上发布消息，指责携程旅行利用大数据进行大数据“杀熟”。他提到看到的机票价格是三千多元，但一旦点击进去，价格突然上升至六千多元，最终甚至达到一万多元。这一帖子直接@携程旅行网，很快引起了众多网友的关注，促使话题“马天宇吐槽携程旅行吃相太难看”登上微博热搜榜。许多网友也纷纷分享了自己遭遇携程大数据杀熟的经历，引发广泛的讨论。这并不是携程第一次被指责进行大数据杀熟。据公开报道，2019年初，有网友曝光了类似问题，其中一张原价17548元的机票在重新搜索后价格急剧上涨至18987元，而其他平台的价格相对较低。携程客服回应称，这是系统漏洞导致的，否认牵涉大数据杀熟，并承诺赔偿受损用户。

在智能传播时代，互联网平台通过动态地搜集、整理和分析用户数据，描述客户的个人消费特征，形成用户画像，进而在平台销售时自动调整商品的价格，最后商家可以以最接近每个客户所能接受的最高价格成交，从而尽可能多地获得利润。这引发了对平台的责任问题的探讨。作为人工智能自动决策系统的开发者和使用者，这些平台需要明确其媒体责任，以确保个性化推荐技术不仅服务于商业目标，还服务于社会的多样性和

① Ahn J，Kim J. Sung Y. AI-powered recommendations：Theories of perceived similarity and psychological distance on persuasion[J]. International Journal of Advertising，2021，40(8)：1366-1384.

② 韩秀，张洪忠，何康，等. 媒介依赖的遮掩效应：用户与社交机器人的准社会交往程度越高越感到孤独吗[J]. 国际新闻界，2021，43(9)：25-48.

信息的广泛传播。为实现这一目标，平台需要采取法律和行业自律等多元共治措施，以确保算法不仅满足商业需求，还符合公共利益。

3. 隐私泄漏

智能传播需要在捕捉用户场景和行为的同时，切实防止个人隐私数据的泄露和滥用。隐私问题涉及个人生物特征、情感和地理位置等敏感数据的处理。确保用户的个人信息不被滥用需要建立规范的监督体系和智能场景安全维护系统，并提高用户对其个人信息控制的认识。

2022年6月20日，一家名为M78安全团队的公众号指称超星学习通涉嫌信息泄露、数据库信息被公开售卖，包括1.7亿用户的敏感数据。随着舆论的发酵，“学习通数据库疑发生信息泄露”话题登上微博的热搜。不少学习通用户在社交平台纷纷晒图，声称最近受到电话和短信的骚扰，并且质疑学习通软件内呈现的使用数据频率过高，称其数据完全偏离事实。学习通在6月21日发布官方声明，否认泄露，报案并协同公安机关调查。值得注意的是，在2020年至2021年这一年时间内，国家信息安全漏洞共享平台曾多次披露学习通存在安全漏洞问题。

4. 深度伪造

深度合成技术引发了新闻真实性和用户权益等问题。这些合成技术可能产生虚假信息，如深度伪造视频和音频，对新闻业和用户构成挑战。解决这些问题需要技术检测、行业规范、法律监管和个人素养的协同努力。

2022年8月，成都铁路运输第一法院审理了一批使用“AI换脸”App程序侵害他人肖像权的案件。原告魏某是一名古风汉服网红，指控被告四家运营AI换脸软件的公司在未经授权的情况下使用其肖像生成AI换脸视频，侵犯了其肖像权。法院认定肖像权是自然人的人格权，不得未经同意擅自使用他人肖像。被告的行为具有营利目的，不属于合理使用范畴，因此被判侵权成立。

5. 恐怖谷效应

人机交互过程中可能产生恐怖谷效应。恐怖谷效应是指在虚拟或人工环境中，当人机交互过程中的虚拟角色或机器人的外表和行为接近人类，但仍然有微小的不同或不寻常之处时，人们可能会感到不安和恐惧[①]。这种情况下，人们期望机器表现出人类的社交特征，但当它们未能达到这些期望时，交互体验变得不自然，甚至令人不适。这可能会导致人们对于智能传播技术的使用和接受产生负面影响，因为他们担心与智能系统互动时会遇到这种不适感。

总之，智能传播在带来便利和创新的同时，也引发了一些恐惧和担忧。人们对于被

---

① 杜严勇. 恐怖谷效应探析[J]. 云南社会科学，2020(3)：37-44+187.

算法偏见、隐私保护、深度伪造的担忧以及交互中可能产生的恐怖谷效应，都影响了他们对智能传播技术的态度和接受程度。因此，了解和应对这些心理因素对于推动智能传播的可持续发展至关重要。智能传播的伦理问题是传播领域新兴的治理难题。为了有效应对这些问题，需要扩大伦理规范的适用范围，从设计和开发到信息生产和使用的各个层面，将各个角色纳入伦理主体范畴，并通过合作来治理这一领域的伦理失范问题。这是确保智能传播更加负责任和道德的重要一步。

10.2.3 智能化传播心理：人机交互的新篇章

在智能时代，人与机器之间存在着三种典型的关系：人机协同、人机互动与传播、人机共生[①]。这些关系在今天的研究中仍处于初级阶段，但将成为未来重要的研究变量，甚至可能改变人对自身的认知。以下是这些关系的主要内容和相关研究领域。

1. 人机协同机制

引入智能化技术到内容生产领域的目标不是替代人类的生产，而是通过人与机器的协同与互动来提高内容生产水平。寻找有效的人机协同模式是实现智能媒体发展中技术与人文关系平衡的关键。

2. 人机互动与传播

人与算法之间的关系是人机互动的一种体现。算法作为机器的软件代表，服务于人的需求并影响着人的行为。但随着技术的发展，硬件层面的机器会在人际关系中发挥越来越大的作用，如可穿戴设备。

3. 人机共生的新关系

未来，随着可穿戴设备与人的关系更为紧密，人机共生将成为新的关系模式。这将导致人类的“赛博格化”，进行身体与网络的更深连接。此外，元宇宙等新兴概念为虚拟与现实世界的融合提供了可能性，这将重塑人与环境、人与机器的关系。

在智能传播时代，人的存在方式、与环境和万物的关系在发生变化。数据化生存使人的生活被全面数据化，人变成了虚拟实体化与数字元件化的存在，与虚拟与现实世界互动。元宇宙等新概念正在推动人与万物交往实践的新模式。这一转变将对传播理论产生深远影响，使“以人为本”成为未来传播发展的核心逻辑。因此，尽管技术不断进步，但关注人类与其生命体验仍然是研究的焦点。智能化传播时代，我们不仅面对人与机器之间的三种典型关系，还需要考虑当前的技术热点，如元宇宙和生成式人工智能，它们将深刻影响人机关系和传播方式。

---

① 安孟瑶，彭兰. 智能传播研究的当下焦点与未来拓展[J]. 全球传媒学刊，2022，9(1)：41-58.

4. 人机协同机制

元宇宙作为一个引人注目的概念，将虚拟世界与现实世界融合在一起，这为人机协同机制带来了新的挑战与机遇。在元宇宙中，人与机器可以共同创造、探索和互动，从而提升内容生产和传播的水平。例如，人与通用人工智能(Artificial General Intelligence，AGI)可以协同创建更丰富的虚拟世界，这要求我们重新思考人机协同的模式和技术支持。

5. 人机互动与传播

元宇宙的概念不仅扩展了互动范围，还强调了虚拟与现实世界的交融。这将使人与机器之间的互动更加复杂，涉及虚拟和物理空间之间的跨越。与此同时，AGI的发展也将影响人机互动，因为它们可以更好地理解和回应人类需求。这将引发对道德、隐私和安全等方面的新问题，需要深入研究和规范。

6. 人机共生的新关系

元宇宙的兴起意味着虚拟世界将与现实世界融合，人机共生将成为新的关系模式。人类在元宇宙中的存在将更加显著，与虚拟环境和数字媒介的互动将成为生活的一部分。AGI的发展也将影响到人机共生，因为它们可以帮助人们更好地理解和适应虚拟与现实的互动。这可能导致人的身体、思维和情感等多维度与技术深度融合，需要深入研究人机共生的伦理、文化和社会影响。

10.2.4　融合创新：人机交互与传播心理学的实践前沿

1. 情感识别和情感计算

传统心理学方法通常依赖于观察、采访和问卷调查等方式来获取个体情感状态的信息。然而，这些方法存在一些限制，主要体现在依赖主观观察和人工评估上，其准确性受到研究者主观判断和研究条件的限制。

人工智能的情感识别技术通过分析多种数据源，如语音、图像和生理指标等，能够自动识别和测量个体的情感状态。这一技术的引入使得情感识别变得更为客观、准确，并且具备实时性。而且，此技术可以扩展到大规模数据分析，处理大量的情感数据，从而提供更全面的视角。此外，它使研究者能够更广泛地应用情感分析，包括对大规模数据集的研究。

人工智能在情感识别方面的应用体现了人机交互的发展为心理学研究和实际应用带来了显著的改进。

2. 大数据分析和趋势预测

传统心理学研究通常采用小样本研究和手工数据分析方法，耗费大量时间和人力资源，限制了我们对心理活动的深入理解和趋势预测能力。小样本研究通常无法全面代表整个人群的多样性，而手工数据分析过程可能会因主观因素而产生误差，这些都为心理学研究带来了一定的局限。在这一背景下，人工智能提供了一种革命性的支持。

人工智能技术能够分析大规模的心理数据，这包括来自各种来源的信息，如社交媒体帖子、应用程序使用记录、生理监测数据等。通过这些数据，研究者可以发现隐藏的模式和趋势，而这可能在小样本研究中难以察觉。机器学习和数据挖掘技术的自动化应用通过迅速分析庞大的数据集并提取有意义的信息使研究过程更加高效。

大数据分析和趋势预测也是人机交互的一个重要方面，研究者能够与智能系统合作，共同探索数据中的见解。智能系统能够为研究人员提供数据可视化、模式识别和预测分析等工具，从而帮助研究者更好地理解心理活动。这种合作使研究变得更具创新性，也有助于人机之间的知识交流和合作。

另一个关键点是人工智能可以用于预测个体和人群的心理活动趋势。通过分析历史数据，机器学习算法可以识别出不同因素与特定心理活动之间的关联，如情感波动或焦虑水平，这使得干预措施更具预测性和个性化。这种趋势预测有助于提高干预的效果，促进了人机交互的协同性。

总之，人工智能在心理学领域的应用不仅提高了研究的效率和深度，还促进了人机协同合作，有助于更好地理解和预测心理活动。这是人机交互与传播心理学的融合理念的前沿成果。

3. 多模态心理活动分析

传统心理学方法通常依赖于获取单一模态的数据，例如文字记录或问卷答案，以研究和理解个体的心理活动。然而，这种单一模态数据的使用限制了我们对个体心理状态的全面理解。心理活动通常是复杂多维的，单一数据源可能无法捕捉到所有相关信息。而人工智能技术能够整合多种数据源，包括文本、声音、图像和生理指标，以更全面地洞察和分析个体的心理活动。例如，当研究情感时，传统方法可能仅依赖于受访者的文字描述，而这可能无法完全反映他们的情感状态。但结合文本、语音和生理指标的多模态数据可以提供更丰富的信息。语音分析可以捕捉到情感的声音特征，图像可以显示面部表情，生理指标可以揭示生理反应，而文本则提供了语境信息。

综合多模态数据的方法不仅增加了数据的维度，还提高了情感识别和心理状态分析的精确性和准确性。它使研究人员能够更全面地理解个体的内在情感体验和心理状态。多模态数据的整合体现了人机交互的发展，人工智能技术的发展，深化了人机交互的互动性，还为传播心理学研究带来了新的见解。

人工智能在心理学中的应用体现了人机交互和传播心理学的融合的前沿内容和创新思考。综合而言，人工智能为心理学带来了巨大的创新，提高了效率、个性化和预测性。但同时，它也引发了新的伦理和隐私问题，因为它涉及更广泛的数据收集和处理。

在这一领域，研究者和政策制定者需要共同努力，确保数据的安全性和隐私，促进跨学科合作，制定相应的伦理框架和法规，以平衡技术的创新与个体权益的保护。

本节我们深入探讨了人机交互与智能化传播心理领域的多个方面，从发展历程到研究热点，再到新趋势，这些内容共同勾勒出了一个不断发展的领域，涵盖了技术、心理学、伦理学和社会科学等多个领域的交叉点。人机交互与智能化传播心理是一个充满活力的领域，我们需要不断关注新技术的发展，同时深入思考伦理和社会影响，以确保这一领域的研究和应用能够造福社会。

10.3　网络舆情：心理学的洞察与引导艺术

中国互联网信息中心发布的《第52次中国互联网络发展状况统计报告》显示，截至2023年6月，我国网民规模达10.79亿人。互联网潜移默化地渗透到了人们生活的方方面面。借助社交媒体平台，网民拥有对于某一事件发表自己观点和意见的话语权，来自不同阶层、不同视角、不同职业的观点、思想汇聚在一起，逐渐形成各类舆情事件。舆情事件与舆情言论的背后，个体所展现的心理特征与群体中的心理学效应不可忽视。网络舆情作为传播学与心理学学科交叉部分的现象，需要在传播学与心理学的视角下进行多重考察。

10.3.1　网络舆情概览：定义与特性解析

1. 网络舆情的定义

网络舆情是互联网上公众对某事件的认知、态度、情感和行为倾向的集合[①]。相对于常规突发事件，非常规事件会造成更严重的自然或社会危害。网络舆情突发事件是指借助于网络平台传播的突发事件，包括当突发事件发生后，网民对于突发事件的意见、情绪和态度[②]。

2. 网络舆情的特点

关于网络舆情的特点，当前的学界尚未有一致的判断，本书采用了天津社会科学院舆情研究所的刘毅总结的“自由性与可控性、互动性和即时性、丰富性与多元性、隐匿性与外显性、情绪化与非理性、个性化与群体极化性”[③]6个方面的特点。网络舆情作为一个中性名词，相关事件既可能推动社会的正向发展，也可能发展成网络暴力、网

① 曾润喜. 网络舆情管控工作机制研究[J]. 图书情报工作，2009，53(18)：79-82.

② 陈福集，陈婷. 舆情突发事件演化探析——基于意见领袖引导作用视角[J]. 情报资料工作，2015(2)：23-28.

③ 刘毅. 略论网络舆情的概念、特点、表达与传播[J]. 理论界，2007(1)：11-10.

络霸凌等恶性情况，在这样的认知下，其特点也自然存在着积极与消极两面。

(1) 自由性与可控性。在当前的智能时代下，在网络空间中人人可发声，社交平台中发声的主体不再是意见领袖，网民转变为拥有着传播者和受传者双重身份的新形象。但值得注意的是，网络生态中的自由不是毫无节制的，网络言论自由是在平台规范与法律法规限制下的自由，是可被控制的。

(2) 互动性和即时性。网络是一个交互性非常高的空间，在网络世界中，信息的传递不是单向流动的，传播者与受众、受众与受众之间都有着高度的互动性。此外，网络舆情的发生具有极强的时效性，是在某个特殊时间段下由某个事件或言论即时引发的，网民的表达与互动都是反应非常迅速的。

(3) 丰富性与多元性。网络舆情所涉及的话题范围广泛，从国家大事到生活细节，表达态度的形式十分多样，如投票、评论、点赞等。除了话题、表达形式、传播途径等方面的丰富多元，意识形态的多元性也不可忽略。在当前全球互联的大背景下，网络空间中意识形态各异，来自不同文化背景的网民在网络生态中汇聚、交流，在文化交流、融合、升华的同时，思想渗透、文化入侵等现象也不可不提防。

(4) 隐匿性与外显性。社会心理学研究结果显示，人处于匿名状态下时较容易摆脱社会关系、社会责任等群体角色带来的束缚，个性化特征更为明显。虽然目前已经有IP显示、实名登记等措施存在，但尚未大规模应用，也没有形成体系化的法律法规及规章制度，在较多平台仍具有可匿名的特性，网民能够隐藏自己在现实社会中的年龄、性别、工作、住址等信息，由此产生的信息不公开后难以追踪到现实中的个体、群体的责任追究难度较大等条件使网民常把网络空间当作摆脱现实社会束缚、发泄生活压力的渠道。在这样的心理作用下，人们在网络空间中的情绪相较于现实世界而言更加外显，更倾向于表达自己的深层次想法。

(5) 情绪化与非理性。陈力丹认为“舆论的质量关键在于理性程度”[①]，这一观点同样适用于网络舆情。在网络舆情中，网民的态度表达是情感宣泄的表现之一，特别在很多恶性舆情事件中，非理性的情绪化的表达屡见不鲜，社会矛盾激烈、社会不平等现象严峻，焦虑、迷茫等社会情绪不断积累，网络空间成为最合适的情绪排解场所。

(6) 个性化与群体极化性。网民在网络空间的参与具有鲜明的个人特征，他们的行动由个人主观因素所驱动，但个性之余，群体的影响力不可小觑。在网络生态中，群体的形成与维持更加便捷，言论在群体的不断交流、肯定中成为“经典”，群体极化现象更易产生。

10.3.2 心理透视：网络舆情形成的深层动因

网络舆情作为网民对于网络空间中某个事件的认知、态度、情感和行为倾向的集

---

① 陈力丹. 舆论学——舆论导向研究[M]. 北京：中国广播电视出版社，1999：22.

合，也是一种情绪与情感的表达，在一定程度上体现着大众的认知水平、社会情感倾向和社会态度等社会心理相关内容，能够体现一部分大众的心理与情感诉求，是一段时期中社会心态表达的映射窗口。它是网民通过互联网针对公共事务或社会现象等各种事件在认知、态度、情感和行为方面的网络行为的展现，是一段时期内民众社会心理的集中反映[①]。因此，在心理学视域中分析网络舆情的发展与治理不失为一个有效的切入点。

1. 规范失位：难以追责与惩戒下的心理无忌惮

我国目前关于网络舆情的立法主要分为两个方面：一是非专门针对互联网的立法中对网络舆情事件涉及的内容的规定，如《中华人民共和国民法典》《中华人民共和国侵权责任法》等，这些法律法规对保护网络中的姓名权、肖像权、名誉权等作了规定，而这些权利是在网络舆情事件中涉及侵犯的权利；二是专门关于互联网的法律、行政法规、规章制度和司法解释以及地方性法规对网络舆情的规制，如《互联网信息服务管理办法》《中华人民共和国计算机信息系统安全保护条例》等。尽管相关法律法规的数量并不算少，但大多仍停留在行政法规、部门规章的层面上，存在规定不完善、可执行性差、处罚力度不够等突出问题。网络法规缺乏体系化及系统化、执行难度高、各平台及各机构规章不统一等问题，使相关法律无法对网民形成有效约束。

暨南大学法学院教授徐暄在采访时指出：“由于互联网的‘虚拟’特性，现实世界中的法律、道德规范在这一全新社会空间中很难发生作用，而适应网络空间的新规则尚未有效建立，导致网络还存在一些无序和混乱的现象。同时，由于网络虚拟性和匿名性特征，司法举证困难，对我国的法律监管体系提出了更高的要求。”[②]

除了法律规范外，社交媒体平台也是网络舆情引导与治理中重要的执行主体之一。随着清朗行动的开展与要求，近年来各平台陆续推出IP地域显示、关键词审核等措施来降低恶性舆情事件的发生概率，但对于在平台发表言论尤其是对于在私信、评论中的言论发表尚未有明确的可推进的规范方案，平台审核与规范力度不足。

在缺乏规范且一时难以形成完整的、完善的执行强度大的规范的条件下，参与恶性舆情事件的成本较低，难以对网民形成威慑和制裁。部分网民以“言论自由”为幌子，肆意宣泄着自己的不满与负面情绪，不顾及发表后造成的影响。在刘学州事件中，部分网友在舆论引导下认为刘学州拜金、有心计，在刘学州微博的评论区及私信发送恶意辱骂，在其中所掺杂的不仅是对于拜金形象的抨击，更显示了言论发布者本身对于贫富差距、经济水平等问题的敏感态度。在这样的互动中，言论发布者肆意抒发了自己的不满，却毫不考虑恶意言语的后果，最终导致悲剧的发生。在网暴事件中，虽然近年来已经有起诉网暴者的案件出现，但仍只能关注到自媒体知名人士，对于持有普通账号的网

---

① 陈志霞，王新燕，徐晓林. 从网络舆情重大事件看公众社会心理诉求：对2007—2010年100起网络舆情重大事件的内容分析[J]. 情报杂志，2014，33(3)：101-106.

② 王刚. 从“铜须事件”看网络暴力的成因[J]. 传媒观察，2007(1)：36-37.

暴者仍然不适用。

雪崩之下没有一片雪花无辜，在规范缺位的背景下，追责难度加上惩戒程度轻微，作恶的成本低但情绪价值高，不忌惮、无所谓成为常态。对于网民而言，只是发表了对自己不痛不痒的言论，但所造成的影响非当时可预测。在这样的背景下，我们与恶的距离越来越近，网络生态的清朗不能仅仅依靠人的道德准绳来维系，还需要用法律法规为作恶心理戴上镣铐。

2. 网络生态无序：匿名下的满足与炫耀心理

网络的虚拟环境导致网络发声者只是以虚拟的网名昵称和ID账号形式出现，账号背后的真实身份与信息被隐藏，账号所展示的信息多少与真实性完全取决于发声者的选择。“网络传播的匿名性不仅加剧了对传播者监控约束的难度，还弱化了传播者的法律意识和道德责任感。由于网络传播者隐蔽了其身份，加之网络传播时间地点的不确定性、网络传播的跨国性、网络传播速度与更新快等原因，政府对网络传播的刚性控制有很大困难”[①]。话语发出后造成的影响难以追责、匿名ID与真实信息的可割裂性、发言内容的审核弱等原因导致网民在表达观点时的肆意与放纵。

由于发言门槛较低、信息内容真伪难辨、话题自由度高等因素，网络空间中存有庞杂的信息内容，这些信息经过算法计算被推送到用户主页，但匹配机制中并不存在检验内容真假、规定话语文明度的环节，虚假的情绪过激的信息有可能在网络空间中集散，这为舆情事件的发生提供了滋生的土壤。

传播者发布信息是以宣泄情绪、寻求认同与回应为目的的[②]，在不断信息与情绪互动中，个人倾向于相信肯定自己的部分，而对个人的情绪和观点输出产生满意、自信等心理，导致这部分情绪不断放大、观点向极端化演进。这些内容的存在不是因为合理、有价值，只是为了炫耀自身的能力，例如消息灵通、知识渊博等。有些人喜欢在重大事件、热点新闻的讨论中发布一些传闻、小道消息，以此来提高自己的威望或文章点击率。这些人往往不会考虑信息传播的后果，而只是乐于收集和传播，甚至不惜凭空捏造信息。

3. 群体极化：从众心理与权威崇拜

在网络法律法规尚未健全的情形下，网民的媒介素养培训更是无从谈起。但在新媒体环境下，网民媒介素养确实带来的影响较传统媒体更为深刻，信息甄别能力、媒介使用能力等媒介素养水平低下在一定程度上加剧了从众现象与群体极化效应。

我国的网民群体具有年轻群体占比重、平均学历水平低的特点。年轻乃至低龄群体的参与导致网民心理不成熟、情感脆弱、价值观不成型等总状态加剧，冲动鲁莽、缺乏

---

① 聂培尧，林培光，周志政. 网络暴力的形成与治理对策[J]. 山东社会科学，2011(10)：86-88.

② 付晓光，宋子夜. 情绪传播视角下的网络群体极化研究[J]. 中国新闻传播研究，2017(2)：142-151.

理性和控制、容易受到言论影响等特点加速了从众心理的产生与观点的剧烈交锋。学历的限制让部分网民难以对事件形成系统全面的认识与思考，对于真相与事实的判断容易出现偏差。

“网络不同于传统媒介，网民与传统受众在信息的接收和使用上有着不同的心理特征，这些特征会影响到网民的网络行为。”①猎奇、娱乐、宣泄等心理状态都有可能成为网络舆情事件乃至网络恶性事件形成过程中的一环，各种心理之中，从众心理不得不提。“通过对 60 个政治网站的随机研究，桑斯坦指出，群体极化倾向在网上发生的比率是现实生活中面对面时的两倍多。”②

在网络环境中，面对着数量庞大、差异巨大、主题丰富的信息，网民难以完全只依靠个人能力处理、分析、选择这些信息。在这种情况下，接受“大多数人”的观点似乎成为最省时省力的方式，这样的选择背后暗含着人们对自己判断能力与大多数人同等的肯定。随着选择与“大多数人”统一战线，网民进入对某一议题有一致的观点的网络群体中，这样的选择不断发生着，在群体暗示与感染下，网络群体不断扩容。“由于群体情感往往表现出简单且夸张的双重特征，极端化情绪就在群体内部传播和外部传播中不断升级，左右着群体成员的情绪状态和行动方向，随着个性消失，网民的情感和意见向同一个方向转移，网络群体极化就此产生。”③随着网络群体的不断扩大，群体内部的对话越来越频繁，群体的认同感不断加强，从众心理逐渐增强。在这种情况下，舆论场中的一些话语虽然看起来不够理性和正常，但在寻求认同的过程中，网络群体逐渐形成、壮大和稳固。一旦群体内有人刻意引导和鼓动某种方向，就很可能导致极端行为的发生。

在网络空间中，虽然人人都可以发声，但就言论影响力而言，普通网民与知名博主、意见领袖有巨大差异。在很多舆情事件的讨论初期，大部分网民的言论还是聚焦于事件本身，但在意见领袖的挖掘和价值上升中，事件背后的故事乃至所暴露出的社会问题代替了事件本身，成为舆情焦点，意见领袖的有意引导加上对于权威的崇拜与遵从，网民的关注重点与观点都受到了影响，舆论风向随之改变。例如，天津中德应用技术大学朱同学实名举报学校助学金分配不公，引发关注。之后，校方公布调查结果，称助学金评定未发现作假，符合规定。但在不断的讨论与挖掘中，部分营销号对于朱同学给出的信息进行细致分析与判断，发现朱同学给出的消费账单存在问题，且所使用的电脑、平板与衣物鞋帽都价值不菲，在这一舆论的引导下，网民的关注点从助学金分配的公平与否转到对于自述贫困的学生的贫困情况以及贫富现象的讨论，舆论焦点迅速转移。

---

① 侯玉波，李昕琳. 中国网民网络暴力的动机与影响因素分析[J]. 北京大学学报(哲学社会科学版)，2017，54(1)：101-107.

② 孙健，徐祖迎. 网络舆论监督及其规范[J]. 中国行政管理，2011(10)：16-19.

③ 黄河，康宁. 移动互联网环境下群体极化的特征和生发机制——基于“江歌案”移动端媒体文本和网民评论的内容分析[J]. 国际新闻界，2019，41(2)：38-61.

4. 情感传递：互动仪式链对于心理的放大

互动仪式链理论是兰德尔·柯林斯在涂尔干和欧文·戈夫曼研究的基础上提出的。“互动仪式”一词就来源于戈夫曼，是指一种表达意义性的程序化活动。柯林斯在此基础上提出互动仪式的核心机制是相互关注和情感连带，从而在互动仪式下形成群体团结、个体情感能量、代表群体的符号以及道德感这一系列结果。在柯林斯看来，情境是社会学理论研究的起点，而互动仪式是社会情境的核心。“互动仪式最富激情的瞬间不仅是群体的高峰，也是个人生活的高峰。对这些事件我们刻骨铭心，它们赋予了我们个人生命的意义：或参加某次大的集体事件，譬如一次大的示威游行；或作为观众参加某一激动人心的流行的娱乐或体育活动。”①柯林斯提出互动仪式链理论的目的在于连接微观社会学与宏观社会学，缓解其中的冲突，但由于这一理论对于社会情感、群体动力等问题给出的深度理解与阐述，契合于与社交媒体中的互动现象解读，这一理论在传播学领域尤其是网络传播相关研究中作用非凡。这种跨领域的契合现象背后的根本原因在于，互动仪式链理论分析了人际传播、群体传播乃至大众传播基于互动仪式的链式结构，进而挖掘了人类传播行为在社会心理学层面上的动因——获取情感能量②。柯林斯在提出这一理论时曾明确强调互动仪式的关键在于身体在场，但他也曾预见电子媒体将模拟生理信号以维持互动链的运转。在今天，伴随社交媒体、视听新媒体的迅猛发展，网络世界与现实世界高度融合，使得虚拟在场与身体在场创造出了几乎相同的在场效果③，在网络世界中，关注焦点和情感纽带产生自然而言，情感能量和符号资本不断储备、互动仪式连续开展，互动仪式链应运而生。同时，互动仪式链理论对网络空间信息与情感传播动力机制的解读与解释也为网络舆情发展与治理提供了新的解读视角。

柯林斯指出互动仪式的发生要满足4个基本条件：两个或两个以上的人聚集在同一场所；对局外人设定了界限；人们将注意力集中在共同的对象或活动上；人们分享共同的情绪或情感体验。

参与个体在形成相互关注和情感链接后，将产生一系列结果，包括群体团结、个体的情感能量、代表群体的符号和道德感4种体验④。互动仪式的循环如图10-1所示。

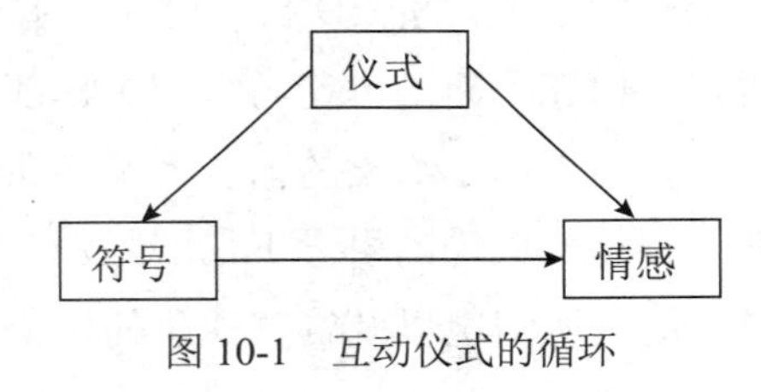

图 10-1　互动仪式的循环

---

① 兰德尔·柯林斯. 互动仪式链[M]. 林聚任，王鹏，宋丽君，译. 北京：商务印书馆，2016：73.

② 陈权. 互动仪式链理论在传播研究中的应用[J]. 新闻世界，2010(10)：183-184.

③ 董向慧. “后真相时代”网络舆情与舆论转化机制探析——互动仪式链理论视角下的研究[J]. 理论与改革，2019(5)：50-60.

④ 兰德尔·柯林斯. 互动仪式链[M]. 林聚任，王鹏，宋丽君，译. 北京：商务印书馆，2016：79-81.

例如，在直播间，用户在参与同一个网络直播的互动过程中能够感受到其他成员的认同或者抨击，不认同群体共享的身份符号与道德团结的成员将会受到群体成员的抨击与抵制①。当然这样的情感互动与经验分享所形成的仪式循环并不一定一直朝着某种情感方向发展，既有可能好感不断积累与扩散，也可能会形成抵制某一个人的仪式链，也存在有突然情感转向的可能性。例如，在“79元花西子眉笔事件”后，更多商家加入直播、视频运营工作中，物美价廉的老牌国货再次出圈，随着用户视频安利、官方入驻平台、视频评论区与直播评论区讨论体验感与种草、测评视频等环节，对于国货的情感能量不断增强，仪式在用户中不断循环，新的互动仪式链产生。

从情感社会学角度分析，“情感”是一种社会结构的产物，它是社会性的②。“一个社会的基调性情感，是这个社会的结构性因素持续作用下的产物。”③因此，“情感”不只是个体经历过不同的体验而产生的感受，还是一种社会结构性因素所建构出的产物。而在情感社会的构建与运营中，传播是绕不开的环节，尤其在当下的互联时代。个体的情感不再私密化，网络空间的匿名属性使其成为一种宣泄情感的渠道，在虚拟世界的情感宣泄又不断地经历传播、接受、加工再传播的循环，观点伴随着情感持续传播，形成了一种自由讨论、交流、互动的社会氛围。在这种社会氛围中，一些具有代表性的、特殊性的话题事件成为高度关注的焦点，事件参与主体借助一些媒介符号进行着情感交流，情感能量在如评论、点赞、收藏等互动中不断传递与累积，仪式不断形成与循环，让单一的事件转化为受到广泛关注、具有普遍意义的事实存在。网络话题事件背后所展示的汹涌情感，构建了社会的基本氛围，成为理解和把握当下社会的一个不可或缺的维度④。

10.3.3 策略导航：传播心理学视角下的舆情引导

习近平总书记在网络安全和信息化工作座谈会上指出：“要通过网络走群众路线，使网络发挥引导民意和发挥舆论的作用。”在网络舆情的引导与治理中，要坚持马克思主义新闻观的指引，坚持党的领导，加强各治理主体之间的协作，针对具体问题制定引导方案。当然，网络舆情事件的监测与引导责任并不是由单一主体承担的，需要政府、社交平台、数据公司、运营公司等多方合作，协力治理网络生态。

1. 政府

在重大突发事件网络舆情的协同治理中，政府要发挥核心枢纽作用⑤，政府能够调

---

① 黄莹，王茂林. 符号资本与情感能量：互动仪式链视角下网络直播互动分析[J]. 传媒，2017(8)：80-83.

② 王宁. 略论情感的社会方式——情感社会学研究笔记[J]. 社会学研究，2000(4)：103.

③ 成伯清. “体制性”迟钝催生“怨恨式批评”[J]. 人民论坛，2011(6)：20.

④ 蒋晓丽，何飞. 互动仪式理论视域下网络话题事件的情感传播研究[J]. 湘潭大学学报(哲学社会科学版)，2016，40(2)：100-103+153.

⑤ 刘美萍. 重大突发事件网络舆情协同治理机制构建研究[J]. 求实，2022(05)：64-76+111.

动充分的社会资源与公众信息，有能力协调、主导网络舆情治理机制的构建。在社会主义现代化的新阶段，当前的网络舆论引导工作，必须坚持马克思主义新闻观的正确指引，牢牢把握舆论导向的正确性、积极性，坚持党性原则与人民性原则的统一，“把坚持中国特色社会主义‘道路自信、理论自信、制度自信、文化自信’作为做好网络舆论引导的工作的基本原则。”①

(1) 研判公众心理与情感趋势。喻国明曾指出：“我国网民的主要特点之一是，参与网络热点的讨论主要是为了满足成就感和‘被重视’的感觉②。”虽然有信访、反馈等机制的存在，但在现实生活中，人们的意见难以向政府、平台等机关与机构反映，并且在很多舆情和网暴事件中，政府、官媒等有权威的发声者为还原真相与保持严谨往往不会在第一时间给出回应与解释，但这样难以满足网民的需求，并且由于回应时间的差距导致在真相还原前，网友的观点已经在群体心理的作用下有所偏差。此外，公众与政府间的信息不对等也是引发舆情事件的原因之一，如何平衡信息的公开程度与公众满意度是需要政府和官方机构进一步研究的内容。

了解舆情中的网民群体是舆情引导工作的基础，只有知悉社会心理诉求与态度，才能够做到精准回应。这样的了解需要在日常运营中就对网民群体与潜在的舆情参与对象有着清晰的认知，结合以往的案例事件数据与近期舆论热点预测，利用大数据、算法分析等技术手段对于用户按照特征、兴趣领域等进行画像与分类，据此制定详细的阶梯型风险评估、应急准备和沟通预案。当舆情突发时，这一积累可作为把脉网民心理的基础性参照，便于准确判断网民诉求和动态、走向，针对性地做出回应，激发公众心理动力机制，充分满足知情权，掌握舆论主动权③。

(2) 建立健全法律法规体系。完善我国网络舆情事件的法律规制，应落实舆情监督与治理的相关法律法规，对于舆情表达主体进行明确的界定与对应的问责，依法依规惩戒造谣、传谣、网络暴力等行为，实现网络舆情风险防控工作的有序化与规范化④，实现权利动态平衡、网络安全有序、社会持续发展。

2023年8月31日，福建省南平市中级人民法院依法对江歌母亲自诉林某侮辱、诽谤一案做出二审公开宣判，裁定维持原判，法院认为，网络不是法外之地，相关言行应当受到法律规制，依据侮辱罪、诽谤罪判罚。虽然案件已然胜诉，但网络规范相关的法律体系尚不完善，需要立法部门进一步讨论与修缮。

2. 平台

绝大部分的网络舆情事件是依托于社交媒体平台产生与发展的，作为事件发生的直

---

① 李贞仪，黄思. 提升网络舆论引导能力路径研究[J]. 中国广播电视学刊，2022(8)：77-80.

② 喻国明，李彪. 舆情热点中政府危机干预的特点及借鉴意义[J]. 新闻与写作，2009(6)：57-59.

③ 孟威. 公众心理视阈下涉检网络舆情与传播疏导[J]. 现代传播(中国传媒大学学报)，2020，42(3)：71-75.

④ 王林平，高宇. 突发事件网络舆情风险演化规律及防控策略[J]. 吉首大学学报(社会科学版)，2022，43(4)：96-107.

接场所，媒体平台的治理是舆情引导的重要一环。

(1) 规章制度的建立健全。社交平台需要对发布公开内容、私信、评论等信息传播的过程进行明确的审核，对于一些低俗不良、涉及人身攻击、违反社会主义核心价值观的内容进行屏蔽与无法发送的处理，避免不良信息在社交平台汇集造成的负面影响。对于经常发布不良信息、过激言论的账号形成黑名单管理机制，限制其讨论话题，避免激烈的不当言论影响到他人情绪。此外，在群组、群聊中的信息交流与情感互动除了群组管理员所设定的规则外，需要平台或官方考虑设计普适的最低标准，帮助建立道德门槛，进行一定的约束，防止极端情绪的极化现象。

网络的虚拟身份为网民非理性表达提供了发声空间，在匿名情况下，现实的社会关系与道德准则带来的约束力度降低。在各大社交平台公开地域等账号信息后，匿名化带来的影响稍有缓解，但由于涉及用户隐私权维护等复杂问题，IP信息的公开受到了大规模的反对。如何在信息合理公开以保障网络生态的道德建设与保护用户隐私不受侵犯中达到一个较为良好的平衡，需要社交平台与政府部门进一步地做出努力。

(2) 建立并完善网络舆情监测体系。除了推送政府对于网络民意的反馈与回应，平台对于潜在的网络舆情事件进行监测与预处理也是必不可少的。借助大数据与区块链技术，平台可以建立舆情监测与溯源系统，通过实时的话题热度监测与数据分析，对于网络舆情热点趋势、网民舆情关注态势、舆情信息传播情况等内容进行收集与分析，对于部分舆情高频词、高热度话题进行重点关注，及时发现信息的异常热度，对于舆情事件做出预判。平台可以重点关注互动仪式中的部分突出的情感关键词与符号象征，对于仪式链与情感流动进行梳理，对循环内容进行一定的干预，保证信息与情感的可控。在区块链技术的辅助下，平台可以对网络信息的产生时间及传播路径等信息进行节点记录，便于后续的追踪与事件还原。人工智能技术通过模型构建和算法分析也可以为网络舆情监测的智能化提供必要的技术支持。例如，基于小波人工神经网络的建模分析可以提升网络舆情发展趋势预测的精确度①。网络舆情监测系统建立与完善并不等同于舆情治理与管理系统，且预测结果也不能作为单一的参考源，发现舆情事件之后如何进行干预需要根据舆情的传播规律而定，一刀切式的盲目禁言容易给网民留下“遮遮掩掩”的负面的第一印象，反而加剧舆情的失控②。

(3) 加强资质把关与内容审核。为了合理引导舆情方向，平台首先需要完善政务账号、媒体账号的审核机制，对于账号的资质进行提前把关，避免出现非官方账号冒充的情况，确保意见领袖具有合理引导舆论的资格与能力，以确保官方有效信息在第一时间的披露。平台除了对于成为意见领袖的账号进行提前的资质审核外，也需要关注和分析该账号后续是否具有理性、是否具有正确引导舆情的能力与价值。考虑到意见领袖在二级传播中的重要作用，对于知名博主发布的内容需要进行更加严谨的审核，对于一些无

---

① 舒予，张黎俐. 基于小波分析与人工神经网络的网络舆情预测[J]. 情报科学，2016，34(4)：40-42+47.

② 熊萌之. 心理学视角下网络舆情引导机制研究[J]. 传媒，2018(15)：86-88.

良媒体、乱带节奏的账号进行更严厉的处罚。

其次，平台需要加强审核发布的图文信息和视频内容，避免一些无良账号为了获得流量发布和转载有问题的信息。平台对发布内容的审核需要严格遵守国家相关管理条例与平台规则，对于一些违规违法、包含不良信息的内容进行严格把关与账号处理，明确违反条例后的惩罚机制。

3. 个体

人与人并非孤独的个体，人是生活在群体中的，无论是身处现实世界还是网络世界，舆情发展的任何一个环节都离不开人与人之间的互相作用，从人际之间的矛盾、人与社会的矛盾被曝光继而引起共鸣或反对，到大量的观点汇集、碰撞，在一些意见领袖的引导下不断发酵，再到形成一个舆情事件，最终被解决，这个过程其实就是人与人之间观点的博弈，最终仍作用于人身上。人始终是传播的中心，是传媒与技术服务的对象。

通过网络平台，网民可以快速了解到平台的现行规章与相关法律法规。人始终是传播的中心，是传媒与技术服务的对象，但被服务的对象也要掌握基本的媒介使用技能与拥有良好的媒介素养。虽然有信息保护措施的存在，但网民应该认知到即使是在网络空间中，法律与道德意识仍然不可遗忘，网络生态是有其底线存在的，每个网民都要对自己的言论负责。互联网虽然是无形的，但运用互联网的人都是有形的。网民需要在自己的能力范围内减小恶性舆论事件的发生概率，保障网络生态的清明。

10.4 谣言传播：心理机制的揭秘与应对

“谣言”一词在学界有过各种不同维度和面向的定义。根据《现代汉语词典》，谣言是“没有事实根据的消息”。不难发现，“谣言”的定义并未直接导向信息的真实性。对于谣言的定义如果停留在判定其“真”或“假”的层面上，显然过于片面化和简单化[①]。其核心还在于信息真实性的不确定性，当这种不确定性最终被验证为假，或是对个人、对社会造成明显负面影响时，显然就更容易加深人们脑海中“谣言”一词的贬义性。朱清河和赵婧认为，传播媒介以信息传播的交互性和同步性影响了其全面性和准确度，而媒体技术的发展正是在这两点性质上产生了巨大的影响。在新媒体环境下，谣言的传播也就更容易借助互联网触达人们的生活，并贯穿生活的方方面面。

基于此，本节将继续聚焦新媒体的语境，从传播心理学的视角出发，对谣言传播的心理动因、心理特征与心理策略三个方面进行探讨，以期对依托新媒体产生和传播的谣言有深刻的认识。

---

① 雷霞. 谣言：概念演变与发展[J]. 新闻与传播研究，2016(9)：113-118.

10.4.1　心理动因：谣言传播的驱动力

谣言传播缘起于何？这需要我们对其心理动因进行探究。根据学者雷霞的研究，在谣言概念的演变、发展与使用过程中，虽然各有侧重与面向，但究其本质而言，谣言普遍具有的属性有两点：一是广泛传播，二是不确定性。谣言传播的危害性建立在传播广泛性的基础上，而最直接的因素便是其潜在的虚假性。因此对于谣言传播的心理动因分析，可以基于两个角度：一是基于传播主体对于信息传播的广泛性的需求，主动利用谣言的不确定性；二是基于信息层面真实性的未知，使谣言的不确定性被动地覆盖了信息的传播。

1. 主动利用

主动性的心理动因，主要是指传播主体利用谣言的真实性未知来获取某种利好。根据人类社会生活的经济、政治、文化三个基本领域，这种主动利好可分为以下几种利益倾向。

(1) 作为获利手段，攫取经济利益。基于马克思经济学的视角，经济活动的根本是在一定生产资料的基础上进行生产、交换、分配、消费等活动以及这些活动中形成的人际关系。

在新媒体的环境下，“流量”是一种非常重要的生产资料，它同时也意味着一种人际关系。于是便有一些个人或组织罔顾真相，只为获取关注，博得流量，刻意传播谣言以获得人们的关注，为自己今后的生产创作与变现打下基础。另外，从短期视角看，也有一些用户通过这样的手段响应媒体平台的推广激励，从而直接实现流量变现的过程。

2022年末，江西上饶的胡鑫宇失踪事件中，“胡鑫宇尸体被化学药剂溶解”“学校人体器官移植产业链被揭露”“学校化粪池发现碎骨”等谣言被大肆传播，时下只要文章与视频中标有“胡鑫宇”的名字，流量数据就会大涨。事后这些谣言不攻自破，被证明为假，但发布者博取关注的直接目的也已达成，获得到的流量便是他们的利益目标。

(2) 实施政治宣传，达到政治目的。人们通过公共权力的运用，实现对各种社会利益要求的协调，而谣言的传播会对这个过程产生影响。谣言的传播能够直接或间接地影响到一个人的社会形象，进而牵连到他的政治地位，这样的使用在政治场上并非少有。早在数千年前，就有了“大楚兴，陈胜王”这样的谣言传播。把视线放回近些年，2016年美国总统大选期间，关于两位竞选者希拉里和特朗普的谣言便在网络上大肆传播。“教皇支持特朗普”“邮件门”“比萨门”事件等谣言都对两人造成了不同程度的影响，其导向的最直接结果就是两人竞选得票率的浮动。

(3) 进行恶性行为，获取情绪价值。相对于经济、政治而言，人类所有的精神活动及其衍生品，都可以概称为文化。谣言的传播，也可被视作一种文化行为。文化产出的意义，除了前文所提的物质层面的经济价值，还有其精神价值。出于一些病态的心理，一些人主动使用恶趣味的手段吸引他人的关注，而这些关注并非为了达成某种经济目的，而是作为自恋人格的外显或为了获取他人的认同感，从而满足自己的情绪需求。

2023年5月，上海警方依法查处谣言“上海幼儿园女教师涉嫌卖淫”发布者孟某。据青浦公安分局通报结果，事后孟某也称自己是“为引人关注，显示自己消息灵通”而凭空捏造了这些不实信息。一项针对微博辟谣平台的研究显示，在1159条谣言样本中，有916条心理动机被划分为“有意传谣”，占比79.0%[①]，从一定程度上说明了谣言传播的主体往往主动性更强。

2. 被动覆盖

被动性的心理动因，主要是指基于大众媒体发布信息的需求性，以及人们在进行日常社交活动中的分享欲，信息真实的未知性被动地覆盖到了传播过程中。在新媒体环境下，以往特殊情况下才出现的许多“非常态”因素逐渐转化为常态因素，传统原则和规范的适用范围越来越小，逐渐被传媒实践冲击得七零八落。留给大众媒体的，往往就是“报与不报”的两难困境，就是退而求其次的权宜之计与策略性行为[②]。集众人之力的组织都尚且无法完全解决信息真实性的问题，更不必说普通个体在面对信息时的选择。后真相时代的背景下，社交媒体上很多人其实不完全是就事论事，而是基于他们的日常生活体验“迁移”于此，把之前的感受“代入”，进行简单的情绪宣泄，从对事实的争论转变为情感的困斗[③]。信息是否真实暂且不论，抒发情绪，表达立场才是他们最核心的目的。

根据马斯洛的需求层次理论，人的需求可以划分为生理、安全、社交、尊重、自我实现5个层次，而在实现这些需求的过程中，人的行为又会被迫被谣言传播覆盖。据此，被动性的心理动因又可以分为以下几种。

(1) 生理、安全需求——恐慌情绪。依据马斯洛需求层次理论，人们对安全的需求仅次于生理需求。反映在网络议题传播中，表现为负面的信息更容易得到关注和传播，出于安全需求，人们对于外部环境异常或负面信息更加关注。因此，社交网络中产生巨大影响力的事件往往有着明显的争议性和负面属性[④]。对于那些容易引起人们恐慌的信息的传播，使得个人的恐慌情绪外显于他人或公众的视野之下，又形成了恐慌情绪的扩散。

2023年8月，日本决定将核污染水排放入海后，我国、韩国等日本周边国家都出现了“抢盐”风潮，其背后自然离不开“核废水污染波及海盐”相关谣言的传播。不论是自行购买还是受人之托，都是“抢盐论”从网络传播转化为线下行动的体现。对于这样

---

① 尹小伊. 网络谣言的生成机制及治理引导策略探析[J]. 新闻研究导刊，2022(18)：133-135.

② 宋祖华. 新媒体环境下大众媒体的谣言核实困境初探[J]. 新闻大学，2016(5)：25-33+146.

③ 李彪. 后真相时代网络舆论场的话语空间与治理范式新转向[J]. 新闻记者，2018，423(5)：28-34.

④ 喻国明，马慧. 互联网时代的新权力范式：“关系赋权”——“连接一切”场景下的社会关系的重组与权力格局的变迁[J]. 国际新闻界，2016，38(10)：6-27.

成本并不高的行动，很多人都秉持“宁可信其有”的态度。恐慌情绪的滋生使得人们已经不再苛求信息的真实性，保障自己的生理和安全需求才是最重要的。

(2) 社交、尊重需求——社交形象建构。有研究指出，在社交新媒体中，人们热衷于以自我为中心分享他们的所想、所爱和所需，热衷于各种关注、评论、点赞，并不仅是为了信息交换，都是构建“人设”，进而通过人际互动获得社交认同感，获得马斯洛需求层级里的社交需求和尊重①。谣言有时也作为人们社交的资本在社会上流通。人们在进行社交活动时，为了与他人建立友谊，又或是获得他人的尊重，不可避免地需要一些谈资，在信息高频流动的当下，谣言也难免掺杂其中。

人们常说的“跟风”，即从众心理，正是迎合了这种需求。对于某个明星的表现他们可能并非有多在意，对于他们的观点也未必有多认同，这些信息只是他们用来进行社交活动、建立自己社交形象的工具，自然也就不会对信息的真实性进行深究。

(3) 自我实现需求——自我认同感、利他心理与正义感。自我实现的需求可以引申为一种对于自我认同感的需求。不同于前面提到的病态性地利用谣言，这种对自我认同感的需求会对信息的真实性做一定的考量。毕竟如果主动传播、宣扬一些已被证伪的、负面的信息，实质上会削弱他人对自己的认同。这些人只是受到自身媒介素养、知识水平等因素的限制，很难做到评判所传播信息的真实性。

除了对自我的认同，自我价值的实现还可以表现为对他人的利好，即利他心理。基于这类动因产生的谣言传播往往呈现一种“好心办坏事”的结果。2023年2月，浙江杭州某小区业主群里出现了用ChatGPT写的关于杭州取消限行的假新闻稿，而另有不明真相的业主出于让更多人了解便民政策的好心，将此条假新闻传播扩散，最终对部分杭州市民造成了负面影响。

在利人利己之上，便形成了更高级的自我实现方式——对社会正义的追求。基于前文所提到的谣言具有抒发情绪、表达立场的作用，不难发现，在很多冲突激烈的新闻事件下都有网民因群情激愤主动对信息进行再传播，从而达到他们伸张正义的目的。2022年7月，知名艺人易烊千玺入编国家话剧院引发争议，不少网友深扒易烊千玺的各方面状况，对其入编程序正义性提出质疑。其中有实实在在拿出证据的，也有不少空口无凭，或是纯粹为质疑者助长人气的。无论所传信息是否为真，它们的共同目标都是对于程序正义、对社会公平的追求。2023年10月，张嘉倪等国内公众人物被传在国外参与观看色情表演，大量网友认为这样的行为有损艺德，为大众做了不好的示范，对其表示愤怒。这也是网民宣扬正义、维护主流价值观的一种体现。

对谣言传播的心理动因建立初步的认知后，接下来我们将探讨谣言形成之后，在产生和传播的过程中表现出了什么样的心理特征，在谣言发展的中间阶段建立新媒体传播环境下的谣言认识。

---

① 张习涛. 社交货币与新媒体人设传播[J]. 新媒体研究，2020，6(13)：20-21+31.

10.4.2 心理特征：谣言传播的独特印记

基于各种心理动因已然形成的谣言，在传播过程中又会表现出一些心理特征。聚焦于新媒体语境下，针对传播过程中受众的心理特征，学界已有不少研究。学者张洪伟在研究中发现，新媒体时代受众心理特征有选择意识增强、主体意识觉醒的体现①。学者宫承波、田园指出，传播受众的信息获取习惯呈现碎片化和浅表化的特征②。基于用户的主体性和选择性接触心理，在传播过程中，用户获得心理上的舒适感，从而不愿意走出去，这样也意味着用户将自身禁锢于由个人喜好和先入为主所主导的信息牢笼里③。用户长此以往以这样的习惯获取信息，“信息茧房”就此形成。谣言传播的心理特征由此可以概括为主体性与选择性、感知碎片性、茧房性。

1. 主体性与选择性

新媒体技术使得传统媒体时代信息传播过程中的“受众”转变为如今的“用户”，人们的主体性与选择性大大增强。用户在接受信息时可以充分表露自己的接受意愿和倾向，而传者为了达到良好的传播效果就必须迎合用户的这层需求，主体的让位也就随之体现为用户选择的重要性。在这个过程中，谣言无差别地被传者一同选择发送给了受众。传者在后续可能发生的传播活动中又继续发挥主体性，加强了谣言的不确定性。

在普拉桑特·波迪亚(Prashant Bordia)等(2004)根据近300篇与谣言有关联的讨论发文得出，大多数讨论都是为了发现真相，通过多方信息的收集进行分享、推论，最后得出是否要相信谣言的结论④。彼时的网民在信息获取上已具有很强的主动性。第52次《中国互联网络发展状况统计报告》显示，截至2023年6月，我国网络新闻用户规模达7.81亿人，占网民整体的72.4%。中国网民整体用户基础庞大，媒体平台化和平台媒体化则大大降低了媒介的使用门槛，为用户生产内容拓宽了道路，加之中国网民喜欢围观的特性，其主体性与选择性也日益凸显出来。

2. 感知碎片性

新媒体为人们获取信息带来便捷性的同时，最直观的一点潜在风险就是信息获取的碎片化。人们社会生活的主要事件充斥着一段段碎片化的时间，诸如等电梯、等地铁、等人办事，这样等待的时间不胜枚举，这些碎片化的时间被利用来浏览信息，在碎片化的传播时代，简单的拆条与截取，也带来了知识的支离破碎⑤。断章取义成为谣言的一

---

① 张洪伟. 新媒体时代受众心理特征及传统媒体的应对[J]. 新闻战线，2022(3)：94-97.

② 宫承波，田园. 新媒体时代受众生态的变迁[J]. 青年记者，2014，443(3)：9-11.

③ 孙士生，孙青. 大数据时代新媒体的“信息茧房”效应与对策分析[J]. 新媒体研究，2018，4(22)：7-10.

④ Bordia P，Difonzo N. Problem solving insocial interactions on the Internet：Rumor as social cognition. Social Psychology Quarterly，2004，87(1)，33-49.

⑤ 曾祥敏，王孜. 健康传播中的虚假信息扩散机制与网络治理研究[J]. 现代传播(中国传媒大学学报)，2019，41(6)：34-40.

大产生形式。

2023年8月，新浪微博上线“微博附注”功能，希望通过邀请部分用户对他人微博进行信息和信息源补充的方式治理平台内的不实信息。然而，碎片化的阅读习惯使得博文后的“批注”可能被忽略。一项依托“中国互联网辟谣优秀作品”进行的研究也指出，当下网络辟谣的系统性并不强，很难在不同主体间形成“辟谣矩阵”，需要辟谣活动进行长期化、系统化的运作。究其原因，正是当下谣言的传播呈现很强的碎片化态势①。

3. 茧房性

在主体性和选择性的基础上，大数据与算法推介的应用使得人们在上网时可以更多地看到自己感兴趣的内容。感兴趣的内容占比提高了，其他领域的信息量占比自然会下降，随之形成的是用户获取信息面的单一化。用户将自己包在了“茧房”内，外界的力量很难对其兴趣认知产生显著影响。当“茧房”内的“当局者”陷于谣言之困时，外部的“旁观者”很可能根本看不见，更无法伸出援手。

类似地，“过滤泡”理论和“回音壁”效应则对茧房化的形成机制和表现形式做出了回应。在如今人工智能与机器人技术高度发展的背景下，在线社交媒体网络中的社交机器人对于“茧房”的形成也有明显作用。菲利普·霍德华(Philip Howard)对美国总统大选所做的研究指出，有20%～25%的选举内容全部来自机器人账号，排名前20的账号媒体平均发布超过1300条信息。选举日当天，机器人发布的信息中，倾向于特朗普的远多于希拉里②。这无形中在美国民众中产生了特朗普更受支持的现象，但民意实际如何当时并不确定。

10.4.3　策略剖析：谣言传播的心理战术

了解了谣言传播的心理动因与心理特征，本节将继续针对谣言传播的心理提出应对策略，主要从传者或受者的心理视角入手，通过对当今已有的一些治理方式的分析，回溯其在什么样的心理层面或心理机制上产生了作用，不过多涉及政府立法、媒介管理等宏观监管层面的治理方法指导，探讨更具有普适性和落地性的心理策略。

1. 对谣言传播动因的反身利用

许多新闻平台、社交网络平台都开放有举报通道，用户可以对谣言等信息进行举报。用户的自我认知可能不足以判断谣言的真假，此时便可以借助外力，通过举报机制借由专业人士进行判断并做相应处理。利用人们在自我价值实现需求的种种动机，举报者如果在此过程中能够得到正向反馈，就有利于形成完善机制，促进良性循环的形成。

---

① 穆静. 网络辟谣的“短平快”与“深挖掘”——以三届“中国互联网辟谣优秀作品”为例[J]. 青年记者，2021(9)：58-59.

② 范明. “过滤泡”：互联网传播下的信息选择问题[J]. 新闻传播，2020(1)：8-9+13.

2. 对谣言传播过程的介入干预

在治理谣言时，辟谣的方法和内容选择都要因人而异，因事而异，这是辟谣效果研究中针对信息介入度的调节作用方面得出的结果①。在一些情况下，基于“首因效应”的存在，事先告知用户信息内容的真实性存疑，能够使用户在开始接收信息时就持有更加谨慎的态度，而非让用户对已认定为真的内容重新验证。

如小红书平台在审核用户发布的图文或视频时，如果检测到AI创作内容，则会将“可能包含AI创作内容，请注意甄别”的提示放在内容的开头等醒目位置；B站对于发布内容存在争议的用户，则会在其主页标明“该UP主内容存在争议，请注意甄别”。平台将警示性的话语前置，在可能发生谣言传播的环节进行干预，而不是在事后再进行辟谣。

3. 对谣言传播手法的警惕与反思

对于事件的升级和转化，谣言的动员策略主要有两种：造势和舆论审判。“造势”主要指通过修辞，煽动悲情和愤怒的情绪，强化公众对弱者的同情和对强者的谴责；“舆论审判”则是网民对某一特定时间的自发性评价，往往对司法审判形成压力和影响②。了解这两种手法后，人们在面对谣言时应当学会把自己从中抽离出来，尝试将谣言还原成事件本身，以更客观化的心理视角进行审视。警惕信息的被加工性，适时对舆论审判的压迫性进行反思，能够从认知层面指导我们更好地控制谣言的传播。

从2019年“江歌案”中江母对刘鑫提起诉讼，一直到2022年法院一审、二审做出判决，在此期间互联网充斥着关于原告、被告甚至法院的各种论调。江母的悲痛与愤怒背后，是对自己有利的修辞，众多网民的舆论审判也形成了民意的偏向，而由此被反衬出的则是刘鑫的绝对罪恶，他们都从心理层面撼动着公众的认知。如果褪去这些手法的色彩，只是陈列纯粹的事实，最后的结果又会是怎样？我们不得而知，但要注意在未来以更加审慎的心理看待事件的产生。

4. 对新兴技术的掌握利用

新媒体的技术环境在为谣言滋生传播提供了大量便利的同时，也为其治理提供了新的思考方向。传谣手段有了新的发展方向，辟谣也势必会有自己的技术发展空间。

近来学界也已有针对新兴技术在治理谣言方面提出的应用方向。区块链技术是一种通过去中心化系统保证系统完备性的工具，其核心在于其共识机制。信息原创者发布信息后，通过哈希运算、私钥加密等处理后，信息本体和发布者身份等相关信息被公开发布。区块链网络中的每个主体作为一个节点，都对网络中的数据信息有同等的权限，可以读取这份公开的数据，其编辑修改则要建立在50%的节点的共识上。这种分布式的存

---

① 唐雪梅，赖胜强. 网络辟谣信息如何影响受众的感知可信度——信息介入度的调节效应[J]. 国际新闻界，2020(8)：27-48.

② 郭小安. 网络抗争中谣言的情感动员：策略与剧目[J]. 国际新闻界，2013(10)：56-69.

储方式使得造谣和传谣的账号主体、行为都会留下几乎无法更改和消除的痕迹，造谣的成本也就大大增加，传谣者也会有所顾忌。

综上，本节从传播心理学的视角对谣言传播的前期动因、中期特征、后期治理展开分析，结合时下的典型事件案例进行了说明，这有助于我们在面对谣言传播时针对更为根源性的问题提出治理方案，更好地避免谣言治理“治标不治本”的问题。网络中的谣言不乏伴随事态发展而演变为网络暴力的现象，网络谣言和网络暴力之间形成了联系，出现融合演化的趋势，值得引起我们的注意。在新媒体语境下，传媒行业的前沿技术为公众带来的诸多便利为谣言的治理提供了新的机会，也带来了新的挑战。未来的研究与教育方向也仍将保持开放视角，继续紧密围绕新媒体的发展动态来进行。

10.5　媒介暴力：心理、表现与治理的深度探讨

本节将介绍媒介暴力所涉及的相关概念与具体内容，包括媒介暴力的定义、心理成因、表现、传播特征、影响五大方面；同时得出应对媒介暴力所需具备的媒介素养心理策略，对媒介暴力的相关内容做出系统的分析与解读。

10.5.1　定义界定：媒介暴力的基本概念

社交媒体传播语境下，传播手段多样化、传播主体大众化、传播内容碎片化等新型传播特征促使媒介暴力现象愈演愈烈，其造成的伤害程度和影响范围越来越大，对于媒介暴力的治理管控刻不容缓。本节基于社交媒体传播语境，对媒介暴力现象进行系统分析，力图为媒介暴力风险规避提出合理的解决方案。这对塑造媒体公信力和营造良好的网络公共环境具有现实意义。

媒介暴力一方面是指媒介本身利用自己特有的话语权对其报道当事人实施的“暴力”行为，即媒介在传播过程中存在引导负面舆论的倾向，从而对当事人造成“暴力”伤害；另一方面是指在报刊、广播、电影、电视、电脑游戏、短视频等媒介形式中出现的暴力内容可能会对受众的心理或身体造成的负面影响①。随着网络空间的不断拓展和用户自主性的不断增强，受众越来越容易接触到各类媒介传递的不同暴力内容，导致对受众的身心健康产生一定的危害，因此对于媒介暴力现象的洞察和治理迫在眉睫。

10.5.2　心理溯源：媒介暴力的成因剖析

在了解媒介暴力的基本内涵之后，深入剖析媒介暴力的成因十分重要。从传者角度来看，媒介暴力的出现主要始于媒体和受众两大主体层面。媒体的报道失职结合受众的

---

① 赵允芳. 解剖“媒体暴力现象”[J]. 传媒观察，2004(10)：18-20.

无序传播，共同为媒介暴力衍生造势。溯源到媒体方和受众方为何要做出媒介暴力的相关行为，本节主要从心理成因方面对其进行探究。

1. 媒体层面

(1) 注意力经济：不择手段的抢夺。早在1997年，美国学者迈克尔·戈德海伯便在《注意力购买者》一文中预测到了“注意力经济”。文中提出，互联网络社会是一个信息爆炸的社会，相对于泛滥过剩的信息，只有一种资源是稀缺的，那就是人们的注意力①。因此从传播学上来看，对“注意力”这种稀缺资源的有效占有和充分索取，便成为媒体在信息时代获得经济效益的重要途径。

与此同时，在市场经济的大背景下，媒体经营需要投入大量资金，于是为了抢夺受众注意力、提高受众关注度，媒介组织不择手段地对打架斗殴、血腥恐怖等暴力场景进行曝光，夸张的标题配以露骨的文字，吸引猎奇心理的受众前来观看，从而达成将“观看者”转化为“消费者”的目的。在互联网络盛行的当下，新闻媒体的市场价值已经逐渐由报道价值本身决定转向报道是否可以满足受众的需求决定。

(2) 话语权占据：作为把关人的媒体。1950年，传播学者怀特将社会学中“把关人”的概念引入传播领域，即大众传媒对社会上的信息进行“把关”然后取舍，由他们决定哪些内容最终进入媒介与受众见面。这就意味着所有新闻一经发生，要想得到广泛传播，必须先得到媒体的“把关”②。尽管在新媒体时代“把关”的权力逐渐分散，更多大众自媒体也能拥有自由言论的权利，但主要的话语权仍然掌控在有组织的媒体手中。因此，媒介组织在一定程度上占据着集中的话语权。

(3) “媒体逼视”：媒介审判的越权行为。“媒体逼视”指媒体对私人领域过度公开会给处在媒体“逼视”下的被报道的个体带来莫大的压力③。媒介对公众私人领域的过度干预是媒体僭越自己本身权力的外现，最终会造成媒介审判。而媒介审判在一定程度上就是一种媒介暴力，同时媒介审判也是在新闻报道中最忌讳的。

2023年6月，广州地铁8号线上发生了一起“地铁偷拍乌龙”事件。一女子怀疑一大叔在地铁上偷拍其照片，遂要求查看对方手机，然而在对方自证清白之后仍遭该女子在互联网上将其曝光，并冠以“猥琐男”称号。在事情并未明晰之前，众多媒体跟风对该女子的虚假言论进行转发和评论，导致大叔及其家人遭受到了无端的网络暴力。这就是媒体在僭越私人领域，损害公民权益的具体体现。

2. 受众层面

(1) 悲情与戏谑：受众情绪的发泄。群众容易产生和偏好传播负向情绪，本质上是对现实生活不满的外现。但又由于当今社会的新闻媒体以弘扬主流的“正能量”为核心

---

① 宋垣. 从注意力经济到影响力经济——传媒产业本质的再思考[J]. 新闻研究导刊，2015，6(17)：166-167.

② 宋垣. 从注意力经济到影响力经济——传媒产业本质的再思考[J]. 新闻研究导刊，2015，6(17)：166-167.

③ 陈力丹，王辰瑶. “舆论绑架”与媒体逼视——论公共媒体对私人领域的僭越[J]. 新闻界，2006(2)：24-26.

内容，群众无法找到可供发泄的缺口，所以一旦遇到有可做文章的负面事件，便会引起他们的高度关注。群众在负面事件中进行“无差别攻击”的同时，也是在对自己现实生活不满情绪的另类宣泄。

与此同时，由大众媒体提供的安全的虚拟暴力体验，也在一定程度上减少了人们由于情绪积压介入现实世界的暴力之中的可能。这就使得受众愿意去观看甚至去传播暴力内容，使得媒介暴力影响范围愈来愈大。

(2) 欲望心理：猎奇与从众的驱动。使用与满足理论指出，受众基于特定的需求和动机接触媒介，从中得到满足①。该理论直观地解释了为什么用户会选择使用某种媒体——大多数用户都是为了满足自己的需求而去使用。猎奇心理是一种满足受众获得新奇事物或新奇现象相关信息的心理需求。大众传播媒介的出现使得受众有更多渠道去接触和探索在日常生活中不常出现的信息和情境，从而满足受众对于新鲜事物和奇特现象的探索欲和新奇感。对于媒介传递的暴力内容，受众在现实中的不常见或是不敢看，都能通过大众媒介为其蒙上一层“虚拟化”的面纱，从而“无痛获得”。

从众心理是人在面对压力时会在态度、观点和行为上与大多数人保持一致的心理倾向。这种倾向容易导致个体因追随主流观点而放弃独立思考，最终丧失判断力。在面对媒介暴力时，一方面，个体容易受到周围群体的影响，当看到有身边人参与媒介暴力时，就容易跟随他们的行为，从而加剧媒介暴力现象；另一方面，个体习惯倾向遵循大多数人的观点和行为，即便这些观点和行为是错误的、恶劣的，进而导致更多人参与媒介暴力。

3. 平台层面

(1) 平台可接近性强，准入门槛降低。由于社交媒体等新媒体平台的初始便捷化设计和后期基于受众需求的不断调整升级，新媒体平台在优化的过程中不断降低了受众进入平台所需的技术水平，即平台的进入门槛普遍降低、可接近性不断增强。这也就意味着任何一个接入互联网的网民都可以在短时间内迅速创建平台账号，同时随时随地在平台上自由发表见解，轻易成为参与者。

于是，转赞评、一键三连、攻占评论区、攻占弹幕等低技术、低成本行为在滋生和传播媒介暴力事件中屡见不鲜。无须费脑费力，网民仅仅动动手指就可以造成一个暴力事件的大肆传播。在我们熟知的网络暴力事件中，平台的低准入门槛往往对事件的推动起着基础作用。

(2) 算法推送主导，平台审核监管缺位。随着新媒体平台的深入发展，其因算法推荐带来的“信息茧房”“过滤泡”“回音室效应”等社会现象也逐渐被曝光在大众视野下。在当今的拟态环境和算法机制的塑造下，我们似乎都基本说着一样的话，做着一样的事情。

尽管在大众的印象里，算法推送还停留在根据受众对平台内容的停留时间、点赞、

① 陈力丹，王辰瑶.“舆论绑架”与媒体逼视——论公共媒体对私人领域的僭越[J]. 新闻界，2006(2)：24-26+1.

收藏、评论等行为对其推送可能感兴趣的内容，然而最新的算法推送已经融入评论区里，不仅仅区别推送内容，还区别推送内容的热评。例如，前段时间有一用户刷到一个男女吵架的视频，艾特他的对象来看时，才发现两人看到的热评并不一致。男生看到的评论区热评站在男生这边，觉得女生不讲道理，无法沟通；而女生看到的评论区，热评则是觉得男生的沟通方式有问题，说女生不讲道理的都是刻板印象。

当下，平台肆意让算法推送介入内容生产，平台自己的审核监管却始终处于缺位境地，导致不同用户接触到的内容参差不齐。当算法已经深入评论区，让对的更对、错的更错时，我们亟须反思如若将其运用在暴力事件等极具争议性的事件推广上时，只会让认同暴力行为的受众更加固化错误思想，直至演化成现实暴力行为。

(3)“流量为王”的当下，平台出现暴力引诱行为。在如今新媒体平台不断涌现、平台之间内卷化严重的大环境中，一些媒体平台为了吸引更多潜在用户的关注、提高自身的知名度和曝光度，进而获取更多的广告效益和推广效果，频频出现暴力引诱行为。

由于暴力事件自带的显著的突发性、震撼性、负面性、破坏性和社会性等特点，使其必然成为某一时期舆论关注的焦点。于是平台一方面通过打造营销号对暴力事件进行只言片语的隐晦解读，制造话题度，引发大众猜测；另一方面对涉及该暴力事件的发帖进行助力推广，使其更多地出现在其他受众主页，引诱受众自发参与讨论。尽管通过此种行为可以为媒体平台达到引流的效果，但却给诱发暴力行为埋下了隐患。

10.5.3 表现形态：媒介暴力的多样化展现

从媒介暴力的构成形式及其影响效果来看，现代社会中的媒介暴力基本包含三大内容：一是“媒介化的暴力”，二是“暴力化的媒介”，三是“虚拟化的暴力”。三者之间相互关联，共同影响着社会和个体①。

1. 媒介化的暴力

媒介化的暴力，是指在大众传播的过程中媒介将暴力内容直观地呈现给受众，甚至存在夸大化、戏谑化和娱乐化等现象。媒体可能为了赢得高点击率而未经任何处理便呈现暴力画面，更有甚者对暴力事件进行煽动解读和过度报道，导致暴力事件的影响范围不断扩大，对受众的伤害程度不断加深。比较常见的媒介化暴力经常发生在自然灾害或重大事故之后，媒体为了保障新闻的实时性和可观性，对灾难现场进行迅速播报乃至出现夸大化、戏谑化、娱乐化新闻事实等失范行为，该行为尤其会对遇难家属造成严重的二次伤害。

2022年8月，微博词条“川渝人民要哭了”冲上热搜，而热搜下一些网民类似“四川重庆与退烧无缘”“夏天的心脏在川渝”等对灾难事件进行低幼化、娱乐化解读的众

---

① 吴林熠. 媒介暴力现象的成因及应对策略研究[J]. 新闻研究导刊，2023，14(7)：100-102.

多评论，引发了川渝人民和大众网友对娱乐化灾难现象的批评和反思。彼时，川渝人民正切实经历的苦难和顽强不屈的抗争，极端高温灾害对川渝人民造成的生命财产损失，都被“要哭了”三个字轻飘飘带过，呈现在公众面前仅仅是“要哭了”的影响程度，这是媒体和受众对于受灾地区及其人民实施不尊重、不理解的“暴力”行为的外化。

2. 暴力化的媒介

暴力化的媒介，是指媒介本身作为暴力内容的承载平台，公开宣扬和传播暴力行为。例如电视、电影、广播等媒介形式中包含的血腥暴力场景，会对受众造成很强烈的观感刺激，从而给观众一种“被暴力”的感觉。

暴力化了的媒介则容易演化成我们熟悉的网络暴力。当下，普通人被网暴的案例数不胜数。不明真相的群众因为自己的臆想一拥而上，以犀利文字、人肉搜索、无端造谣在互联网上“口诛笔伐”，导致被议论者无法承受巨大的社会和心理压力，甚至选择结束了自己的生命。而众多与此类似的互联网上的造谣和网暴行为，正是在以所谓的“主持公义”之名，行“网络暴力”之实。

3. 虚拟化的暴力

虚拟化的暴力，是指通过网络空间中的虚拟场景和虚拟角色实施暴力行为。虚拟化暴力的主要呈现形式是网络游戏中出现的暴力画面、暴力言辞、暴力行为等。这种暴力虽然发生在网络空间，但同样会对现实生活产生实际危害，如诱发玩家的心理问题、引发实际暴力事件等。

以网络游戏为例，当今游戏开发商们都力求模糊游戏世界与现实世界的界限，为玩家提供最具真实感的沉浸式体验。对于暴力游戏的爱好者来说，这种接近真实的体验又为他们提供成倍放大的感官刺激①。大量事实表明，这种将媒介化暴力与暴力化媒介相叠加的虚拟化暴力方式，也无限放大了媒介化暴力与暴力化媒介带来的负面社会影响，我们应该谨慎控制该种媒介暴力的蔓延。

10.5.4　新特征解析：媒介暴力传播的时代变迁

在新媒体流行的大趋势下，媒介暴力的传播伴随出现了更多新的特征，也使媒介暴力带来的影响更广、治理更难。

1. 新媒体传播突破时空限制

新媒体的出现使信息传播不再受时间和地域等的限制，同时信息传播的速度极大加快，这也意味着一旦发布有关暴力化媒介、媒介化暴力和虚拟化暴力相关的信息内容，这些内容很快就会在全网乃至全球范围内大肆传播。因此媒介暴力的生产内容不仅会给

---

① 郝雨，王祎. 媒介暴力：类型、效应及控制[J]. 新闻记者，2009(6)：15-19.

当事人带来更加巨大的心理创伤，还会产生严重的社会影响。

2. 新媒体传播跨越国界

“地球村”是传播学者麦克卢汉媒介观的核心思想，意指地球因为互联网变成了一个可以相互通达的小村庄。随着各类媒介技术的不断发展与进步，“地球村”的概念逐渐得到了普遍验证和广泛赞同①。当下，多样化新媒体平台的普及使得来自世界各地的人民聚集在同一个新媒体平台上，在其上分享和讨论同样的话题和内容。然而互联网的全球性也使暴力信息可以跨越国界传播，加大了媒介暴力现象的治理难度。

以恐怖主义为例，恐怖主义是笼罩国际社会的治理难题，然而在新时代，恐怖分子频繁通过新媒体平台大肆传播恐怖袭击视频，既对普通群众造成了心理冲击，也放大了具备极端思想的反社会分子内心的破坏欲望。这类视频往往涉及跨国传播，相关管控的法律法规也暂不完善，治理难度直线上升。

3. 新媒体传播依赖算法推荐机制

社交媒体的言论自由形式和算法推荐机制可能会加剧媒介暴力现象。微博、抖音、快手、小红书等社交媒体平台充分允许用户自由发表观点和评论，其中恶劣言论和暴力行为很有可能通过平台得到传播与支持，且这些出于用户自发的言论和行为难以从源头上进行遏制。同时，随着大量自媒体账号涌入大众的视野，一些自媒体账号为了博得关注与流量，故意传播含有暴力性质的内容，而新媒体平台的算法推荐机制又会定点将其推送到对暴力内容感兴趣的网友身上，从而叠加声量，助长了媒介暴力现象的滋生②。

10.5.5 影响评估：媒介暴力的社会心理效应

随着互联网和新媒体的兴盛，媒介利用自身权力以及受众运用便捷特性，使得媒介暴力现象愈演愈烈。久而久之，受众逐渐对媒介传递的暴力内容感到麻木，不做反抗甚至主动参与到传播暴力内容之中，最终对身心健康乃至社会治安都会造成严重的负面影响。

1. 污染网络环境

一方面，频繁的媒介暴力现象使得网络空间充斥着负面信息和恶劣言论，严重影响着网民的网络体验，不利于营造良好的互联网生态环境。

另一方面，当今新媒体的盛行使得媒体平台的进入门槛降低，大量青少年逐渐成为网络空间里积极参与公共议题的一员。媒介暴力现象尤其会对意志力不坚定的青少年网民产生严重的负面影响，促使其模仿恶劣行为，乃至陷入现实暴力的漩涡。

---

① 高慧芳.“地球村”的理论嬗变：从部落化现象到媒介生态[J]. 文艺理论研究，2018，38(5)：208-216.

② 杨丹. 媒介暴力的起因与应对策略[J]. 新闻研究导刊，2016，7(6)：100.

2. 造成心理伤害

大众媒介为了达成更好的传播效果，往往会对现实生活中的暴力事件有选择性地、提纯放大地制作与传播。受众接收到的暴力事件虽然与客观事实之间存在一定的差距，但随着媒体潜移默化的渲染和设置，受众便会认为被放大的暴力事件在社会生活中普遍存在，进而产生焦虑、恐惧等反应心理，久而久之便会对个人心理健康造成一定的影响。

2022年11月，韩国首尔梨泰院踩踏事故共造成156人死亡、29人重伤、102人轻伤。然而有报道指出，这一严重踩踏事故似乎正在影响当地人民的正常生活。事故发生后，30岁的李女士在事发后照常乘坐地铁通勤时，忽然呼吸急促、感到窒息，后来她向媒体解释是因为担心地铁拥挤导致踩踏事件发生在自己身上。这是因为过度接触媒介暴力事件而产生的替代性创伤，会对个人的身心健康造成直观危害。

3. 弱化道德底线

当暴力行为被媒介渲染成为一种看起来的“常态”，大众就很有可能失去对道德底线的敬畏、降低对自我的道德标准，将媒介暴力视为一种正常现象，进而大肆传播暴力内容，甚至参照暴力内容进行现实暴力行为。如果这种心态得到广泛认可或被有心之人利用，将严重影响社会治安，不利于国家和民族的稳定发展。

例如，随着电视、电影等媒介对警匪暴力冲突局面不断地进行清晰刻画，久而久之会使受众形成对犯罪分子直接采取施暴行为的默认态度，从而忽略基本的平等保障人权的道德底线。

4. 诱发现实暴力

涵化理论表明，媒介具有引导和示范作用，暴力内容的大量传播将很有可能诱发现实暴力事件。

最早的媒介暴力诱发现实暴力的事件要追溯到2008年，当年美国弗吉尼亚理工大学发生了一起震惊世界的枪杀案。警方调查发现，凶手从高中时代起，就是暴力游戏爱好者，尤其痴迷一款射击游戏。枪杀案发生后，也有人在福克斯电视台发表谈话提出，电子游戏才是一切暴力活动的真凶①。

泰国曼谷枪杀事件中，凶手年仅14岁，在商场开枪射击导致2人死亡，5人受伤。调查结果发现凶手疑似患有精神类疾病，并且平时沉迷射击类游戏。事实表明，接触暴力内容容易让人产生攻击性和暴力倾向，尤其是未成年人，他们对于暴力内容的理解能力和应对能力相对较弱。总而言之，媒介暴力对于诱发未成年人在现实中的暴力犯罪的影响不容忽视。

5. 降低媒体可信度

媒介作为传播暴力内容的主要平台，长此以往，当社会上不断涌现媒介暴力产生的

---

① 郝雨，王祎. 媒介暴力：类型、效应及控制[J]. 新闻记者，2009(6)：15-19.

负面影响后，便会影响公众对相关媒体的好感程度，从而逐渐降低对媒体的可信度。

然而除了恶意诱导媒介暴力的不良媒体之外，由于公众对整体的媒体环境产生了不信任感，导致一些主流的新闻媒体、客观的自媒体等也会受到同等冲击，使得公共信任逐渐瓦解。而公共信任的瓦解将进一步削弱社会的凝聚力和稳定性，为媒体和社会的未来发展埋下很大的隐患。

10.5.6 策略构建：媒介暴力的有效治理之道

1. 政府：建立健全相关机制，提高互联网络治理力度

中共中央办公厅、国务院办公厅2021年印发的《关于加强网络文明建设的意见》指出，加强网络文明建设，是推进社会主义精神文明建设、提高社会文明程度的必然要求，是适应社会主要矛盾变化、满足人民对美好生活向往的迫切需要，是加快建设网络强国、全面建设社会主义现代化国家的重要任务。

一方面，政府要与时俱进、因时而变，进一步建立健全互联网相关的治理机制。政府可以不断完善网络监督管理机制，加大对传统媒体和新媒体的双重监管力度；同时打造开放性的互动平台，搭建与网民受众的沟通桥梁，让民情民意得到合理的宣泄和表达。

另一方面，政府要不断提高对于互联网络的治理力度。网络不是法外之地，对于虚假谣言和暴力内容等的传播，政府理应严格执法、加大惩治力度，不断规范网络秩序、净化网络环境，为建构起健康安全和谐的网络环境撑起一把保护伞，为网民媒介素养的提升提供一个良好的社会环境[①]。

2. 媒体：提升职业素养，做好信息的“把关人”

2023年8月，《河北日报》官方媒体由于审核把关不严，错将2020年发生在无锡的抗洪新闻转发并篡改为2023年的河北抗洪救灾现场，却得到了一系列如“淄博日报”“益阳共青团”“法制日报”等官方媒体的跟风转发。事发之后，网友纷纷对以上官媒不负责任的报道行为表示批判。

媒体报道失职现象的频频发生，为从事媒体行业的相关人员敲响了警钟。面对报道暴力事件在内的任意事件，均应坚持信源规范，对网络中纷繁复杂的新闻线索采取严谨对待、严格筛查的态度，决不能为了关注度和点击量而放弃新闻真实性和客观性的原则。

当下，传统媒体和新媒体各自占据传媒领域的半壁江山，两类媒体都应加强管理、勇于担责，同时各取所长，共同为提高新闻媒体的公信力和维护良好的网络环境不断努力。传统媒体要发挥引领作用，始终坚持正确的舆论导向。传统媒体尤其是主流媒体要

① 李紫英. 新媒体视域下网民媒介素养研究[J]. 城市党报研究，2023(9)：81-84.

做好榜样，坚决抵制为了博取流量而刻意夸大化、戏谑化、娱乐化暴力事件的行为。新媒体则可以发挥自身高速高效的优势，在快速且正确报道碎片化信息的同时为传统媒体提供最新消息，帮助传统媒体加速客观事实呈现。

3. 受众：提高参与素质，做理智守法的好网民

首先，受众作为公共网络空间的参与主体，要主动提高参与公共活动时的自身素质。具体来说，受众要深入学习了解新闻传播的本质特征，对于大众媒体报道的各类信息要辩证看待发布内容，学会筛选有效信息，精准判断媒体报道的真实性，避免被暴力信息误导伤害。

其次，受众在提高信息素养的同时也应具备相关法律意识。在公共网络空间中活动时，既要合理行使自身权利，也要履行相应的责任和义务。如若自身遭受网络暴力等事件，不必理会他人言论，直接拿起法律武器保护自己；在面对其他互联网公民时，也要学会尊重他人，理性文明互动。

最后，受众要时刻保持警惕，避免陷入传播、参与网络暴力行为的漩涡。当发现媒介暴力内容时，受众要积极利用举报渠道，配合监管部门，共同维护网络空间的安全与和谐。

当下，媒介暴力现象愈演愈烈，媒介暴力的相关治理也越来越难。因此唯有政府、媒体、受众形成多方合力，以严肃的态度看待媒介暴力，以最大的敬意彼此尊重，才能成功塑造媒体公信力，营造良好的网络公共环境。

总结与回顾

新媒体带来的并非只是简单的媒介形式的改变，还对社会变革产生了深刻的影响，它改变了人们在虚拟和现实双重世界的交往与互动方式，也使得现代学者对新型人际关系模式的探讨成为必然。

传播心理学的第十章介绍新媒体与传播心理，包含社交网络与人际传播心理、人机交互与智能化传播心理、心理学视角下的网络舆情、谣言传播、媒介暴力的心理研究等。本章对社交网络等新媒体传播中的心理现象给予关注，具有时代感和前沿特征。

本章第一节介绍社交网络与人际传播心理的相关概念，包括人际传播在媒介变迁中的定义、新媒体环境下人际传播的新特征、社交网络对人际传播的影响、新媒体下人际传播的未来展望，从不同角度探讨新媒体环境下人际传播的发展与影响。

本章第二节梳理了人机交互与智能化传播心理相关的概念和发展历程，介绍了智能化传播心理的研究热点以及人机交互与智能化传播心理的未来趋势。通过对这些内容的系统分析和解读，探讨了人机交互与智能化传播心理的交叉领域，为传播学、心理学和计算机科学的研究提供了新的视角和理论基础。

本章第三节关注舆情事件与舆情言论的背后个体所展现的心理特征与群体中的心理学效应，以心理学和传播学结合的视角，研究网络舆情传播中的公众心理特点、诱发因素，探讨网民意见、态度、行为所反映的真实心理，讨论热点事件，分析发现当前网民诉求与舆情回应中存在错位问题，建设性地提出传播心理学视域下网络舆情引导策略，政府、社交平台、数据公司、运营公司等多方合作，协力治理网络生态。

本章第四节从传播心理学的视角分析社交网络下谣言传播的前期动因、中期特征、后期治理，结合时下的典型事件案例进行了说明，这有助于我们在面对谣言传播时针对更为根源性的问题提出治理方案，更好地避免谣言治理“治标不治本”的问题。

网络中的谣言不乏伴随事态发展而演变为网络暴力的现象，网络谣言和网络暴力之间形成了联系，出现融合演化的趋势。本章最后一节介绍了媒介暴力所涉及的相关概念与具体内容，包括媒介暴力的定义、心理成因、表现形式、传播特征、负面影响、治理策略，对媒介暴力的相关内容做出系统的分析与解读。

思维与挑战：思考题

1. 人际传播经历了哪几个阶段？分别具有什么样的特点？

2. 新媒体环境下的人际传播具有哪些特点？

3. 未来社交网络的趋势和发展将如何影响人际关系和人际传播心理？

4. 什么是人机交互？人机交互在智能化传播中的角色是什么？

5. 人机交互的历史演进是怎样的？现代智能化传播中的人机交互与过去有何不同？

6. 智能化传播技术对社交互动和虚拟社区的影响是什么？这如何改变了人们之间的交流和互动方式？

7. 个性化推荐算法在智能化传播中的作用是什么？它们如何影响用户获取和消费信息的方式？

8. 随着智能设备的不断发展，未来人机交互和智能化传播的趋势是什么？它们可能如何塑造我们的日常生活和社会互动？

9. 网络舆情群体有哪些心理特征？

10. 新媒体环境下谣言传播的心理特征与传统媒体环境下有什么区别？

11. 传播心理如何影响谣言的传播？这对谣言的治理有何启示？

12. 媒介暴力有哪些具体表现？请谈谈你的理解。

13. 在新媒体语境下，媒介暴力的传播出现了哪些新特征？

14. 举例说明媒介暴力会产生的负面影响。应对媒介暴力应该具备哪些媒介素养心理策略？

参考文献

[1] 高玉祥. 认知心理[M]. 沈阳：辽宁大学出版社，1999.

[2] 方建移. 传播心理学[M]. 杭州：浙江教育出版社，2015.

[3] 史健生. 普通心理学[M]. 福州：福建人民出版社，1996.

[4] 黄鸣奋. 传播心理学[M]. 厦门：厦门大学出版社，1997.

[5] 林之达. 传播心理学新探[M]. 北京：北京大学出版社，2004.

[6] 柯泽. 传播学研究的社会心理学传统[M]. 北京：学习出版社，2016.

[7] 彭聃龄. 普通心理学[M]. 北京：北京师范大学出版社，2001.

[8] 黄希庭，马欣川. 现代心理学理论流派[M]. 上海：华东师范大学出版社，2003.

[9] 叶浩生. 西方心理学理论与流派[M]. 广州：广东高等教育出版社，2004.

[10] 申荷永. 社会心理学[M]. 广州：暨南大学出版社，1999.